U0529278

国际新比较学派文库　　金惠敏　丁子江　主编

现代性与时代意识论

陈勋武　著

A Theory of Modernity and the Spirit of Time

中国社会科学出版社

图书在版编目（CIP）数据

现代性与时代意识论/陈勋武著.—北京：中国社会科学出版社，2019.8

（国际新比较学派文库）

ISBN 978-7-5203-4692-4

Ⅰ.①现… Ⅱ.①陈… Ⅲ.①哲学思想—研究—世界—现代 Ⅳ.①B1

中国版本图书馆 CIP 数据核字（2019）第 136318 号

出 版 人	赵剑英
责任编辑	刘志兵
责任校对	夏慧萍
责任印制	李寡寡

出　　版	中国社会科学出版社
社　　址	北京鼓楼西大街甲 158 号
邮　　编	100720
网　　址	http://www.csspw.cn
发 行 部	010-84083685
门 市 部	010-84029450
经　　销	新华书店及其他书店
印　　刷	北京明恒达印务有限公司
装　　订	廊坊市广阳区广增装订厂
版　　次	2019 年 8 月第 1 版
印　　次	2019 年 8 月第 1 次印刷
开　　本	710×1000　1/16
印　　张	21.75
插　　页	2
字　　数	328 千字
定　　价	98.00 元

凡购买中国社会科学出版社图书，如有质量问题请与本社营销中心联系调换
电话：010-84083683

版权所有　侵权必究

总　　序

当人们猛然惊觉高科技数字化浪潮铺天盖地压来之时，很多事情都已改变。娱乐化、网络化、商业化似乎漫不经心地联手涂抹了我们头顶的星空。因为一些大哲巨匠们的话语指向而使人类有所敬畏的"头顶的星空"，退到繁复的重彩后面。在这个观念似乎新潮而又失向和错位的年代，许多像我们一样的人，基于某种固执的信念，继续在天空质朴的原色中跋涉。来自苍穹的光波，本初而强劲！在色彩学中，质朴的蓝色与红、黄两色同为三原色，天然而成，无法分解成其他颜色；而在人文社会科学中，这种原色可以理解为生命、体验与终极关怀。这是人类文明和文化纯净而透彻的结晶。正是这一结晶，赋予社会发展以灵魂、动力、脊梁和血脉，而它们的肉身显现或人格载体就是一代代的东西方大思想家。以此观察历史、现状和未来，便有了一种理智、公正、犀利的洞穿。这种洞穿，是我们在无止境的跋涉间隙，真诚奉献给读者的礼物，微薄却又厚重。它将反观那些连贯古今思想的一步步的累积过程及其不断爆发的聚变，并由此推动了人类社会巨大的发展与进步。

为了实现这种洞穿，在人们普遍重视物质利益追求，而在精神生活方面有时沉湎于空虚、浮躁和无聊的社会文化状态下，"国际新比较学派文库"应运而生。在某种意义上，人类文明的核心价值和基本观念正是通过一系列思想的对话与再对话传递下来的。德国哲学家叔本华曾告诫我们，应该去阅读大哲学家们的原著，通过与其对话来提升自己，并使自己始终站在思想的制高点上而不坠落下来。其实，人之为人的高度并不是通过其身高和位高，而是通过其思想高度表现出来的。通过不懈的学习，提升自己思想的高度，这也切合原始儒家所强调的"为己之学"的宗旨，而这套文库的一个目的便是为了解人类思想的对话提供一个窗口。

文库汇集了一定卷帙的专论与文集，对编者而言，成熟一批，推出一批，最终各卷之间构成相互支撑的整体。文库从新比较主义或新对话主义的角度对东西方研究的理论、方法和趋势进行了独特的探索。作者们点燃了一朵朵思想对话的火花；这些火花，可能给予读者一丝情感的暖意，同时又构成一份发人深省的启迪。在对话中发现思想火花的意义远远超出学术范畴。人类存在的所有特点，都可以从思想对话中领悟；人类全部的思想精华，都对读者无限敞开；东西方思想对话指向的精神高度，能使我们从日常生活经验中跃起、上升，点燃信念之灯，照亮深邃的生命。

基于上述考虑，文库拟为理论与实践、观点与材料的结合；强调"上达天意，下接地气"，雅俗共赏，深入浅出；寓学术性于可读性，做到"深者见深，浅者见浅"和"内行看门道，外行看热闹"的双轨效能。文库尽可能面向多元和广大的读者群，除服务对人文、社科感兴趣的一般读者外，也将成为人文社科专业以及其他相关专业的重要参考书。

文库的一个重要宗旨是揭示新比较（对话）学派的学术特征与研究成果。所谓新比较学派，是依据比较学研究通常的四大类型而加以划分的。

（1）传统比较主义（Traditional comparativism）：关注普遍性和纯粹的相似性，但忽略特殊性与差异性；

（2）后现代比较主义（Postmodern comparativism）：关注大众化的认同与相似性，而否认个性与差异性，这等于放弃比较；

（3）受控比较主义（Controlled comparativism）：关注某一特定区域，而并非全球普遍规模的相似性与差异性；

（4）新比较主义（New comparativism）：不断从新对话、新语境、新历史或新文本的角度，同时关注全球和区域的相似性与差异性，尽量通过并置（juxtapositions）与比较不同文化之间的差异性来理性和客观地构建意义，并探究、审思与阐释各种社会文化现象。

前两种比较主义仅仅关注相似性是片面的、肤浅的，第三种仅仅关注区域特殊性也很有局限性，因此应当发展第四种类型，即不断从更新的角度，在普遍性视域下比较相似性与差异性。

21世纪以来，东西方思想对话正面临一个新的历史拐点。在跨文化、跨领域、跨学科、跨方法的解构与整合中，西方人的"东方学"与东方人的"西方学"也随之在撞击与融合下，经历了危机与挑战。西方中心主义与东方中心主义都不可能完全成为独自垄断世界的"一元文明"，这是全球剧烈的社会转型与变革所致。因此，东西方研究者必须拓宽新的视域，开创多维度、多层面、多坐标的研究方法与模式。应当荟萃和共享多元性、建设性、开拓性、批判性、前瞻性的各种思想理念，为了经济、政治、科技、文学、生态、宗教、军事、文化等领域的学术研究，作跨学科、跨文化、跨方法和全球化的理论考察与思想探讨，并致力于东方思想和西方思想以及其他非西方思想的融会贯通，共同创建一个整合性、包容性和互动性的国际化思想视野。

特别需要指出的是，文库作者大部分为20世纪80年代留学欧美、后在欧美大学任教，但与国内学界保持密切交往的学人，同时也包括在国内从事中西比较研究，但在国外频频发声、颇具影响力的大陆学者。"新比较学派"或"新对话学派"从广义上说是一个松散的学术群体，即凡认同第四种比较类型，同时主张在新语境、新历史或新文本中进行跨文化（cross-cultural）、间文化（inter-cultural）、超文化（transcultural）或多元文化（multi-cultural）思想对话的学者；而从狭义上说是以"国际东西方研究学会"这一学术机构为核心的成员群体。这一学术群体目前已建立较为坚实的平台，例如，创办了英文国际学术刊物 *Journal of East-West Thoughts*（简称 JET，纸质版与电子版）、中文国际学术刊物《东西方研究学刊》，出版了中文文库"东西方思想家评传系列"，主办过多届"国际东西方研究论坛"，等等。

惟愿我们的工作有益于学术、思想和精神境界的提升，有益于人类命运共同体的当代建构！最后，衷心感谢中国社会科学出版社对于我们学术研究工作的大力支持！

丁子江　金惠敏

2019 年 7 月 17 日星期三

洛杉矶　成都

目　　录

第一章　绪论：我们时代的精神及其核心理念 ……………（1）
　一　现代性与我们时代的精神 ……………………………（9）
　二　我们时代精神的核心理念 ……………………………（15）
　三　现代性与民族性 ………………………………………（45）
　四　本书的内容与结构 ……………………………………（54）

第二章　正义论 ………………………………………………（59）
　一　传统中国哲学中正义概念的含义 ……………………（61）
　二　西方哲学中正义概念的含义 …………………………（72）
　三　正义与人道 ……………………………………………（83）
　四　正义与理性 ……………………………………………（97）
　五　正义与真理 ……………………………………………（102）
　六　全球正义 ………………………………………………（112）
　七　结论 ……………………………………………………（127）

第三章　人类共同体论 ………………………………………（130）
　一　人类共同体哲学或世界主义理念的内涵 ……………（131）
　二　共和世界秩序理念：康德的理想与困惑 ……………（147）
　三　三层次的司法性世界秩序：哈贝马斯的重建 ………（156）
　四　当代世界主义或人类共同体主义理念的
　　　思想特点与哲学挑战 …………………………………（180）

第四章　社会宽容论 ……………………………………（189）
　　一　宽容的合理性证明 ………………………………（194）
　　二　宽容的正当对象 …………………………………（205）
　　三　宽容的基本要求 …………………………………（216）
　　四　社会宽容与物极必反定律 ………………………（222）
　　五　宽容、真理与理性 ………………………………（226）
　　六　文化宽容与全球性正义 …………………………（232）
　　七　结论 ………………………………………………（235）

第五章　反人类罪论 …………………………………（237）
　　一　反人类罪理念的内涵 ……………………………（239）
　　二　反人类罪概念的证明 ……………………………（248）
　　三　反人类罪、人类总体与人道 ……………………（252）
　　四　反人类罪的特征 …………………………………（263）
　　五　反人类罪理念与时代精神 ………………………（269）

第六章　法律、规范化与和谐社会论 ………………（274）
　　一　法治的含义 ………………………………………（276）
　　二　法律的本质与社会功能 …………………………（286）
　　三　哈贝马斯的法律观 ………………………………（293）
　　四　法律，权利与义务 ………………………………（310）
　　五　国家、民族与民主 ………………………………（321）
　　六　结论 ………………………………………………（341）

第 一 章

绪论：我们时代的精神及其核心理念

　　我们所属的时代是一个特殊、多姿、多彩、多元的时代。这是一个充满理想、充满希望、充满创造、充满信念与充满情感的时代。这是一个既充满认同又充满生疏，既充满合作又充满冲突，既充满史无前例的进步又充满可悲的倒退，既充满令人心旷神怡的机会又充满令人生畏的挑战与危机的时代。这是一个充满无限的开放、无限的可能、无限的未知、无限的偶然与必然的时代。这是一个需要哲学思考、哲学智慧与哲学生活的时代。

　　如何定义与理解我们的时代？如何定义与理解我们时代的精神？即我们时代精神的本质、内容与精髓是什么？我们的时代如何定义它自己？我们时代的核心理念是什么？我们时代的核心义务是什么？我们时代的核心价值是什么？我们时代的情操是什么？我们时代的核心美德是什么？这些都是当代哲学需要认真研究并做出回答的重要问题，也是我们必须面对的重大的理论与实践问题。哲学的价值在于它能为生活与真理追求提供指导。哲学的生命源于它不断地探索每一时代的真理与所有时代的真理。真理是关于事物的本体、本质、存在发展规律与条件的真正道理。

　　毫无疑问，我们所属的时代是一个现代时代。与此相适应，我们的时代精神是现代精神。如果说，我们时代的精神规定了我们时代的核心义务、价值、情操与美德，那么其所规定的核心义务、价值、情操与美德本质上则是现代的。如果说，我们时代的精神带给我们时代一个时代视野、时代境界,那么这一时代视野与时代境界则是现代视野与现代境界。我们的时代意识就是现代意识。

这里,"现代"一词既是一个时间概念,又是一个文化、历史与精神意识概念。也就是说,我们时代不仅仅在时间上区别于古代与近代,而且物质上、文化上、精神意识方面全面地区别于古代与近代。我们所属的时代不仅仅具有现代化的物质条件,而且具有现代精神与现代意识。现代性不仅仅是现代的物质特性,如信息化这样的现代化物质条件,而且包括现代制度、现代意识与现代价值。也就是说,现代性不仅仅指现代经济基础,而且指由现代制度与现代意识组成的现代上层建筑。现代意识,顾名思义,就是关于现代的本质、特性、价值、情操、标准与要求的意识,是我们时代精神的核心。换句话说,我们时代的精神本质上体现的是现代意识,现代意识是我们时代精神的主体。与此相适应,现代化是实现现代意识本质、特性、价值、情操、标准与要求的历史发展过程,是现代性意识外化的历史发展过程。

现代意识的主体是现代性意识,即关于现代性的意识。也就是说,现代尽管内容丰富、视野广阔,其核心意识是现代性意识。现代性是一个时空属性概念。首先,顾名思义,现代性是现代的本质、特性、价值、情操、标准与要求的总和。现代性即是时代性。时代性是一个时代的本质、特性、价值、情操、标准与要求的总和。但现代性又不仅仅是任何时代性,它是我们时代的时代性。也就是说,现代性首先是一个时间概念或时间标准,即它是现代的,而不是古代或近代的。其次,现代性又是一个空间概念或一个空间标准,它是全球性的,不是区域性的,如不是东方的或西方的。与此相适应,后现代性强调空间上的地域性,如东方的或西方的,或具体地域的。所以,在日常理解中,人们把现代价值或普遍价值等同于西方价值是错误的。现代价值或普遍价值是具有普遍性的价值。西方价值是西方特殊的价值。西方价值会体现现代价值或普遍价值,但现代价值或普遍价值不等同于西方价值。同样,认为亚洲价值或中国价值可以不体现普遍价值与现代价值也是错误的。亚洲价值或中国价值是特殊价值。如果它们不体现现代价值或普遍价值，它们在我们时代就不是真正的价值，因此也不是真正的特殊价值。正如毛泽东所指出的，没有离开特殊性的普遍性，也没有不体现普遍性的特殊性。

无论如何，现代性是我们时代的本质、特性、价值、情操、标准与要求的总和。它是一种时代特性，又是一种全球普遍性。它是我们时代全球人类进步的一种标准，也是一种要求。现代化就是全球性地体现时代性，我们现时代的本质、特性、价值、情操、标准与要求的实现过程。现代性是现代化的内容、目标。现代化是现代性的实现过程。各国都应现代化，人人都应现代化。

与此相适应，在我们时代，后现代主义虽然依然很有市场，然而不过是腐草之荧光，后现代性理念似是而非。理性理念与现代性理念气息温和，但其实则是天心之日月、人类之光明。毫不夸张地说，以理性理念为主旋律的现代性意识是我们时代精神的主旋律。在国内、国际与全球事务中，在处理生存、发展、合作、理解、冲突、利益等一系列问题上，在面对环境、历史、文化、人与人之间的关系，人群与人群的关系，政府与人民的关系时，在规约国家行为、社会组织行为与个人行为方面，强调规范性、合理合法性，公平、公正、公理、适宜、权利、责任、义务、和平、和谐、理解、法治、社会宽容等是我们时代现代意识和情操的主旋律与主要色彩，也是人类文明发展在我们时代的最主要特征。的确，在我们时代，世界上还有许多角落被非理性、暴力、非人道的黑暗笼罩着。世界上也有许多角落被后现代性意诱着。但是，理性理念与现代性理念是早晨之晨光、希望之所在。

不可否认，在我们时代，文化多元性是一个时代的文化特征。文化多元性、精神多元性既是我们时代精神力量的源泉，也是我们时代精神面临的挑战。每一民族文化与精神都在内外文化多元性矛盾的推动下不断发展，我们时代精神也在文化多元性的内在矛盾推动下不断发展。尽管如此，后现代主义不是对文化多元性的最佳应对。现代意识中的文化宽容理念不是后现代主义理念。这里也涉及我们时代现代性意识与近代现代性意识的区别。文化宽容理念是我们时代现代性意识的核心理念之一,虽然它不是近代现代性理念的一部分。我们时代的现代性意识是强调宽容差异性的现代性意识,是强调文化对话的现代性意识。近代现代性意识设想理念与文化的对立,而我们时代的现代性理念设想理性与文化的交融。

我们时代找到并建立了自己的现代性概念与标准,自己的时代意识的核心与标准。我们时代的精神也体现了它的现代性概念与标准。在内容上,我们时代现代性概念的核心是六大划时代的理念:全球正义理念,世界主义理念即人类共同体理念,人权理念,反人类罪理念,宽容理念与民主法治理念。在思想特点上,正如罗尔斯、哈贝马斯等哲学家所指出的,我们时代意识或现代性概念是强调伦理道德上、政治上的正当性、合法性与合理性优先于善的概念,优先于美德的概念,强调自由与责任,权利与义务并举,正义与人道共存,规范性与创造性相得益彰。

全球正义理念、世界主义理念即人类共同体理念、人权理念、反人类罪理念、宽容理念与民主法治理念这六大理念是我们时代自我定义的核心,也是我们时代的自我行为标准。它们是我们时代理想的精髓,也是我们时代情感的纽带。作为我们时代现代性概念的核心,它们具有如下特性。

第一,它们是我们时代作为全球化时代特有的理念与意识;它们的内容本质地反映了我们时代的本质、特性、价值、情操、标准与要求;对于具体的文化与民族精神,它们是具有普遍性的理念。全球正义是社会正义的全球化,是从全球的角度讲,在全球具有有效性、合理性、合法性与制约力的社会正义。世界主义理念即人类共同体理念的基本思想是:在全球化时代,人类是一个经济、社会与政治共同体,每个人都是这一共同体的平等、有责任义务的成员。人权理念的基本思想是每个人作为全球人类共同体的成员,具有在这一共同体中神圣的人的地位、尊严与权利。反人类罪的基本理念是:一方面,一些罪行已构成对全球人类共同体的伤害;另一方面,一些罪行之所以是罪行是因为触犯全球人类共同体作为一个主权主体。宽容理念的基本思想是在全球化的时代,各国人民、各种文化、各种文明要相互包容、共同发展。民主法治的理念是民主法治的全球化，全球民主，全球法治。所以，全球正义理念、世界主义理念即人类共同体理念、人权理念、反人类罪理念、宽容理念与民主法治理念体现的是一种全球情操、全球视野、全球标准与全球要求。

第二，全球正义理念、世界主义理念（即人类共同体理念）、人权理念、反人类罪理念、宽容理念与民主法治理念体现的是一种全球情操带给我们时代作为全球化时代精神的本体、特征与风格。我们时代的精神本体是由这六大理念所组成的。也就是说，我们时代精神内容广阔，丰富多彩，但其本体核心由这六大理念所组成。全球正义是我们时代的理想，人类共同体理念是我们时代的情操，人权原则是我们时代的运行原则，反人类罪理念体现着我们时代人道思想的光芒，文化宽容是我们时代的核心美德，民主法治是我们时代的核心价值。也就是说，全球正义理念、世界主义理念（人类共同体理念）、人权理念、反人类罪理念、宽容理念与民主法治理念组成我们时代精神的主体理想、情操、运行原则、主导思想、核心美德与主要价值，因此组成了我们时代精神的核心内容。

第三，全球正义理念、世界主义理念（人类共同体理念）、人权理念、反人类罪理念、宽容理念与民主法治理念是我们时代作为全球化时代的精神招牌，把我们时代在精神上与其他时代区别开来。我们时代与其他时代在精神上的区别有许多。但是最显著的是这六大理念所构成的不同。全球正义理念、反人类罪理念本身就是我们时代的产物，而世界主义理念（人类共同体理念）、人权理念、宽容理念与民主法治理念在我们时代不仅具有新的内容，而且无任何其他时代像我们时代一样把它们作为核心原则来强调。

第四，全球正义理念、世界主义理念（人类共同体理念）、人权理念、反人类罪理念、宽容理念与民主法治理念把我们时代作为全球化时代从精神上提升到新的高度。它们把我们时代从精神上真正提到一个人本时代，一个强调人类价值、人类尊严与人类关系的时代。它们把我们时代从一个胸怀祖国、放眼世界的精神境界提升到一个胸怀人类、放眼全球的精神境界，提升到一个胸怀世界、放眼世界的精神境界。它们带给我们时代一个全球视野，一腔全球情怀，一种全球境界，一身全球浩然之气。在本体认识上，它们把我们时代对人类共同体与每个人的身份的认识提高到一个新的水平。在对真理的认识上，它们把我们时代对人类存在的本质、规律与智慧的认识提高到一个新的水平。在伦理道德方面，它们把我们时代对权利、自由、义务、责任、幸福、价值的认识提高到一个新的水平。在社会正义思想方面，它们把我们时代对我们每个人的政治归属、社会公权、社会制度等的认识提高到一个新的水平。

第五，全球正义理念、世界主义理念（人类共同体理念）、人权理念、反人类罪理念、宽容理念与民主法治理念本身相辅相成、相得益彰，组成一个完整的现代性思想体系。

所以，谈论现代性，我们不能不谈这六大划时代的理念。它们是革命性的理念，但它们不是摧毁万物的火山，而是孕育万物的晨曦。它们不是破坏性的洪水猛兽，而是建设性的土地与森林。

全球正义理念、世界主义理念（人类共同体理念）、人权理念、反人类罪理念、宽容理念与民主法治理念之所以构成我们时代意识的核心与本体，这是与我们时代是一个全球化的时代紧密相关的。全球化不仅仅是经济上的全球一体化，而且是实践、价值与规范方面的全球化。全球正义理念、世界主义理念、人权理念、反人类罪理念、宽容理念与民主法治理念一方面是不断地全球化的理念与价值，另一方面又是不断地反映与满足实践、价值、规范全球化需要的理念与价值。它们是建设全球司法化的全球秩序必需的理念、价值与规范。因此，全球正义理念、世界主义即人类共同体主义理念、人权理念、反人类罪理念、宽容理念与民主法治理念具有全球性、普遍性、合理性、正当性、合法性、有效性与实践性的特点。

全球性指这些理念是全球化的、在全球范围内被接受与宣扬的理念。自从 1945 年纽伦堡审判、1945 年联合国的建立与 1948 年联合国《世界人权宣言》发表以来，全球正义理念、世界主义理念（人类共同体理念）、人权理念、反人类罪理念、宽容理念与民主法治理念在全球范围内迅猛传播。不仅如此，它们在全球范围内迅猛地成为许多国家的司法准则。也许，全球范围内全面实现这些理念依然任重而道远。但是，这六大理念全球化的方向与趋势不可逆转。

普遍性是指这些理念具有普遍的可接受性，即它们是任何地方、任何时候都可被任何人合理地接受的。不是所有全球化的理念都具有普遍性，也不是所有具有普遍性的理念都被全球化。这里，我们要区别可接受性与事实上的被接受。不是所有具有可接受性的理念都事实上被接受，也不是所有被接受的理念都具有普遍性。但是，全球正义理念、世界主义理念（人类共同体理念）、人权理念、反人类罪理念、宽容理念与民主法治理念能在全球范围内迅猛传播，重要原因是它们本身具有普遍的可接受性。也就是说，本质上，它们可以，也应当为任何合情合理的人所接受。

合理性是指这些理念是合情合理的，是可以被合理地证明具有可接受性。黑格尔说，凡是存在的，都是合理的；凡是合理的，都必定存在。其实不然，合理的不一定是存在的，存在的不一定是合理的。存在不是必然性的总和。同样道理，不是所有全球化的理念都具有合理性，也不是所有具有合理性的理念都被全球化。与此同时，肯尼指出：有两种普遍性：适用范围的普遍性与证明的普遍性。适用范围的普遍性指合情合理的适用性是适合于所有时间、所有地点，即古往今来，全球性的。证明的普遍性指合情合理的可证明性是适合于所有时间、所有地点，即古往今来，全球性的。具有普遍适用性的理念不一定具有证明的普遍性，具有证明的普遍性不一定具有适用的普遍性。合理性是一种证明普遍可接受性、适用性的结构。

正当性是指这些理念在理论上与实践中都被证明是对的。正当性不仅仅指理念要符合客观，而且指理念本身在伦理道德上是对的。马克思主义哲学认为，实践是检验真理的标准。实践应是检验理念正当性的机制与手段。实践是结合理念与客观存在的桥梁，一个理念是否正当本身不能自我证明，必须在实践中检验。自从1945年纽伦堡审判、1945年联合国的建立与1948年《世界人权宣言》发表以来，全球正义理念、世界主义理念（人类共同体理念）、人权理念、反人类罪理念、宽容理念与民主法治理念在全球范围被证明，而且还在不断地被证明具有正当性。

合法性指这些理念是正当的，有法定基础与根据的。自从1945年纽伦堡审判、1945年联合国的建立与1948年《世界人权宣言》发表以来，全球正义理念、世界主义理念（人类共同体理念）、人权理念、反人类罪理念、宽容理念与民主法治理念在全球范围被证明，而且还在不断地被证明具有正当性，具有合法性。这里，合法性（legitimacy）与正统性（orthodoxy）不是同一概念。合法性指有法理根据，而正统性指与某一传统，如政治文化传统或法统的相一致性。如谈到全球正义与全球法律时，哈贝马斯指出："全球法律是法律的构造性规则的逻辑结果。它第一次在国界内的社会，政治关系的司法与国界外的社会，政治关系的司法之间建立一种对称性。"① 也就是说，我们可以从法律的构造性规则中推演出全球法律的必然存在。全球法律的存在是全球司法性具有对称性与完整性的理由。与此相适应，全球法律存在，全球正义的合法性就存在。同样道理，人权理念、反人类罪理念等理念和规则的合法性就存在。

有效性指这些理念是行之有效的，其权威性是正当的、适宜的。自从1945年纽伦堡审判、1945年联合国的建立与1948年《世界人权宣言》发表以来，全球正义理念、世界主义理念（人类共同体理念）、人权理念、反人类罪理念、宽容理念与民主法治理念等在全球范围内显示出它们是行之有效的，其权威性是正当的、适宜的。如人权理念的有效性，哈贝马斯指出："基本权利规范具有普遍有效性，它们可以从道德的角度进行独有的证明……同时，对基本权利规范普遍有效性的道德证明并没有抹去基本权利规范的司法性，即道德证明没有把基本权利规范转变为道德规范。法律规范保存它们的法律形式，不管证明它们合法性的理由是什么。法律规范的这一特性源于它们的结构，而不是它们的内容。"② 同样道理，全球正义理念、世界主义理念（人类共同体理念）、反人类罪理念、宽容理念与民主法治

---

① ［德］哈贝马斯：《对他者的包容》，麻省理工学院出版社1998年版，第199页。
② 同上书，第190页。

理念等的道德正当性与有效性没有抹去它们的司法有效性。

实践性指这些理念是可实践的、可行的，而不是空想的理念。自1945年纽伦堡审判、1945年联合国的建立与1948年《世界人权宣言》发表以来，全球正义理念、世界主义理念（人类共同体理念）、人权理念、反人类罪理念、宽容理念与民主法治理念等在全球范围内迅猛地成为全人类社会的规范与准则。它们对全人类社会的规范化不仅可行，而且提升了人类素质，促进了人类文明。

从内容与特性上讲，全球正义理念、世界主义理念、人权理念、反人类罪理念、宽容理念与民主法治理念这六大时代理念不仅仅强调规范性，而且强调规范的司法性内容。它们不仅强调普遍性视野，而且强调现代化的全球视野。这与传统中国精神强调的仁、义、礼、智、信"五常"既有相通之处，又明显不同。这六大时代理念与传统中国精神"五常"之相通之处是强调人的价值与尊严，强调以人为本、以义为路的规范化。不同之处在于六大时代理念强调规范的司法性内容，而传统中国精神"五常"强调规范的道德性内容。而且，这六大理念强调的不仅仅是普遍性的视野，而且是全球性的视野。当然，在这里提到六大时代理念与传统中国精神"五常"之异同，笔者的目的不仅仅是强调六大时代理念适合中国国情。毫无疑问，这六大理念在应用于中国实践时，必须考虑中国国情，结合中国国情。但是，与此同时，中国精神应通过结合这六大时代理念而提高到新的高度，即中国精神应通过结合这六大时代理念而达到马尔库斯、哈贝马斯所讲的非压迫性的升华，即理性的升华。

一 现代性与我们时代的精神

时代精神就是现代精神，时代义务就是现代义务，时代价值就是现代价值，时代情操就是现代情操，时代美德就是现代美德。总之，时代性就是现代性。现代性的内涵与标准问题是当代西方哲学讨论的重大问题。现代启蒙思想家提出了民主、法治与理性统治的现代启蒙理性的现代性概念。在洛克等著名现代哲学家的社会政治哲学中，政教分离，德法有别，法治也被强调为现代国家的重要特点与标准之一。这些思想家都首先从社会政治制度现代化的角度定义现代性。与此同时，现代启蒙思想家提出了自由、平等、博爱、正义与理性的现代价值，又从价值的角度定义现代性。自第二次世界大战结束以来，当代思想家把全球正义、人权、反人类罪、人道法律、文化宽容、民主法治等规范包括在现代性规范里。

从现代启蒙运动的角度，康德提出了思想现代化的三大标准与要求：不让手中的书本替自己思考，不让自己的牧师替自己思考，不让自己的医生决定自己的日常饮食。简言之，思想现代化的标准就是思想的自主性，而思想前现代化或非现代化的特性是思想的非自主性。当然，这里思想的自主性不仅仅体现在一个人能独立思考，而且体现在一个人能理性地思考，即一个人能理性地独立思考。而独立思考的理性特质表现在能从普遍性，人的责任与尊严的角度规范性地思考。

康德的思想现代性意识是启蒙主义运动的现代性意识。其核心内容是社会生活的合理性与规范性，以及社会行为的自我意识、自我决定与自我实现。而真正的自我意识、自我决定与自我实现意味着自由、理性与遵循普遍规律。与此同时，康德是现代世界主义或人类共同体主义的鼻祖，是第一个把现代性概念与全球制度和全球意识结合起来的近代哲学家，是第一个强调现代性的核心内容是全球性规范化的哲学家，是第一个宣称在我们时代整个地球的人民已进入一个有世界法律规范的公共政治共同体的哲学家。

因此，在康德的现代性概念中，规范性、责任、世界公民、世界法律、以人权为核心准则的世界司法秩序等具有中心的位置。而在其政治哲学中，康德的现代性标准是共和、法制与理性统治。总之，康德的现代性理念是一个思想的里程碑。它完整地把自由与责任、自主与规范、权利与义务、法律与秩序等现代性要素有机地结合起来。

黑格尔在《精神现象学》中宣布了近代欧洲启蒙运动在精神和理论方面的破产，即启蒙运动现代性概念的破产。黑格尔也不认同康德的世界公民、世界法律、以人权为核心准则的世界司法秩序的理念。但是，黑格尔革命性地提出了时代精神的概念。虽然黑格尔的时

第一章　绪论：我们时代的精神及其核心理念

代精神是其所谓的客观精神的外化，但是，他的时代精神理念还是给我们留下了重大的哲学遗产，即关于现代性与时代精神问题。黑格尔不仅仅认为时代精神是现代性的核心内容，即现代性具有精神层次，而且强调现代的时代精神的特点是理性、自由与创造。在黑格尔那里，自由包含着对必然的认识，创造意味着按客观规律办事，理性是合理与规范的有机统一。在这一意义上，黑格尔的现代性概念与康德的现代性概念又有许多相同点。黑格尔的时代精神是他所谓的客观精神的外化，具有社会共同体属性，这对康德思想可以是一种补充。

霍克海姆与阿多诺在《启蒙的辩证法》一书中描述了近代欧洲启蒙运动所带来的是灾难般的胜利，其根源就是启蒙运动的现代性概念的巨大缺陷。但是，霍克海姆与阿多诺对现代性批判有余，建设不足。他们并没有提出一个新的现代性概念。后现代主义哲学家如德里达等则对现代性概念提出挑战，企图用后现代性取代现代性。法国哲学家福柯则认为18世纪以来的西方哲学的中心问题是现代性的问题。关于现代性争论的核心问题是能否有一个合理的、普遍性的现代性概念与标准。他批判了现代意识中美化当前的倾向，即把当前的一切都作为普遍标准的倾向。当代哲学家也从不同的角度提出了现代性的问题。

这里，谈到现代性，我们就不得不谈到当代著名的德国哲学家约根·哈贝马斯。哈贝马斯的现代性理论是我们时代西方哲学最具影响的现代性理论。哈贝马斯指出，我们时代不仅必须发展出自己的现代性概念，而且我们时代的现代性必须从自身中发展出自己的标准。不仅如此，哈贝马斯指出，现代国家具有三个特点：政教分离、民主与法治。与此同时，在哈贝马斯看来，现代性与时代意识密不可分，我们的时代意识包含普遍人权、全球正义、世界主义等理念。不仅如此，他还指出，现代性与合理性、合法性密不可分。

在其《关于现代性的哲学讨论》第一章"现代性的时代意识以及它自我证明的需要"中，哈贝马斯指出："现代性不可能，也不会，借用（别的时代的）规范性标准；否则，它只能从别的时代所提供的模型中得到启发。现代性必须从自己本身中创造出它自己的规范性标准。所以，现代性发现自己未能摆脱自己被投回自己的命运。"①

在这一问题上，哈贝马斯指出，黑格尔已经看到一些问题的焦点。黑格尔认为："随着现代性被觉醒到自我意识，它对自我证明的需要应运而生。"② 哈贝马斯指出："黑格尔把现代性对自我证明的需要等同于现代性对哲学的需要。"③ 在哈贝马斯看来，黑格尔也看到了现代性自我证明的理性是他称为主观性的一种自我关系结构。所以，黑格尔宣称："现代世界的原则是主观性的自由。"④ 也就是说，现代世界的原则是自己为自己建立起现代性概念与标准。所以，近现代启蒙运动的口号是自我意识、自我决定与自我实现。自我意识、自我决定与自我实现不仅仅是对一个人来说的，也是对一个社会共同体、一个时代来说的。现代世界的核心价值之一是自主（autonomy）。自主不仅仅是对一个人来说的，也是对一个社会共同体、一个时代来说的。因此，现代意识强调合法性证明，注重自身的合法性。而在现代意识中，合法性与合理性密不可分。

不仅如此，根据哈贝马斯的观点，黑格尔意识到，"理性的镇压性的特性是普遍地根基于自我关系的结构中"⑤。黑格尔的误区在于："他设想，对主观性的克服是在关于主观体的哲学范围内进行的。结果，他陷入困境：黑格尔最终不得不剥夺现代性自我理解自身对现代性批判的可能性。"⑥ 也就是说，黑格尔没看到，启蒙运动的现代性理念的问题正是它的理性理念是以主（观）体为中心的。黑格尔想以主观体为中心的哲学（理性）克服现代性的主观性弊病，因而陷入不可摆脱的困境。

---

① ［德］哈贝马斯：《关于现代性的哲学讨论》，麻省理工学院出版社 1987 年版，第 7 页。
② 同上。
③ 同上。
④ 同上。
⑤ 同上书，第 27 页。
⑥ 同上书，第 22 页。

哈贝马斯对现代性概念的杰出贡献之一是把现代性概念与合理性、正当性、合法性、规范性等有机地、紧紧地联系起来。他精辟地指出，现代世界必须合理地发展自己的现代性概念与标准。为了做到这一点，现代世界与现代人必须实现以下几个方面的转变：

第一，实现理性概念的革新与转变。新的理性不仅从主体性能力转变为间体性能力，即要从个人的理解能力变为群体的公约能力，还从主观控制客观的能力转变为主观之间交往、互证与理解的能力。新理性不仅要从主体以自封的标准去排斥他者的能力转变成间体性以共认的规范容纳他者的能力，还要从主观的自归能力转变成主观的间体化归能力。

第二，合理性概念的转变。合理性从管理主体对客体的认识与行动的规范结构转变为主观之间交往、互证与理解的规范结构。合理性不仅要从主体性以自封的、排他的规范结构转变成间体性共认的、容他的规范结构，还要从主观的自归规范结构转变成主观的间体化规范结构；合理性从主体认识的合理性转变成间体性交往的合理性。

第三，正当性概念本身的转变。正当性从衡量主体对客体的认识与行动的规范性标准性转变为主观之间交往、互证与理解的规范性与标准性；正当性从衡量人类主观的自归规范性标准性转变成衡量人类的间体化的规范性与标准性。更重要的是，正当性的标准包括对基本社会机制与行为的标准如人权、民主与法治；正当性的源泉不再是上帝或自然，而是合法、合理的民主过程。

第四，规范性观念的转变。有效的合理性规范不仅仅是主体认同的，而且必须是间体性共认的；规范合理性与有效性的源泉是民主的认知过程与共识。

第五，合法性概念的变化。理性标准与规范的合法性源泉不在于主观意志或客观自然，而在于间体性的订立标准与规范的民主过程。合法性的基础是间体性的民主共识。

第六，共同体概念的转变。共同体的基础不在于共同体主体的同质性，而在于共同体的民主生活过程的规范性、统一性、合理性、正当性、合法性和包容性。

现代性与时代意识论

哈贝马斯的现代性概念是当代西方哲学中影响最为深远的概念，也向当代哲学提出的新问题与挑战。

在中国，对现代性的探讨则是与近代中国人追求民族的独立、自由与解放紧密相连的。在20世纪初的五四与新文化运动中，实现中国现代化的理想第一次被五四与新文化运动中的领袖们如陈独秀等提出来，并把科学与民主作为现代性的标准，强兵富国为现代化的目的。20世纪70年代中期，中国提出了实现四个现代化的目标，因此四个现代化成为中国现代性概念的核心内容。20世纪80年代，中国提出了物质文明与精神文明共同发展的理念。今天，中国又重提中国梦，提出富强、民主、文明、和谐，自由、平等、公正、法治，爱国、敬业、诚信、友善等中国核心价值，提出依法治国、依宪治国的发展战略。不仅如此，中国现代意识越来越强调中国意识的合理性、正当性与合法性，越来越强调中国精神与时代精神的结合。总的来说，中国不仅仅正在建立自己的现代性概念，而且在用新的现代性概念重新规划中国。

值得注意的是，当代中国意识中的富强、民主、文明、和谐，自由、平等、公正、法治，爱国、敬业、诚信、友善这些中国核心价值充分体现出本书所讨论的时代精神的核心理念价值，即它们充分体现出时代精神的全球正义、人类共同体主义、人权、宽容、反人类罪、民主与法治核心理念。在这个意义上，中国梦是中国现代化梦，是中国具有现代性梦，以富强、民主、文明、和谐，自由、平等、公正、法治，爱国、敬业、诚信、友善为核心的中国意识是与时代精神相一致的。

这就使我们回到本书的核心问题：我们时代的核心理念是什么，我们时代现代性概念的核心理念是什么？这是我们所面临的问题。这是一个重大问题，是我们必须回答的问题。这个问题包括相互联系的两个方面，即概念性方面与证明性方面。概念性方面指现代性概念由哪些核心理念所组成，时代精神都有哪些核心理念。证明性方面指为什么某一现代性概念是合理的、合法的与正当的概念，为什么如此组成，为什么时代精神如此组成，为什么时代义务、价值、情操与美德具有如此具体内容。

二 我们时代精神的核心理念

我们的时代建立了自己的现代性概念与标准。如在制度上、政治上，我们时代的精神强调政教分家、民主法治等。在价值上，强调基本人权、自由、平等、公平、正义、人道等。在认知与实践上，强调科学性、知识性、创造性、规范性、合法性、合理性与全球视野。在理念上，我们时代的现代性的核心是六大划时代理念：全球正义理念、世界主义理念（人类共同体理念）、人权理念、反人类罪理念、宽容理念与民主法治理念。这六大划时代理念规定了我们时代精神的本质、内容、特征与力量源泉。

与此相适应，这六大划时代理念所组成的现代性概念具有一个博大精深的全球视野。它们是我们时代在精神本质上区别于其他时代的根据。

（一）全球正义 (Global Justice) 理念

正义是人类最永恒的规范、准则与价值之一，也是我们时代精神的核心规范、准则与价值。而全球正义理念是我们时代正义总体理念的核心思想与理念之一。全球正义，顾名思义，是具有全球性的正义，就是从全球的角度来讲的公平、公正与适宜性。全球正义的核心内容是从全球的角度来讲的，是从规定与保障每个人作为全球人类共同体成员的基本自由与权力、责任与义务的角度来讲的公平、公正与适宜性。它是从司法与道德的双重角度来讲的全球性的公平、公正与适宜性。"全球性"不仅仅指正义的应用性、有效性与合法性范围，也指应用性、有效性与合法性建立的角度与视野。也就是说，全球正义原则的应用性、有效性与合法性范围是全球的，其原则建立的角度与视野也是全球角度与视野。

全球正义理念是我们时代全球视野的最重要的组成部分之一，也是我们时代现代视野的最重要的准则之一，最重要的价值之一，以及最核心的理想之一。因此，它是我们时代的现代性理念，时代精神的最核心的理念，也是最基本的理念。它是我们时代精神其他理念的纲与中心，因此它是最核心的。它是我们时代精神其他理念的基础，因此它是最基本的。在第二次世界大战后，全球正义理念以令人惊讶的速度在全球迅猛普及是当代人类思想发展的一个重大特点，也是我们时代的一个重大特点。对全球正义的追求不仅概括了我们时代的理想，也概括了我们时代的情感。

全球正义理念是我们全球化时代标志性的理念。它既具有我们时代特有的特征，又深刻地规划我们时代的精神本体、特征与风格，把我们时代从精神上提到新的高度。全球正义理念适应与满足我们时代经济、政治等全球化的要求，又承先继后，完美地结合了传统的正义理念与法制理念。它适应与满足了我们时代全球事务规范化的需要，又承先继后，完美地结合了现代伦理、道德与司法的要求。可以说，全球正义理念是我们时代政治伦理理念、价值与规范高度的最集中的体现。

全球正义理念具有全球有效力，它规定我们每个人、每个国家政府以及社会权力组织对天下所有人、对全球社会的道德与法律责任（duty）与义务（obligation）。责任是为了对的事物本身而做对的事情的道德命令（Duty is the commandment to do the right thing for the sake of the right thing）。例如，为了正义本身服务正义，而不是出于其他动机是一种责任。而义务则是一个人对他人或社会所应负有的责任与任务（Obligation is what we owe to one another）。例如，每个公民必须尊重他人的权利，每个人必须尊重法律等。前者是一个人对其他公民所负的责任与任务。后者是每个人对社会、国家及他人所负的责任与任务。前者是一个人欠其他公民的。后者是每个人欠社会、国家及他人的。义务与责任是两个相互关联又相互区别的概念。义务是对责任的负责，所以说"义不容辞"。责任一般地指向某种义务，所以，人们要被问责。全球正义理念规定我们每个人、每个国家政府以及社会权力组织的全球义务与责任。值得注意的是，全球正义理念所规定的我们每个人、每个国家政府以及社会权力组织的全球义务与责任和人道主义道德强调的要对世界上他人的贫困与痛苦有同情心，具有本质的区别。义务是对他人或社会所应负有的责任与任务，而同情心是对痛苦与不幸的怜悯。不履行义务要受到法律的追究，而不具有同情心会受到道德的批评。

我们这里首先要区别全球正义概念与普遍正义概念。全球正义概念与传统的普遍正义概念具有重要的联系，但不是相互等同的概念。全球正义概念与传统的普遍正义概念各自有自己的内涵与外延。普遍正义指具有普遍道德制约力的、放之于四海而皆适的道德正义。全球正义指在全球具有法律制约力的、放之于四海都有法律效力的法律正义。换句话说，普遍正义是道德性正义，全球正义是司法性正义。全球正义理念为时代贡献的不仅仅是放之于全球都有效与正当合法的正义，而且还有放之于四海都有法律效力与司法合法性的法律正义。全球正义不仅仅具有道德制约力，而且具有法律制约力与惩戒力，并以全球司法力量为后盾。违背全球正义将受到的不仅仅是道德责备，还有法律追究。具体来说，全球正义理念与普遍正义理念的区别至少表现在两个方面。

首先，全球正义由全球法律或全球司法性公约所界定，而普遍正义则由四海认同的普遍道德原则与理念所定义。当然，在公共领域，全球正义理念及其内容等将被讨论与交流，而且对全球正义的民主讨论是全球正义原则的源泉之一。尽管如此，全球正义的正式界定由全球法律或全球司法性公约来完成。例如，规定什么是反人类罪的全球正义原则是由一系列国际法律与全球司法性公约所界定。与此相适应，全球正义由相应的世界性司法组织和机构，国际司法组织和机构以及各国的司法组织和机构来建立、解释与实施，其司法义务性与威慑力是普遍正义所不具有的。

其次，全球正义的内涵与侧重点也不同于普遍正义的内涵与侧重点。全球正义规定一国政府、社会组织和机构应如何对待公民，公民彼此应如何对待对方。全球正义规定公民司法性权利与义务。普遍正义规定人与人彼此应如何对待对方，基本社会机构与制度如政府与法律应如何把人当人看待。普遍正义规定人对人的权利与义务，基本社会机构与制度如政府与法律对人的权力与责任。

从历史的角度说，全球正义是个近现代理念，而普遍正义的理念的历史在西方哲学中可追溯到古希腊哲学，在东方可追溯到中国儒家哲学。全球正义理念不仅仅区别于普遍正义理念，而且区别于国际正义理念。它们之间的区别至少表现在两个方面。

首先，全球正义的法律主体对象是公民个人，全球正义是关于公民的基本权利与自由、责任与义务的正义。而国际正义的法律主体对象是国家。全球正义规定公民个人的法律主体地位、权利与义务。国际正义设立国家关系与国家行为的规范。全球正义规定一国政府和全球组织和机构应如何对待公民，公民彼此应如何对待对方的规范。国际正义规范民族国家之间应如何处理彼此的关系与冲突等。在谈到康德的世界法律与世界宪法概念的意义时，哲学大师约根·哈贝马斯指出："世界法律概念的核心创新之处是使作为国家的法律的国际法向作为公民个人的法律的世界法律的转变。而且，公民个人不仅仅是他（她）们所属民族国家的公民，而且是在一个世界共同体的公民。"[①] 哈贝马斯所指出的世界法律与国际法区别也是全球正义与国际正义。在其《对他者的包容》一书中，哈贝马斯指出："全球法律……通过给予他们在自由平等的世界公民所组成的共同体中的成员身份，直接给予每一个人法律地位。"[②]

其次，在内容上，全球正义规定公民个人的基本人权与人格尊严的神圣不可侵犯性。国际正义规定民族国家之间的平等和各国人民之间的平等。全球正义是由人道法则等世界法律所规定的司法正义，而国际正义是由一些具体的国与国之间的国际协议所规定的。

全球正义是全球化时代必不可少的准则与规范。也就是说，如果存在真正的全球化时代，那么全球正义必然存在。如果全球正义不存在，真正的全球化时代就不存在。在全球化时代，不仅不同的人群需要公平、公正的全球条件与环境相互合作和共同发展，而且需要公

---

① ［德］哈贝马斯：《分裂的西方》，剑桥政体出版社2006年版，第124页。
② ［德］哈贝马斯：《对他者的包容》，第181页。

平、公正的全球性准则规范政府行为、主要社会—经济机构行为，以及个人行为。在全球化时代，全球各族人民的和平与发展不仅需要一个全球性的司法秩序，而且需要一个正义的全球性司法秩序。全球各族人民不仅需要公平、公正的全球司法条件与环境相互合作，和平共处，共同发展，而且需要公平、公正的全球司法条件与环境去解决冲突，增加理解。在全球化时代，全球各族人民不仅需要认识彼此的不同与尊重彼此的权利与自由，而且需要认识彼此的类联系，彼此之间的责任与义务。总之，全球正义不是全球化时代的充分条件，而是必要条件。

全球正义理念是我们时代的产物，具有时代性和时代特有的特征，与此同时，它又把我们时代在精神上提到新的高度。具体如下：

第一，全球正义理念的特征之一是它强调人道主义的三原则，即人权原则、人类价值原则和人类类关系原则。从制约力来说，全球正义是司法性正义和在全球具有司法制约力的正义；从制约内容的重点来说，全球正义旨在弘扬人道即人权、人道法则、人类价值与人类类关系。正义意味着端正、事理、真明与适宜，全球正义中的正当、公平、公正与适宜指的是人的基本权利与自由权，从人类价值与人类类关系的角度看正当、公平、公正与适宜；正义意味着端正、弘扬人权、人类价值与人类类关系，全球正义意味着每个人作为全球人类共同体的公民身份是所有理性、价值与适宜的基础，强调人道是我们时代精神的方向。

第二，通过在新的广度、深度与高度上强调规范性，全球正义理念把人类精神意识提到新的高度。新的广度指全球范围，它带给我们时代意识包括人类共同体在内的广阔视野；新的深度指全球正义理念把传统的正义理念与法治理念有机地结合起来，它带给我们对人道法律等的新的、深刻的认识；新的高度包括其法治性、合理正当性与有效性。

第三，全球正义是一种司法性正义，它所规定的自由与权利是受司法保护的自由与权利。它所规定的责任与义务是司法性的责任与义务；因此它与我们时代强调法治的精神紧密相连，如它与世界主义理念、人权理念、反人类罪理念等紧密相连。

第四，全球正义从全球的角度规定正义，它所规定的自由与权利是从全球的角度规定的，它所规定的责任与义务是从全球的角度规定的，它与我们时代的全球意识彼此规定，反映了我们时代全球化的需要。

第五，全球正义建立了我们时代现代性的核心规范与标准。它规定国家政府、社会组织与公权，社会基本制度以及每个人尊重、维护与发展人类权利与自由，人类价值和人类类关系的责任与义务，以及相应的行为规范和标准。

因此，全球正义规范是我们时代精神必不可少的规范，它规定了我们时代的人类责任与义务。全球正义理念不仅仅是我们时代的核心义务规范之一，而且是我们时代的核心价值、情操与美德之一。

这里，全球正义理念同时体现时代性与其普遍性。其时代性是它在我们时代的正当性、可接受性、适用性、必要性与合法性。其普遍性不仅在于它在我们时代具有全球范围的正当性、可接受性、适用性、必要性与合法性，而且在于无论是现在还是将来，都具有全球范围的可接受性、适用性、必要性与合法性。全球正义理念的时代性对于各国具体文化来说是普遍性，而对于超时代的普遍性来说是特殊性。无论如何，全球正义的时代性与普遍性彼此密不可分，相得益彰。

总而言之，全球正义理念是我们时代精神的核心理念之一，是我们时代现代性概念的核心理念，是我们时代全球意识的最集中、最典型的表现。全球正义理念也向我们提出了时代的要求与挑战。

（二）世界主义（Cosmopolitanism）或人类共同体主义理念

我们的时代意识包含深刻、革命性的人类觉醒。人类觉醒就是我们时代的人深刻地意识到全世界的人类同处一个社会政治共同体，人类之间存在本体性的共同类属性与类关系，共同的人类价值，以及共同的先天性类契约。我们时代的人类觉醒是全球正义或人类共同体主义理念在我们时代迅速成为时代精神的核心理念的人和因素。

第一章 绪论：我们时代的精神及其核心理念

世界主义哲学即人类共同体主义哲学是全球正义理念的最坚强的支持者。它是一种强调我们每个人的世界公民身份以及作为一个世界公民的权利与自由、义务与责任的哲学，是强调人类是一个伦理道德、社会政治共同体的哲学。换句话来说，世界主义或人类共同体主义哲学是一种从全球正义的角度，强调我们每个人的世界公民身份以及作为一个世界公民的权利与自由、义务与责任的哲学。它是从人类共同体的角度，强调我们每个人的人类共同体成员身份以及作为一个人类共同体成员的权利与自由、义务与责任的哲学。从这一意义上说，世界主义又是关于全球正义的哲学，是关于人类共同体中的人类正义的哲学。这不是说，只有世界主义哲学才讲全球正义。事实上，自由主义和一切其他哲学也强调全球正义。但是，在所有哲学中，世界主义或人类共同体哲学是支持我们时代的全球正义理念的最坚实的哲学理论。

当代世界主义或人类共同体主义哲学内容丰富，学派多元。其核心思想包括如下五个理念：（1）每个人的双重伦理道德，政治身份，普遍性的基本人权与世界性的义务；（2）非国家性但实体性、主权性的人类共同体，人类一家、人类一体；（3）司法性的世界秩序；（4）以人权为运行原则的全球正义为经济、社会、政治制度的第一准则；（5）世界和平与和睦发展。

与全球正义的理念相适应，世界主义理念或人类共同体主义理念是我们时代精神的另一核心理念。认识到人类是一个经济、伦理、道德、社会与政治共同体是我们时代精神的主要标志之一。世界主义理念或人类共同体理念的核心思想是建立以人为本、以人权理念为核心的运行原则，以建立全球正义、全球和平、人类共同发展或共赢为目的的世界司法性秩序。当然，世界主义或人类共同体主义不是我们时代唯一强调全球正义的哲学。但是，世界主义哲学的确是我们时代强调以人权准则为核心的全球正义的最坚决、最彻底、最系统、最前后一致的哲学，强调全球化义务、价值、情操与美德最坚决、最彻底的哲学。

与全球正义理念相一致，世界主义或人类共同体主义哲学强调每个人的全球性责任与义务，强调人类实践与交往的全球性规范性，强调司法作为全球人类实践与交往的必要中介。与此同时，世界主义或人类共同体主义强调全球性价值、情操与美德，如强调人权，世界和平与发展，胸怀世界，放眼世界，自由，平等，人类博爱，文化开放与宽容，等等。世界主义或人类共同体主义理念与普遍主义理念既具有重大关系，又具有重大区别。世界主义或人类共同体主义强调文化开放与包容，但与文化多元主义又有本质的区别。它与自由主义理念有冲突，但又与自由主义理念有许多重大的共同点。

世界主义理念或人类共同体主义理念本身并不是我们时代所特有的，虽然我们时代是真正意义上的全球化时代，因此是世界主义理念或人类共同体主义理念现实化最广阔、最深刻的时代。在西方，世界主义理念可以追溯到古希腊哲学以及斯多葛哲学，可以追溯到基督教。古希腊哲学以及斯多葛哲学发展出人类一体、每个人作为世界公民的概念。基督教也发展出人类一体，每个人对他人的做人的责任理念。在东方，世界主义理念可以追溯到早期儒学。早期儒家不仅发展出天下的概念，而且强调每个人对天下的责任与义务。但是，当代世界主义或人类共同体理念首先应追溯到康德哲学。

众所周知，康德在其《永久和平》一文中提出他的本质上不同于古希腊版本与斯多葛派版本的世界主义理念或人类共同体理念。康德版本的世界主义或人类共同体主义理念与哲学在三个方面区别于古希腊版本与斯多葛派版本：

（1）康德设想的世界新秩序以人权准则为核心，而古希腊版本与斯多葛派版本的世界新秩序以普遍的善这一理念为核心。

（2）康德设想的世界新秩序是一个司法秩序，不仅仅是一个道德秩序，而古希腊版本与斯多葛派版本的世界主义的世界新秩序仅仅是一个道德秩序；康德所设想的世界新秩序是一个宇宙宪法（cosmopolitan constitution）所规定的司法性秩序。

（3）康德设想的世界新秩序以保护人权、促进世界和平为宗旨，而古希腊版本与斯多葛派版本的世界主义的世界新秩序以促进世界一体、人类一体的理念为宗旨。

(4) 康德的人类共同体不仅仅是道德意义上的人类共同体,而且是社会政治意义上的人类共同体。

康德的世界主义哲学或人类共同体哲学是我们时代强调以人为本、以人权原则为核心的全球正义理念的杰出理论基础,因此成为当代世界主义哲学或人类共同体哲学的原本。

正如哈贝马斯所指出的,康德的世界主义或人类共同体主义理念"给一个世界秩序的思想带来新的吸引力与直觉力量。特别是,康德给法律理论增添第三个范畴或第三个法律家庭:全球法律(cosmopolitan law);这一范畴是一个有着远大影响的创新;即是,在康德新的法律设想中,全球法律、一国的法律与国际法肩并肩地存在"①。可以说,康德是世界秩序宪法化理念的鼻祖。而哈贝马斯是当代康德世界秩序宪法化理念的最坚定的捍卫者与鼓吹者。

哈贝马斯指出,康德的全球法律概念扩大了我们的法律视野,为我们构想一个司法性的世界秩序提供了一个优秀的理论源泉。第一,康德所设想的全球法律是一个革命性的概念。在康德的设想中,如同一个国家的法律一样,全球法律具有司法约束力。② 第二,与全球法律理念紧紧相连的是康德新全球秩序的设想。康德所设想的世界新秩序是一个以人权准则为基础的共和秩序:"所有形式的国家都以一个与人的自然权利相适应的宪法为基础。这样,所有服从法律的人同时又是法律的立法者。"③ 因此,哈贝马斯提出在我们时代民主地建立一个合法、合理、正当的世界宪法的可能性。

值得注意的是,人权概念在康德那里主要是一个道德概念。但是,在康德哲学中,法律服从道德。所有法律的正当合理性源于其道德基础。而在康德《永久和平》一文中的法律哲学中,全球法律、一国的法律与国际法都要体现人权原则,人权不仅仅是在一国的法律与国际法范围内所享受的基本权利,还包括在全球范围内的基本权利

---

① [德]哈贝马斯:《对他者的包容》,第165页。
② 同上书,第168页。
③ 同上。

(cosmopolitan rights)。在康德所设想的世界新秩序中，"全球的所有人民（the peoples of the earth）都在不同程度上进入一个普遍的共同体。与此相适应，在地球的某一角落对人权的侵犯将被在地球的所有角落感觉到"①。康德所讲的"普遍共同体"是一个全球性的共同体。"普遍"的含义是"全球"。哈贝马斯的世界主义或人类共同体主义理念克服了康德理念中的模糊。哈贝马斯明确强调人权是一个司法概念，宪法化的世界秩序是司法秩序。

总的来说，康德版本的世界主义理念或人类共同体理念是当今世界主义理念或人类共同体理念的范本。康德版本的世界主义或人类共同体理念中的人权政治与全球法律是当今世界主义理念或人类共同体理念的两个核心概念与基础。我们时代的世界主义理念有其一系列特有的内容、风格与强调。

第一，我们时代的世界主义理念或人类共同体理念的核心思想是以人为本，以人权准则为运行原则，以全球正义为规范，以建立一个世界司法秩序为目标。"（当今）世界主义设想一个全球秩序，其中人权理念是正义的运行原则，全球性的政府管理机构为保护人权而建立。"② 在世界主义的全球秩序中，人权准则是正义的运行原则。如上讨论，全球正义旨在弘扬人道即人权、人类价值与人类类关系。全球正义中端正、事理、真明与适宜的对象是弘扬人道即人权、人类价值与人类类关系。因此，耶鲁大学教授色拉·本哈比（Seyla Benhabib）指出，世界主义的正义规范"标志在地球上人权主张将逐渐地法律化与司法化"③。

第二，我们时代的世界主义或人类共同体哲学不仅仅是一种道德哲学，而且是一种社会政治哲学。因此，我们时代的世界主义理念或人类共同体理念是本哈比所称的"另一版本的世界主义"理念。所

---

① ［德］哈贝马斯：《对他者的包容》，第176页。
② ［美］罗伯特·派恩（Robert Fine）：《世界主义与人权：全球化时代的激进主义》，《〈本体哲学〉杂志》2009年第1期。
③ ［美］色拉·本哈比：《另一版本的世界主义》，牛津大学出版社2006年版，第20页。

谓"另一版本"是指我们时代所讲的世界主义理念或人类共同体理念不是古希腊版本的世界主义理念或人类共同体理念,也不是斯多葛派版本的世界主义理念,而是改造了的康德版本的世界主义理念或人类共同体理念。我们时代的世界主义所强调的全球秩序是一个司法秩序,而不仅仅是一个道德秩序。违背这一司法秩序所规定的全球正义受到的将不仅仅是道德责备,还有法律追究。例如,正如哈贝马斯指出的:"全球秩序的建立意味着侵犯人权就不再是从道德的角度被判断与立即斗争,而是根据制度化的法律秩序,像由一个国家的法律秩序所定义的罪行一样,被起诉。"[①] 同样,犯反人类罪、侵略罪、大屠杀罪等将受到国际与世界法律的制裁。

哈贝马斯指出,人权原教主义(human rights foundamentalism)是不以法律为中介的、道德性的人权政治堕落的战争产物。哈贝马斯指出:"当它在虚假的法律合法性的幌子下,为一个实质上只是派别争斗的干预提供道德合法性时,一个世界组织的人权政治就沦为人权原教主义。"[②] 与此相适应,"人权原教主义可以避免,但不是通过放弃人权政治,而是通过全球性地把国与国之间的自然状态转变为一个司法秩序"[③]。我们要防止人权原教主义,问题是如何防止。要回答这一问题,我们要知道人权原教主义是如何产生的。一个误区是认为人权原教主义是全球人权政治的必然产物,两者密不可分,因此,只有放弃人权政治,才能避免人权原教主义。哈贝马斯指出,人权原教主义不是在司法的基础上道德性地滥用人权政治的结果,只有使人权政治基于合理正当的司法基础即合理正当的世界法律基础,以正当合法的法律为中介,我们才能避免人权原教主义。哈贝马斯进一步指出:"全球法律是法律的构造性规则的逻辑结果。它第一次在国界内的社会,政治关系的司法与国界外的社会、政治关系的司法之间建立

---

① [德]哈贝马斯:《对他者的包容》,第193页。
② 同上书,第200页。
③ 同上书,第201页。

一种对称性。"① 也就是说，我们可以从法律的构造性规则中推演出全球法律的必然存在。

第三，我们时代世界主义理念或人类共同体理念中的世界秩序是一个以联合国为中心，以各种地区组织为骨干，以世界各个国家为基石的多层次的世界秩序。也就是说，我们时代世界主义理念中的制度赤字正在不断地减少，制度资源与条件正在不断地增加。因此，我们时代世界主义理念有不断发展的制度资源的支持，如联合国的存在以及一系列国际法律与全球协议的存在。

世界主义或人类共同体理念强调全球秩序的司法性与正义和社会生活实践的全球性规范化，它与合理的文化多元主义是相互兼容的。文化多元主义强调不同文化的特殊性、合法性与存在的权利，而世界主义或人类共同体理念强调规范的全球普遍性。合理的文化多元主义与世界主义是可以相互兼容的。普遍性寓于特殊性中，特殊性必须体现普遍性。没有脱离特殊性的普遍性，也没有脱离普遍性的特殊性。世界主义强调人权规范的全球性，它可兼容文化的权利这一理念。反之，文化多元主义强调不同文化的特殊性、合法性与存在的权利，这与强调社会生活实践在全球范围内的规范性是可以兼容的。到那时，世界主义或人类共同体理念与极端文化多元主义、极端民族主义是彼此不兼容的。

世界主义理念或人类共同体理念是我们时代核心的政治理想之一，是我们时代全球意识的一个核心组成部分。世界主义哲学是我们时代最系统地解析与强调全球正义的哲学。的确，我们时代还有其他哲学，如自由主义、后现代主义、实用主义、文化多元化论等。但是，在解析与强调全球正义，每个人作为世界公民存在与负有世界公民的权利与自由、责任与义务方面，世界主义或人类共同体理念独领风骚。

在全球化时代，每个人不仅作为一国公民存在，而且作为世界公民存在，不仅有一国公民的权利与自由、责任与义务，而且有作为世

---

① ［德］哈贝马斯：《对他者的包容》，第199页。

界公民的权利与自由、责任与义务。每个人作为世界公民的权利与自由、责任与义务的规定不仅需要一个全球性的司法秩序，而且需要一个正义的全球性司法秩序。在全球化时代，全球各族人民不仅需要公平、公正的全球司法条件与环境相互合作，和平共处，共同发展，而且需要公平、公正的全球司法条件与环境去解决冲突，保障每个人的基本人权与自由。在全球化时代，不仅政府与公民的关系需要从全球化要求的角度重新规范化，而且人类群体中人与人之间的关系也需要从全球化要求的角度重新规范化。

（三）人权 (Human Rights) 理念

人权理念是关于人的基本权利与自由的理念，也是关于与基本权利和自由相适应的责任与义务的理念。它是我们时代全球正义的核心理念之一，也是我们时代全球正义的运行原则，还是当代世界主义或人类共同体主义的基础原则。如果说，全球正义原则是我们时代精神的阳光，人权理念就是造就我们时代精神阳光的燃料。

自 1948 年联合国发表《世界人权宣言》以来，人权原则已成为我们时代社会正义最重要的运行原则。也就是说，全球正义的核心内容是全球范围内对人的基本权利与自由的保障，以及对与此相适应的责任与义务的规定。"人权是权利的社会形式。这一社会形式的权利是我们时代的产物，也是我们时代的成就。"① 人权理念是一个近现代的理念。人权原则是我们时代全球正义的运行原则。如果说，我们时代是一个人道回归的时代，那么它首先是一个强调尊重人权为司法规范、道德规范与行为规范的时代。我们时代的人权原则在内容、风格与特性上深深地印着我们时代所特有的烙印。承认、尊重与保障人权体现着我们时代对公平、公正与适宜概念的特殊理解。总的来说，在我们时代，全球正义是以人权原则为准则的。世界主义哲学是以关于人权原则为核心的全球正义，全球司法秩序，全球责任与义务的哲学。

---

① [美] 罗伯特·派恩：《世界主义与人权：全球化时代的激进主义》，《〈本体哲学〉杂志》2009 年第 1 期。

现代性与时代意识论

在我们时代，人权原则不仅仅是一个道德原则，而且是一个司法规范，体现我们时代强调法治的特点。在这一意义上，尽管权利的概念源远流长，但人权规范作为司法规范却是我们时代的特定产物。综上所述，全球秩序的建立意味着侵犯人权就不再是从道德的角度批判，而是按法律秩序被当作罪行起诉。值得注意的是，哈贝马斯对人权和道德权的区分。哈贝马斯认为，人的道德权是与生共有的，而人权是历史地建立起来的。哈贝马斯指出："人权的概念并不起源于道德，而是具有现代个人自由概念深深的烙印。因此，它是一个特别的司法概念。在本质上，人权是一个司法概念。它之所以有道德权的外表不是由于它的内容，也不是由于它的结构，而是由于它的有效性模式。它的有效性超越一个民族国家的法律秩序。"① 哈贝马斯指出，关于人权，我们在认识上常有三个误区：

第一，我们误读历史上人权理念的起源。即我们误以为，历史上，人权概念起源于道德，而没有注意到，事实上，人权的概念伴随具有现代气息的个人自由概念而生。

第二，由于人权概念的有效性模式超越一个民族国家的法律秩序，我们就断定人权是一个道德规范；也就是说，我们的通常逻辑是：凡是其有效性超越一个民族国家的法律秩序所规定范围的规范只能是道德规范。但是，这一逻辑是错误的。比如，世界法律规范的有效性就超越一个民族国家的法律秩序所规定范围，但它们是法律规范，而不是道德规范。

第三，"基本权利规范具有普遍有效性，它们可以从道德的角度进行独有的证明……同时，对基本权利规范普遍有效性的道德证明并没有抹去基本权利规范的司法性，即道德证明没有把基本权利规范转变为道德规范；法律规范保存它们的法律形式，不管证明它们合法性的理由是什么；法律规范的这一特性源于它们的结构，而不是它们的内容"②。

---

① ［德］哈贝马斯：《对他者的包容》，第190页。
② 同上。

因此，哈贝马斯指出："基本权利是可以以其名义控诉的个人权利。至少个人权利的部分含义是通过开辟一个法律行为领域，使法律主体从道德命令中解脱出来。"① 也就是说，至少个人权利的部分含义是他或她可以在法律的保护下，选择不服从道德命令。而其对不服从道德命令的选择具有正当合法性。

这一点很关键。如果人权首先是个人的基本权利，如果个人的基本权利的部分含义是他或她可以在法律的保护下，选择不服从道德命令，人权规范就不是一个道德规范，而是一个司法规范。因为，如果人权规范是一个道德规范，它不能规定个人可以正当合法地选择不服从道德命令，否则将自相矛盾。即如果人权规范是一个道德规范，规定个人可以正当地选择不服从道德命令，那它同时规定个人可以正当地选择不服从人权规范这一规范的道德命令。结果是，人权规范否定自己是一个规范，因为规范意味着不可以选择不服从其命令。这是前面所讲的规范与价值的区别。规范具有义务、责任性的约束力量；不管它制约的对象是否喜欢它，这一受制约对象必须遵从它，否则将受到惩罚。价值的力量是吸引力。被吸引的对象是否遵从它取决于这一被吸引的对象的个人爱好与选择。规范给予它的对象的是命令，而价值给予它的对象的是建议与劝告。制约性规范的"应该"具有无条件普遍性义务的绝对性，而价值的吸引性具有已建立的对好处的估计的相对性。

与此相适应，哈贝马斯指出，在理念上，道德权利与法律权利存在的重大区别。"道德权利源于制约自主的人的自由意志的责任。而法律赋予一个人根据自己爱好行动的权利优先于法律责任，而法律责任是对个人自由的法律限制。"② 也就是说，道德权利与法律权利存在的重大区别之一是它们各自与责任的关系。道德责任是道德权利的源泉，即道德责任优于道德权利。与此相比较，法律权利优先于法律责任。显然，哈贝马斯这一道德权利与道德责任的关系和法律权利与

---

① ［德］哈贝马斯：《对他者的包容》，第191页。
② 同上。

法律责任的关系的区分有许多值得商榷的地方。例如，道德责任与道德义务是否存在区别？法律责任与法律义务是否存在区别？道德权利与道德义务的关系是什么？法律权利与法律义务的关系是什么？

尽管如此，哈贝马斯认为，由于它们各自与责任有不同的关系，道德权利与法律权利存在重大区别。不仅如此，哈贝马斯强调，法律权利对法律责任的概念优先在西方哲学中具有长久的传统。例如，"法律权利对法律责任的概念优先源于由霍布斯首先解释的现代制约性法律的结构"①。又如，"根据康德，所有的特殊的人权都基于这一'单一，原始'权利，即拥有平等的个人自由的权利：'【一个人的】自由（即独立于被另一个人的选择的限制），只要它与所有人的根据普遍规律的自由相共容，是每个人唯一的，基于他或她的人性的原始权利"②。总之，人权是司法性权利，不仅仅是道德权利。

我们时代是一个以人为本、人道回归的时代。全球正义要求在全球范围内尊重与保障基本人权、每个人的尊严的不可侵犯性，尊重与保障每个人的基本人权的责任与义务等。世界主义理念设想建立一个在全球范围内尊重与保障基本人权、每个人的尊严，尊重与保障每个人的基本人权的责任与义务的全球司法秩序与道德秩序。

（四）反人类罪 (Crimes against Humanity) 理念

反人类罪，顾名思义，就是侵犯人类、违反人道法则的罪行，是《国际刑事法院罗马规约》规定的四大国际性罪行之一。一方面，反人类罪是一种国际性罪行，因为全人类或人类共同体成为这一罪行的主要与事实上的受害者。另一方面，反人类罪是一种国际性罪行，因为它是冒犯全人类或人类共同体作为一个法律主权实体的罪行。反人类罪理念是第二次世界大战结束以来，更确切地说自纽伦堡审判以来，全球化最迅速的理念之一。

与前面的人权原则相适应，我们时代意识与价值观的核心内容之

---

① ［德］哈贝马斯：《对他者的包容》，第191页。
② 同上书，第192页。

一是反人类罪范畴成为一个主要的司法范畴,反人类罪成为一种主要的国际性与全球性罪行,与反人类罪的斗争是人类最重要的任务之一,反人类罪十恶不赦。全球正义的核心任务之一是矫正具有全球性质的非正义。反人类罪是典型的具有全球性质的非正义,是我们时代强调的四大全球性罪行之一。法律上追究反人类罪与犯反人类罪的罪犯是全球正义的核心任务之一,或属于全球矫正正义的范畴。全球矫正正义指全球性的追究非正义的正义,是全球正义的有机组成部分。

反人类罪理念概念的首次使用可以追溯到1860年美国林肯总统在美国共和党全国代表大会上的发言。在这一发言中,林肯总统明确提出当时的奴隶贸易是一种反人类罪。但是,林肯总统讲反人类罪时,在美国或世界上既不存在相应规定反人类罪范畴的含义与反人类罪的类型的法律,也没有相应司法追究反人类罪的罪行与罪人的机构。因此,林肯总统所讲反人类罪本质上仍是一种伦理道德意义上的罪恶,而不是司法意义上的罪行。

与此同理,19世纪末20世纪初反人类罪理念概念也经常被公共地引用,但这期间所讲反人类罪本质上仍是一种伦理道德意义上的罪恶,而不是司法意义上的罪行。在这一意义上,反人类罪理念是我们时代的产物,也是我们时代的成就。更确切地说,它是第二次世界大战后人类意识与价值发展的产物与成就。它在纽伦堡审判这一历史性的大事件中产生。如果说,如法国文豪雨果所指出,文明化在本质上是人文精神的外在化,那么,反人类罪理念的产生是人文精神外在化的一个新的高度,即它是人道原则司法化的最集中的表现之一。

反人类罪是违背人类的罪行或危害人类的罪行,也是一种冒犯人类共同体、冒犯人类法律的罪行。它是一种特殊范畴的罪行。2002年生效的《国际刑事法院罗马规约》将之定义为那些针对人性尊严极其严重的侵犯与凌辱的众多行为构成的事实。这些一般不是孤立或偶发的事件,或是出于政府的政策,或是实施了一系列被政府允许的暴行。如针对民众实施的谋杀,种族灭绝,酷刑,强奸,政治性的、种族性的或宗教性的迫害,以及其他非人道的行为。反人类罪是《国际刑事法院罗马规约》所规定的四大国际罪之一。

从本质上讲，反人类罪是一种由国际法律或全球法律所定义的国际罪、全球罪。首先，规定反人类罪的法律是国际法律或全球法律，如《国际军事法庭的伦敦条例》《审判前南战犯国际刑事法庭规约》《审判卢旺达罪犯国际刑事法庭规约》《国际刑事法院罗马规约》。反人类罪不仅仅是一种道德方面的错误，而是一种违背了既定法律的罪行。它不仅仅应受到某种道德上的批评，而且应受到法律的追究。其次，反人类罪是一种国际性的、全球性的罪行，涉及全人类的利益，也应受到全人类的关注。全球人类共同体是追究这一类罪行的主权主体。

从内容上说，反人类罪是一种特殊范畴的罪行。它是政策性的，即它不是一种简单的罪行，而是政策性的、系统的对基本人权与人格的侵犯。即它有两个特点：

第一，反人类罪发生是为了实施一种政府，或团体，或群体，或政党的某种政策，它是政策性的。如种族屠杀、种族奴役等。又如南京大屠杀、对犹太人的大屠杀都是政策性的。

第二，它是系统性的。反人类罪发生不是某个单独的犯罪行为，如强奸个案或谋杀个案，而是系统性的、集体性的，如种族屠杀、种族奴役、南京大屠杀、对犹太人的大屠杀等。

也就是说，某些孤立的罪行本身并无资格构成反人类罪。如果它们要构成反人类罪，这些罪行一方面必须是一个迫害或歧视政策的有机组成部分，另一方面必须是以一种有系统或大规模行动的方式来实施。这里，行为人加害受害者的系统化过程是认定反人类罪的关键。

反人类罪理念在概念上的革命是深刻的，其影响也是多方面的。其概念上的革命性主要体现在两个方面：

第一，它确立人类共同体本身可以是罪行的受害者。在传统的司法思维中，某一罪行的受害者必定是具体的人或具体的共同体；相对来说，人类本身或人类本体本身是抽象的存在，不能成为罪行受害者。反人类罪理念颠覆了这一思维。在反人类罪理念中，人类本体本身成为一个司法范畴。反人类罪理念不仅强调了每个人都有基于正义的不可侵犯性，也强调了人类作为司法主体对象的基于正义的不可侵犯性。

第二，反人类罪理念在概念上的革命是确立人类共同体本身或人类本体本身是人们必须对其负责任的司法权威。反人类罪是违反人类的罪行，不仅仅是因为人类共同体是它的受害者，而且是因为人类共同体是其所违背的法律权威。反人类罪是违反人类共同体罪，因为人类共同体是犯罪者必须被其问责的权威。

值得注意的是，无论是历史上还是现在，反人类罪理念与人道法律的理念（the law of humanity）共生共长，彼此密不可分。反人类罪是违反人道罪或反人道罪。而违反人道法律上的罪，不仅仅是一种道德的错误这一事实本身突出人道法律（the laws of humanity）作为一种全球法律的角色。人道法律的内涵与外延是什么？这是我们时代的哲学必须回答的重要的理论与现实问题。人道法律，顾名思义，是规定人作为人的基本权利、自由、义务与责任的法律，是关于维护人类基本价值与人类类关系的行为准则的法律。人道法律是人道道义的法律形式。在这一意义上，反人类罪法律本身是人道法律的有机组成部分。人权法则也是人道法律的有机组成部分。同样，大屠杀罪等国际法律是人道法律的有机组成部分。

反人类罪理念集中体现了现代性的全球正义理念、人权准则与人道法则。不仅如此，它还把现代性概念、全球正义、世界主义或人类共同体主义、人权准则与法治原则有机地结合起来，突出了现代性强调全球司法秩序的特点。

（五）宽容（Toleration）理念

我们的时代是一个多元化、差异化的时代。人类文化的多元性与差异性一方面要求全球性的规范化，另一方面要求全球范围内的政治、文化等方面的宽容。与此相适应，一方面，世界主义或人类共同体理念是我们时代的核心理念，另一方面，宽容是我们时代意识的重要规范之一。1981年联合国发表《消除基于宗教或信仰原因的一切形式的不容忍和歧视宣言》，强调宗教宽容是我们时代的行为准则。1995年，联合国发表其著名的《宽容原则宣言》，并把每年的11月

16日作为国际宽容日,强调社会宽容是我们时代的行为准则。中国以一国两制的方式包容港澳,以民族自治的方式包容少数民族,也建立了制度性政治宽容的一个范例。

与人权规范一样,社会宽容规范是我们时代正义的运行规范之一。事实上,正如联合国《宽容原则宣言》第1.3条款所指出的,"宽容是一种确认人权和多元化(包括多元文化、民主和法制)的责任。它摒弃教条主义和专制主义,并确认国际人权文件所提出的标准";其第2.3条款指出,"个人、社会和民族接纳和尊重人类大家庭多种文化,是实现国际和睦所必不可少的条件。没有宽容,就不可能有和平,没有和平,也就无法实现发展或民主";其第2.4条款指出,"不宽容,可表现为使易受伤害群体社会边缘化并将其排斥于社会和政治生活之外,并可表现为针对这些群体的暴力和歧视。正如《种族与种族偏见问题宣言》中所确认的,'所有个人与群体均有维护其特性的权利'(第一条第二段)"。也就是说,无论是在国内或全球范围,社会宽容确认以人权为基石的社会政治正义。不仅如此,《宽容原则宣言》第2.1条款指出,"国家一级的宽容,有赖于公正和无偏见的立法、执法、司法以及行政程序。它还要求,每个人都应在没有任何歧视情况下获得经济与社会生活的机会。排斥和社会边缘化可能导致失意、对抗和疯狂";其第2.2条款指出,"为实现一个更加宽容的社会、各国应批准现有国际人权公约,并拟定必要的新的立法,以确保社会中所有群体和个人享有平等的待遇和机会"。[①] 也就是说,社会宽容原则不仅仅是社会政治正义的运行原则,也是分配正义与矫正正义的运行原则。

从概念上讲,社会宽容是对不受欢迎、不能接受的信念、价值、实践或人群的包容与允许。社会宽容不是宽恕,不是一方对另一方的过错的忘记或既往不咎。社会宽容是平等者之间的行为或实践,不是一方对另一方的仁慈或施舍。社会宽容是对对方的权利的尊重。社会宽容也不是冷淡或置之不理。冷淡或置之不理是另一种形式的拒绝,

---

① https://www.un.org.

不是一种包容。包容的基础是尊重对方的权利,在行为内容方面包含、容纳、交锋等。宽容是介于拒绝与接受之间的一种行为与实践。一方面,它区别于拒绝,即使宽容对象是不受欢迎、不能接受的信念、价值、实践或人群。社会宽容不是接受,尽管社会宽容以尊重对方的权利为基础。宽容与政治上讲文明也不是等同概念,尽管两者在某些方面有交叉。

社会宽容使全球范围内多元化、差异化的人类能作为一个共同体而存在,它使全球范围内多元化、差异化的人类群体能共存。反过来,共同生存于同一地球的人类的多元化、差异化必然要求宽容作为全球正义运行的原则。《宽容原则宣言》第3.1条款指出:"宽容愈发具有重要的意义。现代社会正处于一个经济全球化、流动性和交往频繁、种族融合与相互依存、大规模移民和人口迁移情况急剧增多的新时期。由于多样性成为世界各地的特征,日益升级的不宽容与冲突成为对每一地区潜在的威胁。这一威胁并不局限于任何国家,它是一种全球性的威胁。"[①]

美国哲学家迈克尔·华尔茨指出:差异性使宽容成为必要;宽容能使差异共存。就全球正义来说,宽容不仅仅是对不同文化的尊重,而且是对生长于不同文化的人群与个人的权利与选择的尊重。在谈到社会宽容作为我们时代的一个规范时,哈贝马斯也指出,社会宽容是多元社会政治共同体人民内部和平相处的必要行为准则。以宗教宽容为例,"宗教宽容保证一个多元的社会作为一个政治共同体不会因为世界观的冲突而分崩离析"[②]。

罗伯特·沃尔夫(Robert P. Wolff)列出如下不同时代的核心美德与价值观:(1)君主时代的核心美德与价值是忠诚;(2)军事专政时代的核心美德与价值是荣誉;(3)传统自由民主时代的核心美德与价值是平等;(4)社会主义民主时代的核心美德与价值是博爱;

---

① https://www.un.org.
② [德]哈贝马斯:《在自然主义与宗教之间》,剑桥政体出版社2008年版,第258页。

(5) 民族民主时代的核心美德与价值是爱国主义；(6) 现代多元民主时代的核心美德与价值是宽容。①

我们无须认同沃尔夫对时代的划分。但是，我们应认识到如下事实与真理。第一，我们处于现代多元民主的时代。第二，宽容是我们时代的行为规范，而不仅仅是价值与美德。也就是说，宽容是我们时代的中心规范之一，不仅仅是我们时代的中心价值与美德。我们时代所强调的不仅仅是儒家"地势坤，君子以厚德载物"的美德或佛祖"大肚能容，能容天下之难容之物"的涵养与境界，而且要明白这一道理，即宽容是每个人都必须遵守的司法规范，宽容是每个人都必须遵守的制约性的行为规范。

要理解社会宽容是每个人都必须遵守的司法性、制约性的行为规范以及我们时代精神的核心理念之一，我们不要忘记如下事实：(1) 1948 年，联合国发表联合国《世界人权宣言》进一步明确地确立人权准则为全球司法准则，宽容是人权准则必然要求；(2) 1981 年，联合国发表《消除基于宗教或信仰原因的一切形式的不容忍和歧视宣言》；(3) 1995 年 11 月 16 日，联合国教育、科学与文化组织（UNESCO）发表该组织《宽容原则宣言》，并把每年的 11 月 16 日定为国际宽容日。联合国如上的一系列宣言是具有司法制约力的全球公约，至少对所有联合国成员国来说，它们是具有司法制约力的国际或全球公约。这些事实表明宽容准则正不断地全球性的司法化。

以宗教宽容为例，我们可以理解什么是社会文化宽容，为什么社会文化宽容是我们时代精神的一个核心规范。

第一，正如哈贝马斯指出，"宗教宽容不是冷淡。对其他实践与信仰的冷淡或对他者与其他性的尊敬将使宗教宽容失去目标"②。宗教宽容既不是对他者与其他性的冷淡或简单的拒绝，也不是对他者与其他性的接受，而是适当地尊重他者的权利，履行对他者的义务。宗

---

① 参见 [美] 罗伯特·沃尔夫、拜雷顿·穆尔、赫伯特·马尔库斯《对纯粹宽容的批判》，波士顿 Beacon 出版社 1969 年版，第 3—4 页。

② [德] 哈贝马斯：《在自然主义与宗教之间》，第 258 页。

教宽容是为了尊重他者的权利与履行对他者的义务而对所拒绝的他者与其他性的忍受。宗教宽容的先决条件是宗教宽容的目标是宗教宽容者拒绝的,即宗教宽容目标的被拒绝性是宗教宽容的先决条件。所以,"只有那些在主观上有好的理由拒绝由其他人所信仰的信念的人能够实践宗教宽容"[①]。没有既定对象的被拒绝性,就没有宽容的必要。另外,宗教宽容的必要条件是宗教宽容的目标是宗教宽容者必须忍受的、必须与之共存的。宽容不是放弃原则去接受他者与其他性,也不放弃对宽容目标主观上的拒绝,如宽容并不放弃对宽容目标主观上的拒绝。

第二,正如哈贝马斯进一步所指出,"宗教宽容也不等同于文明性这一政治美德"[②]。这里,文明性指罗尔斯所说的愿意与他人合作,愿意与他人妥协。哈贝马斯指出,"对那些与我们思想不同的人的宽容不应该与愿意合作或愿意妥协混淆。只有当各方都具有好的理由既不对有争议的信念寻求赞同,也不认为赞同是可能的时候,宗教宽容才是必需的。宗教宽容超越耐心地追求真理,公开性,相互信任与正义感"[③]。

第三,宗教宽容的第三个特性是它是对民主国家权威的必然要求。"宗教自由检验国家权威的中立性。"[④] 宗教宽容是民主国家权威中立性的必然要求。民主国家权威对各宗教与世界观保持中立,不对任何宗教有歧视,因此,民主国家对各宗教与世界观实行宗教宽容。反过来说,"克服宗教歧视成为争取一种新的文化权利的标兵"[⑤]。也就是说,宗教宽容是争取一种新的文化权利的标兵。宗教宽容保证平等地对待各种文化,尤其是少数群体文化。宗教宽容强调对各种文化,尤其是少数群体文化的包容。

与此相适应,宽容不是冷淡,不等同于文明性,它所体现的是正义对国家权威、社会公权等的要求。对国家权威与社会公权来说,文

---

① [德]哈贝马斯:《在自然主义与宗教之间》,第258页。
② 同上。
③ 同上书,第261页。
④ 同上书,第265页。
⑤ 同上。

化宽容是正义所规定的责任与义务。对每个公民来说，宽容既是责任与义务，又是价值与美德。

总之，宽容是在多元化的历史条件下社会正义的必然选择，是社会实践合理性的必然选择，是幸福原则的必然选择。但是，在我们时代，社会宽容又是极其艰难、富有挑战性的观念。2010年10月17日，德国总理安吉拉·迈克尔宣称：在德国，文化多元主义已经彻底破产。紧接着，英国总理大卫—卡迈隆宣称：文化多元主义已破产。法国总统苏哈齐也附和宣称文化多元主义的破产。这些欧洲政治家如此迫不及待地看见文化多元主义的死亡。这一事实反证文化多元性是如此具有挑战性，也反证在文化多元主义条件下，宽容已成为我们时代的一个特殊而影响深远的理念。

我们必须记住一个简单的事实。文化多元性是我们所生活的世界的一个永恒现实，而不是某种过路浮云。否则，宽容作为每个人都必须遵守的司法性、制约性的行为规范也就失去必要性与有效性。哲学家艾萨·伯林（Isaiah Berlin）指出："我们所见的世界是一个在其中不相容、不能共存的价值在我们面前相互冲突的世界。在另一个世界里相互和谐的原则不是我们日常生活懂得的原则。如果它们转化，来到我们面前，我们在地球上的人将不认识它们。"① 与此相适应，文化多元主义是文化多元性的必然产物。美国哲学家约翰·罗尔斯强调指出，合理的多元主义是自由制度的产物，而合理的多元主义与多元化的合理世界观的存在是宽容的基础。②

值得注意的是，事实上，世界主义或人类共同体主义起源于强调认识与包容文化多元性。强调认识与包容多元文化，并不排斥世界社会政治经济生活的规范性，尤其是司法规范性。中国宋明理学强调理一分殊就包含着强调统一性与多样性的辩证关系，就为我们辩证地强调认识与包容文化多元性，辩证地强调社会与文化宽容以及强调普遍

---

① ［美］艾萨·伯林：《人道的曲木》，普林斯顿大学出版社1997年版，第46页。
② ［美］约翰·罗尔斯：《政治自由主义》，哥伦比亚大学出版社1993年版，第3—4页。

主义提供了理论基础。需要指出的是，世界主义强调的是要有一个全球司法性的、尊重与保障人权的全球司法秩序，强调人权原则为全球正义运行原则，并不排斥普遍人权原则能有不同文化的具体体现，也不强调世界上所有文化的所有的原则、准则、实践等必须是同一的、统一的。

从全球正义的角度来看，强调社会宽容有时是强调世界主义或人类共同体主义的另一个主要方面。世界主义或人类共同体主义的一个宗旨是促进与保障基本人权，另一个宗旨是促进与保障世界和平发展。强调宽容不仅仅是促进与保障基本人权的必然要求，也是促进与保障世界和平发展的实践要求。世界上各族人民的和平、共处、共同发展要求认识文化的差异性，尊重合情、合理、合法的不同文化的权利与人们选择生活于不同文化的权利，尊重不同文化人群在全球问题方面的合法、平等的话语权，尊重不同文化人群在自己道路问题上的自主权。

同样值得注意的是，对文化多元化的认识使哈贝马斯强调在一个国家里，宪法爱国主义为唯一合情合理的国家认同基础；在全球范围，文化多元化、民族差异性、人民多群化等使人类共同体主义为唯一合情合理的共同体认同基础。宪法爱国主义的理念是：在民主中，公民身份和资格的形式共同性和包容性使不同宗族、种族、信仰、历史文化背景的人能在认同共同的民主宪法及其理念和价值的基础上团结起来，组成共同的国家或政治共同体；在民主中，公民身份和资格的形式普遍性和非具体实质性也使现代国家的公民适合于世界范围内的民主化潮流，公民形式的普遍性和非具体实质性使现代公民适合于具有共同政治空间的多文化联系的现代社会，使世界各国公民有共同的政治和价值语言与规范，也使他们具有民主、理性协商的政治意志和条件。与此相适应，人类共同体主义的基本理念是，在民主中，公民身份和资格的形式共同性和包容性使不同宗族、种族、信仰、历史文化背景的人能在认同共同的民主宪法及其理念和价值的基础上团结起来，组成共同的全球人类政治共同体，虽然世界人类共同体本身不是世界国家。

公民对民主的认同，对宪法及其政治制度所体现的理念与价值的认同取代了他们对种族同质（族）、历史同源、血缘同性、宗教同家等的认同。与此相适应，正如宪法爱国主义强调对国家宪法及其所体现的理念和价值的忠诚，宪法人类共同体主义强调对世界宪法及其所体现的理念和价值的忠诚。而世界主义或人类共同体主义强调的世界宪法所体现的核心理念与价值之一就是文化宽容。第一，是社会文化的宽，如社会文化的视野的博大精深，社会文化境界的广阔与开放，以其他社会文化交流的长宽高。第二，是社会文化的容，如社会文化容纳百川的视野，汇集万流的境界，厚德载物的胸怀。

总而言之，社会宽容是现代性的社会行为准则之一，是现代价值之一，是现代社会正义的要求之一，是尊重权利与义务的表现之一。

（六）民主法治理念

民主与法治是当代中国的核心价值之一，也是我们时代的核心价值之一。民主，顾名思义，就是人民当家做主，就是人民主权。这意味着政府要代表人民的意志与利益，为了人民的意志与利益，遵从人民的意志与利益。这意味着法律要代表人民的意志，政治权利与权威要代表人民的意志，基本社会结构要体现人民的意志。这就意味着社会公共权力要代表和服从人民的意志。与此同时，法治，顾名思义，就是在一个社会共同体中，各种社会公共权力要依法运行，所有共同体成员都要依法生活。

我们时代民主法治理念的第一个特点是一个全新的人民概念。人民，在现代国家，就是由平等、自由的公民组成的政治共同体。一个国家的人民是由这一个国家的平等、自由的公民组成的政治共同体。与此相适应，民主就是由平等、自由的公民所组成的人民拥有主权、行使主权与享用主权。在我们的时代，每个人的公民身份，与他/她的阶级属性、宗族属性、种族属性无关，与他/她的政治信仰、宗教信仰无关，与他/她的政党隶属无关。不仅如此，在人民内部，每个公民都是自由、平等的，也就是说，权利、责任与义务方面是平等的，如法律面前人人平等。

我们的时代是一个不断民主化与法治化的时代，正如中国正在不断地加快自己民主化的步伐。从世界的东方，到世界的西方，从北半球，到南半球，在人类文明的滚滚春雷中，我们清晰地听到民主进步的坚实的脚步声。与此相适应，民主理念是我们时代精神的核心理念，是我们时代现代性概念的重要组成部分。说民主理念是我们时代的一个重要标志、是现代性的一个重要标志一点也不过分。在中西方传统思想中，柏拉图、亚里士多德等西方古代思想家都反对民主。即使是在现代欧洲启蒙运动中，包括康德在内的大多数主要启蒙运动思想家都不赞成民主，虽然民主思想首先席卷西方世界。在东方，儒家、法家、道家都不讲民主，虽然儒家强调人文主义。所以，中国五四运动与新文化运动要把科学先生与民主先生请到中国来。民主理念真正成为我们时代精神的核心理念是在第二次世界大战结束之后。从此，民主与专制的斗争成为我们时代的标志之一。

与此相适应，在我们时代，关于民主与法治的哲学不断丰富发展。例如，当代著名哲学家哈贝马斯提出了新的民主理念，包括后民族国家的民主概念，宪法爱国主义概念，公共空间与公共领域概念，程序主义民主模型概念，话语民主过程概念，话语法哲学的法律与法治概念，世界法律化的世界司法秩序概念，话语哲学的公民身份概念，民主是当代法律的唯一合法性源泉的概念，三层次的全球民主概念——国内民主、国际民主与全球民主的概念。在中国，民主协商成为现代中国政治生活的标签之一。在我们时代，民主是社会正义运行与实践的必要手段。全球民主是全球正义运行与实现的必要手段。

民主与法治密不可分。与民主是我们时代的主要色彩相适应，法治是我们时代的核心原则之一，也是正义的核心原则之一。就全球正义来说，全球正义与普遍正义的重要区别之一是，全球正义是司法性的正义，具有司法性的内容。不履行全球正义所规定的义务就要受到法律的追究。侵犯全球正义所赋予的权利与自由就要受到法律的追究。所以，世界主义所追求的正义的世界秩序是一个司法秩序，而不仅仅是一个道德伦理秩序。人权原则是一个司法原则，而不仅仅是一个道德理念。反人类罪是全球司法罪的一个重要种类，是司法性的全球非正义的一个重要种类。

就民主与法治的关系来说,如果民主是内容,那么法治是形式;民主是本质,法治是本体。真正的民主是法治性的民主,真正的法治是民主的法治。而正义的法治是民主的法治。没有法治的所谓民主不是真正的民主。古希腊哲学家亚里士多德早就指出,没有法治,民主政治将堕落为流氓政治。在我们时代,真正的民主与法治如影随形,不可分割。没有法律与法制,没有对公民的基本自由与权利的司法性与规范化保障,没有对公民责任与义务的司法性的规范,没有对政府与政治权利,权威的规范化与标准化,真正的民主就不可能生存。没有民主,法律就没有正当性、合理性与合法性的源泉,法制就没有正当性、合理性与合法性的源泉,没有民主,法律就不可能是正义的,而正义是法律的第一美德与要求,正如正义是其他基本社会制度与结构的第一美德与要求。所以,没有民主,就没有正义的法治。法治,而不是人治,是现代社会的重要标志之一。法治是现代性的重要内容与标准,是现代社会的重要特征之一。法治不是现代性的充足条件,也不是现代社会的充足条件。但是,法治是现代性的必要条件,是现代社会的必要条件。也就是说,有法治的社会不一定是现代社会,但是,现代社会必然是法治社会,无法治的社会不是现代社会,不具有现代性。

在我们时代,没有民主法治,就没有社会正义。也就是说,在我们时代,民主法治是社会正义的必经途径、必要条件。没有民主法治,就没有对公民的基本权利与自由的保护,就没有对公民的基本责任与义务的规范,就没有权利、自由、义务与责任的制度资源。没有民主法治,就没有真正的社会宽容与包容。没有民主,一个司法化的全球秩序就成为不可能的东西。没有民主法治,就没有反人类罪概念与对反人类罪的真正追究。所以,没有民主法治的社会正义,全球正义、世界主义、人权、社会宽容、反人类罪等都将是空谈的理念。值得注意的是,在我们时代,人权政治是最大的政治,是现代社会的最显著的特点。但是,正如哈贝马斯所指出的,如果不以法律与法治为中介,人权政治将堕落为"人权原教旨主义政治"。据哈贝马斯所说，人权原教主义（human rights foundamentalism）是不以法律为中介的、道德性的人权政治堕落的产物。哈贝马斯指出："当它在虚假的法律合法性的幌子下为一个实质上只是派别争斗的干预提供道德合法性时，一个世界组织的人权政治就沦为人权原教主义。"① 与此相适应，"人权原教主义可以避免，但不是通过放弃人权政治，而是通过全球性地把国与国之间的自然状态转变为一个司法秩序"②。我们要防止人权原教主义。哈贝马斯指出，人权原教主义是不在司法的基础上道德性地滥用人权政治的结果。只有使人权政治以合理正当的司法为基础即合理正当的世界法律为基础，以正当合法的法律为中介，我们才能避免人权原教主义。

总之，民主与法治是我们时代人类文明的主流，是实现全球正义的必要条件，是实现世界主义或人类共同体主义理念的必要内容，是促进与保障基本人权的必要手段，是实践社会与文化宽容的必要基础。因此，民主与法治是我们时代现代性的重要内容之一，也是我们时代精神的核心理念之一。

综上所述，全球正义理念、世界主义理念或人类共同体主义理念、人权理念、反人类罪理念、宽容理念与民主法治理念这六大时代理念各有所强调，彼此又是内在地联系在一起的。全球正义或人类共同体主义理念强调全球司法性正义，这必然导致强调全球司法秩序的世界主义或人类共同体主义理念。人权理念是全球正义理念与世界主义或人类共同体主义理念的运行原则。全球司法性正义是保护人权、以人权准则为基准的正义。全球司法秩序是保护人权、以人权准则为基础的秩序。保护人权意味着消灭反人类罪。因此，全球正义理念与世界主义或人类共同体主义理念或人类共同体理念以消灭反人类罪为己任。而当全球正义理念与世界主义或人类共同体主义理念不仅仅把公民个人作为法律的主体对象，也把人类本体与总体作为法律的主体对象时，反人类罪作为一种罪行范畴必然产生，即反人类罪理念作为

---

① ［德］哈贝马斯：《对他者的包容》，第200页。
② 同上书，第201页。

一种罪行范畴必然产生。保护人权意味着认同合理的文化多元主义理念和强调宽容为行为规范。合理的文化多元主义理念和宽容理念体现全球正义理念。而强调全球司法秩序的世界主义或人类共同体主义理念为合理的文化多元主义理念和宽容理念提供必要的法律条件与基础。不仅如此,全球正义、司法化的世界性秩序、人权政治与社会宽容都以法律、法制与法治为必要条件。以全球性的人权政治为例,正如前面所指出的,不以法律与法治为中介,人权政治将堕落为"人权原教主义政治"。只有使人权政治以合理正当的司法为基础即合理正当的世界法律为基础,以正当合法的法律为中介,我们才能避免人权原教主义。与此同时,真正的法治,正当、合理与合法的法律又必须是正义的,又必须以人权原则为准则才能是正义的。无论如何,我们同时应看到,六大时代理念彼此之间的内在关系不是阴阳之间对立统一关系,也不是金、木、水、火、土五行相生相克的关系。它们是同根同族、相互依存的家庭成员之间关系,是彼此相互规定的关系。

总而言之,全球正义理念、世界主义理念或人类共同体主义理念、人权理念、反人类罪理念、宽容理念与民主法治理念这六大时代理念不仅仅是适应我们时代的理念,也是我们时代的产物与成就,更是我们时代精神的核心理念。它们构成时代精神的本质本体,是我们时代精神与其他时代精神相区别的重要标志,是我们时代信念与价值的最高体现。它们是我们时代现代性概念的核心与标准。六大时代理念是我们时代精神的核心,是我们时代现代性的核心准则,是我们时代自我意识、自我决定与自我实现的产物。

因此,我们时代精神具有人道性、合理性、自我反思性、开放包容性等特点。而具有这些特点的我们时代精神也以崭新的风格展示出新的现代性。人道性,即它强调人道准则、人道法律。合理性即具有从理性的角度来说的可接受性。自我反思性即具有自我批判、自我反省的特性。开放包容性指它厚德载物的品性。就人类认识本身来讲,具有现代性的视野与时代视野意味着具有从这六大划时代理念的视角去认识世界的视野,意味着从这六大划时代理念的视角去认识人类自己。

三 现代性与民族性

现代性是我们时代的时代性,因此它是所有民族文化在我们时代必须看齐的标准,它是现代形势对世界上所有民族文化的时代要求。就是说,世界上所有文化,如果它们想继续成为它们的人民进步发展的源泉,它们必须现代化,必须具有现代性的内容,必须与时俱进。这不是说,各种文化应该放弃自己,而是说,它们应该按照现代性的标准更新自己、改造自己。例如,中国精神要与时代精神相结合,这是中国梦在我们时代的要求,也是我们时代对中国梦的要求。

更确切地说,在我们时代,各种文化应该按照全球正义理念、世界主义理念或人类共同体理念、人权理念、反人类罪理念、宽容理念与民主法治理念来更新自己,这些理念是所有民族文化应体现的时代理念与普遍性理念。它们是所有民族文化应体现的时代价值与普遍性价值。它们是所有文化自我更新、自我改造的时代标准与普遍性标准。例如,中国精神与时代精神结合的核心就是在中国精神中注入全球正义理念、世界主义理念或人类共同体理念、人权理念、反人类罪理念、宽容理念与民主法治理念这些时代精神的核心理念。

一种文化是文化,这是因为它有文明化的功能。反过来说,一种文化能在一个时代具有文明化的功能,能继续存在,这是因为它具有时代性,符合时代的要求。若一种文化在一个时代不再具有继续文明化的功能,则意味着它不符合时代标准,不具有时代性。而我们时代,符合时代标准,具有时代性就是符合现代性标准,具有现代性。具体来说,符合我们时代的现代性标准首先就是符合我们时代全球正义理念、世界主义理念、人权理念、反人类罪理念、宽容理念与民主法治理念与价值所规定的现代性概念与现代性标准。

现代性与文化传统的关系也可从另一角度来理解,即现代性与文化传统的关系本质上是普遍性与特殊性的关系。在理念上,现代性所代表的是我们时代具有普遍性的人类理念,而传统文化所代表的是一个民族与人民的理念的特殊性。在价值上，现代性所代表的是普遍性的人类价值，而传统文化所代表的是一个民族与人民具有特殊性的文化价值。现代性所代表的是普遍性的人类理想，传统文化所代表的是一个民族与人民的特殊性。简言之，现代性所代表的是普遍性，传统文化所代表的是特殊性。例如，现代性所代表的是普遍性，中国文化所代表的是特殊性。

现代性与文化传统的关系也可从现代之心与初心的关系角度来理解。现代性所体现的是现代之心，文化传统所传承的是文化初心。例如，现代性所体现的是我们时代的时代之心，而中国文化所传承的是中国文化的传统之心。在理念上，现代性所代表的是我们时代理念、价值观、情操与美德观念，而文化传统所传承的传统原初理念、价值观、情操与美德观念。文化初心要与时俱进，就要现代化，体现现代性。现代性要转化为一种文化动力，就要与具体的文化初心相结合，成为具有具体文化初心的具体现代文化之心。

而关于普遍性与特殊性的关系，毛泽东在其哲学经典《矛盾论》中曾作过经典的概括：普遍性寓于特殊性之中，特殊性体现着普遍性；没有不寓于特殊性的普遍性，也没有不包含或体现普遍性的特殊性。由此而论，现代性是所有民族文化在我们时代的标准，因为现代性是所有民族文化必须体现的普遍性。如果一个民族文化不以现代性标准自我更新、自我改造，这一民族文化也不能继续所谓的特殊性存在，也将被我们时代所淘汰。反之，现代性必须寓于民族文化与其他特殊存在之中，不寓于民族文化或其他特殊存在，现代性也将不能作为普遍性继续存在。不寓于民族文化与其他特殊存在之中的所谓的"现代性"不是真正的现代性，也不是真正的普遍性。不体现现代性的所谓的"民族性"与"特殊性"不是真正的民族性与特殊性。体现现代性与时代性是真正的民族性与特殊性区别于自我标榜的异类的标准。

关于现代性与民族文化传统的关系，著名哲学家哈贝马斯于2001年访问中国时曾专门讨论过，其观点与毛泽东的思想是一致的。2001年访问中国时，哈贝马斯在中国社会科学院作了一场题目为"论人权的文化间体性——假想的问题和现实问题"的演讲。在这一演讲中,哈贝马斯讨论非西方文化对人权的态度立场——尤其是亚洲价值观与人权——以及原教旨主义的挑战。哈贝马斯指出,人权理念具有普遍性,可以也应该得到不同文化的认同,因此强调了现代性与全球化的挑战。他不认同那种从所谓的"亚洲价值"出发,认为亚洲国家在实践人权理念上应有自己的特殊性的立场观点。他认为这一立场肢解了现代性的总体性,也经不起在交往理性指导下的分析批判。他指出,所谓"亚洲价值"使亚洲国家在人权问题上具有特殊性的立场将导致人权理念在亚洲的现实社会生活中边缘化。也就是说,在哈贝马斯看来,一方面,人权理念作为普遍人类理念与普遍人类价值必须寓于亚洲理念与亚洲价值之中。另一方面,任何真正的亚洲价值必须体现人权价值及理念与其他普遍人类价值,否则它们将不是任何真正的价值。

因此,哈贝马斯承认,东西方关于人权的争论是一个很好的契机。东西方关于人权的争论可以一方面揭示出人权理念所包含的规范性、普遍性,另一方面探讨出人权理念如何与具体文化相结合。一方面,东西方关于人权的争论在于如何理解人权,不在于普遍的人类基本权利是否存在。也就是说,尽管彼此有分歧,但世界各国与文化都认同人权作为一个普遍规范与价值。1948年联合国《世界人权宣言》是人类认知的一个里程碑。另一方面,东西方关于人权的争论主要是关于普遍人权理念与具体文化的关系。而这一关系必须辩证地理解。哈贝马斯指出:

> 无论如何,我们现在是毫无选择地被卷入现代化过程之中。现代性对传统构成了三种挑战。第一,经济现代化,传统的经济交往模式转换成了全球化的交往模式;社会关系的商业化,导致用以保证商业活动的可信性、可预见性和信任的欧洲私法的产生。第二,文化、宗教的多元化。这个问题在欧洲非常突出,不同的教派、不同文化的相互抵触。宗教的多元化好像在中国不是很严重。第三,社会个体化的挑战。中国在这一点上正在不断进

步。对所有这些挑战的应战手段是要让个人关于家庭、生活关系、生活取向……的世界观变得中性化。作为个体,每个人都应享有基本权利。因为我们已经处于现代化的过程当中,我们别无选择。①

因此,哈贝马斯既不认为西方应当或能够把人权的理念强加于中国或亚洲国家,也不认为在全球化的背景下人权理念的挑战面前,中国应当也能够在所谓的"亚洲价值"或其他幌子下置身这一挑战之外。他坦率地说:

> 我们现在面临着一个更为严重的问题,这就是全球化。整个世界已经被拉在一块,世界一体化,需要我们寻找到一套共同的规则。这是共同建立人权规则的历史理由,也是基本理由。1948年发布的联合国《世界人权宣言》就是一个标志。问题已经不在于是否承认人权,而在于不同的国家如何理解人权。人权的文化间体性将是我们一直讨论的问题。②

也就是说,强调亚洲价值或中国价值不一定意味着拒绝现代性。相反,强调体现时代精神的亚洲价值才是强调真正的文化价值。这里,可以有两种或更多种类的强调亚洲价值或中国价值。一种是以亚洲价值或中国价值为借口去抵制现代性的理念与要求。这就是上面哈贝马斯所批评的把亚洲价值作为幌子,抵制现代性的理念与要求,肢解现代性的统一性、完整性。另一种是从理一分殊的角度讲亚洲价值或中国价值,从毛泽东所讲的矛盾的普遍性与特殊性的关系的角度来讲亚洲价值或中国价值。关于理一分殊,宋儒大师朱熹用了月亮万丈光芒的比喻来说明。从这个角度讲,亚洲价值或中国价值不是抵制现代性的理念,强调亚洲价值或中国价值并不肢解现代性的完整性、统

---

① 曹卫东:《权力的他者》,上海教育出版社2004年版,第71页。
② 同上。

一性与一致性，正如强调月亮有万丈光芒并不肢解月亮的完整性与统一性，并不否定月亮本身。与此同时，中国现在正在强调的富强、民主、文明、和谐，自由、平等、公正、法治，爱国、敬业、诚信、友善这 24 字核心价值很好地体现着人权理念与传统中国价值的有机结合。

这让我们想到陈来的"多元普遍性概念"。陈来认为，"多元普遍性是否可能或者如何可能，现在应该成为我们全球化时代思考的一个新问题"[①]。他强调，"我们说，在全球的文化关系上，要强调文化和文明的这种多元的普遍性"[②]。从概念与逻辑上讲，"多元普遍性概念"，与"四个角的三角形"的概念一样，是个自相矛盾的概念。概念上与逻辑上，普遍性意味着同一性，意味着一元性，正如在概念上与逻辑上三角形意味着有三个角的形状。普遍性含义上是无处不在、无时不在的共性。多元就是非一元性、非共性。也就是说，多元性与普遍性是逻辑上相互排斥、互不兼容的概念。陈来指出，多元普遍性的概念与中国宋明理学的理一分殊的概念指相同的。但是，概念上，多元普遍性概念与传统中国哲学中的理一分殊是两个完全不同的概念。多元普遍性的概念指普遍性本身是多元的。也就是说，具有普遍性的理是多元的理。而理一分殊的概念是普遍性的理本身是一元的理，但这个一元的理体现在不同的特殊理中。如普遍正义是个一元的原则，具有完整性与同一性，但是它的体现是多元的，如它体现为美国正义、中国正义、英国正义、法国正义等，或体现在分配正义、矫正正义等。在多元普遍性概念中，所谓的"普遍性"不具有完整性、同一性与统一性。而在理一分殊的概念中，普遍的理具有完整性、同一性与统一性。

总之，多元普遍性的概念与理一分殊的概念本质上是两个完全不同的概念。与此相适应，多元普遍性的概念与毛泽东所讲的普遍性寓于特殊性之中，特殊性体现着普遍性，没有不寓于特殊性的普

[①] 陈来：《陈来讲谈录》，九州出版社 2014 年版，第 222 页。

[②] 同上。

现代性与时代意识论

遍性,也没有不包含或体现普遍性的特殊性的概念也是本质上完全不同的概念。毛泽东所讲的是理一分殊的概念。值得注意的是,客观地说,陈来强调的基本上是文化多元主义。但是,多元普遍性概念与文化多元主义概念不是等同的概念。文化多元主义的概念与理一分殊的理念是兼容的,应该从理一分殊的角度来讲。而所谓的多元普遍性的概念与理一分殊的理念不兼容。陈来试图用理一分殊的概念去证明他的多元普遍性概念。但是,陈来忘记了理一分殊的理是"一",不是"多"。

这里,我们还要区别普遍性与全球性这两个概念,也要区别普遍化与全球化这两个概念。普遍性指某一理念的普遍接受性。一个理念的普遍性意味着这一理念的普遍可接受性、正当性与合法性。全球性指一个理念的传播或被接受的范围扩大到全球。这里,接受性与被接受这一事实是两个不同的概念。不是凡是被接受的,都是合理的、正当的与合法的,因而是可接受的。也不是凡是合理的、正当的与合法的都已被接受。就是说,不是像黑格尔所说的那样,凡是存在的,都是合理的,凡是合理的,都是存在的。如种族主义理念曾经在全世界范围内被接受,这不等于种族主义具有普遍性。反过来说,信义的概念具有普遍接受性,但在世界的许多地方,无论个人,还是社会组织或政府,都不讲信义,也就是说,信义这一理念没有被接受。与此相适应,普遍化与全球化是两个不同的概念。普遍化指某一理念的普遍性不断地得到证明。全球化指某一理念在全球范围内不断地推广。显而易见,证明一个理念的合理性、正当性与合法性是一回事,推销或推广一个理念是另一回事。后者并不能证明前者,前者也并不必然带来后者。否则,今天许多坦克、飞机、大炮与导弹在全世界推销就具有合理性、正当性与合法性,被合理化、正当化与合法化了。

陈来混淆了普遍性与全球性之间,普遍化与全球化之间的区别。他说:"思想的普遍性,我想有两个基本含义,一个是思想传播的空间的普遍性,传播的空间有多大,另一个是关于思想内容的普遍性……普遍性与地域性两者之间是相互联系的,因为思想的发生、提出，总是在一个地区开始，传播的范围会受到一定时代传播网络的制约，另外它也会受制于思想的普遍性的内在因素的这种制约。"[1] 其实，普遍性与地域性是两个相互对立、相互区别的概念。普遍性意味着超越地域性。而地域性意味着没有普遍性。某一思想首先是在某一地区发生、提出，不等于其思想的合理性、正当性与合法性具有地域性，而不具有普遍性。这一思想的合理性、正当性与合法性，如果是真的，一开始就具有普遍性。这就是著名哲学家哈贝马斯所讲的理性论断的两面性：一方面，理性的论断首先是在某一地区发生、提出。另一方面，理性论断的合理性、正当性与合法性具有普遍性，超越其所来自地区的区域性。

在《关于现代性的哲学讨论》中，哈贝马斯指出，真假之间、是非之间、善恶之间、美丑之间、正邪之间存在根本的区别，我们也不能把任何在特定的时间、地点和条件下被事实接受的东西都视为合理的。毫无疑问，我们所运用的区别真假、是非、善恶、美丑、正邪等的标准和尺度牢牢嵌在具体的语言、文化和实践中。因此，人类理性具有内在性，即它是内在地与具体的语言、文化和实践相结合的。但是，这不应该使我们看不见人类理性又具有超越性的一面。真正的人类理性对真假、是非、善恶、美丑、正邪的论断和声称是经得起不同时间、地点、条件下，超越某一具体文化与实践的检验，它的理念不局限于某一具体语言、文化与实践。哈贝马斯指出："人类理性的有效论断和主张因此有一副两面神（Janus）面孔。作为论断和声称，它们的有效性不局限于而是超越任何当地的条件；同时，它们又是在这里和现在被发现和认识……理性的普遍性的内涵使它超越任何当地的条件；它的具体体现又迫使它与当地的条件相适应。"[2]

近代中国曾经盛行"中学为体，西学为用"的概念。即使是今天，这一概念也在中国思想界有很大的一个市场。从政治的角度来

---

[1] 陈来：《陈来讲谈录》，第234页。
[2] ［德］哈贝马斯：《关于现代性的哲学讨论》，第322页。

现代性与时代意识论

讲,"中学为体,西学为用"这一命题也许很迎合早期中国人那种故步自封的政治态度。从哲学的角度来讲,"中学为体,西学为用"这一命题却没有合理性与正当性,很难成立。虽然从一定的角度来讲,"中学为体"的命题可以站得住脚。例如,如果普遍性寓于特殊性之中,特殊性体现着普遍性,没有不寓于特殊性的普遍性,也没有不包含或体现普遍性的特殊性,那么"中学"可以是那个体现普遍性的特殊体。"中学为体"就是中学是体现普遍性的那个个体。在这个意义上,"中学为体"这一命题可以站得住脚,但其站住脚的代价是这一命题失去它原本的含义,因此毫无新意。

同样道理,从一定的角度讲,"西学为用"的命题也站得住脚。如果我们不是把西学当作普遍性本身,而是从中可以吸取普遍真理的另一个特殊存在,那西学为用就是说西学是我们吸取普遍真理与价值的工具与途径。在此意义上,"西学为用"这一命题可以站得住脚,但其站住脚的代价是这一命题失去它原本的含义,因此毫无新意。

如果"中学为体,西学为用"这一命题原本的含义,指的是传统文化为本体,现代科学包括现代社会科学、现代知识与现代理念为功用与工具,这命题本身就是错误的。现代理念、现代价值、现代知识与传统文化的关系不是功用/工具与本体的关系,而是普遍与特殊的关系。也就是说,如果在"中学为体,西学为用"这一命题中,西学所指的不是另一个特殊存在,而是指普遍真理、价值与知识,那么,"中学为体,西学为用"是一个错误的概念,是一个对时代精神的反动的概念。无论如何,不管是在文化多元化的幌子下,还是在文化的特殊性的幌子下抵制现代性的现代化要求都是错误的。当然,如果"西学为用"中的西学指的是某一具体西方国家的制度、文化、理念体系、价值体系等,如美国的国家制度、文化、理念体系、价值体系,西学与中学的关系是两个特殊体的平等关系,也不存在谁是体、谁是用的问题。

与此同时,正如前面提到的,自我意识、自我决定与自我实现是现代性的本质特征。自我意识、自我决定与自我实现的现代性要求不仅仅是对一个人而言的,也是对一个社会共同体、一个时代而言的。

自主（autonomy）是现代世界的核心价值之一及现代性的核心价值之一。自主不仅仅是对一个人来说的，也是对一个社会共同体，一个时代来说的。也就是说，一个文化的自我意识、自我决定与自我实现是这一文化的现代性要求之一。一个文化的自主（autonomy）性是现代性要求这一文化必须拥有的现代特性之一。

所以，强调世界上所有文化都必须拥抱全球正义理念、世界主义理念、人权理念、反人类罪理念、宽容理念与民主法治理念不是强调民族文化不要自我意识、自我决定与自我实现，不是强调民族文化不要自主。相反，这是强调每一民族文化要自我意识地、自我决定地与自我实现地拥抱全球正义理念、世界主义理念、人权理念、反人类罪理念、宽容理念与民主法治理念。也就是说，这是强调每一民族文化要拥抱这六大理念作为自我意识的一个核心部分，要把拥抱这六大理念作为自我实现的必要内容。正如一个时代必须从自身中发展出自我的概念与自己的现代性标准，民族文化也必须通过体现现代性的普遍理念与标准来发展出自己的现代性概念与标准。

总之，一个没有自我的民族是没有希望的民族，但是，一个故步自封、拒绝与时俱进、拒绝进步的民族同样是没有希望的民族。一个不懂得普遍性、现代性、时代性必须寓于民族性的民族是失去自我的民族，而一个不懂得民族性必须体现普遍性、现代性、时代性的民族是故步自封、拒绝与时俱进、拒绝进步的民族。一个没有自我的民族文化是没有希望的民族文化，但是，一个故步自封、拒绝进步的民族文化同样是没有希望的民族文化。一个不懂得普遍性、现代性、时代性必须寓于民族性的民族文化是失去自我的民族文化，而一个不懂得民族性必须体现普遍性、现代性、时代性的民族文化是故步自封、拒绝进步的民族文化。一个没有自我的价值系统是没有希望的价值系统，但是，一个故步自封、拒绝与时俱进、拒绝进步的价值系统同样是没有希望的价值系统。一个不懂得普遍性、现代性、时代性必须寓于民族性的价值系统是失去自我的价值系统，而一个不懂得民族性必须体现普遍性、现代性、时代性的价值系统是故步自封、拒绝进步的价值系统。

四 本书的内容与结构

本书旨在探讨我们时代的时代精神以及适应我们时代的全球视野与时代视野。全球视野，顾名思义，就是能够从全球的视角认识世界、理解世界的视野。时代视野，顾名思义，就是能够从时代的视角认识世界、理解世界的视野。我们的时代精神给予我们的就是一个全球视野与时代视野。如上所述，我们的时代精神的核心由六大划时代理念所组成。因此，理解我们时代精神，发展全球视野与时代视野的核心任务是理解构成我们时代精神的六大划时代理念。

因此，本书将系统地探讨构成我们时代意识与现代性标准的五大理念：正义理念、反人类罪理念、世界主义或人类共同体主义理念、宽容理念与民主法治理念，简言之，即前面提到的六大划时代理念中的五大理念。其中，为了更好地理解全球正义理念，对正义的讨论将不仅仅限于全球正义。它共有六章。

第一章，即本章是绪论与介绍。

第二章"正义论"将系统地、通过东西方比较来探讨正义理念，包括全球正义理念。它的讨论包括概念性的讨论与证明性的讨论。概念性的讨论包括正义概念的含义，正义的本质与特征，正义与人道、正义与理性、正义与真理的关系，正义与主权的关系，全球正义的含义等问题。证明性的讨论包括为什么全球正义理念是我们时代精神的核心，全球正义理念的必要性、可能性与重大意义，全球正义理念与反人类罪理念、世界主义或人类共同体主义理念、宽容理念、民主法治理念的关系，等等。

不言自喻，对于人类来说，社会正义是准则，是价值，是美德，也是人道的最基本的运行原则。对于人类社会和社会制度来说，社会正义是准则，是价值，是美德，也是人道。对于人类文明来说，社会正义是光，是水，是空气，是动力。没有社会正义就没有人道，没有人道就没有人类社会，没有人类社会就没有人类生存，没有人类生存就没有你我他（她）的生存。没有社会正义，人类社会将充满黑暗，任何人类共同体将是黑暗的丛林世界。没有全球正义，全球人类社会将是一个黑暗的世界。社会正义不仅仅本身是一个内在价值，还是其他人类价值可知性的源泉。

对哲学来说，社会正义是一个古老的课题，也是哲学永恒的探讨主题，而全球正义是我们时代哲学的中心课题。全球正义是当代哲学的中心课题这一事实不仅突出全球正义理念是我们时代的核心理念之一这一现实，也肯定了社会正义是哲学永恒的探讨主题。什么是全球正义？全球正义本质、内容与范围如何界定？其可能性与现实性是否存在？这些都是当代哲学的热点问题。就本书来说，讲世界主义、社会宽容、反人类罪、法治与和睦社会就是为了讲全球范围内的社会正义，讲全球正义。因此，"正义论"是本书的纲，纲举才能目张。在内容上，这一章的重点是探讨最为时代精神的最核心理念即全球正义理念。它探讨全球正义的本质特征、核心内容、运行原则以及应用范围。

"正义论"将重点讨论传统中国哲学的正义概念、自然主义哲学的正义概念、契约主义哲学的正义概念、自由主义哲学的正义概念和世界主义或人类共同体主义哲学的正义概念。在讨论全球正义理念时，它将重点讨论普遍主义哲学的论证、世界主义或人类共同体主义哲学的论证、契约主义哲学的论证、实用主义哲学的论证与自然主义者学的论证。

第三章"人类共同体论"探讨世界主义或人类共同体主义的哲学理念。它涉及世界主义哲学理念或人类共同体理念的含义，当代世界主义理念或人类共同体理念的本质与特征，当代世界主义理念或人类共同体理念的挑战，世界主义理念或人类共同体理念与文化多元主义理念等的区别与关系，当代世界主义或人类共同体理念与其他时代精神的核心理念如全球正义理念的关系等问题。

它将首先简要地概括哲学世界主义或人类共同体主义哲学的基本思想。然后，它简要地回顾世界主义理念或人类共同体理念的历史发展过程，包括世界主义在西方哲学中的古希腊起源，斯多葛学派的发展，康德的转折点，第二次世界大战后的突飞猛进以及世界主义在东方哲学中的儒家起源与发展。然后它将探讨包括康德、哈贝马斯在内的哲学大师的世界主义思想或人类共同体思想。最后，它将概括地指出我们时代世界主义或人类共同体哲学的一些基本特点。

世界主义哲学或人类共同体哲学不是新的哲学。但是，当代世界主义哲学或人类共同体哲学是当代哲学的新课题。首先，当代世界主义或人类共同体主义的哲学问题与全球正义课题密不可分，这是由于世界主义或人类共同体理念为全球正义提供有力的理论基础。其次，如上所讨论的，当代世界主义或人类共同体理念是适应我们全球化时代的新版本的康德世界主义，也提出了许多新的问题。例如，没有世界国家，世界司法秩序如何可能？没有世界国家，有效的、合法的与有权威的世界法律如何可能？每个人作为一国公民与世界公民的双重身份的关系如何协调？世界主义理念或人类共同体理念与普遍主义理念、民族主义理念和自由主义理念的区别与关系是什么？一个规范的世界新秩序很理想。一个由法律规范的世界秩序更理想。但是，如何民主地建立这一秩序的现实很骨感。

本章对世界主义或人类共同体理念的讨论也分概念性的讨论与证明性的讨论两部分。概念性的讨论侧重于讨论世界主义或人类共同体主义概念的基本内涵、主要宗旨、核心内容与基本原则。证明性的讨论侧重于讨论为什么世界主义或人类共同体理念是我们时代的重要哲学，为什么它能为全球正义理念提供最优秀的哲学理论。在概念性的讨论中，它重点解读康德—哈贝马斯版本的世界主义或人类共同体主义。在证明性的讨论中，它重点解读为什么世界主义或人类共同体理念不仅必要，而且可行。

第四章"社会宽容论"探讨宽容理念。它讨论宽容的本质、特性与合理性证明，宽容的理论基础，宽容的正当对象，宽容的基本要求，宽容与物极必反定律，宽容与真理和理性的关系，宽容与全球正义的关系等问题。宽容课题是当代社会政治哲学的重大课题，也是一个艰难的课题。宽容与拒绝的界限如何界定？宽容与接受的界限如何界定？宽容与淡漠有哪些区别？为什么社会宽容、文化宽容在我们时

第一章　绪论：我们时代的精神及其核心理念

代不仅仅是一种美德，而且是一种义务？

有容乃大。宽容是一个古老但极具现实意义的理念，是联合国宪章强调的核心理念之一。我们生活在一个一方面是全球化，另一方面是文化多元的时代。宽容是社会正义所固定的社会义务。正如美国著名哲学家迈克·瓦尔茨指出的，差异性使宽容成为必要，宽容使差异性变为可能。当不同的人民在全球化的过程中不可避免地走在一起时，制度冲突、理念冲突、价值观冲突等文明冲突不可避免地产生。因此，全球正义以文化宽容、社会宽容为桥梁，把冲突中的不同的人带到共同合作与发展中来。与此相适应，根据全球正义，宽容不仅仅是一种美德与价值，而且是一种义务与行为准则。也就是说，文化宽容、社会宽容是我们对其他人与人类社会共同体所负有的责任与任务。

本章对宽容的讨论也分概念性的讨论与证明性的讨论两部分。概念性的讨论侧重于讨论宽容的基本内涵、主要宗旨、核心内容与基本原则。证明性的讨论侧重于讨论为什么宽容是我们时代的重要原则，为什么它能成为全球正义的运行原则。

第五章"反人类罪论"探讨反人类罪理念。它涉及反人类罪理念的内涵、反人类罪的本质特征、反人类罪理念与时代精神的关系等问题。反人类罪与普通罪的重大区别在哪？为什么反人类罪是全球罪，涉及人类总体的利益？今天，反人类的内涵外延都是由诸如《国际军事法庭的伦敦条例》《审判前南战犯国际刑事法庭规约》《审判卢旺达罪犯国际刑事法庭规约》《国际刑事法院罗马规约》这样的国际法律与条约所规定。尽管如此，对反人类罪理念的哲学讨论是当代哲学的热点之一。这不足为奇，反人类罪理念是我们时代的产物。有关它仍然存在许多概念问题与证明问题。也就是说，反人类罪理念的合理性问题依然需要解决。法律的有效性与合理性之间具有内在联系。

第二次世界大战之后，反人类罪理念突飞猛进地成为国际法的一个重要范畴，也是全球正义理念的一个重要的司法范畴。与此相适应，人道法律概念也成为我们时代精神的一个重要概念。

本章对反人类罪理念的讨论也分概念性的讨论与证明性的讨论两部分。概念性的讨论侧重于讨论反人类罪概念的基本内涵、主要宗旨、核心内容与基本原则。证明性的讨论侧重于讨论为什么反人类罪理念是我们时代的重要理念，为什么它能成为全球正义理念的一个有机组成部分。

第六章"法律、规范化与和谐社会论"将探讨法律与法治理念。它涉及法治的含义，现代化与法治的关系，法律的本质与社会功能，法律与权利和义务的关系，公民概念，国家、民族与民主的关系等问题。它将讨论诸如自然法则主义、法律实证主义、传统中国的儒家、传统中国的法家等重要法律哲学的法律观。它将回答诸如法律的本质是什么等重大问题。

本章对法律与法治的讨论也分概念性的讨论与证明性的讨论两部分。概念性的讨论侧重于讨论法律、法治、和谐社会概念的基本内涵、主要宗旨、核心内容与基本原则。证明性的讨论侧重于讨论为什么法治是我们时代的重要理念，为什么它能成为全球正义理念的一个有机组成部分，为什么世界和平、世界和睦是全球正义追求的目标，等等。

第 二 章

正 义 论

　　如果没有太阳,地球将是一片黑暗。如果没有社会正义,人类社会将是一片黑暗。社会正义,一个多么光芒万丈的理念!一个多么令人心旷神怡的理念!让世界充满正义、真理与理性,这是人类永远的理想与期盼!

　　难怪,正义理念是人类最永恒、最重要的理念、原则与价值,也是哲学研究最永恒的主题之一,是社会政治哲学的奠基性理念。正义情感是人类最深刻、最高尚的情感。的确,在我们所知道的人类文明发展史中,正义理念一直是人类精神中最根本的政治伦理理念、准则与价值。正义理念在我们的社会伦理道德、法律和政治思维中占有最中心的地位。正义是真理,正义是价值,正义是美德,正义是标准。社会正义也许不是人类存在的一切,但是,人类世界必须有正义,正如地球必须有阳光一样。所以,一则拉丁谚语说:正义是所有价值的女王。

　　美国著名哲学家约翰·罗尔斯指出:正义是社会制度的第一美德,正如真理是思想的第一美德一样。不仅如此,正义也是社会制度的第一义务、要求与标准,是人类行为、社会行为的最重要准则。没有正义,一种社会制度就应该被废除,一个基本社会机构就应该被解散。正义也是社会行为的第一要求与准则。如果不符合正义,一种社会行为,无论是政府行为、社会组织行为还是个人行为,都应当被禁止,否则,多行不义必自毙。正义所规定的义务是不容讨价还价的义务,所以有"义不容辞"之说。因此,正如古希腊哲学家柏拉图所强调的，没有正义，人类就毫无希望。也就是说，正义是所有人类希望的基石，是所有人类希望的希望。而在传统中国文化中，仁、礼、理、智是四个最基本的准则与价值。正其宜，不谋其利是行为的座右铭。

正义理念是我们时代的核心理念之一，是我们时代的核心行为准则与价值，是我们时代的核心价值，是我们时代的核心情感，是我们时代的核心美德，因此是我们时代精神的主旋律，是我们时代现代性概念的核心内容。

时代精神是一个时代特有的精神与意识，是一个时代特有的信念、责任义务观念、价值观念与情操的总和。时代信念指一个时代具有普遍性的真理信念、伦理道德、政治信念。责任义务观念，顾名思义，是指一个时代特有的责任、义务观念，如我们时代特有的包括反人类罪在内的对人类的责任义务观念。时代价值观念，顾名思义，是指一个时代具有普遍性的伦理道德、社会政治价值观念，如我们时代的人权价值观念、人类尊严价值观念。时代情操，顾名思义，是指一个时代具有普遍性的伦理道德情操。正义是我们时代理念、时代理想与时代情感的最集中的表现。不仅仅强调公平与公正，人的基本权利与法治是我们时代精神的主要内容与特征，而且在我们时代，全面性地强调正义，如全面地强调诸如国内、国际与全球正义，道德正义与司法正义，实质体正义与程序正义等，是我们时代的主要色彩。没有任何时代比我们时代更强调正义，更为充满激情的正义而奋斗。没有任何时代比我们时代对正义的理解更全面、更深刻，也没有任何时代的正义视野比我们时代的正义视野更博、大、精、深。

作为我们时代的核心理念之一，正义理念在我们时代又反映着我们时代的内容与特点，尤其是现代化与全球化的内容与特点。第一，人的基本权利与自由理念是我们时代的核心理念之一，是我们时代的基本价值之一，也是我们时代最重要的行为标准之一。与此相适应，人权准则是我们时代正义理念的核心准则之一。强调平等、自由与公正，强调与人的基本权利相适应的人类责任与义务是我们时代正义理念的主要特征。可以说，我们时代的公平、公正概念是以基本人权概念为中心的，是基于人权的公平与公正。第二，在我们时代，与全球化的历史进程相联系，全球正义概念不断地发展与普及。反过来，全球正义理念是我们时代正义理念的核心理念之一，是我们时代的基本价值之一，也是我们时代的行为标准之一。

我们时代是全球化的时代。全球化的时代不仅要求正义作为全球范围内政府、社会组织机构与每个人的行为准则与标准，而且要求从全球的角度来讲社会正义，全球正义概念与传统的普遍正义概念不同。普遍正义指具有普遍道德制约力的、放之于四海而皆适的道德正义，而全球正义是指在全球具有法律制约力的、放之于四海都有法律效力的司法正义。当然，普遍正义与全球正义又有密切关系。与此相适应，作为我们时代的核心理念之一，全球正义与世界主义、反人类罪理念紧密相连。与此相适应，我们时代的正义概念强调社会政治生活中的民主法治，强调社会宽容等正义的运行方式。我们时代强调民主法治的政府，民主法治的基本社会结构与基本经济结构，更强调民主法治的社会公共空间与民主法治的公民参与。在一定的意义上，民主法治是我们时代正义运行的方式之一。同上，强调社会宽容是我们时代的特点，因为社会多元化是我们时代的特点。社会宽容原则是社会正义原则在社会多元化情形下的运行方式。

中西方哲学思想都有对正义理念的真知灼见。在这一章中，我们将首先回顾传统中国哲学中的正义概念，然后讨论西方和中国哲学家关于正义与人道的一些思想，再发展出一个新的正义概念：即正义是以人为中心，以真理为基础，以人权原则、人类价值以及人类的类关系为准则去端正人类事务的公平性、公正性与适宜性。这一章将论述，人道观念是正义理念的核心与正义规范性的源泉；遵从正义是我们的道德义务，也是我们的司法义务，而不仅仅是需要做的合理之事。

一 传统中国哲学中正义概念的含义

在传统中国哲学中，正义理念是一个源远流长、经久不息、内容丰富的理念，也是最集中地概括了中国思想情感的理念。在传统中国哲学中，概念上，正义是一个行为准则，是一种价值，是一种美德，是人道的核心原则。无论在伦理道德意义上，还是司法意义上，正义是一个行为标准，一个原则。它规定什么是可以接受的，什么是不可以接受的；什么是可行的，什么是不可行的或禁止的。正义又是一种价值。它规定什么是好的，什么是不好的；什么是可取、值得与应该期望的，什么是不可取、不值得也不应该期望的。

与古希腊哲学一样，在中国哲学中，如在传统儒家哲学中，正义是对个人，也是对基本社会制度如法律与政府的核心要求。对正义的追求一直都是中国哲学、伦理道德、社会政治生活的核心追求之一。对正义政府的追求一直都是中国社会政治生活的核心追求之一。在传统中国哲学中，正义概念充满高尚，寄托理想，点缀希望。正义是一种美德。正义是做人的第一美德，也是社会制度的第一美德，因而是人道的核心原则。例如，孟子提议梁惠王以仁义治国。与此同时，正义是做人的准则和做人的价值标准，是做人的道理与道路的核心组成部分。例如，古人教导：正邪不两立。又，铁肩担道义。正即正义，邪是非正义。在做人方面，孔子说：君子义以为质。孟子称：仁义是为政之要。汉儒董仲舒说：正其宜，不谋其利。

仁、义、礼、智、信是中国儒家的五大基本行为标准，也是儒家的五常。其中，仁是安宅，义是正路，礼是衣服，智是光明，信是空气。义是理，是规范，是准则，所以义是正确的道路。而法家思想家管仲也指出："国有四维，一维绝则倾，二维绝则危，三维绝则覆，四维绝则灭。倾可正也，危可安也，覆可起也，灭不可复错也。何谓四维？一曰礼，二曰义，三曰廉，四曰耻。"[①]

与此相适应，中国哲学也有比任何其他哲学都丰富的关于正义的语言词汇。在许多方面，传统儒家哲学中的正义理念与古希腊柏拉图哲学中的正义理念也有许多相通之处。对一个合理的、公正的社会的追求也一直是传统中国人的追求。

---

① 管子：《管子校正》，载《诸子集成》卷5，团结出版社1996年版，第449页。

第二章 正义论

从概念上讲，传统中国思想中的"正义"一词由"正"与"义"两字构成。正义概念的内涵也由"正"与"义"两字的含义延伸而来。其中，在概念方面，在中国哲学中，"正"有三种不同却紧密相连的含义。

第一个含义是，"正"意味着正当性、正确性、适宜性等。在这一意义上，"正"是一个名词，指的是一种质量、标准、水平等。在这一意义上，《周易》说："文明以健，中正而应，君子正也。"① 君子的本质与行为是健康、中正、正直的。孔子说："其身正，不令而行，其身不正，虽令不从。"② 身正是一个人的品行端正，一个人做人的端正。孟子讲："居天下之广居，立天下之正位，行天下之大道。"③ 天下之正位是正义之位，是正当、正确、中正之位。在同一含义上，孟子还把正义的力量比作一种充满宇宙、使人屹立于天地间的"浩然之气"④。荀子说："防避邪而近中正。"⑤ 管子说："行者，正之义也。"⑥《申鉴》说："正者，义之要也。"⑦ 在这一意义上，正与邪相对立。中国哲学含有包括正气、公正、中正、忠正，正道，正能量等在这一意义上关于正的丰富词汇。

第二个含义是，"正"指正统、正宗、正本等。在这一意义上，"正"指的是正统性、合法性、正宗性，"正"是一个名词。在这一意义上，老子在《道德经》中强调正道与非正道（即真正的道与不是真正的道）的区别："道可道，非常道。名可名，非常名。"⑧ 在这一含义上，正的反面是非正统的、非法的与非正宗的。

第三个含义是，"正"指端正、中正、矫正等。在这一意义上，

---

① 方飞编：《周易》，新疆青年出版社1999年版，第97页。
② 《论语正义·子路》，载《诸子集成》卷1，团结出版社1996年版。
③ 孟子：《孟子正义·滕文公下》，载《诸子集成》卷1，团结出版社1996年版。
④ 《孟子正义·公孙丑上》。
⑤ 荀子：《荀子集解》，载《诸子集成》卷2，团结出版社1996年版，第49页。
⑥ 《管子校正》，第685页。
⑦ 《申鉴》，载《诸子集成》卷7，团结出版社1996年版，第745页。
⑧ 老子：《道德经》，载《诸子集成》卷3，团结出版社1996年版，第1章。

"正"是一个动词。在这一意义上,管子说:"政不正,则事不可理也";"政者,正也。正也者,所以正定万物之命也。故圣人精德立中以生正,明正以治国。故正者,所以止过而逮不及也"。①孔子说:"政者,正也";"名不正则言不顺"②;还说:"其身正,不令而行,其身不正,虽令不从";"不能正其身,如何正人?"③ 孟子说:"我亦欲正人心,息邪说,距诐行,放淫辞,以承三圣。"④ 又说:"正己而物正。"⑤ 儒家道德修养的八大任务是:格物,致知,诚意,正心,修身,齐家,治国,平天下。中国哲学含有正名、正人、正己等在这一意义上关于正的丰富词汇。

与此相适应,概念上,"义"也有两种不同但是紧密相连的含义。一种含义是,"义"意味适宜、合适、可接受性、合理性。在这一意义上,管子说:"义有七体,七体者何?曰:孝悌慈惠,以养亲戚;恭敬忠信,以事君上;中正比宜,以行礼节;整齐撙诎,以辟刑僇;纤啬省用,以备饥馑;敦懞纯固,以备祸乱;和协辑睦,以备寇戎。"⑥ 还强调:"民知义","上下有义"。⑦ 在这一意义上,孔子说:"君子喻于义,小人喻于利。"⑧ 孟子说:春秋无义战。荀子区分公义与私欲,强调公理胜私欲。《淮南子》说:"义者,宜也。"扬雄说:"道以导之,德以得之,仁以人之,义以宜之,礼以体之,天也。"⑨ 朱熹说:"义者,宜也。"⑩ 义利之辨是传统中国哲学中的重大辩论。中国哲学含有包括情义、仁义、礼义、信义、道义、公正无私等在这一意义上关于义的丰富词汇。

---

① 《管子校正》,第462页。
② 《论语正义·尧曰》。
③ 《论语正义·子路》。
④ 《孟子正义·滕文公下》。
⑤ 《孟子正义·告子上》。
⑥ 《管子校正》,第500页。
⑦ 同上。
⑧ 刘安:《淮南子》,载《诸子集成》卷7,团结出版社1996年版,第159页。
⑨ 扬雄:《法言》,载《诸子集成》卷7,团结出版社1996年版,第357页。
⑩ 唐凯麟、张怀承:《成人与成圣》,湖南大学出版社1999年版,第176页。

另一种含义是,"义"指真意、真理、本质、原则等。如《词源》对正义的定义是"正当的,正确的,公平的原则与真理"。① 在这一意义上,我们读到,《周易正义》《孔子正义》《孟子正义》《春秋正义》《五经正义》《史记正义》以及礼之义、文之义等。在这一意义上,韩非说:"私义行则乱,公义行则治。人臣有私心,有公义。修身洁白而行公行正,居官无私,人臣之公义也。"② 这里,"公义"指公理,公共真理。孟子说:"劳心者治人,劳力者治于人……天下之通义也。"③ 王冲说:"《春秋》之义也,为贤者讳。"④ 又说:"《春秋》之一,大水,鼓用牲于社。说者曰:'鼓者,攻之也。'……攻社为得胜负之义,未可得顺义之节也。"⑤ 王阳明说:"于事事物物上求至善,却是义外。"

因此,在传统中国思想中,对正义的追求包含以下四个方面的追求:

(1) 对事物正当性、适宜性的追求;

(2) 对事物真理、本质的追求;

(3) 对事物真实性的追求;

(4) 对事物正当性、适宜性、合理性、合法性的追求。

与此相适应,在传统中国哲学中,正义概念有五种不同但是彼此相连的含义。

第一,正义指端正性、中正性、公平性与公正性。如某一法律的中正、公平。这一含义的正义总与"公平""中正""不偏不倚"等原则连在一起。正义就是公平、公正与中正。这里,正义与弯曲、偏斜、扭曲相反。对所有涉及的,具有不同观点的人来说,正义所代表的公平与公正是能被共同认同的,经得住来自不同角度的检验的。在

---

① 《词源》卷2,商务出版社1980年版,第1665页。
② 韩非子:《韩非子集解》,载《诸子集成》卷5,团结出版社1996年版,第100页。
③ 《孟子正义·滕文公上》。
④ 王充:《论衡》,载《诸子集成》卷7,团结出版社1996年版,第517页。
⑤ 同上书,第583—584页。

这一意义上，孔子说，见利思义。孟子说："仁，人之安宅，义，人之正路。旷安宅而弗居，舍正路而不由，哀哉。"① 荀子说："道义重则轻王公。"② 又说："公义胜私欲。"③ 还说："正义而为谓之行。"④ 值得注意的是，法律因有这一含义上的正义而具有尊严与美德。反之，徇情枉法将使法律失去公正性，因而失去尊严。正义的义务是严守端正性、中正性、公平性与公正性。

第二，正义指的是正当性、合理性、合法性与可接受性。在这一含义上，正义就是合情合理，合法正宗。在这一含义上，古人说：正邪不两立。这一含义的正义包含"道义""公义"和"公理"的意思。所以，人们常说，"天经地义"。"道义"是最高、最纯、最神圣的正当性与合理性。在这一含义上，管子说："行者，正之义也。"⑤ 老子说："以正治国。"⑥ 又说："以道莅天下。"⑦ 孔子说："不义而富且贵，于我如浮云。"⑧ 又说："行义以达道。"⑨ 孟子说："心之所同然者何也？谓理也义也……故理义之悦我心，犹刍豢之悦我口。"⑩ 又说："春秋无义战。"⑪ 荀子说："正义而为谓之行。"⑫ 荀子说："保利弃义谓之至贼。"⑬《申鉴》说："正者，义之要也。"⑭ 正义的义务是严守道义、公义和公理，严守正当性、合理性、合法性与可接受性。

---

① 《孟子正义·离娄上》。
② 《荀子集解》，第 18 页。
③ 同上书，第 68 页。
④ 同上书，第 313 页。
⑤ 《管子校正》，第 685 页。
⑥ 《道德经》，第 57 章。
⑦ 同上书，第 60 章。
⑧ 《论语正义·述而》。
⑨ 《论语正义·季氏》。
⑩ 《孟子正义·告子上》。
⑪ 《孟子正义·尽心上》。
⑫ 《荀子集解》，第 313 页。
⑬ 同上书，第 61 页。
⑭ 《申鉴》，第 745 页。

如上两个含义正义的对立面既是不义与非正义,又是邪恶。不义是个道德概念,指的是违反、违背正义,指的是不公正、不端正。而非正义是个政治性概念,指的是政治上的缺乏公正、缺乏端正。缺乏公正不等于不公正。缺乏端正也不等于不端正。也就是说,非正义不等于不义。不义具有道德上的不可接受性、拒绝性。而非正义不具有道德上的不可接受性、拒绝性。与此同时,邪恶是个道德概念,指的是道德上的恶,具有道德上的不可接受性、拒绝性。当然,邪恶的道德上的不可接受性、拒绝性意味着其政治上的不可接受性、拒绝性。所以,孟子说:"民之为道,有恒产者有恒心,无恒产者无恒心。苟无恒心,放辟邪侈,无不为己。"①

第三,正义是社会制度、行为、社会实践与事物的正当性、适宜性与合适性。"《释名—释言语》说,'义,宜也。'陆德明《经典释文》:'义,宜也'。"② 在这一意义上,正义就是正其宜,就是使制度、行为与事物适宜,适当有度。与此相适应,正义的义务是严守正当、适宜和合适的规范与制度。

第四,正义指的是检验过的、合理的,或证实了的真理、原则、意义、本质和实质。因此,孔子和儒家常说"正名"。孔子说:政治的功能与政府的职责是去"正"。正义指的是检验过的事物基本原理与本义。"正名"让名义归一,原理端正。荀子说:"诚心行义则理,理则明,明则能变矣。"③ 这一含义的正义强调其真理、原则、意义、本质和实质是检验过的、合理的。其合理性表现为两个方面:促进社会和谐;与自然法则相符。与此相适应,正义的义务是严守被检验过的真理与原则,忠诚于被检验过的意义、本质和实质。

第五,正义指有关事物原来的、正统的、原始的真理、本质和实质。获得某物的正义,就是理解该事物原本的、未被淫化的真理、本

---

① 《孟子正义·滕文公上》。
② 唐凯麟、张怀承:《成人与成圣》,第115页。
③ 《荀子集解》,第75页。

质和实质。如《周易正义》《孔子正义》《孟子正义》《春秋正义》《五经正义》《史记正义》等书籍书名中的"正义"一词指的就是这一含义的正义。正义即原义、真谛、真理等。在这一含义上，淮南子说："义者，循理而行宜也。"① 又说："以义行理，名立而不坠。"② 正义的义务是严守正宗、原宗的道理、本质和实质。

总而言之，从概念上讲，在传统中国哲学中，"正义"意味着公平、公正、真理与适宜。把以上五种含义的"正义"概念综合起来，我们看到，在概念上，正义是端正、正当，被证明了的公平、公正、中正与适宜性。在证明性方面，正义是正宗的、合法的与合理的。正义所代表的公平、公正、中正与适宜是基于真理，其本质与实质是真实的和深奥的，因此是合理的、合法的与正宗的。作为标准与价值，正义给人类社会实践、社会制度或个人行为带来合理性、可接受性和合法性。因此，在传统中国哲学中，道义、仁义、礼义、信义、公义，理义、天经地义、天公地道等正义概念应运而生。与此相适应，义务（obligation）等概念也应运而生。义务，顾名思义，就是正义所规定的责任与任务。义务具有强制性的特点。一个人的义务是根据正义的要求，无论是否愿意，都要负起的责任与承担的任务。如果一个人不能承担其义务，他就要受到应有的追究。

正义就是公平、公正。凡是公平、公正的都是正义的。从概念上讲，正义的含义范围比公平的含义范围广。如正义还含有真义、真理、理性统治等含义。但是，就社会正义来说，社会正义的核心内容是公平与公正。公平与公正是社会正义的必要条件与要素。也就是说，如果正义存在，那么公平、公正；如果公平、公正不存在，那么正义也不存在。公平意味着合情合理、平等地对待各方。公平意味着合情合理、平等地对待事物。当然，公平不等于均等。也就是说，公平意味着合情合理、平等地对待各方，但不是平均主义。公平与平等

---

① 刘安：《淮南子》，第169页。
② 同上书，第71页。

不是同义的概念，即公平与平等不是等同的概念。古希腊哲学家亚里士多德把正义中的平等理解为相称的平等很有道理。例如，两个人一起成立一个公司，其中甲方出资80%并有公司80%的股份，乙方出资20%并有公司20%的股份。年终公司盈利100万元。分红时甲方得到80万元，乙方得到20万元。这就是相称的平等。相称的平等不是均等，不是平均，而是公正的平等。又如，正义说人人平等。这就是说，人人都有平等的权利自由与同样的内在道德尊严。这不意味着平均主义，如社会上人人均富或人人均穷。公平与平等的区别还显示在一定的条件下，不平等如果对大家都是有利，则是公平的。如社会分工以及与之相应的报酬之间的适度不平等或不均等对大家都有利，因此它是公平的。难怪美国哲学家罗尔斯在强调正义即为公平时指出，在某一特定的社会安排中，不平等如果对大家都有利，尤其对处弱势地位的人有利，则是公平的，是对权利的公平反映。其实，就我们时代来说，社会分工不可避免地存在。既然有社会分工，就不可能做到社会均等，但这并不意味着不可能做到社会公平。所以，当我们说，公平意味着平等地对待各方时，我们不是说，公平意味着均等地对待各方，意味着平均主义。正义的公平是合情合理的、公正的，但不是平均性的。

在我们时代，社会正义意味着对人的基本权利的尊重，因此正义概念与人权概念密不可分。但是，客观地说，中国传统思想中没有完整的、成熟的人权概念，即人的基本权利概念。这不足为奇。事实上，西方较完整的人的基本权利概念也是近代的产物，而不是自古有之。中国传统思想中的正义即是公平的概念不强调从人的基本权利角度来看的公平。但是，说中国传统思想中没有人的基本权利观念是不正确的。如中国人常说，杀人偿命，欠债还钱，天经地义，这里讲的就是权利。杀人就该偿命，因为这是社会正义，是对侵害被杀者的正义的惩罚。欠债就该还钱，因为这是债主的权利。"尧舜统治时期，设官分职，任命皋陶为士，较为系统地整理有关刑罚的行为规范，并专司狱讼，处理各类争讼。涉及刑法以及争议解决的制度已初步形成。'昏、墨、贼，杀，皋陶之刑也'，'己恶而掠美为昏'即自己为非作恶却掠取美誉；'贪以败官为墨'即贪得无厌，败坏纲纪；'杀人不忌为贼'。"① 昏、墨、贼等该杀因为犯者超越自己的权利，侵犯他人或公共的利益。同样重要的是，中国传统思想中的正义即是公平的概念强调我们每个人对他人以及社会的义务，这间接地包含着对他人合法权益的尊重。

所以，中国传统思想中，人的权利概念是存在的，尽管它很原始，很不成熟，很不系统。与之相适应，偶尔，中国传统思想中的正义也涉及从权利的角度讲公平。当然，中国传统思想中的正义主要是从天地之理的角度去讲社会正义。无论如何，中国传统思想中的正义即是公平的概念，与从人的基本权利角度看到的公平是彼此相通、兼容与互补的。因此，现代从人的基本权利角度讲的公平能够丰富中国传统思想中的正义即是公平的概念。这就是说，一方面，中国传统思想中的正义即是公平这一概念具有普遍性的内容。事实上，正义既是公平也是当代东西方哲学对正义的主要定义之一。另一方面，中国传统思想中的正义即是公平的概念应与时俱进，不断地丰富与发展自己，尤其是体现我们时代对人权、人格与人的尊严的强调。

正义就是中正。与公平一样，中正性是社会正义的另一核心含义。凡是中正的都是正义的。同样，正义概念的含义范围比公平的含义范围广。但是，中正也是正义的必要条件与要素。也就是说，如果正义存在，那么中正存在；如果中正不存在，正义也不存在。中是不偏不倚，正是端正与正确。公平与中正之间具有内在的联系，但不完全同义。公平是合情合理、平等地对待各方。中正是正当、合理地端正自己，端正自己与他人的关系，端正事物。公平与中正规定的是对他人的责任与义务以及对自己的责任与义务。它们是同一铜板的两个方面，彼此密不可分。无论如何，中国传统思想中的正义即是中正的概念是中国特有的概念，但也是具有普遍性内容的概念。它与西方哲学中强调正义与自由、自主、充分运用理性的思想相得益彰，相辅相成。

---

① 里赞主编：《中国法制史》，清华大学出版社2010年版，第3页。

正义就是适宜。适宜性也是正义的另一核心含义。凡是正义的都是适宜的。凡是适宜的都是正义的。正义概念的含义范围比适宜的含义范围广。但是，适宜性是正义的必要条件与要素。也就是说，如果正义存在，那么适宜性存在；如果适宜性不存在，正义也不存在。适宜性一方面强调符合实际情形与符合事理，另一方面强调适度、妥当与从符合事理角度来讲的正确。正义意味着正确地与实际情形、事理相符合，合理地、妥当地按照事理回应实际情形。所以，正义是理性统治，是真理，是正当原则。值得注意的是，这里讲的适宜是客观的适宜，不是从某一角度来看的适宜。如果说，公平强调的是对他人的责任与义务，中正强调的是对自己的责任与义务，那适宜强调的是在客观情形下的任务。中国传统思想中的正义就是适宜的概念是中国特有的、具有民族文化色彩的概念，展示了中国语言的丰富性。不仅如此，中国的正义既是适宜的概念也是具有普遍性内容的概念。它与西方哲学中强调正义为善的思想相形益彰、相辅相成。

正义就是正理、正宗与合法。凡是正义的都是正理、正宗与合法的。正义概念的含义范围比正理、正宗与合法的含义范围广。但是，正理、正宗与合法性是正义的必要条件与要素。也就是说，如果正义存在，那么正理、正宗与合法性存在；如果正理、正宗与合法性不存在，正义也不存在。当然，正理、正宗与合法性不是符合社会权力，如统治权力的要求。相反，社会权力，如统治权力只有是正义的才具有合法性与正当性。

总之，公平性、公正性、中正性、适宜性与正统合法性是传统中国正义概念的核心含义，也应是我们今天正义概念的核心内涵。这表明传统中国正义概念强调的是对，而不侧重于善。但是，在传统中国正义概念中，正义与人道如仁道具有千丝万缕的关系，正义又是一种善，不仅仅是一种对或正确。正义是一种价值，不仅仅是一种义务。这是传统中国正义概念的特点之一。

另外，传统中国正义概念中的公平性、公正性、中正性、适宜性与正统合法性不是以基本自由、权利、责任与义务为中心的，因此它们需要改造和与时俱进。与此同时，在传统中国文化中，追求正义就是追求社会和谐。社会和谐包含社会合作，即柏拉图所讲的社会各阶层的人各司其职，彼此之间又相互合作。社会合作是社会和谐的必要前提，但社会和谐比社会合作的含义要广。社会和谐包含精神的和谐、理念的和谐、价值的和谐、情感的和谐等，不仅仅是社会行为中的合作。另外，社会合作可以通过专制与社会镇压来强行取得，但是，社会和谐只能通过理性统治来取得。

在传统中国思想中，正义旨在通过合理、正当与合法的规范化，通过强调每个人的社会义务来促进社会和谐，消灭社会冲突。因此，社会正义旨在端正个人，端正人与人之间的关系，端正政府，端正基本社会结构，因而促进社会合作与社会和谐。强调社会和谐是传统中国正义理念的一个鲜明的特色，也应是当代中国正义理念的一个鲜明特色。

总之，传统中国哲学中的正义理念在内涵上是非常丰富的，是与我们所生活时代的时代精神相通的，也应在我们时代焕发出新的生命力。

二　西方哲学中正义概念的含义

正义概念在西方哲学中也是源远流长、含义丰富的概念。从最早的柏拉图把社会正义定义为社会和谐与理性统治，经亚里士多德把正义定为公平，近代哲学把正义作为自然法则，康德的以人的权利为基础，以人为目的的正义概念，到今天的自由主义正义概念、世界主义正义概念等，一部西方正义概念史，也是一部丰富多彩的关于社会正义的西方社会—政治哲学史。的确，西方哲学中对正义概念的理解是如此丰富与多样，对社会正义概念理解的传统是如此不同，致使美国哲学家亚历山戴尔·梅肯泰尔在其名著《谁的正义？哪一种合理性？》中强调，每个哲学传统都有其不同于其他传统的正义概念与合理性证明，因此，我们不能离开哲学传统去笼统谈论什么是社会正义或社会正义概念的含义，不存在统一定义或同一含义的社会正义。

柏拉图的《理想国》是西方哲学中内容丰富、影响无限的经典，也是第一部系统地讨论正义概念的经典。柏拉图也是西方哲学史上第一个正式定义正义本质的哲学家。他的《理想国》在西方哲学史上石破天惊地首次提出什么是正义、正义到底是一个内在价值还是工具价值等问题。柏拉图开门见山地指出，什么是正义的问题是关于什么是正义的本质的问题，即什么是所有正义的事物、制度与行为都共有的本质的问题。对此问题，柏拉图的回答是，正义的本质是各部分之间的和谐与理性统治。在每个人的灵魂中，正义是每个人灵魂内部各部分的和谐以及理性部分的统治。在一个社会共同体中，正义是社会共同体中各阶层之间在理性阶层统治下的和谐与合作。简言之，无论是人类灵魂的正义，还是社会正义，正义意味着和谐与理性统治。柏拉图强调，对每个人来说，除非他/她的灵魂的各部分之间相互和谐与理性统治，因此是正义的，否则他/她没有未来。对于一个社会共同体来说，除非各阶层之间相互和谐与理性统治，否则这一社会共同体没有未来。对于一个人类社会共同体来说，除非它的人类之间相互和谐与理性统治，否则人类社会共同体没有未来。

毫无疑问，在柏拉图的正义概念中，正义意味着适宜性。对柏拉图来说，社会共同体中各阶层之间在理性阶层统治下的和谐与合作就是适宜，而且是唯一的适宜性。如传统中国哲学家一样，柏拉图没能把正义与权利和自由联系起来。柏拉图的社会政治哲学中也没权利与自由的概念。因此，柏拉图所讲的正义的义务完全是从理与社会福祉和进步的角度去讲的。正义所规定的责任与义务是每个人对于社会的责任与义务，与每个人的权利无关。

柏拉图的《理想国》对西方正义概念的另一重大贡献是，它提出与回答了正义究竟是一个内在价值还是工具价值的问题。内在价值，指的是自身是一个独立价值，是值得追求的目的。工具价值指的是自身本身不是价值，但它是追求另一个内在价值的必要与重要工具。关于正义是一个内在价值，还是一个工具价值的问题，柏拉图的回答是，正义既是一个内在价值，又是一个工具价值。正义本身具有价值，是值得追求的目的与服务的对象。所以，它是一个内在价值。正义对于人类极其重要，它带来社会和谐与社会合作。在这一意义上，正义又是一个极其重要的工具，所以正义又是一个工具价值。如果我们完整地理解柏拉图，那么，正义是一个内在价值，其对人类的重要性在于它又富有工具性的价值。正义的内在价值与工具价值相形益彰。值得注意的是，在柏拉图正义概念中，正义是善的一个种类，因此在他的正义概念中，善优先于正当性。

不仅如此，柏拉图的《理想国》还提出两个具有真知灼见的正义概念：（1）以义务为中心的正义概念，即正义是给予人们属于他/她们的东西的义务；（2）社会契约正义，即正义是社会契约的产物。在《理想国》的第一册中，坡利马楚斯提出，正义是给予人们属于他/她们的东西，如欠债还钱。坡利马楚斯虽然没有明确把正义与权利结合起来，但是，他的这一以义务为中心的正义概念包含着对权利的承认。因此，苏格拉底虽然对这一概念提出质疑，但并不能批倒这一概念。在《理想国》的第二册中，哥劳聪则提出，正义是契约地规定的可接受性，如被契约性法律规定的可接受性。哥劳聪因此认为正义是一种工具性的价值。虽然哥劳聪的正义是一种工具性的价值的观点被苏格拉底拒绝，但是他的正义是契约地规定的可接受性，尤其是正义是契约性法律规定的可接受性的观点并没有被否定。

亚里士多德把正义定义为公平与合法性。公平就是公正，不私偏。合法性指合乎法律与道德法则，就是说，正义是由法律与道德法则所规定的正当性、规范性与公平。这里，公平与合法性互为一体。公平就是合法，合法就是公平。

亚里士多德是第一个把正义定义为公平的西方哲学家。和他的老师柏拉图一样，亚里士多德也认为正义是一种美德。但是，亚里士多德认为，正义的含义是公平，是"对"。而公平并不等同于平等。平等有两种。一种是数量上的均等。一种是成比例性的平等，即 $1:2 = 5:10$。正义所讲的公平主要是成比例性的平等，不是数量上的均等。毫无疑问，亚里士多德所讲的公平与传统中国思想中的公平基本含义是一样的。当然，亚里士多德所讲的公平与现代自由主义所讲的公平又有区别。现代自由主义的正义即是公平的概念是以人的基本权利与自由为中心的公平，是对人权与自由的公平，而亚里士多德所讲的公平是从理性的角度来讲的公平。无论如何，柏拉图主要从社会合作的角度定义正义，而亚里士多德主要从对每个人公平、公正的角度定义正义。

亚里士多德不仅是第一个把正义定义为公平的西方哲学家，也是第一个把正义进一步划分为分配正义与矫正正义两类的哲学家。分配正义，顾名思义，就是在分配公共责任、公共资源、政治机会等方面的公平。矫正正义，顾名思义，就是在矫正错误方面的正义，如中国人所说的杀人偿命、欠债还钱等。值得注意的是，亚里士多德对正义的划分被现代自由主义完全继承。

中世纪基督教哲学家托马斯·阿奎那，圣·奥古斯丁等把正义理解为符合上帝为人类所规定准则的适宜性。追随亚里士多德，阿奎那也把正义理解为公平，但阿奎那所讲的公平是根据上帝的规则的角度来讲的公平。如司法正义，阿奎那把法律分为四个等级：上帝法律、自然法律、人类法律与国家法律。他指出，合理正当的国家法律必须基于人类法律，而人类法律基于自然法律，自然法律基于上帝法律；与此相适应，正义有国家法律规定的正义，国家法律规定的正义基于自然法律规定的正义，自然法律规定的正义基于上帝条律规定的正义。值得注意的是，阿奎那在把正义作为美德与价值来讲的同时，强调正义是一种规范性的义务，强调人类应服从正义的责任与义务。

近代西方哲学对西方正义概念的最重要的贡献是把正义概念、平等概念、人的基本权利和责任概念联系起来。其中，洛克与康德是最优秀的代表。与许多近代思想家一样，洛克把社会正义作为人的行为准则与政府行为和权力使用的准则。不仅如此，洛克把社会正义概念与每个人的基本权利概念结合，强调社会正义是基于人类基本权利的正义。洛克认为，人人都有三个神圣不可侵犯的权利，即生命权利、财产权利与自由权利，政府是为了保障公民的生命、财产与自由，社会正义就是政府是为了保障公民的生命、财产与自由神圣不可侵犯，正义的政府不以任何名义侵犯公民的自由、生命与财产。例如，正义的政府不得以任何名义干涉公民的宗教信仰自由。

康德也从人的权利和责任的角度定义正义。根据康德的观点，正义就是关于人的权利与责任的原则。正义就是把人作为目的，规定人的尊严具有不可侵犯性的原则。正义意味着理性地认同与尊重人的权利与责任。康德不是第一个提出人的权利概念的西方哲学家。但他杰出的是把正义，人的权利与责任，人的尊严概念有机地连为一体。根据康德的观点，正义是基于人的基本权利与责任的公平与公正。康德西方正义概念的另一重要贡献是其世界主义理念即人类共同体理念与世界法律理念。他的世界主义理念即人类共同体理念与世界法律理念也是当今全球正义理念的萌芽。世界主义理念即人类共同体理念与世界法律理念强调全球正义是司法性正义，程序正义是全球正义的有机组成部分。

今天，西方哲学中的自由主义正义概念可以说是最具影响的正义概念。而谈到西方哲学中的自由主义正义概念，我们就不得不谈到著名哲学家约翰·罗尔斯（John Rawls）。罗尔斯的正义概念本质上是康德式的正义概念的新版。也就是说，在罗尔斯的正义概念中，正义的本质含义是基于人的基本权利与自由的公平与公正。在其哲学经典《正义论》中，罗尔斯指出："正义是社会制度的第一美德，正如真理是思想的第一美德。"[1] 又指出："正义的首要对象是基本的社会结构，更确切地说，主要社会机制分配基本权利与责任，并决定社会合作过程中优势的分配"[2]。这里，罗尔斯指出有关社会正义的几个关键问题。第一，社会正义的首要适用对象是基本社会结构。而罗尔斯所指的基本社会结构包括政府、法律、司法机构，主要经济机制机构等社会权力机构。社会正义是基本社会结构基本准则，也是基本社会结构基本价值与美德。第二，社会正义的主要任务是规定权利与义务，自由与责任。第三，社会正义从社会合作的角度，规定社会资源与负担的分配。

因此，罗尔斯提出其著名的正义两原则："第一，每个人在最大程度上拥有与他人同样自由兼容的基本自由。第二，社会、经济的不

---

[1] ［美］约翰·罗尔斯：《正义论》，哈佛大学出版社1971年版，第3页。
[2] 同上书，第7页。

平等的安排必须符合两个条件：（1）如此不平等可以合理地理解为是对所有人有利；（2）与向所有人开放的地位和职位挂钩。"① 就是说，正义的第一个原则是人人享有与他人同样自由兼容的基本自由的权利。正义的第二个原则是社会、经济方面的不平等只有在对所有人都有利的情形下是正义的。罗尔斯的正义两原则概括了他的正义概念的基本内涵，即正义的本质含义是基于人的基本权利与自由的公平与公正。正义的第一个原则强调正义意味着每个人具有基本自由的权利。第二个原则强调正义公平地兼顾每个人的权利与利益。罗尔斯指出，正义的这两个基本原则"旨在管理对权力与责任的分配与调节社会经济优势的分配"②。就是说，正义的这两个基本原则"规定社会基本结构中权利与责任如何分配。它们规定社会合作的利益与负担的适当分配"③。值得注意的是，在罗尔斯如上的正义两基本原则中，正义所规定的每个人的基本自由与权利不是绝对的，而是与他人的同样的自由与权利兼容的，也就是说，是受他人的同样的自由与权利限制的。换句话说，罗尔斯如上的正义两基本原则与绝对自由与权利的概念是不兼容的。

在其另一哲学经典《政治自由主义》中，罗尔斯再次把正义定义为公平，重申他在《正义论》中提出的正义的两原则。④ 与此同时，他补充指出，正义的这两个基本原则阐释了一个政治性正义概念的内容。"一个政治性的正义概念的内容具有如下三个特点。第一，具体规定基本的权利、自由和机会，这些基本的权利、自由和机会是人们在宪治民主社会中所熟识的。第二，这些基本的权利、自由和机会具有优先地位；尤其是对一般的善或完美主义价值来说，这些基本的权利，自由和机会具有优先地位。第三，确切措施保障所有

---

① ［美］约翰·罗尔斯：《正义论》，第60页。
② 同上书，第61页。
③ 同上书，第4页。
④ 参见［美］约翰·罗尔斯《政治自由主义》，哥伦比亚大学出版社1993年版，第5页。

公民充分运用其基本自由。"① 也就是说，正义的本质含义是政治性的基于人的基本的权利，自由和机会的公平与公正，或政治性地对每个人的基本的权利、自由和机会的公平、公正的规定。不仅如此，正义具有最高价值的地位，因此具有优先性。罗尔斯进一步指出："正义即公平的目的是实践性的：它是一个市民可以接受为理性、知性、愿意的政治协议基础的政治性概念。"② 就是说，正义即公平只是一个政治性概念，其唯一目的是作为理性的、合理的社会合作的公平基础。

就是说，在罗尔斯概念中，正义的基本内涵是公平。正义概念的基本外延是从社会合作的角度公平地规范基本社会结构，包括政府、法律、司法机构，主要经济机制机构等社会权力机构，规范人的权利与义务，自由与责任，规范社会资源与负担的分配。客观地说，在外延上，罗尔斯的正义主要是分配正义，不包括亚里士多德所讲的矫正正义。在罗尔斯的正义概念中，正义在内涵与外延上都只是政治性的，而非本体性的、道德性的。值得注意的是，与哈贝马斯等强调正义概念的可接受性相反，罗尔斯只强调正义概念的被接受这一事实。即在罗尔斯的正义概念中，正义的基本内涵与外延，只要被公民所接受，就是正当的、合理的与合法的。也就是说，在他的正义概念中，罗尔斯多少接受黑格尔的论断：凡是存在的，就是合理的。无论如何，在这里，对我们来说，重要的是，罗尔斯把正义定义为公平。

值得注意的是，在罗尔斯的正义概念中，公平不等于均等。也就是说，无论在内涵上还是外延上，公平概念与均等概念是不同的概念。在罗尔斯的正义概念中，如果它们是对所有人有利的社会以及机会对所有人都是开放的，那么，社会、经济上的不平等可以被认为是公平正义的。也就是说，在一定的条件下，不平等就是公平。罗尔斯这里所讲的平等显然指均等。毫无疑问，公平意味着在基本权利与自由方面的平等。正义即是公平强调公民中人人平等。正义意味着人人

---

① 参见［美］约翰·罗尔斯《政治自由主义》，第6页。
② 同上书，第9页。

道德上、人格上、尊严方面的平等。因此，在正义中，每个人的正当权利与自由必须是与他人的同样权利与自由相互兼容的权利与自由。在基本权利与自由方面，没人享有其他人没有的特权。也没有任何人享有所谓绝对的权利与自由。每个人必须尊重他人的人格与尊严。也就是说，罗尔斯的正义概念与特权概念，所谓的人的绝对权利与自由概念是格格不入的。与此相适应，基本权利与自由概念与一般的权利与自由概念不是等同的概念。基本权利与自由指的是一定种类的权利与自由，不是任何权利与自由。如每个人都有基本人身自由的权利，因此政府不能随意把他或她关进监狱。但这一基本权利与自由不包含一个人随意进入别人的家或其他他/她被正当地禁止进入的地方。一个人拥有婚姻的基本权利与自由，但是这一权利与自由不包括一个人违背他/她所喜欢的人的权利与自由，强迫这人成为他妻子或她丈夫的权利与自由。

同样值得注意的是，在罗尔斯的正义概念中，正当性（rightness）概念优先于善（good）概念。罗尔斯认为，这是古典社会政治哲学思维与现代社会政治思维的重大区别之一。在古典社会政治哲学思维中，核心问题是什么是一个社会政治共同体达到真正幸福或至善的最合理的途径，因此善的概念优先于正当性的概念。而现代社会政治哲学思维的核心问题是什么是一个社会政治共同体应遵循的有正当理性所规定的正当社会合作原则与规范。所以，在现代社会政治哲学思维中，正当性概念优先于善概念，即责任与义务的概念优先于幸福的概念。

如上所提到的，罗尔斯的正义概念本质上是康德式的，它继承了康德的人文主义精神，强调人的内在价值，强调人的基本尊严和人格的不可侵犯性。正义意味着对人的基本尊严和人格的不可侵犯性的认同。罗尔斯指出："每个人都有基于正义的，即使是以社会整体福利名义也不能逾越的不可侵犯性。所以，正义认为，不能为了一些人共享的更大利益而让某一个人丧失基本自由。"[①] 也就是说，根据正义，

---

① ［美］约翰·罗尔斯：《正义论》，第3—4页。

每个人具有不可侵犯性。不可侵犯的是人格，人的尊严，人的基本权利与自由，人的地位等。也就是说，人的不可侵犯性是人格，人的尊严，人的基本权利与自由，人的地位等的认同抽象。这一不可侵犯性意味着每个人的人格，人的尊严，人的基本权利与自由，人的地位必须受到尊重与保障。这里，罗尔斯的正义概念与人的不可侵犯性概念是很康德的。

罗尔斯的正义概念与我们前节所讨论的中国正义概念是相通、相交叉，但又相互有区别的。在内涵上，罗尔斯把正义与公平等同，即正义就是公平，特别是从权利的角度认同的公平。而在我们所讨论的中国正义概念中，正义的内涵包括公平、公正、中正与适宜性。中国正义概念不涉及权利。不仅如此，在内涵上，罗尔斯的正义不含有义理的含义（这可以从下面将讨论到的他与哈贝马斯关于正义与真理的关系的争论中看到）。罗尔斯的正义是一种契约性的公平。而我们所讨论的中国正义概念中，正义具有义理的含义。与此相适应，罗尔斯的正义不含有道义的含义，而我们所讨论的中国正义概念中，正义具有道义的含义。在外延上，罗尔斯的正义有一个相对特定、相对小的范围。在外延上，罗尔斯的正义指的是基本社会结构包括政府、法律、司法机构，主要经济机制机构等社会权力机构的正义，是关于权利与义务，自由与责任的规定方面的正义，以及社会资源与负担的分配方面的正义。如上所述，实质上，罗尔斯的正义主要是分配正义，不包括亚里士多德所讲的矫正正义。而我们所讨论的中国正义概念中，正义不仅仅是分配正义，还包括矫正正义与其他方面的正义。在侧重点上，罗尔斯的正义概念强调的是公，而我们所讨论的中国正义概念强调的是对或正确。因此，罗尔斯的正义概念与我们所讨论的中国正义概念可以彼此丰富对方。

哈贝马斯的正义概念也是新版的康德正义概念。据哈贝马斯所说，康德主义有四大特性：

（1）强调义务；

（2）强调知性；

（3）强调正规性；

(4) 强调普遍性。

因此，站在新康德主义的立场，哈贝马斯强调，正义是基于人的基本权利与责任的公平、公正与适宜，因此，正义不仅规定自由与权利，而且规定责任与义务。这里，就对正义的内涵的理解上，哈贝马斯与罗尔斯是大同小异、基本相同的，正义强调正当性，义务对于善的优先性。但是，相对于罗尔斯，哈贝马斯更强调正义的真理性与普遍性，因此更接近于柏拉图与亚里士多德。但是，不同于中国哲学中的正义概念，哈贝马斯的正义概念并没有把正义理解为检验过的、合理的，或证实了的真理、原则、本质和实质。

哈贝马斯同样强调正义概念中正当性概念的优先性。对此，他把道德中的正义概念与团结进行了比较与区别：

> 因为道德要适应人类在社会化中个体的脆弱性，它要同时解决两个任务。一方面，它必须通过强调对每个人的人格尊严的平等尊重来强调每个人的不可侵犯性。同时，它要保护人们作为共同体成员相互间互认的间体关系的网络。正义原则与团结的原则与这两个任务相适应而产生。前一原则，即正义原则，规定人人平等的人权与对每个人的平等的尊重。后一原则，即团结原则，规定每个人对邻居福祉的同情与关怀……道德不可能只保护其一而不保护其他。道德不可能只保护个人的人权而不保护个人所属的共同体的福祉。[①]

在正义概念中，正当性概念、义务性概念具有优先性，而在团结概念中，善的概念、幸福概念具有优先性。

与罗尔斯一样，哈贝马斯的正义概念是政治性的，即正义是基于权利与义务的公平、公正。哈贝马斯强调正义概念具有真理，但是，他同时认识到正义本身与真理是不同的概念。合理的正义概念必须被

---

① [德] 哈贝马斯：《道德意识与社会交往行为》，克里斯坦·冷哈德特、希雷·韦伯·尼可尔森译，托马斯·麦卡斯介绍，麻省理工学院出版社 2001 年第 7 版，第 200 页。

证明是如此，但是证明确定的是正义概念的真理性与合理性，不是正义本身。

总之，西方哲学也发展出许多内容丰富的正义概念。这些内容丰富的西方哲学正义概念包括：

（1）柏拉图主义的正义概念，这一概念的核心思想是正义是以理性为主导的社会和谐。

（2）亚里士多德主义的正义概念，这一概念的核心思想是正义是合理合法的公平。

（3）托马斯主义的正义概念，这一概念的核心思想是正义是符合上帝神的法律的适宜性、规范性。

（4）自然主义的正义概念，这一概念的核心思想是正义是符合自然法律的适宜性、规范性。

（5）情感主义的正义概念，这一概念的核心思想是正义是人类情感的一个感觉。

（6）康德主义的正义概念，这一概念的核心思想是正义是以人为目的的普遍道德规则。

（7）自由主义的正义概念，这一概念的核心思想是正义是以人权为基础的社会公平。

（8）新康德主义的正义概念，这一概念的核心思想是正义是以人权为基础的社会公平与人道原则。

因此，当代西方哲学并没有统一的正义概念。尽管如此，与前面所讨论的中国哲学的正义概念相比较，如上所列的西方哲学概念还是具有不同的特点。最重要的是，在这些正义概念中，正义概念与人的基本权利与责任概念彼此兼容。所以，当代西方哲学的正义概念能够强调人的基本权利与责任，以及在内涵上，正义的公平、公正首先是对人的基本权利与责任的公平与公正，是从人的基本权利与责任的角度来说的公平与公正。

三　正义与人道

　　无论是在中国哲学或西方哲学，我们看到，正义与人道不可分，即"正义与人道不可分"的哲学立论是中西方哲学的共同立论。这不足为奇。正义是人类的正义，与此相适应，人类正义不可能不与人道紧密相连。正义是人道，人道包含正义。没有非人道的正义，也没有非正义的人道。法国文豪雨果说：人类的文明化在本质上是人类人文精神的外在化。也就是说，人类的文明化在本质上是人类人文精神不断发展与现实化的历史。人类正义本质上是人道原则的运行与实践。如果说，正义是人类文明发展的重要成果与标准，那么正义的重要成果与标准是人道的发展。美国著名黑人领袖马丁·路德·金因此说："任何提升人格的法律都是正义的。任何使人格堕落的法律都是非正义的。"[①] 不仅法律，而且政府或其他基本社会结构与制度，如果它们升华人格，它们就是正义的，否则就是非正义的。也就是说，是否升华人格是正义的公平、公正、中正与适宜性的一个重要标准。

　　值得注意的是，自从1948年的纽伦堡审判和1948年联合国发表《世界人权宣言》以来，全球正义的概念与人道法律的概念在全球范围内迅速发展，两者又紧紧相连。因此，从时代精神的角度，我们可以把前面的正义定义重新规定如下：正义是以人道为准则的正义，是以人道为准则的公平、公正、中正与适宜性。以人道为准则的正义所代表的公平、公正、中正与适宜是关于人类的真理，其本质与实质是真实的和深奥的。在这里，人道是人的基本权利原则、人类价值以及人类的类关系的总和。

　　美国理想主义哲学家乔赛亚·罗伊斯（Josiah Royce）把正义定义为对我们正式的人类类关系的忠诚。正式的人类类关系就是人类中人与人之间的关系。罗伊斯说："总体上说，正义意味着对我们人类

[①] ［美］约尔·费恩伯格（Joel Feinberg）、朱莉斯·科尔曼（Jules Coleman）汇编：《法律哲学》，Wadsworth出版社2000年版，第242页。

关系的忠诚。正义本身是忠诚的纯粹表现形式。因此，正义是忠诚的一个方面，即忠诚在生活中的形式的、抽象的方面。"① 与此相适应，我们对人类普遍类关系的忠诚使为正义服务成为我们的道德义务。简言之，正义是以忠诚于人类普遍类关系为准则的正当性与适宜性。这里，在罗伊斯的正义定义中，正义是体现在对人的类关系的忠诚之中的以人道为准则的公平、中正与适宜性。当然，罗伊斯的正义概念强调的只是人道为准则之一，即对人类类关系的忠诚。确切地说，对人类类关系的忠诚只是社会正义的一个方面，并不是社会正义的全部。但是，罗伊斯的正义概念的真知灼见是它指出了人类类关系在正义中的中心角色与地位，即人类类关系是规定社会正义的一个重要的、中心的因素。事实上，我们讲正义时，我们的正义理念包含两个假设前提。第一，全人类是一个社会道德共同体。所以，我们讲的不仅仅是正义，我们讲的是普遍正义。不仅如此，全球正义以全人类是一个社会共同体为前提，而全人类作为一个社会共同体存在以人类的类关系的存在为前提。第二，我们所讲的正义是为人类服务的正义。我们讲正义，是为了人类的文明发展。假设全人类是一个社会道德共同体，我们假设人类类关系的存在。我们假设正义是为人类服务的正义，假设人类是一个社会道德共同体，因而也就假设人类类关系的存在。事实上，无论是传统的普遍正义概念，还是如今的全球正义概念，都假设人类是一个社会道德共同体，因而也就假设人类类关系的存在。

如上所说，另一美国哲学家罗尔斯的正义概念强调三大人道准则的另一准则，即人的基本权利原则。罗尔斯的正义含有两个基本原则：

第一，人人享有与他人同等、兼容的基本权利与自由；

第二，不平等的社会安排必须对处于弱势地位的人群有利，反映处于弱势地位的人的基本权利。

表面上看，罗尔斯明确地否定正义的政治概念基于关于人的形而

---

① ［美］乔赛亚·罗伊斯：《关于忠诚的哲学》，美国万德彼尔特大学出版社1995年版，第68页。

上学观,他把有关规范性的证明问题留给人类社会中不同群体成员的不同的意识形态。但是,本质上,罗尔斯的正义概念仍以西方关于人的概念为中介,是加强版康德式的。罗尔斯的正义概念的内容和其规范都强调西方哲学所讲的人:人是具有内在价值,不可侵犯的尊严,基本权利与自由,基本责任与义务的存在。它是传统西方人文精神与当代西方政治自由的结合体。如上所述,罗尔斯正义概念的第一个原则是:人人享有广泛的、平等的、与他人相同的自由相兼容与协调的基本自由的权利。这一原则忠于西方关于人的概念。在罗尔斯的正义概念中,正义意味着对西方关于人的观念中所印刻的每个人的权利的忠诚。正义是以人权准则为标准的公平、中正与适宜性。又如前面所讨论过的,罗尔斯的如下论断强调人的最高与内在价值:每个人都有基于正义的,即使是以社会整体福利名义也不能逾越的不可侵犯性。根据罗尔斯的观点,正义规定了镌刻在我们所熟悉的西方人的观念中的每个人的不可侵犯性。不仅如此,根据罗尔斯的观点,在一个多元化的社会中,有不同的,但具有合理性的意识形态理论;与此相适应,规范地证明某一正义的政治概念要由不同的意识形态形理论来进行。但是,对正义的政治概念的规范性证明必须合乎情理。这等于说,正义的政治概念是以合乎情理的人的概念为中介的。所以,总体上说,罗尔斯正义的概念强调人道准则中的人权准则。

哈贝马斯的正义概念也是以人道准则中的人权准则为核心,即正义是以人的基本权利准则为标准的公平性、适宜性、公正性与正当性。如上所说,在哈贝马斯概念中,正义关注的对象是个人的基本权利。正义规定对每个人的人类尊严要有同等的尊重。因此,正义强调"每个人的不可侵犯性"。而团结"保护相互认知的,每个人作为共同体成员得以生存的人际间的社会关系"。[①] 正义"要求对每个人要有同等尊重和每个人应有同等的权利","在现代意义上,正义着眼的是主体不可剥夺的个人自由。"[②] 总而言之,哈贝马斯的正义概念

[①] [德]哈贝马斯:《道德意识与社会交往行为》,第200页。
[②] 同上。

提出，正义是对人权原则的忠诚。哈贝马斯一直从普遍人权的角度来讨论关于正义的规范证明问题，尽管他从未引用"人"或"人性"这一概念，而是热衷于"公民"这一更加流行的概念。根据哈贝马斯的观点，正义的政治概念反映着这一事实：我们都是道德人和人类共同体中有约束力的相互关系的认同者。

从不同的角度，传统中国哲学家们也以人道定义正义。即是，正义是根据人道的公平、正当与适宜。孔子以人道定义正义体现在两点。

第一，根据孔子的观点，正义即仁义。正义是以仁为准的公平、正当与适宜。孔子认为仁是所有的道德原则标准化的来源。[①] 所以，正义就是从人的准则角度来讲的适宜性、正当性。孔子的仁是一种人类价值。仁义即是人道，即做人的公平、端正、适宜与正当之道。孔子认为，仁义是正统的、合法的真理、本质和实质，是道的一部分。因此，孔子认为：人弘道，而非道弘人。根据孔子的观点，人类根据道发展了仁义的人道，因此弘扬了道，并不是道本身使人类成为这个宇宙中某一独特的、有特权的存在。

第二，孔子以人道定义正义体现在他的两个核心思想：（1）通过正名而获得正义；（2）基于信义的正义政府。正名表示要使社会角色、人类关系和人类制度的基本内容符合自己的名字，例如"君君，臣臣，父父，子子"[②]。当他被问到，如果从政，他的首要任务是什么，孔子回答，"正名"[③]。正名就是正人，就是端正人与人之间的关系，就是端正每个人的社会角色。关于正义的政府，如上提到，孔子认为，"政者，正也"[④]。在他看来，要端正人类社会中的事务，首先要使那些重要的人类社会关系的内容和现实与其名称的内涵相符合。而端正人类社会关系的关键是将人道作为一个价值和标准树立起

---

① 参见《论语正义·八佾》，《论语正义·泰伯》。
② 《论语正义·颜渊》。
③ 《论语正义·子路》。
④ 同上。

来。因此，对孔子而言，正义作为政府的准则，其内容与我们是谁，以及我们应该成为什么样的人紧密相连。

当然，孔子所讲的人道，与我们这里所讲的人道为人文精神、人权原则、人类价值以及人类的类关系的总和在内容与中心重点上有很大的区别。与此相适应，孔子认为，一个合理的政府是一个有信义的政府。儒家认为，一个理想的政府是注重信义的政府。儒家对信义的强调表达一种信念，即正义是政府制度首要美德，而人道是正义的标准的源泉。信义是人道的一个组成部分。①

在正义与人道的关系上，孟子思想与孔子思想一脉相承。孟子明确地将仁道与正义的关系当作社会政治哲学中最重要的话题，并将"仁义"当作一个词语来用。在《孟子》中，他区分了正义和不正义的政府。② 而正义的政府是人道的政府，即它尊重人的尊严，关注平民的福利，促进具体的人际关系的成长，例如，父子关系，兄弟姐妹关系，公共关系等。因此，孟子声称："仁者无敌。"③ 虽然，在强调正义的政府是人道的政府时，孟子直接关注的是，一个正义的政府必须服务于一个具体的、特定的社会人群共同体，但是，孟子对正义和人道政府之间关系的强调包含着深层次的意念，即对一个政府是否正义的规范化证明是以人道作为一种价值和特定品质为基准的。

在阐述我们的人道感是正义感的关键源泉时，孟子列举了如下的例子："一箪食，一豆羹，得之则生，弗得则死。呼尔而与之，行道之人弗受；蹴尔而与之，乞人不屑也。"④ 在这个例子中，孟子指出，一个人会珍视正义甚于自己的生命。所以，其他人对他/她个人的侵犯，例如，对他/她人格的辱骂和傲慢无礼，对他/她来说都是不正义的。而他/她自然要抵制这种侵犯。更重要的是，他/她标准化的正义

---

① 参见《论语正义·阳货》。
② 参见《孟子正义·梁惠王上》。
③ 同上。
④ 《孟子正义·告子上》。

感来源于他/她对自身人格尊严的意识。孟子进一步指出，我们的人道感和正义感都是我们人类情感的有机组成部分。与此紧紧相联系，我们的正义感孕育于我们的羞耻感中。① 这里，孟子所讲的羞耻感指当我们生活方式或者行为违背了或者没有达到做人的标准时，我们所发自内心的自我责备感。例如，如果我们为了得到一碗饭而屈从于他人的辱骂时，我们就会感觉到羞耻。传统中国伦理中强调的不为一斗米折腰的傲骨，体现的也是这种人格尊严意识与羞耻感。羞耻感是人格尊严意识与自我意识的总和。

所以，如上所提，孟子宣称："仁，人之安宅也；义，人之正路也。"② 在他看来，作为道路，正义建立在房子，即仁的周围。正义以仁为中心与目的，是通往人的安宅的正确之路。仁是正义的基础和家园，而正义是通往仁的道路或路径。这里，仁就是人道，即是做人的道理、人的价值、人的品质。根据孟子的观点，没有仁的正义是无家可归的，而没有正义的仁则是没有出路与未来的。就是说，没有仁这个中心的正义是无家可归的，而没有正义的仁则是没有出路与未来的。总之，我们对正义的热望来源于我们做人的意识、人道意识，而我们的做人意识、人道意识使我们反思我们是谁，以及作为人我们从何而来。这就是孟子所说的规范化的源泉是人道的原因。

综上所述，正义是人类基本的原则，而唯一真正的正义是人类所理解的、以人道概念为核心的、以人为目的、以人为内在价值为最高价值的。正义是一个规范性概念，它承载着人道的内容。正义以何种方式承载人道的内容？正义体现人道的三个核心原则是：人权原则、人类价值原则以及人类类关系原则。本质上，正义是根据人道这三个核心原则来端正人类事务，是从人道的原则来说的公平、公正、中正与适宜。正其宜的原则是人道这三个核心原则。也就是说，正义的三大原则是人权原则、人类价值原则与人类类关系原则：

第一，人权原则：人作为人的基本权利存在，是不可侵犯的；人

---

① 《孟子正义·告子上》。
② 《孟子正义·离娄上》。

的人格尊严存在，是不可侵犯的；社会正义旨在重申，保障与促进人的基本权利。所以，正义表明，尊重人的基本权利、人格尊严与基本自由是每个人的基本责任与义务，是每个社会的基本责任与义务，是每个政府的基本责任与义务，是每个社会组织的基本责任与义务。

第二，人类价值原则：每个人作为人具有内在价值，是目的本身，不是服务于其他目的的工具；是人成为人、更好的人的普遍人类价值存在；普遍人类价值一方面是全人类的价值，另一方面也是所有人的价值；每个人都应在与他人的关系与交往中尊重普遍的人类价值；社会正义旨在重申，保障与发展普遍人类价值；正义表明，尊重普遍的人类价值是每个人的基本责任与义务，是每个社会的基本责任与义务，是每个政府的基本责任与义务，是每个社会组织的基本责任与义务。

第三，人的人类关系原则：普遍人类类关系存在，而且具有内在价值；社会正义旨在重申，保障与加强普遍人类类关系。正义表明，认同、尊重与维护普遍人类类关系是每个人的基本责任与义务，是每个社会的基本责任与义务，是每个政府的基本责任与义务，是每个社会组织的基本责任与义务。

正义以对人的人类身份、人格尊严的认同为前提。因此，从正义的角度，反人类罪存在。正义包含对人的人类身份的认同。人权原则、人类价值原则与人类类关系原则体现着对人的人类身份、人格尊严的认同，反人类罪是对人的人类身份、人格尊严的冒犯与伤害。人权原则重申每个人是人，规定每个人都有着基本的、神圣不可侵犯的人类的权利与自由；人类行为、实践和制度都要承认、尊重、表彰并保护这些权利。人类价值原则重申，作为人，在我们的道德思考中，相比于其他物种的价值，普遍人类价值是第一位的，人格尊严是不可侵犯的。人类行为、实践和制度都要促进而不能损害这些人类价值，不可伤害人格尊严。人类类关系原则重申，世界上所有的人类组成一个社会道德、政治共同体，并共享共同的类关系；这一类关系赋予所有人道德责任与义务，它要求人们彼此尊重，并视对方为人类共同体中平等的成员。人类行为、实践和制度都必须表彰、维护和促进这些人类类关系，而不能损害它。与此相适应，对这三大人类身份认同的原则的侵犯就是对人道的侵犯，是最大的非正义。对人道的侵犯意味着：侵犯了人的合理的尊严、权利和自主；侵犯了人道作为人类存在的正义之道。换句话说，侵犯人道指侵犯包含了三个规则的综合性规则，或者侵犯作为人类成员的个人。例如，在反人类概念中，对人道的侵犯是对人道法律的侵犯，而人道法律是关于人的人类身份，人的基本权利与自由，责任与义务的世界法律。也就是说，反人类罪所讲的全球正义是人道正义。

克里丝丁·柯斯加德指出，我们关于我们的人的身份的观念是"所有理性与价值的来源"①。就是说，我们的身份意识是我们实践理性与伦理道德价值的源泉。而我们的身份意识的核心部分是我们的人的身份意识。因此，我们的人的身份意识是我们实践理性与伦理道德价值的源泉。的确，我们关于人的观念是我们追求正义的理由之源。我们必须遵从正义的道德义务的最重要的根源是，"我们必须将我们的人类身份视为一种实践的、规范性的身份"②。同样关键的是，正义的规范和内容都根植于我们的人道价值。在社会制度和实践中对人道的三个原则的忠诚构成了伟大的正义。人道是正义规范化的必要源泉。如果一种制度或者实践是反人道的或者将人道边缘化，那它是非正义的。如果一个人反人道，那他/她是不正义的。换句话说，哪里有正义，哪里就有人道。哪里没有人道，哪里就没有正义。用逻辑的形式表示：如果正义存在，那么人道就必然存在着；没有人道，就没有正义。即使不是每一个来自人道角度的要求都等同于对正义的要求，一些人道的要求是正义的必要要求。

我们不能设想存在一个没有人道却有正义的情形。如果存在这样的情形，那么不仅反人道的正义可以存在，与人无关的正义也可以存在。然而，反人道的正义这一概念是荒谬的。与人无关的正义不是我

---

① ［美］克里丝丁·柯斯加德：《规范性的源泉》，剑桥大学出版社1996年版，第122页。

② 同上书，第132页。

们所追求的正义。也许我们对"反人道"的具体内涵的理解会有差别。比如说，一些人认为共产主义是反人道的，另一些人认为资本主义是反人道的。尽管如此，在反人道是非正义这一点上，我们不应有不同意见。确实，如果我们声称一些本身是反人道的实践或制度是正义的，这是讲不通的。我们一直而且应当将反人道的东西视为完全非正义的。例如，残暴是非正义的，因为它是反人道的。压迫和镇压是非正义的，因为它们是反人道的。逻辑地说，反人道的东西对人类是不好的，因此，对我们人类来说，它不可能是理性、公平和正义的，也不会是人类的一种美德。罗伊斯正确地提到，没有对人道的忠诚，正义将"是一个可恶的形式主义"①。

谈论与人类无关的正义是没有实质意义的。如果正义与人类无关，那它对于我们人类而言就不是一个问题。如果正义与我们无关，对我们而言，讨论正义就是挠无痒之处，区分无异之处。相反地，如果人类与正义无关，对人类的侵犯就不会构成非正义。但是对人类的侵犯总是构成了最大的非正义。此外，社会正义必须为人类服务，即社会正义在服务于上帝——如果他存在的话——以及其他种类之前首先要服务于人类。这就是说，人类是正义观念所考虑的核心。

人道作为价值与正义无关吗？这不可能。如果人道作为价值与正义无关，我们强调正义的基本要点是维护人的尊严、自由和权利，以及非正义违反人道就没有任何意义了。但是，正义的基本要点正是维护人的尊严、自由和权利。没有对人的尊严、自由和权利的维护，就没有社会公平、公正与适宜性。因此，人道作为价值与正义无关的观念是自相矛盾的。如果正义与人道作为价值无关，那么，非人道与正义就不是不兼容的；如果非人道与正义不是不兼容的，那么非人道的正义就可能存在。但是，非人道的正义这一概念是荒谬的，非人道与正义是互不兼容的。反过来，如果人道作为价值与正义无关，那么非正义的所谓"人道"就可以是一种价值。但是，非正义的所谓"人道"是一种价值的观念是荒谬的。

---

① ［美］罗伊斯：《关于忠诚的哲学》，第68页。

不仅如此，人道是社会正义所要弘扬的中心价值。如果我们不把正义看作上帝的原则的话，我们就需要解释为什么人类追求社会正义。一种解释是，出于自我保护的谨慎理由，我们追求正义。但是这一解释不能否认，出于自我保护的原因，我们当中的一些人有理由实践非正义。例如，我们实施管制和镇压，以保护我们自己的利益以及我们所关心的人的利益。如果有人声称，我们需要正义是因为我们要保护所有人的利益，不仅仅是我们自己的或我们所关心的人的利益，那么，他需要解释为什么我们需要保护所有人的利益。如果我们声称我们需要正义，是因为它是最合理的原则，那么，我们需要进一步说明为什么合理性具有规范性力量。因此，我们必须看到，正义是社会存在的人道方式，它提升以人道为中心的价值。

值得注意的是，在我们时代，反人类罪理念在全球范围迅猛地、普遍地被认同。这一事实说明了这一理念的合理性、正当性与可接受性。反人类罪的核心是人道正义，它是违背人道法则罪。在反人类罪理念中，不仅正义是以人道为准则的公平、中正与适宜，而且践踏人道是一种罪行，而不仅仅是道德上的错。本书第五章我们会专门谈到，反人类罪理念的核心内容是反人道罪，即违反人道法律罪。反人类罪的概念与人道法律的概念紧紧相连。反人类罪是最大的不义与邪恶。哈贝马斯把制止反人类罪和侵略战争归为"正义普遍道德的否定责任"。当然，并不是每件违背人道的坏事都构成反人类罪。然而，每一件反人类的坏事意味着很大程度上的不义与邪恶。每一件反人类罪构成对人道的严重践踏。每一件反人类罪都是对正义的践踏。第一，正义要为人类服务，要弘扬人道这一价值。这意味着侵犯人道即违反了正义的目标。第二，对于任何一个社会的或政治的制度而言，是否为人类服务是判断其价值与适宜性的最重要标准。违背人道即违背了社会和政治制度以及人类行为的最重要的是非标准。

弘扬人道是正义的目的。弘扬人道意味着保证人道是一种规范、一种标准与一种价值，促进人类的卓越，维护每个人的人类尊严、权利和正直。为什么我们需要正义？因为，当正义是我们所生存的世界的主导时，人道得予弘扬而兴旺；否则，人道就不能繁荣昌盛。换句话说，我们需要正义，是为了让我们在完全意义上作为人类而茁壮成长。只有在正义的氛围中，我们才拥有完整的人性而兴旺发达。

在《理想国》中，柏拉图指出，除非正义成为社会的主导，否则人类没有希望。换句话说，柏拉图认为，正义为人类提供了希望和美好的未来。而为人类提供希望是正义重要性的源泉这一思想反过来证明正义提供的是人道。第一，正义产生优越的组织，延续并发展我们的实践和生活的社会制度。我们寻求优越的社会制度是为了使人类的实践和生活卓越，而不是为了制度本身。第二，正义使我们人类优秀。例如，正义使人类理性、有责任心和善良。这里，正义为人性的兴旺提供了必需的环境。值得注意的是，根据柏拉图的观点，社会正义与人的心灵的正义是一致的，社会正义是人的心灵的正义的社会形式。无论柏拉图如何定义人的心灵的正义，人的心灵的正义是人道。这就是说，社会正义是人道的社会化。也就是说，我们可以理解柏拉图的人的心灵的正义为不同概念的人道，我们应看到，在柏拉图的概念中，正义与人道不可分。

许多哲学家家强调，我们不能讨论正义而不强调善，善的缺席使正义的概念变得不可理解。当人们怀疑他没有将其正义的政治概念与善相联系时，罗尔斯也辩解说："正义和善是一致的，至少是在一个秩序井然的社会环境中是这样……正义理论与共同体的社会价值和善相联系。"① 不可否认，我们讲正义，不仅仅是因为正义本身是一个内在价值，而且因为正义为人类带来福祉。而无论我们讲正义是一个内在价值，还是正义为人类带来福祉，我们都不能不讲正义与善的内在关系。但是，我们这里更应注意到，我们关于善的概念是以我们关于人的概念为中介的。事物对我们的意义取决于我们关于自己关于人的概念。看一看我们最珍视的善或价值：幸福、卓越、美德、知识、爱、友谊、真理、共同体、健康、诚实等。它们都很重要，是因为它们对我们人类的兴旺非常关键。就是说，正义与善的内在关系应是我们认识到正义与人道的内在关系，我们应认识到正义与做人的道理，

---

① ［美］罗尔斯：《正义论》，第395页。

正义与做人的关系。

与如上所说紧密相连,是否服务于人类是辨别是非的最关键的标准。我们通常以什么是善的观点来定义正义。但是,我们不应忘记,正义讲的是适宜,强调的是对。罗尔斯正确地指出:"对的概念要先于善的概念……只有当某物与符合对的原则的生活方式相一致时才是好的。"① 那么,什么是对的最重要标准呢? 区别对与错的最重要的标准是是否符合与服务于人道。我们区分是非是为了以某种更好的方式组织我们的生活、实践和个人行为,这样我们才能实现人类的卓越。我们做出这一区分以使自己真正作为人而生活,并依照我们与他人的人类关系而实现对他人的义务。

我们应该回顾一下康德。康德以遵从或者违反责任的绝对命令来定义是非。而责任的绝对命令的两个形式之一是为人服务! 我们必须始终把人看作目的本身,而不是达到其他目的的手段。否则,我们违反了人道。在康德看来,违反人道意味着违反责任本身,违反责任本身的行为或制度应该受到道德谴责。正如柯斯加德所说,由于这一原因,对于康德,"人道的价值寓于每一个人的选择中"②。更重要的是,康德不仅强调人是目的,而且明确地从人的权利的角度去定义正义。在康德那里,正义意味着对人的权利肯定,给予每个人按照其权利应得到的东西。康德没有直接把争议定为从人的权利的角度来说的公平。但是,康德造就了像罗尔斯、哈贝马斯等一代把正义定为从人权的角度来说的公平。

汉娜·阿伦特写道:对人类来说,人是多么大的负担啊! 阿伦特这里所讲的是正义所规定的人对人的责任。这里,借用莎士比亚的奥塞罗(Othello)的一个短语:人对人类的责任是"神圣的责任"。也就是说,根据阿伦特的观点,正义规定人对人的责任,而规定人对人的责任是正义之所以是正义的重要原因。在我们人类的所有责任中,最重要的是对其他人的正义责任。提供正义,或者说对他人正义,是

---

① [美] 罗尔斯:《正义论》,第 395 页。
② [美] 柯斯加德:《规范性的源泉》,第 122 页。

一项道德义务，而不仅仅是合情合理的事。忽视人道是一种邪恶。边缘化人道是一种更大的邪恶。违反人道是最大的邪恶。作为第一代思考反人类罪的哲学家，阿伦特对正义与人道之间关系的理解与她对反人类罪的理解相一致。

柯斯加德强调，珍惜我们自己的人格要求我们珍惜他人的人格。反过来，这一认识意味着要对我们自己人的身份以及人类性的忠诚，这是我们自己的道德义务。对我们自己人的身份的忠诚施加给我们一个道德义务：对自己和他人正义。除非我们对作为人类的我们自己正义，否则我们不可能忠诚于自己的人格。如果我们对作为人类的我们自己不正义，我们不可能珍重我们自己的人格。如果我们连自己的人格都不珍重的话，我们不可能忠诚于自己的人格。

出于同样原因，除非我们正义地对其他人类成员，否则我们没有忠诚于我们自己的人的身份。如果我们对其他人类成员不正义，我们就没有珍重其他人类成员的人格。如果我们不珍重他们的人格，我们就没有珍重我们自己的人格。结果，我们不可能忠诚于我们自己的人格。这里，争论的不仅仅是正义是否是人们之间的社会合作所必需的。相反，更重要的是，正义是我们忠诚于自己人格的一个有机组成部分。

从人类的角度来看，正义的首要目的是指引我们如何将彼此当作人看。正义使我们以完全意义上的人来行动、思考和感觉，从而提升了我们作为人的存在。从人类的角度看，社会正义的范围以人类为中心，社会正义只关注人类事务，社会正义以人类价值为其价值。与此相适应，从人类的角度看，对人的偏袒是社会正义的一个有机组成部分，而不是与其不和谐、不相容的。我们珍重社会正义，是由于社会正义对我们人类所承诺的东西，而不是它对其他非人类的物种所承诺的东西。我们珍重社会正义，是由于它将给我们人类带来的东西，而不是它将给其他非人类的物种所带来的东西。与此相适应，任何一个否认人道这一独特价值和道德意义的正义概念都是不合情合理的。这不是不承认正义是一个内在价值，而是强调正义是如何成为我们存在的核心价值的，正义是如何使我们存在必不可少的原则。

简言之,社会正义给人类带来了特权,使其居于其他物种之上。以公平、公正与适宜性为内涵的正义是人类的原则,而且它只能适用于人类而不能适用于其他非人类的物种。有时,人类会将其同情心延伸至其他非人类物种,我们也对它们的痛苦敏感。但是,如果我们为了保护人类的福利而牺牲其他非人类动物时,这没有什么不正义。同时,社会正义要求在道德上思考时把所有的人平等看待。尽管社会正义强调人类相较于其他非人类物种的重要性,但是它否定某一群人或一个种族的人比其他群体或者种族的人具有特权。那就是说,正义强调了人的价值,但是没有说一群人或者一个种族的人优越于其他群体或者种族的人。正义要求社会制度和实践都将所有人当人来看,并以一种符合人道观念的方式来平等地对待所有人;正是在这一意义上,正义意味着公平、公正。

同样重要的是,社会正义强调了人道这一价值优先于其他社会价值。如果存在一些与人道价值相冲突,甚至不相容的"价值",那么,人道价值具有优先权。如果我们必须在人道价值和那些与其冲突的价值之间做选择,我们应将这些与人道冲突、不兼容的价值摒弃。这没有什么不合理、不正当,而且我们也不应被指控为"人本主义"或者"价值歧视"。同样,假设有一些情况中——例如,一些生物医学的实验中使用了人做实验对象时,人的价值与其他一些平时与人的价值相容的社会价值(例如知识)在特定的条件下是不相容的,正义规定人的价值优先于其他社会价值。因此,在一个以人为实验对象的医学实验中,实验对象的权利和尊严不能被认为次于科学知识。简而言之,社会正义强调人的价值,认为它高于其他价值。

正义是人道性的正义。没有非人道性的正义,也没有非正义的人道。但是,正义与人道的仁慈是不同的。正义讲的是公平,是对人的权利、自由、责任与义务的公平规定。而人道的仁慈讲的是仁爱,是人与人之间的关爱。正义是公平,公平是有限度的。仁慈讲的是仁爱,而仁爱可以是无限的,即所谓的大爱无边。正义要求对人的人格、尊严的尊重,而仁慈强调对人的幸福与痛苦的关心。正义严格地区分对与错,而仁慈不强调区分对与错。社会正义强调宽容,但宽容不是不分是非的仁慈，而仁慈强调不分是非，只问苦乐的包容。的确，佛家及一些哲学从仁慈讲宽容，但这些哲学同时也不讲正义。这不是说，正义与仁慈不相容，而是说，正义与仁慈有区别，从正义的角度讲宽容与从仁慈的角度讲有本质的区别。总而言之，正义与仁慈相互兼容，但又相互区别。

综上所述，无论如何，正义与人道相互依存，密不可分；正义与人道相互规定，相辅相成。正义与人道相互依存就是说，正义是人道的必要条件，而人道也是正义的必要条件。没有正义，就无所谓人道。正义是人的自由与责任，权利与义务的源泉与基础，因此，没有正义，人道就没有源泉与基础。反之，没有人道，也就无所谓正义。人的自由与责任，权利与义务是正义的源泉与基础。没有它们，正义就没有源泉与基础。与此相适应，正义与人道无论在内容上还是形式上都相互交叉，相互交织，因此正义与人道相互规定与相辅相成。正义规定人的自由与责任，权利与义务，因此正义规定人道。人道规定关于人的公平、中正与适宜性，规定关于人的真理、真义，所以人道规定正义。

四　正义与理性

如上对正义含义的理解以及对正义与人道关系的讨论把我们带到正义与理性的关系上来。而我们可以设定如下哲学命题的成立："正义与理性不可分；正义与理性彼此依存。"正义依赖于理性，理性也依赖于正义。没有无理的正义，也没有非正义的有理。正义的任务是建立对人类行为与社会实践评判的合理标准与准则。如在前面所讨论的罗尔斯的正义概念中，正义的任务是合理公正地规范基本社会结构，包括政府、法律、司法机构，主要经济机制机构等社会权力机构的正义、权利与义务，自由与责任规定方面的正义，以及社会资源与负担的分配。尽管罗尔斯不强调正义内涵方面的本体性义理，但他强调正义内容方面的理性规定，正义行为中对理性的运用。在我们日常生活的正义概念中，正义不仅意味着善战胜恶，而且意味着真理战胜虚假，智慧战胜愚昧，公义战胜私利。所以，传统中国的正义理念常常是与道、理、公理、公道、天理等联系在一起的。而在西方哲学中，正义是与自由、权利、理性、规范化等联系在一起的。

在古希腊，如前面所讨论的，柏拉图的正义概念有两个基本思想：为理性统治；社会和谐。也就是说，根据柏拉图的观点，正义意味着理性统治。在柏拉图那里，理性统治，顾名思义，就是人类理性应是社会的指导者或领导者，也应是个人的指导者与领导者。在一个社会中，理性统治就是理性智慧的阶层居于社会统治者的地位；而一个人的意识中，就是理性部分统治意志、欲望等。

柏拉图宣称，在一个社会中，只有当理性与政治权威完整地结合，只有当人类是在理性的统治下，人类才有希望，因为人类如果不是在理性的统治下，人类社会将处于没完没了的社会冲突如内斗与相残。与此同时，在一个人的灵魂中，如果理性部分未居于领导者地位，一个人将生活于没完没了的内心冲突中。不仅如此，根据柏拉图的观点，在一个社会，正义就是社会和谐，而不是社会冲突。社会和谐意味着每个社会阶层的人做好自己的职责，所有社会阶层的人彼此合作。在一个正义的社会中，社会各阶级各尽其责，又彼此合作，存在社会和谐。与此相适应，对一个人来说，正义就是其灵魂的和谐。在一个正义的人的意识中，理性、意志与欲望各尽其责，又彼此合作，其灵魂是和谐的。与此相适应，柏拉图认为，由于民主不是理性统治的政府形式与生活方式，而是欲望统治的政府形式与生活方式，所以民主是非正义的政府形式与生活方式。

亚里士多德虽然没有像柏拉图那样把正义定义为理性统治，但是，他把正义定义为合理的公平。正义是合理的公平意味着正义是理性的。值得注意的是，无论是柏拉图，还是亚里士多德都不认同民主的政府，这是因为无论是柏拉图，还是亚里士多德都认为民主的政府不是理智、理治的政府，而是由群众的欲望驱使的政府，因而是非正义的政府。也就是说，无论是柏拉图，还是亚里士多德都认为，没有理性，就没有社会正义，民主的政府不是好政府与正义的政府，这是因为民主的政府不是理性统治的。

综上所述，在传统中国思想中，对正义的追求就是对理性与真理的追求，是对道、理、公理的追求。这就是说，正义的统治是道、理、公理的统治。所以，老子提出以正治国，以道莅天下，又提出，统治者要清心寡欲。其"人法地，地法天，天法道，道法自然"更是其强调正义即是理治的经典。当然，老子的理性不是文化理性，而是自然之理性。老子拒绝文化标准。其政治理想是以自然之道治国。所以，老子提出自然无为，自然无为而无不为。不可否认，老子思想中的理性是道的理性，不是人的主观理性或人的主观理性能力。但是，毫无疑问，根据老子的观点，正义意味着遵从道，意味着遵从道的道理，因此意味着遵从理性。值得注意的是，老子写《道德经》的本意是探讨正义的、智慧的治国与做人之道。而正义的、智慧的治国与做人之道包含两个核心理念：道与德。道是事物的道理。德是按照事物的道理行事的完美能力。也就是说，正义的、智慧的治国与做人之道就是按照事物的道理行事之道。

孔子把义与道连在一起，提出，"行义以达道"[①]。也就是说，实行正义以实现道。实现道就是实现理性。孔子还指出，正义的国家是知性的国家，知性的国家是有道的国家，即知性的国家是理治的国家；"邦有道则知，邦无道则愚"[②]。他因此强调："谨权量，审法度，修废官，四方之政行焉……宽则得众，信则民任焉，敏则有功，公则说。"[③] 强调正义即理治，孔子进一步指出，"不教而杀谓之虐；不戒视成谓之暴；慢令致期谓之贼"，明确反对虐政、暴政与贼政。[④] 不言自喻，虐政、暴政与贼政等与理治的理念格格不入。孔子强调以理治国就是坚持理与义不可分。

综上所述，孟子认为，义与理都是心的标准。"心之所同然者何也？谓理也义也 …… 故理义之悦我心，犹刍豢之悦我口。"[⑤] 就是

---

① 《论语正义·季氏》。
② 《论语正义·公冶长》。
③ 《论语正义·尧曰》。
④ 同上。
⑤ 《孟子正义·告子上》。

说，正义与理性是心用来衡量事物的标准。虽然孟子这里并没把正义与理性等同起来，但是，毫无疑问，根据孟子的观点，正义与理性是不可分的。一方面，作为心衡量事物的标准，正义与理性不可能毫不相干，相反，彼此具有内在联系。另一方面，作为心衡量事物的标准，正义与理性不可能不彼此支持，因此，它们彼此不可分。孟子还说："离娄之明，公输子之巧，不以规矩，不能成方圆。师旷之聪，不以六律，不能正五音。尧舜之道，不以仁政，不能平天下。"① 就是说，没有准绳，没有理治，就没有仁义的国家治理，仁义之政就是理治之政。荀子也强调正义与理性不可分。他说："诚心行义则理，理则明，明则能变矣。"② 即是说，诚心实行正义就能达到理性。又说："义，理也，故行。"③ 即正义就是理性，所以正义是行为标准。

近代西方启蒙思想家如卢梭、洛克、休谟、康德等都对民主这一政府形式与生活方式有所保留，这是因为他们认为民主的政府形式与生活方式不是理治的，而没有理治就意味着没有正义。在这一点上，他们的观点与柏拉图和亚里士多德的观点是相通的。

而在当代西方哲学中，正如罗尔斯所指出的，尽管哲学家们对正义有不同的理解，但是，当代西方社会政治哲学的共识是强调正义是人类理性所规定的义务与责任，因此，在正义概念中，正当性的概念优先于善的概念。

正义与理性之间的关系在我们前面定义的正义中是显而易见的。如前所说，正义所代表的公平、公正与适宜是基于真理，其本质与实质是真实的和深奥的，它给人类社会实践、社会制度或个人行为带来可接受性和合法性。基于真理就是基于理性。反过来说，没有理性与真理，哪来真正的公平、公正与适宜？正义与理性的关系可以为归结如下：

---

① 《孟子正义·离娄上》。
② 《荀子集解》，第 75 页。
③ 同上书，第 363 页。

第一，正义与理性相互依存，密不可分；

第二，正义与理性相互规定，相辅相成。

因此，没有离开理性的正义，也没有离开正义的理性。

正义与理性的相互依存关系可以从如下哲学命题中看出：没有非理性的正义或无理的正义，也没有非正义或不义的理性；理性是正义的必要条件，正义是理性对社会政治行为的必然规范性规定。"没有非理性的正义或无理的正义，也没有非正义或不义的理性"这一哲学命题是成立的，这应是一目了然的。所以，相互依存关系应是不言而喻的。值得注意的是，即使是契约主义的正义概念，正义与理性也形影相随，密不可分。

正义与理性相互规定、相辅相成的关系也可以从如下哲学命题中看出：正义意味着公平合理，理性意味着正当适宜。"正义意味着公平合理，理性意味着正当适宜"这一哲学命题是成立的，这应是一目了然的。所以，正义与理性相互规定、相辅相成的关系应是不言而喻的。

正义是理性的必要条件，理性也是正义的必要条件。没有正义，就无所谓理性。就是说，没有公平、公正与适宜，就无所谓理性。没有正义的理性不是真正的理性，也是不可能实现的所谓理性。反之，没有理性，也就无所谓正义。没有关于事物本质的真理，没有关于事物本质性的正当原则就无所谓正义。没有理性的正义不是真的正义，也是不可能实现的所谓正义。正义是理想实现的条件，理性也是正义实现的条件。与此同时，在一定的意义上，正义还是理性的充分条件，理性也是正义的充分条件。即正义存在，理性就存在；哪里有正义，哪里就有理性。反之，理性存在，正义就存在；哪里有理性，哪里就有正义。

与此相适应，正义与理性无论在内容上还是在形式上都相互交融，相互交织。在内容上，正义与理性都讲真理，都讲正当的原则，都讲合法合理的标准，都讲事物的真实本质。正义是基于真理，本质与实质上是真实、深奥的公平、公正与适宜。理性是公平、正当与适宜地运用真理、原则与准则。在形式上，正义与理性都讲善、对、规范化、有序等。正义是有利地、正确地与有序地树立事物公平性、公正性与适宜性。理性就是有利地、正确地与有序地标准化、规范化事物。有利地、正确地与有序地标准化、规范化事物是在有利地、正确地与有序地树立事物公平性、公正性与适宜性，而有利地、正确地与有序地树立事物公平性、公正性与适宜性也是在有利地、正确地与有序地标准化、规范化事物。

五 正义与真理

与上相适应，正义与真理是不可分割的。也就是说，"正义与真理彼此不可分，彼此依存"的哲学命题成立。真正的正义意味着正义理念、正义判断是正当合理的，因此，它有认识性的内容。反之，如果正义理念、正义判断的认识内容没有真理，它们的内容就一无是处，一文不值，其所定义的正义也一无是处，一钱不值。与此同时，如果没有对正义规范的共同认识，正义规范所规定的义务对共同体成员来说就毫无意义，毫无约束性。而我们不能说，一方面，共同体成员对正义有共同认识，另一方面，正义规范没有认识方面的内容，正义本身也没有认识方面的内容。我们也不能说，一方面，正义规范有认识方面的内容，正义本身有认识方面的内容，另一方面，正义规范没有真理，正义本身没有真理，正义规范的共同认识没有正确性可言。

其实，我们在前面所定义的正义概念本身就强调正义与真理不可分。在前面的正义定义中，正义是基于真理的端正的、正当的公平、中正与适宜。如果正义是基于真理的，那它与真理就不可分。前面也讨论到，在传统中国思想中，"义"的含义之一就是真理、本质、原则等，因此《词源》对正义的定义是"正当的、正确的、公平的原则与真理"[1]。正义就是真理。根据前面的讨论，我们至少应看到，正义与真理相互依存、密不可分，以及正义与真理性相

---

[1] 《词源》卷2，商务印书馆1980年版，第1665页。

互规定、相辅相成。就是说，正义是真理的必要条件，而真理也是正义的必要条件。没有正义的真理不是真的真理，没有真理的正义也不是真的正义。正义是真理实现的条件，而真理也是正义实现的条件。

　　为了理解真理与正义的内在关系，我们这里应回顾一下哈贝马斯和罗尔斯之间关于真理与正义关系的哲学争论。1995年，西方哲学界迎来了一场引人瞩目、影响巨大深刻的哲学大辩论，这就是德国著名哲学家哈贝马斯与美国著名哲学家罗尔斯关于政治性的正义概念与真理的关系的公开哲学辩论。也许，把两人这一关于正义问题的交锋称为辩论有点过分，双方真正公开的你来我往的正面交锋只有一次，然后是各自在不同的场合进一步地阐述或说明自己对这一问题的立场以及对双方分歧点的界定，你来我往的交锋是由双方的追随者来进行的。但是，哈贝马斯与罗尔斯分别代表了两种关于政治性的正义概念与真理的关系的观点，也就是分别代表了正义与真理关系的两种对立观点：哈贝马斯认为，一个合理的政治性正义概念必须含有真理，即含有真理是一个政治性正义概念合理性的标准；而罗尔斯认为，一个合理的政治性正义概念不必含有真理，即含有真理不是一个政治性正义概念合理性的标准。

　　哈贝马斯与罗尔斯的哲学大辩论围绕罗尔斯的《政治自由主义》一书展开。1993年，罗尔斯的哲学巨著《政治自由主义》由哥伦比亚大学出版社出版。这一哲学巨著是罗尔斯第一部关于正义问题的哲学巨著、1971年由哈佛大学出版社出版的《正义论》的姐妹篇。在《正义论》一书中，罗尔斯提出了两个关于正义问题的重要论断。一个是社会政治正义的两个基本原则的论断。另一个是关于确立社会政治正义的机制是所谓的原始地位（original position）的论断。1986年，罗尔斯在美国著名哲学杂志《哲学和公共事务》（*Philosophy and Public Affairs*）上发表了一篇题为"正义即是公平：政治性的而不是本体性的正义概念"的文章。文章强调，政治性的正义概念不需要一个本体论基础，也不必依赖真理或真理的概念，即一个政治性的正义概念不必证明其含有真理而成为合理的正义概念。罗尔斯把这叫作政治性正义概念的自由站立性（free-standing）。

在《政治自由主义》中，罗尔斯一方面继续他在《正义论》中强调的正义主要涉及的是基本社会制度这一论断。另一方面他强调一个新的政治性概念不以拥有真理为其立身的基础。所以，在《政治自由主义》中，罗尔斯开宗明义地宣称，《政治自由主义》的中心问题有两个："首先，能够为自由与平等的公民们具体设定合作的公平条件的最合适的正义概念是什么？……其次，面对合理的多元化是自由制度的不可避免的后果，宽容的理由是什么？"① 即政治自由主义的中心问题是：（1）什么是作为自由与平等的公民社会合作的政治性正义概念？（2）什么是社会、文化宽容的理由？

在回答这两个问题中，罗尔斯继续发展《正义即是公平：政治性的而不是本体性的正义概念》一文中关于政治性正义概念的自由站立性的论断。罗尔斯指出，一个政治性正义概念的合理性不是指其具有真理，而是指其体现这样一种政治态度，即：（1）愿意在公平的条件下与他人合作，也愿意提出与他人合作的公平条件；（2）愿意承担判断的责任负担。也就是说，一个政治性正义概念的政治合理性所指的不是信念的真理性，而是政治上的公平与合作态度。值得注意的是，这里，罗尔斯放弃了其哲学巨著《正义论》中的著名宣称：正义是社会制度的第一美德，正如真理是思想的第一美德。当然，说真理是思想的第一美德等于说真理是思想合理性的必要条件，等于说和理性与真理不可分。而正义概念是一个理念，即思想。按照《正义论》，一个合理的政治性正义概念必然含有真理，因为真理是其第一美德。但是，《政治自由主义》放弃了《正义论》对思想的真理要求。

《政治自由主义》出版后，西方哲学界各派反应激烈，批评的、赞同的哲学文章一篇又一篇地发表。在各个不同的场合，哈贝马斯也对罗尔斯在《政治自由主义》中对正义问题的论断进行评论。他与罗尔斯争论焦点集中在罗尔斯对《政治自由主义》第一个中心问题

---

① ［美］罗尔斯：《政治自由主义》，第3—4页。

的回答，尤其是罗尔斯的政治性正义概念具有自由站立性的论断。于是以美国最权威、最重要的哲学杂志《哲学杂志》（Journal of Philosophy）为战场，哈贝马斯与罗尔斯进行了唯一的一次正面的、你来我往的交锋。1995 年 3 月，《哲学杂志》同时刊登了哈贝马斯题为"通过公共运用理性达到和解：对约翰·罗尔斯的政治自由主义的几点看法"（Reconciliation through Public Use of Reason：Remarks on John Rawls' Political Liberalism）一文和罗尔斯的题为"对哈贝马斯的回答"（A Replay to Habermas）的回应文章。双方的交锋由此开始。《通过公共运用理性达到和解：对约翰·罗尔斯的政治自由主义的几点看法》一文后被收在《对他者的包容》中。

在这场争论中，哈贝马斯从话语哲学的角度强调真理与正义不可分。而罗尔斯则从自由主义哲学的角度坚持真理与正义的可分性。哈贝马斯和罗尔斯双方分歧的焦点主要有以下三个：第一，关于政治性的正义概念是否需要依赖于真理或真理的概念这一问题。例如，一个正当的政治性的正义概念是否在其被接受之前，应证明它自己或被证明具有真理。第二，关于交叉共识在对一个政治性的正义概念在公共证明中的角色问题。第三，什么是建立正当政治性的正义概念的最合理的机制？

在《通过公共运用理性达到和解：对约翰·罗尔斯的政治自由主义的几点看法》一文中，哈贝马斯坚称，一个正当的政治性的正义概念在其被接受之前应证明其具有真理，否则便即没有可接受性（acceptability），尽管它在特定的社会历史条件下可能由于其他原因被某一社会接受为该社会正当的政治正义概念。也就是说，一个政治性正义概念的真理性构成其可接受性的必要条件与要素。哈贝马斯强调，我们应严格区分一个政治性正义概念的可接受性（acceptability）和它被某一社会所接受（acceptance）。他坚称，某一社会的社会成员在讨论是否接受某一政治性正义概念时不可避免地问：这一政治性正义概念是否合理？而一个没有真理的政治性正义概念不可能是合理的。他认为，当罗尔斯放弃要求一个政治性正义概念必须具有真理时，他（罗尔斯）也放弃了对一个政治性正义概念的合理性和可接受性的要求。不仅如此，假如一个政治性正义概念没有真理，它自己本身不可能是稳定的。因此，当它是社会合作的基础时，社会合作的基础也将是不稳定的。简而言之，哈贝马斯坚称，一个正当的政治性正义概念的合理性寓于其有效性和可接受性，而它的有效性和可接受性基于它的真理性。

在《对哈贝马斯的回答》一文中，罗尔斯坚称，社会成员可以从不同的立场或角度去理解某一政治的正义概念的合理性和可接受性。重要的不是他（她）们都是在认识某一真理或在同一真理概念的指导下达成共识，而是他（她）们最终都认为某一政治的正义概念是最合理的和应该被接受的。换句话说，达成对某一政治的正义概念的合理性和可接受性的共识的途径与起步点不必相同，不是只有真理这一条路，正如通往罗马的路不必只有一条。罗尔斯不认为，某一政治的正义概念如果不具有某种概念上的真理，它将是不稳定的。罗尔斯强调，像哈贝马斯那样强求一个政治的正义概念的真理性不可避免地将走向专制主义（totalitarianism）。这就是，在现今这样一个文化多元化的世界，为了达成对一个政治性的正义概念真理性的统一理解，必然要求认识各方都拥有一个共同的真理概念。这就意味着一些社会成员必须放弃自己的真理概念。这就意味着必须使用制度暴力去强迫一些社会成员去放弃自己的真理概念，这是因为在民主和多元化的今天，除非使用制度暴力去强迫一些社会成员去放弃自己的真理概念，社会成员之间不可能有一个共同的真理概念。例如具有不同宗教背景的人不可能有一个相同的真理概念。而使用制度暴力去强迫一些社会成员去放弃自己的真理概念本身与正义即公平是背道而驰、水火不相容的。

从哲学上更深的层次来看，双方的如上分歧不仅涉及真理与正义的关系问题，而且涉及普遍真理的概念的可能性问题，即是否存在一个能被所有人自愿地、理性地认同的普遍真理概念。哈贝马斯不仅认定真理与正义之间存在密不可分的关系，而且认定正义依赖于真理，普遍真理的概念不仅是可能的，而且是任何合理的社会交往的基础，也是任何合理的正义概念的可接受性的基础。罗尔斯否定真理与正义之间存在密不可分的关系，否定正义依赖于真理。对罗尔斯来说，合理性与真理性是两个完全不同的概念。哈贝马斯则坚持普遍真理的概念是任何合理的政治性正义概念的基础。罗尔斯则反其道而行之，认为一个合理的政治性正义概念是不同的真理概念与理论求同存异的基础。

与如上所说的紧紧联系在一起，哈贝马斯与罗尔斯在交叉共识对一个政治性的正义概念在公共证明中的角色这一问题上持不同的观点。罗尔斯认为，在内容上，交叉共识对一个政治性的正义概念的公共证明并不能提供任何认识上的帮助，它并没有为一个政治性的正义概念正当性的证明提供任何支持性或反对性的认识上的理由。在内容上，交叉共识是对那些为一个政治性的正义概念作公共证明的综合学说的差异性的承认与对让这些不共综合学说共存的共识。它既不试图调解那些为一个政治性的正义概念作公共证明的综合学说的冲突，也不试图在那些为一个政治性的正义概念作公共证明的综合学说中寻找共同真理与价值。因此，交叉共识对一个政治性的正义概念在公共证明中的角色不是认识性的或带有认识性的作用，它所能提供的不是真理，也不执着于真理。交叉共识对一个政治性的正义概念在公共证明中的角色是政治性、工具性的。在认识上，交叉共识对一个政治性的正义概念没有提供任何它自己的证明，也证明不了什么。但是政治上，交叉共识却能起到让这些不共综合学说从各自不同的角度去证明一个政治性的正义概念的桥梁作用，起到稳定社会合作的作用。由于它是让不共综合学说从各自不同的角度去证明一个政治性的正义概念的必要条件，它在一个政治性的正义概念作公共证明中的角色是工具性的。无论如何，强调交叉共识是对一个政治性的正义概念的共识与认同的基础，不是强调真理是对一个政治性的正义概念的共识与认同的基础。

哈贝马斯的看法相反。哈贝马斯开门见山、直截了当地说："我要问的是究竟交叉共识……角色是否是认识性的，还是仅仅是工具性的；究竟交叉共识主要是为对（关于正义）理论进一步的证明开路搭桥，还是它本身……解释了社会稳定的必要认识条件。"① 在哈贝马斯看来，在内容上，交叉共识是对一个政治性的正义概念的共同真理与合理性的共识。因此，交叉共识对一个政治性正义概念的公共证明应该提供，而且提供独特的认识性的帮助，它为一个政治性正义概念正当性的证明提供认识上的理由。在内容上，交叉共识不仅调解那些为一个政治性的正义概念作公共证明的综合学说的冲突，也在一个政治性的正义概念作公共证明的综合学说中寻找共同真理与价值。因此，交叉共识在对一个政治性正义概念在公共证明中的角色是认识性的或带有认识性的作用。在认识上，交叉共识对一个政治性正义概念提供任何它自己的证明，它证明这一正义概念具有合理的可接受性。交叉共识不仅在政治上起到让这些不共综合学说从各自不同的角度去证明一个政治性正义概念的桥梁作用与稳定社会合作的作用，它还让这些不共综合学说为了使自己合情合理，彼此在交往理性的指导下，进行合理的交流。因此，对不同综合学说来说，交叉共识不仅仅是，甚至不主要是一个政治桥梁，而是一个认识桥梁。它不仅仅是让这些不共综合学说从各自不同的角度去证明一个政治性正义概念。它证明政治性正义概念的普遍可接受性。而只有交叉共识能证明政治性的正义概念普遍可接受性，不共综合学说不能提供这一证明。与此相适应，强调交叉共识是对一个政治性的正义概念的共识与认同的基础，就是强调真理是对一个政治性的正义概念的共识与认同的基础。

双方争论的另一个焦点是什么是建立正当的政治性正义概念的最合理的机制。在《通过公共运用理性达到和解：对约翰·罗尔斯的政治自由主义的几点看法》一文中，哈贝马斯坚称，建立正当的政治的正义概念的最合理的机制应当是理想的话语状况（ideal speech situation）。在理想的话语状况中，社会成员在交往理性的四大规范——可理解性、真诚、真理和规范的正确——的约束下，通过自由、合理的交流与对话，在真理和共识的基础上认同某一政治性正义

---

① ［德］哈贝马斯：《对他者的包容》，麻省理工学院出版社1998年版，第60页。

概念。在理想的话语状况中，社会成员是理性地和自由地认同某一政治性正义概念的，而且由于他（她）们达成共识的基础不是利益交换或妥协，而是对真理和规范的正确的共识。所以，这样一个被接受的政治性正义概念具有可证性和可接受性，也具有稳定性。例如，利益是变化的东西，所以在利益交换或妥协的基础上达成的共识与协议会因为利益的变化而变化。但是，真理是不变的，尽管真理是发展的，在真理的基础上达成的共识与协议，因此也是不变的，因而是稳定的。无论如何，一个合理的政治性正义概念必须是可以在合理的社会交往实践中被证明是合理的。一个能在合理的社会交往实践中被证明是合理的政治性正义概念必须符合人类交往理性，而人类交往理性的四大标准之一是真理。

在《对哈贝马斯的回答》中，罗尔斯坚持认为，建立正当的政治性的正义概念的最合理的机制应当是设想的原始地位（original position）。罗尔斯认为，在设想的原始地位上，每个参与讨论是否认同某一政治的正义概念的人既不知道自己现在的身份、地位和利益，也不知道在未来社会中的身份、地位和利益，更不知道他人在未来社会中的身份、地位和利益，这就保证每个参与讨论者在思考是否认同某一政治的正义概念时做到不偏不倚、公正公道，只考察这一政治的正义概念是否合乎逻辑、合情合理。罗尔斯同时认为，哈贝马斯所讲的理想的话语状况不可能存在。从达成对某一政治的正义概念的合理性的共识的角度来说，也没必要要求这样一个理想的话语状况，因为目标是认同政治的正义应是社会合作的基础，认同某一政治的正义概念合情合理，因而成为社会合作的基础，而不是某一政治的正义概念是否具有道德真理。总之，在原始地位中，立法者不是通过认识真理而达成共识，而是通过公平态度，平衡地思考而相互达成共识。

哈贝马斯反击与强调说，在罗尔斯的设想中，建立正当的政治性的正义概念的机制有两个致命的短板。在建立正当的政治的正义概念的过程中，建立正当的政治的正义概念的过程不仅仅与证明一个政治性的正义概念的正当合理性的过程有区别，而且是完全分开的。建立正当的政治的正义概念的过程因此不在乎所建立的政治性的正义概念的正当合理性与可接受性,只在乎所建立的政治性的正义概念被所有人事实上所接受。更致命的是,每个参与讨论制定一个政治性的正义概念的人必须戴有罗尔斯所谓的"无知面纱",既不知道自己现在的身份、地位和利益,也不知道在未来社会中的身份、地位和利益,更不知道他人在未来社会中的身份、地位和利益。这就迫使每一个参与讨论制定一个政治性的正义概念的人人为地分裂为二:抽象地戴有所谓的"无知面纱"的人与真实的人;前者的角色是建立正当的政治性的正义概念立法者;后者的角色是用自己认同的综合学说去证明与接受一个政治性的正义概念。哈贝马斯强调,建立正当的政治的正义概念的过程与证明一个政治性的正义概念的正当合理性的过程彼此相连,不可分割。一个公民也不应,更不可能,把自己分裂成抽象的戴有所谓的"无知面纱"的建立正当的政治的正义概念的建立者与真实的、用自己认同的综合学说去证明与接受一个政治性的正义概念遵从者。哈贝马斯认为,一个正当的政治性的正义概念的建立者与遵从者是同一人。

在哈贝马斯与罗尔斯关于政治性的正义概念问题的分歧背后是哈贝马斯的程序主义思维与罗尔斯的政治自由主义思维的巨大分歧。也就是说,此时,哈贝马斯已发展出自己的过程主义。他与罗尔斯关于政治的正义概念问题在《哲学杂志》上公开辩论的几年后,在他的新著《对他者的包容》中,他比较了罗尔斯的政治自由主义和他自己的康德式的共和主义的理念之间的差异。数年后,他在中国访问并与中国学者座谈时,中国学者万俊人问他:"我认为,在你对自由主义的批评和罗尔斯的答复之间存在一个问题:他抱怨你的观点还没有放弃形而上学的背景。你则批评他对程序、形式等关注得还不够。我想你和罗尔斯的出发点都是康德,因此我想问你如何看待罗尔斯从康德的伦理学'退却'到政治学?"哈贝马斯回答:

> 罗尔斯的理论无疑是非常西方化的。我对罗尔斯的批评分别涉及他的方法和内容。我们知道,罗尔斯在《政治自由主义》

中的出发点是：国家究竟有怎样的形态和特征才能保证每个个体都能完全按照他自己想象的那样去生活。自由主义在阐述国家概念的时候，其基本问题一般是：国家怎样才能保障公众平等的权利，以便使所有的个体都能按照自己的意愿去生活。但是，共和主义则不是这样认为的。也就是说，共和主义的出发点和自由主义是截然不同的。按照共和主义的看法，个人的能力与语言应当与社会公共的能力和语言协调起来，并通过民主意识的形成，来保障民主制度的落实。共和主义传统实际上继承了康德、黑格尔和马克思。①

在这一回答中，哈贝马斯认为，共和主义和自由主义的根本区别之一是出发点的截然不同。自由主义强调国家对公众平等的权利的保障，而共和主义强调社会成员在交往理性指导下民主意识的形成。而哈贝马斯这里所说的"共和主义"是他版本的程序主义——共和主义。

毫无疑义，哈贝马斯与罗尔斯之间关于一个合理的政治性正义概念问题的哲学辩论对我们具有重大的指导意义。它提出了一些令人深思的问题。例如，正义是否建立在真理的基础上？一个正当的、我们应当接受的社会正义或政治正义概念是否应该有真理，其真理性是否应是其可接受性的基础？在公共地证明一个政治性的正义概念时，交叉共识的角色是否有认识性？也就是说，真理是否是正义的必要条件。

这里我们要把正义概念的合理性与正义的合理性区别开来。正义概念是信念。一个概念的合理性问题是认识论问题，一个存在的合理性问题是本体论问题。关于一个合理的正义概念是否必须含有真理的问题是关于真理是否仍然是思想的第一美德、标准与要求的问题。正义是一种属性，关于正义是否与真理不可分是关于真理是否是正义属性的必要条件或要素。这两个问题既相互联系，又相互区别。与此相适应，一个正义概念的合理性与正义的合理性也有所区别。

---

① 参见曹卫东《权力的他者》，第76—77页。

对于第一个问题，即关于真理是否仍然是思想的第一美德、标准与要求的问题，显而易见，真理性不是一个概念之所以成为概念的必要条件。一个概念可以含有真理，因而是好的、有效的概念，也可以不含有真理，因而不是好的、有效的概念。因此，从什么是一个概念之所以成为概念的必要条件这一角度说，真理与概念之间没有必然的联系，但从一个概念是好概念还是不好概念的角度说，一个合理的政治性概念应含有真理。罗尔斯自己也讲，正义是社会制度的第一位的，正如真理是思想的第一美德。也就是说，他自己也讲，真理是概念的第一美德。

一个合理的概念，顾名思义，就是合乎真理与理性的，就如一个三角形，顾名思义，拥有三个角一样。一个不合乎理性与真理的概念不是真正的"合理"概念。当正义概念必须表达公平与负责任时，它是合乎真理与理性的，虽然其所表达的真理与理性具有独特的内容。客观地说，罗尔斯只是从不同的角度，强调合理的正义概念的真理性，而不是合理的正义概念与真理的可分性，至少，罗尔斯没有达到其目标。在这一点上，哈贝马斯的批评是正确的。关于第二个问题，即关于真理是否是正义属性的必要条件或要素，如前面已经讨论的关于正义的定义，正义与真理不可分，正义是基于真理的正当性、中正性与适宜性。真理是正义的基础、必要条件与必要要素。

总而言之，真理与正义不可分。正义基于真理。正义依靠真理。正义服从真理。这就是真理。

六　全球正义

正如前章所提到的，全球正义的理念是我们时代精神的核心理念之一，是我们时代正义的特殊内容之一。全球正义，顾名思义，指的是在全球具有法律制约力的、放之于四海都有法律效力的法律正义。首先，全球正义是从全球的角度定义的正义。也就是说，全球正义所讲的公平、公正、中正与适宜是从全球的角度讲的。在这一点上，全球正义与普遍正义具有一定程度的共同特点。也就是说，无论是全球正义还是普遍正义，正义的视野都具有超越性，不是本地性的。其次，全球正义是一种司法性正义，不仅仅是一种道德正义。即全球正义所规定的是司法性的责任与义务，违背它就要被追究法律上的责任。全球实质正义与全球程序正义都由国际法与全球法律所规定。在这一点上，全球正义与普遍正义具有重大的区别。

在内涵上，全球正义，与其他方面或领域里的正义一样，指的是公平性、公正性、中正性与适宜性。与此同时，全球正义又有着自己的应用对象、范围与特点。全球正义的理念的特征之一是它强调人道三大原则，即人权原则、人类价值原则和人类类关系原则。如全球正义关注全球范围内公平，公正地保障人的基本权利与自由。它强调维护全球普遍人道法律。

全球正义是否存在？全球正义的基础是什么？美国哲学家托马斯·内格尔认为，所谓的全球正义并没有一个正当的基础。他认为，正义的基础是共同体式的政治联盟关系。一个国家的公民之间存在这种共同体性的联盟关系，但在全球范围内不存在这种联盟关系，因为这种联盟关系必须由法律所建立。因此，他说："毫无疑义，我们没有生活在一个正义的世界……但是，世界范围内的正义，如果存在，究竟是什么，这却是一笔糊涂账。"[①] 内格尔承认，国际社会把普遍人权作为国际事务的准则，所以，在国际事务中，人的基本权利可以是一个准则。[②] 但是，他认为，人的基本权利是人道道德的原则，不是正义的原则。[③] 也就是说，对人的基本权利的义务是一种人道道德义务，而不是正义所规定的义务。内格尔所讲的"正义所规定的义务"是具有强制性的，或我们通常所讲的具有司法性的。内格尔认为："正义是我们通过共同分享的制度对那些与我们有一种牢靠的政治关系的人的责任与义务。正义本质上……是一种共同体联盟性的义

---

① ［美］托马斯·内格尔：《全球正义问题》，《哲学与公共事务》2005年第32卷第2期，第113页。
② 同上书，第130页。
③ 同上书，第131页。

务（associative obligation）。"① 也就是说，正义是一种共同体联盟性的司法性义务。

内格尔尤其关注全球社会—经济正义的可能性，即通常所说的全球分配正义。他认为：

第一，在全球范围内，人与人之间不存在通过共同分享的制度而建立起来的共同体联盟关系，因为既没有一个世界国家，也没有真正意义上的全球法律。

第二，国界之外，谁来建立制度、执法？人们如何既是全球法律的受制约者，又是全球法律的作者？国界之外，全球正义的执行者是谁，执行条件又是什么？

换句话说，正义是共同体联盟性的责任与义务，是共同体联盟性的人与人之间关系的反映。共同体联盟性的人与人之间关系的存在是正义存在的必要条件。但在全球范围内，共同体联盟性的人与人之间关系不存在，就没有国家或全球法律建立一种全球性的共同体联盟性的人与人之间的关系。内格尔这里提出的问题是，什么样的人类关系能是全球正义所规定的义务与责任的基础？

值得注意的是，内格尔的道德哲学坚持普遍主义的立场。一般来说，坚持普遍主义的立场的哲学家认同普遍正义的概念，因此也会认同全球正义的概念。但是，内格尔认为，正义与主权不可分离。因为既没有一个世界国家，也没有真正意义上的全球法律，所以，没有具有主权性的世界社会政治共同体能合法地规定正义的义务与原则，因此全球正义并不存在。当然，质疑全球正义理念并不与内格尔的道德普遍主义的立场相矛盾。普遍主义的立场是，有些道德原则、准则、价值与情操具有普遍性，而不是所有道德原则、准则、价值与情操都是普遍性的。

以正义理论笑傲世界哲学界的罗尔斯也认为，世界主义那种平均性地把自由主义的一些正义原则，尤其是人权原则，在全球范围内不

---

① ［美］托马斯·内格尔：《全球正义问题》，《哲学与公共事务》2005 年第 32 卷第 2 期，第 121 页。

加区别地推行是不合理合法的,至少实践上是行不通的。因此,与世界主义的以个人为中心、以人权原则为运行原则的正义理念不同,罗尔斯的全球正义理念是一个以人民为中心的理念。在一个正义的全球秩序中,这一理念包含如下几个原则:

(1) 每一人民是自由与独立的,他(她)的自由与独立应受到其他人民的尊重;

(2) 每一人民应遵守契约以及其他共同协定;

(3) 所有人民都是平等的,是制约他们的协议的制定参与者;

(4) 所有人民都要遵守互不干涉的原则与负起相应的责任;

(5) 每一人民都有自卫的权利,但没有除自卫外发动战争的权利;

(6) 每一人民应尊重与保护人权;

(7) 每一人民都应遵守对战争行为的一些特别制约;

(8) 所有人民都有责任去援助那些在不利条件下没有一个正义或像样的政治与社会结构。①

罗尔斯的全球正义理念本质上是一个自由主义学派的理念。但它强调的全球正义的主体却是民族国家。在这一理念中,全球正义是契约性的正义。无论如何,这一全球正义理念有两个基本点:第一,以人权为核心运行原则;第二,全球正义是一个契约性的正义。这里,值得注意的是,在罗尔斯的全球正义概念中,人类共同体由人民组成,而一个民族,包括多元化的民族,是否是人类共同体中的人民、人类共同体中的一员的先决条件是其是否尊重基本人权。

与如上观点相反,许多西方哲学家,如哈贝马斯、西蒙·肯尼(Simon Caney)、托马斯·博格(Thomas Pogge)、皮德·兴格(Peter Singer)、玛莎·努斯苞恩(Martha Nussbaum)等捍卫全球正义的理念。肯尼捍卫传统的普遍主义的全球正义理念。这一理念的核心观念是在全球范围内存在基于人权的全球正义。肯尼提出如下论证:

---

① 参见[美]约翰·罗尔斯《人民的法律》,哈佛大学出版社1999年版,第37页。

（1）有效的道德原则存在；

（2）可以有效地应用于某一人或某一些人的原则可以有效地应用于所有与这些人具有道德相关的共性的人；

（3）在全球范围内所有人类都具有与道德相关的共性。[①]

也就是说，在全球范围内所有人类都具有与道德相关的共性，因此，可以有效地应用于某一人或某一些人的原则与规则可以有效地应用于所有人。一些原则与规则可以有效地应用于地球上的所有人，即它们的有效性是全球的，因此全球正义存在。

与此同时，哈贝马斯主张世界主义学派的全球正义理念。这一理念的核心思想是：在全球范围内普遍人权存在，因此，规定普遍人权与相应义务的全球法律存在；规定普遍人权与相应义务的全球法律存在，因此，全球正义存在。博格、兴格、努斯苞恩等的全球正义理念是另一版本的自由主义学派的全球正义理念。这一理念的核心思想是：在全球范围内普遍人权存在，因此，规定普遍人权与相应义务的全球正义存在。在实践中，自从第二次世界大战结束以来，联合国的《世界人权宣言》、人权理念迅速全球化，反人类罪理念司法化等在概念上与制度上充实了全球正义理念。

在上述历史情境下，出现五大对全球正义理念的合理论证：普遍主义论证，世界主义论证，契约主义论证，实用主义论证，自然主义的论证。

1. 普遍主义论证。如前面所提到的肯尼的论证。其基本论证是：

（1）如果所有人类存在道德性的共同点，那么，适用于一个人的原则也同样适用于所有具有相关道德性的共同点的国家；

（2）所有人类存在道德性的共同点。

（3）因此，适用于一个国家的正义原则也同样适用于全球所有具有相关道德性的共同点的国家；

（4）适用于一个国家的正义原则存在；

（5）因此，全球正义原则存在，全球正义存在。

[①] 参见西蒙·肯尼《超越国界的正义》，牛津大学出版社2005年版，第35—36页。

2. 世界主义论证。其基本论证如下:

(1) 全球范围内所有人类都是人,同属一个道德共同体;

(2) 在全球人类道德共同体中,普遍的、平等的、具有全球效力的人类权利存在;

(3) 与之相适应的全球性、世界性法律存在;

(4) 因此,全球正义存在。

3. 契约主义论证。其论证的基本点是:

(1) 真正的社会正义只能从社会契约中产生;

(2) 在一个具有国界的社会共同体中,正义能从,也确实从社会契约中产生;

(3) 制定全球人类社会契约的条件、可能性与现实性存在;

(4) 因此,全球正义的可能性与现实性存在。

4. 实用主义论证。其论证的基本点是:

(1) 凡是实质性地促进人类福祉的社会道德政治规范都是好规范,应该存在;

(2) 一个规范必须存在才能实质性地促进人类福祉;与此相适应,如果它实质性地促进人类福祉,这一规范必定事实上存在;

(3) 全球正义实质性地促进人类福祉,因此是好规范;

(4) 全球正义实质性地促进人类福祉,因此它事实上存在;

(5) 因此,全球正义应存在,也事实上存在。

5. 自然主义论证。其论证的基本点是:

(1) 正义是自然规律的一个准则;

(2) 自然正义不是局限于某一时间、地点的正义,而是普遍正义;

(3) 普遍正义的概念包含全球正义的概念;哪里有普遍正义,哪里就有全球正义;

(4) 普遍正义存在;

(5) 因此,全球正义存在。

在如上的五大论证中,普遍主义论证的核心概念是普遍性包含全球性,世界主义论证的核心概念是基本人权,契约主义论证的核心概念是契约，实用主义论证的核心概念是实践，自然主义论证的核心概念是自然法则。当然，如上对全球正义理念的五大论证只是众多可能的论证之五。但是，它们表明，合理地论证全球正义的可能性是存在的。也就是说，全球正义理念可以被证明是合理的。这不是说，凡是存在的，都是合理的。而是说，凡是合理地存在的，都应存在。凡是不合理地存在的，都不应存在。全球正义是一个合理存在，因此它应存在。

值得注意的是，全球正义所规定的义务与责任区别于人道主义道德所规定的义务与责任。如联合国《世界人权宣言》所规定的义务与责任或反人类罪理念所规定的义务与责任区别于人道主义道德所规定的义务与责任。

第一，全球正义所规定的义务与责任是强制性的，不仅仅是劝导性的，而人道主义道德所规定的义务与责任是劝导性的，不是强制性的。

第二，全球正义所规定的义务与责任是具体、明确的，以存在相应的执行组织、相应的联盟关系为前提。

第三，这就意味着全球正义所规定的义务与责任以存在相关的全球法律为前提。全球正义必须由法律所规定，并通过法律来实现。也就是说，全球正义以国际法律或全球法律的存在为前提。

不可避免地，关于全球正义的全球法律这一概念把我们带到陌生的海域。与国内法律一样，正当、合法、合理的全球法律不是自然给予或神授的，只能民主地建立。正如罗伯特·珀斯特（Robert Post）所指出的："当代法律不能诉求上帝、神或自然的权威。它只能诉求民主的自治。"[1] 但是，问题就来了。一方面，正当、合法、合理的全球法律只能民主地建立。另一方面，民主又总是有国界的，即这国或那国的民主。有国界的民主如何合理、有效地建立有效、正当与合法的无国界的全球法律呢？这是核心问题。全球法律必须由全球民主

---

[1] ［美］罗伯特·珀斯特：《导言》，载瑟拉·本哈比《另一版本的世界主义》，牛津大学出版社2006年版，第2页。

来建立。在没有世界国家的前提下，全球民主如何可能？当然，我们这里讨论的是正当、合理、有效的全球法律。因此，我们说的是真正意义上的全球民主，而不是挂羊头，卖狗肉的假民主。

如上的问题带给我们一个深刻的事实：人类基本权利与自由存在，与人类基本权利与自由相适应的责任和义务关系也存在；而且，人类的基本权利与自由不仅仅是道德权利，也是司法性权利；相应地，人类之间以权利与自由为中心的责任和义务关系也不仅仅是道德关系，也是法律关系。这一事实是深刻的，因为它不是不言而喻的，而是逻辑抽象与推理的结果。

第一，这一事实不仅仅是我们人类作为自然存在的抽象，而且是我们人类作为社会存在的抽象。也就是说，这一事实不仅仅是我们人类作为自然物质体的存在的抽象，也是我们每个人作为有意识的社会存在的抽象。无论是权利与自由，还是责任与义务，都是对社会关系的反映。

第二，与此相适应，这一事实包含着对人类共同体存在的抽象的假定。也就是说，每个人的基本权利与自由，责任与义务是由其人的身份所规定。不仅如此，每个人的基本权利与自由，责任与义务是由其作为一个世界公民的基本权利与自由，责任与义务所规定。每个人的世界公民身份以世界人民这一共同体的存在为前提。

第三，这一事实包含着对人类共同体中存在自然法则的抽象假设。无论如何，人类基本权利与自由的存在以及与此相适应的以权利与自由为中心的责任和义务关系的存在是全球正义的基础。全球正义，像国界内正义一样，是权利与义务，自由与责任的公平、中正与适宜的规定。在我们时代，正如康德所说："整个地球的人民进入一个公共政治共同体已经到这样一个程度：在地球的某一角落对人权的侵犯将被在地球所有其他角落的人们所感到。"[①] 1948 年的联合国《世界人权宣言》是现代全球正义理念发展的里程碑之一。色拉·本

---

① ［德］伊曼努尔·康德：《永久和平》，坎博尔·史密斯译，纽约：佳兰出版社 1972 年版，第 142 页。

哈比比也指出:"自从1948年联合国的《世界人权宣言》以来,我们已经进入了一个新时期,其中,国际正义的规范正进化为全球正义的规范。"①

综上所说,事实上,全球性的共同体联盟性的人与人之间关系是存在的,这就是以人的基本权利与自由为中心的世界公民之间的责任与义务关系。

总的来说,全球正义如何可能的问题带来全球民主如何可能的问题。那就是,在没有世界国家的前提下,合理、合法、有效地建立有效、正当与合法的全球法律和全球民主如何可能?答案应是双轨道的全球民主。双轨道的全球民主就是,一方面是以国家为主权主体,以联合国这样的国际组织为中介的正式民主政治与立法过程,另一方面是民间的、公共空间中的非正式的民主政治过程。正式的民主政治与立法过程是由主权国家代表本国的公民参与的,按照法定的程序,在法定的时间、地点进行的,具有法定的正式结构的民主政治与立法过程。它是正式的,因为它的形式与内容都是正式的,其所建立的法规也是正式的。而民间的、公共空间中的非正式的民主政治过程是一个内涵广泛的概念。它包括所有非正式的民主讨论、自我教育过程等。它是非正式的,因为它不是按照法定的程序,不是在法定的时间、地点,不具有法定的正式结构,它的形式与内容都是非正式的,也没有正当的权威建立任何法规。

民间的、公共空间中的非正式的民主政治过程是以国家为主权主体、以联合国这样的国际组织为中介的正式民主政治的必要补充。没有非正式的民主政治过程,正式的民主过程就不能完全代表人民的意志。双轨道的全球民主的概念旨在一石三鸟。第一,旨在建立全球正义概念与主权概念之间的联系。第二,旨在建立全球正义概念与合法性概念之间的联系。第三,旨在保障全球正义没有组织、制度上的赤字。关于第三点,双轨道的全球民主一方面运用主权国家作为实现全球正义的制度、结构性资源,另一方面建立全球

---

① [美]瑟拉·本哈比:《另一版本的世界主义》,第15—16页。

的司法机制。

总之，全球正义是有充分基础的，也有充分的条件实现。因此，全球正义不仅仅是我们时代必需的，也是在我们时代完全可能的。所以，全球正义理念是我们时代的核心理念之一。呼吁全球正义成为我们时代社会进步的号角。

全球正义与普遍正义既有联系又相区别。全球性是个空间概念，普遍性是个时空概念。全球性指在全球范围内具有有效性，而普遍性指在任何地方任何时间都具有有效性。全球性强调正义应用空间的普及性，普遍性强调正义的超时空性。具体地说，全球正义与普遍正义又有如下区别：

第一，全球正义是全球化的正义，而普遍正义是具有普遍可接受性的正义；具有普遍可接受性的正义的准则不一定在全球内得到推广即全球化，而在全球范围内推广的正义的准则不一定具有普遍可接受性。

第二，全球正义的适应对象必须具有全球意义，是全球应关注的东西；而普遍正义的适用对象不一定具有全球意义，也不一定是全球应关注的东西。

第三，全球正义是全球范围内有司法效力的司法正义，而普遍正义是任何时候任何地点都具有普遍接受性的道德正义。因此，全球正义具有强制性的制约力，而普遍正义是具有非强制性的制约力的正义。

第四，全球正义由国际法律或全球法律来定义，而普遍正义由具有普遍可接受性的原则与价值来定义。

第五，全球正义不能够有制度上或组织上的赤字，而普遍正义可以有制度上或组织上的赤字。

第六，全球正义是以人权理念为中心，以保卫和促进人权与世界和平为中心任务的正义，而普遍正义指任何有普遍接受性的正义，包括但不限于以人权为中心，以保卫和促进人权与世界和平为中心任务的正义。

值得注意的是，普遍正义既不是全球正义的必要条件，也不是全球正义的充足条件。我们知道，根据逻辑的必要理由律，如果普遍正义是全球正义的必要条件，那么，如下推理必然成立，即如果全球正义存在，普遍正义必然存在；如果普遍正义不存在，全球正义不能存在。但是，这一推理并不成立。就是说，事实是，即使全球正义存在，普遍正义不一定存在，如即使契约性的全球正义存在，契约性的全球正义本身既不一定是普遍正义，也不保证或预设普遍正义的存在；反之，即使普遍正义不存在，全球正义也可能存在，如普遍正义存在，契约性的全球正义也可能存在。因此，普遍正义不是全球正义的必要条件。

与此同时，如果普遍正义是全球正义的充足条件，那么，如下推理必然成立，即：如果普遍正义存在，全球正义必然存在；如果全球正义不存在，普遍正义就不能存在。但是，即使普遍正义存在，全球正义不一定存在；即使全球正义不存在，普遍正义也可能存在。因此，普遍正义不是全球正义的充足条件。

全球正义与国际正义既有联系，又有区别。全球正义与国际正义都是司法正义，都由国际法所定义。但是，两者不能等同，不是同一范畴、同一层次上的正义：

第一，全球正义侧重于规范政府与公民之间的关系，而国际正义侧重于规范国家与国家之间的关系。

第二，全球正义侧重于规定每个人作为世界公民的自由、权利、责任与义务，政府应如何对待本国和他国的公民，而国际正义侧重于规定国家主权的不可侵犯性、国家之间的平等、人民之间的平等。

第三，全球正义侧重于保卫和促进人权与世界和平，国际正义侧重于促进国家之间的和平共处与共同发展，人民之间的和平共处与共同发展。

第四，全球正义是全球范围内有司法效力的司法正义，而国际正义是对签约国具有司法效力的司法正义。

因此，全球正义是区别于国际正义的另一层次的正义。

在当代西方哲学讨论中，全球正义分为全球社会政治正义（global civil-political justice）与全球分配正义（global distributive justice)。全球社会政治正义关注的重点是全球范围内每个人的基本人权，人类尊严，人的地位的安全与保障，它规定社会权力以及个人对人的基本人权，人类尊严，人的地位的安全与保障所负有的责任与义务。全球分配正义是关于全球范围内资源、机会、责任、负担在全球人类共同体中应当如何依照人权原则公平地、公正地分配。

笔者认为，全球正义可以分为三个有机组成部分，各有自己的中心和重点。全球分配正义关注的重点是资源、机会、责任、负担以及它们在全球人类共同体中应当如何依照人权原则分配。根据世界主义哲学，根据世界性法律或宇宙法律，人类基本权利包括公平地分享资源、机会、责任、负担的权利，全球分配正义正是根据世界性法律或宇宙法律，规定每个人公平地分享资源、机会、责任、负担的正义。契约主义哲学认为，人类能够也必须制定具有全球制约性的，规定每个人公平地分享资源、机会、责任、负担的契约，如契约性国际与全球法律。值得注意的是，联合国1976年生效的《经济、社会及文化权利国际公约》实质上是一个涉及分配正义的国际协议。功利主义哲学认为，人类社会有责任阻止危害人类福祉的事物发生，不能公平地分享资源、机会、责任、负担是危害人类福祉的事物，人类社会有责任消灭它们。

矫正性的全球正义（global corrective justice）关注的重点是全球人类事务中的错误以及这些错误该如何依照人权原则矫正，应做出什么补偿。如惩罚反人类罪，大屠杀、侵略、战争罪等国际罪行或全球罪行属于矫正性的全球正义。还有，国际人道干涉涉及的也是矫正性的全球正义。值得注意的是，第二次世界大战结束以来，矫正性的全球正义的最显著的事件包括纽伦堡审判、东京审判、审判前南战犯、审判卢旺达罪犯等。不仅如此，一批国际关于矫正性的全球正义协约也随之产生，如《国际军事法庭的伦敦条例》《审判前南战犯国际刑事法庭规约》《审判卢旺达罪犯国际刑事法庭规约》《国际刑事法院罗马规约》。就是说，无论是从实践上还是制度上，矫正性的全球正义已经存在。

第三种全球正义则是依照人的基本权利、人类价值和人类类关系三个原则而正确处理全球人类事务。我们可以把这分类的正义定义为全球社会政治正义。全球社会政治正义关注的重点是本体地尊重人的基本权利和尊严以及世界和平发展，规定与人的基本权利相适应的义务与责任，提升人类价值，珍重和维护人类类关系以及世界和平发展，并从这个角度出发规定国家行为，社会组织行为与个人行为的公平性、公正性与适宜性。它弘扬人道为人类生活的品质和标准，是发展人类为一个独一无二、具有内在的道德价值和内在的道德尊严种类之道。现在我们重点讨论第三种全球正义，即依照人的基本权利、人类价值和人类类关系三个原则而正确处理全球人类事务的全球正义。

依照人的基本权利、人类价值和人类类关系三原则正确处理国际事务，保障每个人作为世界公民的基本权利与自由，促进与保卫世界和平的全球社会政治正义包括纠正违反这三原则的错误，提倡并维护符合这三个原则的正确的东西。但是，它与矫正正义又有关键的不同。矫正正义在一定意义上意味着回到先前（错误产生之前的）的状况，而正确处理事务、保障人权、促进世界和平的全球社会政治正义并不意味着回到先前（错误产生之前的）的状况。以通过建立一套管理和组织国际事务的国际法规和制度来促进全球正义为例。建立这样的国际法规的必要性并不在于仅仅是纠正一些过去和现在的错误，而且也是为了防止将来、可能的错误，并且促进正确的东西——它有待将来存在。换句话说，这里，全球正义作为正确处理国际事务、保障人权、促进世界和平的正义不局限于矫正正义。同样重要的是，错误可能有很多类，例如，经济剥削、政治压迫或者军事侵略。然而，依照人道的原则、人类价值原则与人类类关系来正确处理国际事务、保障人权、促进世界和平的全球正义只特别地专注于由政治压迫和军事侵略所造成的违反由国际组织所确定的人道原则的道德和政治错误。

再以迈克尔·华尔兹关于在何种情形下，超越国家主权的国际人道主义干预是合理的观点为例。华尔兹认为，对国内事务的合理国际干预只发生在以下三种情况之一：（1）给予一国的解放运动以支持；（2）帮助击退一国对另一国的侵略；（3）当政府奴役自己的人民，或者在一国内发生大屠杀或者种族灭绝，这种情形必须制止。国际干预只有在需要矫正正义的情形下是合理合法的；其前提是一些反人类的罪行或者错误已经产生。华尔兹所提的这三种情况的确要求国际社会为了正义而行动。同时，国际社会也应在一些罪行产生之前就采取行动。例如，国际社会应该发展国际性的法规和制度，以防止与这三种情况下同样性质的反人类的罪行发生。这就要求我们突破矫正正义的局限，根据全球正义为以人道原则正确处理人类事务这一概念而行动。

同样重要且关键的是，全球社会政治正义有其自己特定的关注重点。这就是：

第一，世界上各国的基本社会制度、基本的国际制度与基本的全球机构。

第二，全球范围内对人的基本权利和自由的规范与保障。

第三，以人权准则为核心的，国家、社会组织与个人对于人权的责任与义务；从规范与保障人权的角度来看的政府、社会组织与个人行为的公平性、正当性与可接受性。

第四，全球和平；世界和平发展。

第五，国家之间的关系以及民族之间的战争。例如，《国际刑事法院罗马规约》是体现、实现第三范畴的全球正义的规约。这一规约规定四种国际或全球罪：灭绝种族罪、反人类罪、战争罪与侵略罪。这四种国际或全球罪的内涵是践踏人权或破坏世界和平。

全球社会政治正义规定世界上各国的基本社会制度、基本的国际制度与基本的全球机构规范性的义务，规定全球范围内每个人的基本权利和自由的内涵与外延，规定国家、社会组织与个人对于人权的责任与义务的规范性的义务，规定国家、社会组织与个人对世界和平与发展的规范性的义务，规定国家之间的关系以及民族之间的战争所必须遵循的原则与标准。

人权原则是我们时代的核心运行原则之一，是我们时代精神的核心原则之一，是我们时代人类三原则之一。哪里有人类，哪里就有人权，哪里就有人权原则的有效应用范围。这里，我们应区别什么是人权等概念性的问题与人权是否存在等证明性问题。在概念性问题上的分歧不等于在证明性问题上的分歧。反之，在证明性问题上的同意不等于在概念性问题上的同意。例如，罗尔斯不认为人权是一种宪法性及世界宪法性的权利。与此相反，哈贝马斯强调人权是一种宪法性及世界宪法性的权利。也就是说，对什么是人权这些概念性的问题，两位哲学家各有各的回答。但这并不妨碍两位哲学家都坚持人权存在，而且是每个人都有神圣不可侵犯的人类权利。全球社会政治正义的核心内容与任务是一方面规定全球性人权的内涵与相应义务，另一方面规定基本社会结构与制度在保护与促进全球性人权上的责任与义务。

全球和平是依照人类三原则正确处理国际事务的一个重要目标。当国内的、地区的和全球和平存在时，人类可以正常地蓬勃发展。有了全球和平本身并不必然意味着国际事务都被正确地处理。例如，在富有、强权和发达国家帝国主义支配着贫穷、弱小和不发达国家的情况下，可能存在全球和平，但全球正义并不存在。尽管如此，全球和平对于全球社会政治正义，以人道原则正确处理人类事务是必需的：第一，全球和平为全球社会政治正义、以人道原则正确处理国际事务提供了一个正常的环境和条件。第二，全球和平将使人类理性战胜权力和暴力，因为全球和平是实现全球社会政治正义、以人道原则正确处理国际事务的一个必需条件。第三，和平为秩序、和谐、国际事务和关系的平衡提供了条件，这些条件构成了全球社会政治正义、以人道原则正确处理全球事务的沃土。

相应地，全球社会政治正义也同时关注国家之间和民族之间的战争。和平与战争是彼此的对立面。它是善（和平）与恶（战争）的对立。本体性全球正义为我们提供了基础、原则、规范和标准去接受在一定情况下的战争是必要的罪恶，是黎明前的黑暗，但应在其他的或者正常的情况下拒绝战争。全球正义关注国家之间的战争是否含有正义的目的，并且是否公正地实施。本体性全球正义关注基本的社会制度与国际制度，如国际法规和组织。它关心这些国际制度是否根据人的基本权利、人类价值和人类类关系三个原则正确地处理了人类事务。它关注这些国际制度是否促进人类作为一个种族的发展和人道作为一种品质的弘扬。

值得注意的是，当代全球正义讨论中盛行的康德—哈贝马斯的"世界主义的人权共同体"观与中国古代的"大同世界"观念有许多相似之处。两者都是具有全球正义的世界观。与此同时，两者又有重大区别。中国古代的"大同世界"是道德上的大同世界。而康德—哈贝马斯的"世界主义的人权共同体"是司法性的社会政治共同体。康德—哈贝马斯的世界主义的人权政体是一个由人权意识主导的、以维护人权的规则法律治理的世界。而儒家的大同世界则是一个人类团结一致、以仁义理智为准则的大同世界。世界主义的人权王国是值得向往的。它也应该建立在人类价值和人类共同类关系的基础上。它也应该是一个以人类价值和人类共同类关系为主导观念和规则的政体。

一个普遍的人类共同体并不以一个跨国家的政府或者世界政府的存在为前提。相反，它应该是一个由知性的、道德的和法律制度的框架所发展起来的人类社会共同体，这一知性的、道德的和法律制度的框架不仅给我们带来全球和平，而且维护与稳定这一和平。这一框架必须体现以人权、人类价值和人类类关系为原则的正义精神。根据这一框架，国际事务应由国际性法规和组织依照人的基本权利、人类普遍价值和人类共同类关系原则来管理。

这里，实现全球正义，创造一个文明的、全球性人类政体与实现全球和平齿唇相依。为了人类、通过人道并且依照人道而正确处理人类事务的全球正义，意味着全球和平得以实现并稳定地发展。全球和平的实现和稳定为人的基本权利、人类价值和人类类关系的发展兴旺提供了必要的条件。

七 结论

综上所述，在内容上，正义就是公平、公正、中正与适宜。全球正义就是从全球的角度来讲，适应于全球范围的公平、公正、中正与适宜。全球化的时代需要与呼吁全球正义。全球正义理念是我们时代精神的奠基理念。与此同时，全球正义是人类正义，是基于人权全球正义理念体现着我们时代的责任义务观念，价值观念，情操与美德观念，人类价值与人类类关系的正义。

正义包含义理，基于义理。在运行上，作为社会基本制度与结构的第一美德、准则、原则与要求，正义要求基本的社会制度与结构保障与实现每个人的基本自由与权利，问责每个人的责任与义务，合理分配公共负担与资源。作为社会基本制度与结构的第一美德、准则、原则与要求，正义是社会合作的基础与保障。作为每个人的行为与做人的美德、准则与要求，正义要求每个人行为与做人的端正、公平、公正、中正与适宜。正义要求每个人遵从。作为原则与美德，正义是基于真理的原则与美德，是人类的最高美德。作为价值，正义是人类存在与行为的最高价值。作为标准，正义是人类存在与行为的最高标准。

服从正义是每个人最重要的义务与责任。也就是说，正义所规定的是义务。如上所讨论的，首先，在道德、司法与社会政治生活的各方面，服从正义是一种责任与义务，而不是一种政策或策略，也不仅仅是一种价值选择。儒家哲学中讲舍生取义，铁肩担道义，康德哲学强调正义为人类最重要的准则。其次，作为人类最重要的义务与责任，服从正义的义务与责任与人类的其他义务与责任相比，具有优先性。所以，孟子强调，当服从正义的义务与责任和其他义务与责任冲突，熊掌和鱼不可兼得时，一个人必须选择服从正义的义务与责任。与此相适应，正义具有不可侵犯性、不可违背性、不可拒绝性、不可边缘化性与不可淡漠性。再次，强调司法正义与正义的司法是现代性的重要特点之一。依法治国是现代国家与社会的重要标志，而现代性不仅仅讲依法治国，而且强调依靠正义的法律治国以及正义地依靠法律治国。

正义不仅仅是人类的第一责任与义务，而且是人类社会最高的社会价值。首先，正义既是一个内在价值，又是一个工具价值。正义本身是一个最值得追求的目的。与此同时，追求正义是追求人类发展与幸福的必不可少的条件。反过来，人类发展与幸福是值得追求的重要价值与目的。它们的重要性优先于正义重要性。其次，与人类的其他价值相比，正义具有优先性。当正义与人类的其他价值冲突，熊掌和鱼不可兼得时，一个人必须选择正义。再次，正义是人道最核心的价值与内容，因此人道是人类社会的最高价值意味着正义是人类社会的最高价值。

正义又是人类的第一美德。首先，正义是一种美德。君子以义为质。正义使人真善美，正义的人是君子。正义是社会真善美。正义的社会是具有美德的社会。正义是社会制度与结构真善美。正义的社会制度与结构是具有美德的制度与结构。正义的社会实现与行为是具有美德的行为。其次，正义又是至上的美德。正义是所有美德之冠。正义是人的最高美德，也是社会的最高美德。再次，正义是其他美德的基础。一方面，没有正义这一美德，一个人不可能真正拥有其他美德。康德著名地宣称，在扭曲的人身上，不可能有任何正直的东西可言。另一方面，与人类的其他美德相比，正义具有优先性。

全球正义是我们时代的理想，全球正义规范是我们时代的核心规范，全球正义价值是我们时代的核心价值，全球正义美德是我们时代的核心美德，全球正义情操是我们时代的核心情操。正义，全球正义，这是我们时代精神的呼唤！

古圣孟子教导人们培养正义的浩然之气。什么是浩然之气？孟子说："其为气，至大至刚，以直养而无害，则塞于天地之间。其为气也，配义与道；无是，馁也。是集义所生者，非义袭而取之也。"[①]浩然之气就是正义之气。孟子是伟大的，也是正确的。一个国家，一个社会以及每一个个人都要培养浩然之气、正义之气。

古希腊哲学家柏拉图说：没有正义，人类就毫无希望。柏拉图所讲的是真理，永恒的真理。没有正义，一个人，一个社会，一个国家，整个世界与人类就毫无希望，这是我们至少所知道的，也是我们至少应该知道的。

---

① 《孟子正义·公孙丑上》。

第 三 章

人类共同体论

我们所生活的时代是一个全球化的时代,即一个经济、政治、社会伦理道德、司法、公共空间等不断全球化的时代。分割人类的国界正在不断地被打破。这不是说,祖国不再重要,而是说,世界也重要。在我们时代,我们每个人事实上所属的公共政治共同体不仅仅是我们所属的国家,即祖国,如中国、美国、德国、法国、英国、俄罗斯等,而且是整个地球本身,即其国界只能用太阳来计量的世界本身。就我们的身份来说,我们不仅仅是某一民族国家的公民,同时还是世界公民。我们的伦理道德与政治意识处于全球化的情形。例如,在我们时代,正如康德所说:"整个地球的人民进入一个公共政治共同体已经到这样一个程度:在地球的某一角落对人权的侵犯将被在地球所有其他角落的人们所感到。"①

全球正义与全球人道化的潮流势不可当。全球化在正义与人道的基础上重建世界秩序。全球化推动世界秩序在正义与人道的基础上的重建。在正义与人道的基础上,全球化带来对人类共同体,人类正义,人道(如人的身份,人的尊严、权利、人类价值等),每个人的伦理道德责任与义务的新认识;带来对国家、民族、经济、政治、伦理、道德、司法、公共空间、政府等的新认识;带来对冲突、战争、和平、合作与发展等的新认识;带来全球视野与全球意识。与

---

① [德]伊曼努尔·康德:《永久和平》,坎博尔·史密斯译,纽约:佳兰出版社1972年版,第142页。

此相适应，世界主义或人类共同体主义哲学成为我们时代的核心思想之一，是我们时代精神的核心内容之一，是现代性的有机组成部分。

如前章所讨论的，世界主义哲学即人类共同体主义哲学不是唯一的讲全球正义的哲学。不仅世界主义哲学即人类共同体主义哲学讲全球正义，而且普遍主义、契约主义、实用主义、自由主义、自然主义等也讲全球正义。但是，世界主义哲学即人类共同体主义哲学的全球正义理念集中地体现了我们时代全球正义概念的三大特点：第一，以人权理念为基石；第二，司法性正义，以人道法律为准绳的法治；第三，正当性、义务比善具有优先性。

我们时代版本的世界主义哲学即人类共同体主义哲学是一种关于全球以人权为基石的正义，全球正义秩序，人类如何和平共处、共同发展的哲学世界观。它是一种关于全球胸怀、全球视野的哲学。它是传统世界主义即人类共同体哲学在我们时代的新版本，又把我们时代的精神境界提高到一个新的高度。它具有我们时代的烙印，又是我们时代精神的核心理念之一。

一　人类共同体哲学或世界主义理念的内涵

世界主义或人类共同体主义的概念有许多含义。有文学意义上的世界主义或人类共同体主义，有美学意义上的世界主义或人类共同体主义，有哲学上的世界主义或人类共同体主义。而哲学世界主义或人类共同体主义也有许多流派，对不同流派来说，世界主义或人类共同体主义概念的含义也不同。这些不同含义的世界主义或人类共同体主义既有联系，又有区别。我们在这里探讨的是哲学含义的世界主义或人类共同体主义，即世界主义或人类共同体主义作为一个哲学。

因此，我们这里要回答的第一个问题就是什么是哲学意义上的世界主义或人类共同体主义，或什么是世界主义或人类共同体主义哲学这一概念性的问题。

现代性与时代意识论

(一) 什么是世界主义或人类共同体主义哲学

正如美国著名哲学家托马斯·博格（Thomas Pogge）指出的，一个主义是一种哲学与世界观。世界主义或人类共同体主义是一种哲学与世界观，正如社会主义、自由主义、民族主义等是一种哲学与世界观一样。本质上，世界主义或人类共同体主义是一种强调每个人作为世界公民的基本权利与自由、义务与责任，强调国家、社会组织与每个人在保障人的基本权利与自由方面的责任与义务，强调每个人作为人类共同体成员的基本权利与自由，义务与责任，强调人类社会共同体是一个规范性的共同体的哲学理论。

世界主义或人类共同体主义，顾名思义，认为全世界的人类同属一个伦理、道德、社会政治共同体。更确切地说，世界主义认为全人类事实上是一个人民，即世界人民，其中每个人都是这一人民中平等、自由的公民。因此，每个人享有作为世界人民的公民的基本权利与自由，又有对世界人民的基本责任与义务。总之，每个人政治上有一个世界归属。值得注意的是，当代世界主义理念强调每个人都对全人类这一世界人民负有司法性责任与义务，为自己的行为司法性地向世界人民——人类负责。所以，当代世界主义或人类共同体主义讲全球正义，司法性法治的世界秩序。

这里，概念上，我们首先要区别世界主义或人类共同体主义与普遍主义两种哲学。世界主义或人类共同体主义与普遍主义既相联系，又有本质的区别。世界主义或人类共同体主义哲学讲的是世界性权利与自由，责任与义务，即对世界的责任与义务与作为世界公民的权利与自由。而普遍主义理念讲的是认知真理与行为规范准则的普遍可接受性。例如世界主义或人类共同体主义讲反人类罪，讲的是每个人在全球人类社会中的自由与权利以及对人类社会的世界性责任与义务。而普遍主义讲反人类罪，它强调的是反人类罪是否是一种人类责任取决于这一理念的真理是否具有普遍性或普遍可接受性。哲学上，世界主义或人类共同体主义所处理的矛盾关系是祖国与世界或人类共同体的矛盾关系，而普遍主义所处理的矛盾关系是特殊与普遍的矛盾关系。因此，世界主义或人类共同体主义与普遍主义两个理念还在内容与本质上具有根本区别。

我们时代的世界主义或人类共同体主义哲学是与我们时代的全球正义概念紧密联系的哲学。在内容与本质上，它有如下特点：

第一，正如美国哲学家色拉·本哈比（Seyla Benhabib）所指出，世界主义或人类共同体主义不仅仅是一种强调一个人不要把对祖国的爱置于对人类的爱之上的觉悟道德态度，也是把伦理道德的普遍性原则超国界地应用于规范的规范哲学世界观①；就是说，世界主义或人类共同体主义是关于人类共同体经济、社会政治生活的全球性规范化的哲学。

第二，世界主义或人类共同体主义是关于人的全球归属关系，作为全球公民的基本自由与权利，作为全球公民基本的全球责任与义务的哲学与世界观。毫无疑问，根据世界主义或人类共同体主义哲学与世界观，我们每个人伦理道德上与政治上的归属关系不仅仅是我们生长的伦理道德与政治共同体，即我们的祖国，而且是整个世界人类共同体。所以，我们不仅仅要热爱我们所属的祖国与国人，情系祖国与国人，还要热爱所有人类，情系所有人类。玛莎·努斯苞恩因此把世界主义或人类共同体主义定义为关于"我们的首要政治归属关系是属于地球上的人类共同体"的哲学。

第三，世界主义或人类共同体主义强调的不仅仅是胸怀祖国，放眼世界，而且是对天下的责任与义务；世界主义或人类共同体主义是关于人的世界责任与义务的哲学与世界观。因此，世界主义或人类共同体主义哲学与世界观更加强调世界人类共同体的行为规范、责任、义务与准则等，如全球正义、人权等。世界主义是一种强调每个人作为世界公民的自由与权利，世界性责任与义务的哲学与世界观。

第四，世界主义或人类共同体主义所强调的责任与义务是正义性的，即从正义的角度规定的责任与义务；而普遍主义所强调的责任与

---

① 参见［美］瑟拉·本哈比：《另一版本的世界主义》，牛津大学出版社2006年版，第17—18页。

义务包括从人道、人类关爱的角度规定的责任与义务。

第五,世界主义或人类共同体主义所强调的责任与义务是司法性的,而普遍主义所强调的责任与义务是纯粹道德性的。世界主义或人类共同体主义所强调的责任与义务是与自由和权利相联系、相适应的,而普遍主义所强调的责任与义务不一定与自由和权利相联系、相适应。

第六,世界主义或人类共同体主义哲学强调文化宽容,世界主义或人类共同体主义理念与文化宽容理念不仅相互兼容,而且互补,相辅相成。与此不同,普遍主义不强调或排斥文化宽容理念。普遍主义强调真理的共性与同质,价值的共性与同质,不容真理的异质与多元,价值的异质与多元。

总之,世界主义或人类共同体主义是一种强调人的人类共同体归属,在人类共同体中的自由、权利、责任与义务的哲学。

博格(Thomas Pogge)认为,世界主义或人类共同体主义哲学的核心思想有三:每个人的内在价值与尊严,平等以及所有人都具有的制约性的义务。[①] 换句话说,世界主义或人类共同体主义哲学强调,作为人类共同体的一员,每个人具有内在的人的价值与尊严,在人类共同体中,每个人享有平等的基本权利与自由,又有平等地对人类的基本责任与义务,每个人对人类的基本责任与义务具有制约性。也就是说,世界主义或人类共同体主义哲学的核心思想是,一方面把人类当作一个经济、社会与政治共同体,强调每个人作为这一共同体的平等成员,享有平等的基本权利与自由,又有平等地对人类的基本责任与义务,另一方面强调,每个人作为人类的这一共同体平等成员的身份与每个人作为一个具体民族国家的公民的身份具有同样重大的意义与制约性。

博格的见解有助于我们理解世界主义或人类共同体主义哲学的真

---

① 参见[美]托马斯·博格《世界主义与主权》,载克里斯·布朗(Chris Broan)编《欧洲的政治重建:伦理视野》,伦敦罗德里奇出版社1994年版,第89页;西蒙·肯尼《超越国界的正义》,牛津大学出版社2005年版,第4页。

谛。总的来说，世界主义或人类共同体主义哲学的核心思想包括：（1）每个人的双重伦理道德、政治身份、人权与世界义务。（2）非世界国家性但实体性、主权性的人类共同体；人类一家，人类一体。（3）司法性的世界秩序。（4）以人权为运行原则的全球正义为经济、社会、政治制度的第一准则。（5）世界和平与和睦发展。

综上所述，每个人的双重伦理道德、政治身份、人权与世界义务是世界主义哲学或人类共同体主义哲学强调的核心。与此同时，世界主义或人类共同体主义哲学的核心思想还包括人类共同体是实体性、实质性的共同体，是某种意义的世界人民。一方面，这一共同体具有核心利益与价值，成为罪行的受害者，如反人类罪的受害者。另一方面，这一共同体具有司法主权与权威，因此，诸如人类法律（the law of humanity）存在，反人类罪是一种触犯人类这一权威主体的罪。的确，如何完整地理解人类共同体，世界主义或人类共同体主义哲学内部有很大分歧，也面临许多理论上的挑战。但是，在现代世界主义或人类共同体主义，人类共同体概念不再是一个抽象的道德概念，而是一个有血有肉的社会政治与司法性概念。

不仅如此，当代世界主义或人类共同体主义哲学设想与追求一个司法性的世界秩序。当代世界主义或人类共同体主义哲学不追求一个世界国家。然而，从康德到今天的哈贝马斯等世界主义或人类共同体主义哲学的捍卫者都热烈强调一个宪法化、司法性的世界秩序。如哈贝马斯设想与追求一部世界宪法、国际法律的宪法化等。联合国的建立，许多国际法律与法制机构的建立更为当代世界主义或人类共同体主义哲学关于一个司法性世界秩序的理想注入新的动力。

当然，当代世界主义或人类共同体主义哲学设想与追求的不仅仅是任何一种司法性的世界秩序，而是以人权为运行原则的全球正义为经济、社会、政治制度的第一准则的司法性世界秩序，是旨在促进世界和平与和睦发展的司法性世界秩序。所以，例如，《联合国宪章》宣称自己的宗旨是：（1）维持国际和平及安全；并为此目的：采取有效集体办法，以防止且消除对于和平之威胁，制止侵略行为或其他和平之破坏；并以和平方法且依正义及国际法之原则，调整或解决足以破坏和平之国际争端或情势；（2）发展国际以尊重人民平等权利及自决原则为根据之友好关系，并采取其他适当办法，以增强普遍和平；（3）促成国际合作，以解决国际属于经济、社会、文化及人类福利性质之国际问题，且不分种族、性别、语言或宗教，增进并激励对于全体人类之人权及基本自由之尊重。①

世界主义或人类共同体主义是与国家主义相对立、互相不兼容的哲学。国家主义哲学的基本思想是没有超越国界的正义，也没有超越国界的正义义务。国家主义强调，每个国家的基本权利与自由，义务与责任是唯一的、排他性的与至上的。

世界主义或人类共同体主义与民族主义是对立统一的哲学世界观。一方面，世界主义或人类共同体主义与民族主义是对立的。如民族主义强调民族国家主权的不可侵犯性。世界主义或人类共同体主义坚称，如果一个国家发生对人的基本权利与自由的系统、严重的践踏，如发生反人类罪等特殊情形，那么对民族国家主权的不可侵犯性考虑要让位于对人的基本权利与自由的考虑，对人的尊严与人的地位的考虑，以及对正义与人道的考虑，因此，国际社会应进行正当的人道主义干涉，民族国家的主权在这一特殊情形下不具有不可侵犯性。民族主义强调公民对民族国家与国人的责任是最高的。世界主义公民对人类的责任与义务和对民族国家与国人的责任与义务同等重要。另一方面，世界主义或人类共同体主义与民族主义又是兼容的，是与后者既对立又统一的哲学与世界观。世界主义或人类共同体主义是与民族主义相反相成。

世界主义或人类共同体主义与自由主义也是对立统一、相得益彰的哲学世界观。世界主义哲学世界观区别于自由主义的哲学与世界观。世界主义或人类共同体主义哲学世界观强调普遍理性、普遍真理、普遍正义、普遍性规范、对全人类的普遍性情感，更重要的是，强调世界法律等。自由主义坚持理性、真理、正义、规范、情感等的自由约定成俗，而不是其普遍性或普遍性基础。世界主义或人类共同

---

① https://www.un.org.

体主义哲学世界观认为世界法律是可能的。自由主义不认为世界性的法律是可能的。世界主义或人类共同体主义哲学世界观认为,制度化的世界性民主是可能的,自由主义不认为制度化的世界民主是可能的。另一方面,世界主义是与自由主义兼容、统一的哲学世界观。世界主义或人类共同体主义哲学世界观与自由主义相反相成、相辅相成。

就全球正义来说,世界主义或人类共同体主义与契约主义也是对立统一、相得益彰的哲学世界观。世界主义或人类共同体主义哲学世界观强调以人权为基石、以人道法律为准绳的全球正义。契约主义强调以共同契约为准绳的全球正义。强调人权和人道与强调契约可以互补,相得益彰。世界主义或人类共同体主义哲学世界观所强调的全球正义中的理性与规范性的正当性与契约主义所强调的全球正义中的以共同契约为准绳的正当性可以互补,相得益彰。不仅如此,就全球正义来说,世界主义或人类共同体主义与普遍主义、自然主义、实用主义等也是对立统一、相得益彰的哲学世界观。彼此也是相互兼容、相互补充的哲学世界观。

无论如何,作为一种哲学世界观,世界主义或人类共同体主义哲学已成为我们时代精神的核心组成部分,是我们时代的政治理想之一。在实践上,联合国、各种世界性法庭以及各种地区性的国际组织,不断地为世界主义理念或人类共同体主义所讲的司法性世界秩序准备制度条件。尽管如此,理解世界主义或人类共同体主义理念的任务既是紧迫、重要的,又是困难复杂的。

摆在我们面前的重大理论与现实问题包括:如何定义世界主义或人类共同体主义的内涵?为什么在我们时代要强调每个人对世界的义务与责任?为什么我们时代不仅仅要强调一个整体性的世界秩序,而且要强调一个整体性的司法化世界秩序?在没有一个世界国家的前提下,一部具有全球性制约力的世界宪法是否可能?在没有一个世界国家的前提下,世界法律是否可能?在没有一个世界国家的前提下,一个司法化的世界秩序是否可能?

(二) 世界主义或人类共同体主义理念的历史追溯

世界主义或人类共同体主义理念源远流长。在西方哲学中，我们至少可追溯它的起源至古希腊哲学。在东方哲学，我们至少可追溯它的起源至古代中国的儒家理想。它像美酒，越久越香。年代带给它的不是褪色，而是醇香。

1. 古希腊起源

正如博格指出，世界主义理念或人类共同体理念起源于古希腊文化，强调的是一种开放与包容的生活态度和方式。在古希腊社会政治文化中，一个世界主义者是一位"世界公民"①。"一个人如果理解与尊重外国文化，旅游四方，能与不同社会的人很好地交流，那这个人就是一个世界公民。一座包容各种各样种族的人、各种各样的语言、各种各样的文化、各种各样的宗教与各种各样的生活方式的城市就是世界城市。"② 就是说，古希腊世界主义理念强调对所有人类存在人类社会与文化的开放性、包容性与无国界性。

开始时，古希腊世界主义理念或人类共同体主义理念是与柏拉图、亚里士多德关于我们每个人都属于我们所生长的政治共同体的政治伦理理念相反的哲学理念。在柏拉图、亚里士多德等的政治哲学中，每个人的伦理道德身份、政治身份使其作为某一具体的社会政治共同体的成员或公民。与柏拉图、亚里士多德相反，世界主义或人类共同体主义哲学强调我们不属于我们所生长的政治共同体，而属于世界人类共同体。所以，古希腊哲学家迪约·葛尼斯（Diogenes）在公元前4世纪著名地宣称：我是一个世界公民。迪约·葛尼斯的"我是一个世界公民"同时是一个否定性声称与一个肯定性的声称，即他不是一个本地民族城邦的公民，而是一个世界公民。一个世界公民将服务于一个世界共同体，对这一世界共同体负有义务。当然，没有

---

① ［美］托马斯·博格：《世界主义：通往和平与正义之路》，《中西思想杂志》2012年第2卷第4期，第10页。

② 同上。

史料表明迪约·葛尼斯拥有一个世界国家的概念。因此，他所说的世界共同体应是一个道德共同体，即人类道德世界共同体。

斯多葛学派哲学把世界主义理念或人类共同体主义理念发展为一个完整的伦理道德理念。斯多葛学派哲学家喜欢把宇宙当作一个社会政治共同体。与此同时，斯多葛学派哲学家为人类社会设立很高的伦理、道德与政治标准。斯多葛学派哲学家认为具体的社会—政治共同体很难达到他们斯多葛学派所设立的高标准，这种高标准只有宇宙这一社会政治共同体才能达到。这些标准本身就是从宇宙的角度设立的。当然，斯多葛学派哲学家并不想否认我们每个人都是某一具体的社会政治共同体的成员或公民。因此，根据斯多葛学派哲学，我们每个人都同时属于两个政治伦理共同体，即我们所生长的祖国与世界人类社会政治共同体；与此相适应，在社会伦理与政治生活中，我们每个人不仅仅有作为本国公民的伦理责任，还有作为世界公民的伦理责任。斯多葛学派世界主义理念与古希腊世界主义理念的重要区别在于它强调我们每个人合二为一的公民身份。

总的来说，古希腊与斯多葛学派的世界主义或人类共同体主义理念是一种社会政治理想，它所强调的世界公民的责任与义务只是伦理道德义务，不包括法律责任与义务。古希腊伦理道德或政治思想没有人权这一概念。因此，古希腊与斯多葛学派世界主义或人类共同体主义理念所强调的世界公民的责任与义务也不是以人权为中心或与人权相联系的伦理道德义务。古希腊与斯多葛学派的世界主义理念是原始的、不系统的与不成熟的，但是，它们是当代世界主义理念的最初源泉。它们开始了世界主义或人类共同体主义在西方的思想之旅。

斯多葛学派哲学的世界主义理念或人类共同体主义理念深刻地影响了早期基督教与基督教哲学。早期基督教与基督教哲学本质上是一种以上帝为核心的世界主义或人类共同体主义哲学。早期基督教与基督教哲学从斯多葛学派哲学的世界主义理念吸取了两个世界、两种伦理道德义务的思想，强调，"把属于恺撒的还给恺撒，把属于上帝的还给上帝"。它们强调，所有人类都属于上帝所创造的一个共同伦理道德共同体，人与人之间的关系不是陌生人之间的关系，而是邻居关系。

《圣经》里基督耶稣讲了一个好撒马日罩人的故事。一个犹太人在去吉日重的途中遭到抢劫。匪徒们脱掉他的衣服，打伤他，然后扬长而去，弃他半死在路边。一个教士经过，见此情景，从路的另一边闪过；又有一个拉维特人也是如此。后来一位撒马日罩人经过，见状马上给受伤人包扎伤口，在他伤口上擦油与酒，然后用牲口把他带到一个客栈。第二天拿出一些钱给客栈主人，并对他说：请照顾好这个受伤人；这些钱你先拿着，如果费用超出，我回头再补上。讲这个好撒马日罩人的故事，基督耶稣强调，先前两个人对受伤的人不顾不问，因为他们认为他是一个陌生人，自己没有义务关心他；而撒马日罩人正确地认识到，所有的人都共属于一个人类共同体，人与人之间是邻居，不是陌生人，我们有义务关爱每个人。撒马日罩人的故事是基督教世界主义或人类共同体主义理念的哲学解释范例。

2. 古代中国的世界主义或人类共同体主义理念

在传统中国哲学中，儒家、道家都具有显著的世界主义或人类共同体主义的思想。儒家先圣孔子著名地宣称：四海之内皆兄弟，即世界上人与人之间的关系不是陌生人之间的关系，而是兄弟姐妹之间的关系。因此，四海一家，人类一体。的确，儒家不是墨家。儒家不提倡墨家式兼爱。但孔子著名地宣称：仁者爱人，即为人之道是爱其他人。在儒家中，比较成型的世界主义或人类共同体主义理念是儒家经典《大学》中的世界主义或人类共同体主义理念。《大学》说：

> 古之欲明明德于天下者，先治其国；欲治其国者，先齐其家；欲齐其家者，先修其身；欲修其身者，先正其心；欲正其心者，先诚其意；欲诚其意者，先致其知；致知在格物。格物而后知至；知至而后意诚；意诚而后心正；心正而后身修；身修而后家齐；家齐而后国治；国治而后天下平。[①]

---

① 《大学》，载《四书五经》，巴蜀书社1996年版。

《大学》中的天下概念是与国家的概念相对的，指普天之下，指的是世界，指的是作为共同体的人类。在如上的论述中，《大学》提出每个人的"平天下"，明明德于天下的世界性责任，即对世界的责任。值得注意的是，《大学》中的我们每个人的身份模型与斯多葛学派世界主义理念中冠以每个人身份的希洛克利斯身份模型（Hierocles' circle model of identity）完全一致。在希洛克利斯身份模型中，每个人的身份的要素如下：个人—家庭—国家—人类（世界）。在《大学》中的身份模型中，每个人的身份的要素如下：个人—家庭—国家—世界。

不仅如此，中国古代也发展出丰富的人道理念。所谓人道，就是人类之道。虽然儒家的人道不等同于我们时代所讲的人道法律（the law of humanity），但是，人类之道可以是普遍主义的人类之道，即道的普遍性，也可是世界主义或人类共同体主义的人类之道，即对人类的责任与义务。北宋范仲淹的"先天下之忧而忧，后天下之乐而乐"强调的不仅仅是胸怀天下的情怀，而且是对天下的责任与义务。这是世界主义或人类共同体主义的情怀！明清著名儒家黄宗羲的"不以一己之利为利，而使天下受其利；不以一己之害为害，而使天下释其害"强调的也是对人类与天下的责任与义务，强调的也是世界主义或人类共同体主义的情怀。

3. 康德革命

西方近代人权理念的产生为世界主义或人类共同体主义理念准备了新的土壤。近代人权理念可以追溯到 18 世纪的英国哲学如洛克哲学、法国哲学如卢梭哲学、《关于权利的弗吉尼亚草案》、1776 年的《美国独立宣言》、1789 年的《关于人类与公民的权利的宣言》等。人权理念丰富了世界公民的责任与义务概念，导致世界主义理念向新的方向发展。在一定的意义上，西方近代人权理念为我们时代的世界主义或人类共同体主义理念奠定了基础。

当然，里程碑是 19 世纪德国哲学家康德。康德为西方世界主义或人类共同体主义理念贡献了三个里程碑式的理念。

第一，宇宙人权理念。在他 1795 年发表的《永久和平》一文中，康德发展了西方古代世界主义理念所强调的世界公民的责任与义务的思想，提出"宇宙人权"（ius cosmopoliticum）作为全球行为准则。他石破天惊地提出每个人的三种基本权利的概念：某一国家的公民权，国际公民权以及全球公民权。[1] 康德的宇宙人权思想认为每个人作为世界公民在地球的任何一个角落都享有一些基本权利。例如，如果一个人的船在海上翻了，被海水冲到一个岛上，这个人有权得到岛上人的必需生存接济，更不能被主人借机抓为奴隶。这就是康德著名的"宇宙好客权利"（cosmopolitan rights of hospitality）。康德宣称：现在整个地球的人民形成一个共同体已经到这样一个程度：在地球的某一角落对人权的侵犯将被在地球所有其他角落的人们所感到。

第二，世界法律概念。康德破天荒地提出"世界法律"的概念，尤其是世界宪法（cosmopolitan constitution）的概念。[2] 与此同时，康德的世界法律概念史无前例地设想出一个司法性的世界秩序以及司法性的全球正义。

第三，一个以保护人权与世界和平为目标的世界秩序的理念，因而把世界主义哲学定义为关于建立保障人权、世界和平的世界法律秩序的哲学。值得注意的是，今天联合国的两个主要功能——保障人权与世界和平——正是康德的世界主义哲学所提出的新全球秩序要实现的目标。康德版本的世界主义理念成为今天以哈贝马斯为代表的司法化世界秩序概念与世界主义或人类共同体主义理念的起源。

在一定的意义上，世界主义或人类共同体主义理念奠基了现代与当代世界主义或人类共同体主义理念。在我们时代，新康德主义版本的世界主义或人类共同体主义理念是我们时代世界主义或人类共同体主义的主要版本。

4. 新的起点

第二次世界大战以及战后的反思使世界主义或人类共同体主义理

---

[1] 参见［德］康德《永久和平》，印地那坡里：哈克特出版社1983年版，第123页。

[2] 同上书，第119页。

念获得新的、质的飞跃，尤其是以人权为核心的司法化世界秩序概念在全球不断地被认同。特别是康德世界主义或人类共同体主义理念中的两个核心概念，即普遍人权与司法性的世界秩序，在实践中得到了新的检验。这体现在三个里程碑上：（1）纽伦堡审判；（2）反人类罪概念的产生；（3）联合国《世界人权宣言》的产生。纽伦堡审判是史无前例的人类共同体行使法律主权、彰显法律权威的实践。在经历了多半个世纪的争论后，反人类罪正式作为一种类型的国际性或全球性罪是世界法律发展的一个里程碑。而1948年联合国《世界人权宣言》是世界上第一个关于人的基本权利与自由的全球性正式文件，即经过真实政治过程形成与确认的文件。它是全球范围内保障和发展人的基本权利与自由，以及相适应的责任与义务的制度化的开始。

1945年的纽伦堡审判以及反人类罪理念的法律化是世界主义或人类共同体主义理念发展的一个伟大的里程碑，一个划时代的里程碑。纽伦堡审判的法律根据是1945年的《国际军事法庭的伦敦条例》(*The London Chater of the International Military Tribunal*)。《国际军事法庭的伦敦条例》首次把反人类罪作为三种国际罪行之一。纽伦堡审判据此公开审判纳粹战犯。纽伦堡审判是人类历史上世界主义理念第一次制度性地实践，也是人类历史上世界主义理念第一次司法性的实践。它是世界主义理念或人类共同体主义理念从一个纯伦理道德理念向一个司法性理念转变的巨大进步。它宣告两大世界法律概念的诞生：反人类罪概念与人道法律概念。

反人类罪的概念更进一步地丰富了以人权为核心的司法化世界秩序概念。反人类罪概念是世界法律的概念现实化，并事实上宣告人道法律（the law of humanity）为世界法律之一。反人类罪理念不仅仅强调对人类世界的责任与义务，而且把对人类的世界性责任与义务以法律的形式规定下来。这是司法性世界秩序理念的重大发展。反人类罪理念不仅仅强调对人权准则所规定的世界性责任与义务，而且把人权准则所规定的世界性责任与义务以法律的形式规定下来。这是司法性世界秩序理念的重大发展。

1991年的《审判前南战犯国际刑事法庭规约》(*The Statutes of*

the International Criminal Tribunal for the Former Yugoslavia，ICTY），1994年的《审判卢旺达罪犯国际刑事法庭规约》（the Statutes of the International Criminal Tribunal for Rwanda，ICTR）与在2002年生效、1998年产生的《国际刑事法院罗马规约》（the Statutes of the International Criminal Court，ICC）把反人类罪规定为四大国际罪行之一。它带来了世界主义或人类共同体主义概念上与实践上的突破。概念上，反人类罪重新定义了人的身份地位、人的尊严。它带来了对人道法律、世界法律等的新认识。它制度化地追究犯反人类罪的人的司法责任，第一次制度化地执行国际法律及全球法律。这是全球社会制度性地使用其司法权威。

（三）联合国的世界主义或人类共同体主义理想、理念与价值观

1945年联合国的建立为世界主义理念建立了一个必需的制度与结构。联合国旨在促进各国在国际法的基础上，在国际安全、经济发展、社会进步、人权、公民自由、政治自由、民主以及实现持久世界和平方面进行有效合作。联合国的宗旨就是世界主义或人类共同体主义的宗旨。《联合国宪章》宣称：

> 我联合国人民同兹决心，欲免后世再遭今代人类两度身历惨不堪言之战祸，重申基本人权，人格尊严与价值，以及男女与大小各国平等权利之信念，创造适当环境，俾克维持正义，尊重由条约与国际法其他渊源而起之义务，久而弗懈，促成大自由中之社会进步及较善之民生；并为达此目的，力行容恕，彼此以善邻之道，和睦相处，集中力量，以维持国际和平及安全，接受原则，确立方法，以保证非为公共利益，不得使用武力，运用国际机构，以促成全球人民经济及社会之进展，用是发愤立志，务当同心协力，以竟厥功。[①]

[①] https://www.un.org.

也就是说，联合国旨在建立一个维护与促进基本人权、人格尊严与人类价值，维护与促进世界和平，维护与促进国家人民之间彼此善邻，维持正义并尊重由条约与国际法其他渊源而起之国际与全球义务的世界秩序。

1948年，联合国《世界人权宣言》是现代世界主义或人类共同体主义理念发展的另一个里程碑。联合国《世界人权宣言》宣称：

> 鉴于对人类家庭所有成员的固有尊严及其平等的和不移的权利的承认，乃是世界自由、正义与和平的基础，鉴于对人权的无视和侮蔑已发展为野蛮暴行，这些暴行玷污了人类的良心，而一个人人享有言论和信仰自由并免予恐惧和匮乏的世界的来临，已被宣布为普通人民的最高愿望，鉴于为使人类不致迫不得已铤而走险对暴政和压迫进行反叛，有必要使人权受法治的保护，鉴于有必要促进各国间友好关系的发展，鉴于各联合国国家的人民已在联合国宪章中重申他们对基本人权、人格尊严和价值以及男女平等权利的信念，并决心促成较大自由中的社会进步和生活水平的改善，鉴于各会员国业已誓愿同联合国合作以促进对人权和基本自由的普遍尊重和遵行，鉴于对这些权利和自由的普遍了解对于这个誓愿的充分实现具有很大的重要性，因此现在，大会发布这一世界人权宣言，作为所有人民和所有国家努力实现的共同标准，以期每一个人和社会机构经常铭念本宣言，努力通过教诲和教育促进对权利和自由的尊重，并通过国家的和国际的渐进措施，使这些权利和自由在各会员国本身人民及在其管辖下领土的人民中得到普遍和有效的承认和遵行。①

如上，联合国《世界人权宣言》旗帜鲜明地强调人权准则为所有人民和所有国家努力实现的共同行为标准，旗帜鲜明地要求每一个

---

① https://www.un.org.

现代性与时代意识论
NEW COMPARATIVISM

人和社会机构通过各种措施促进对人的权利和自由的尊重,并通过国家法律和国际法律,保障人的基本权利和自由在各会员国本身人民及在其管辖下领土的人民中得到普遍和有效的承认和遵行。就是说,联合国《世界人权宣言》旗帜鲜明地强调人权准则司法化世界秩序,各国政府与公民的世界责任与义务。

联合国《世界人权宣言》是全球范围内系统地、制度性地保障与发展人的基本权利与自由,以及强调相适应的责任与义务的开始。联合国《世界人权宣言》之后,人权准则迅速成为全球人类行为的一个重要准则,全球正义概念也得到迅猛发展。联合国《世界人权宣言》本身不是一个法律文件,但它是一种全球性的契约文件,是签署国同意作为本国法律规范的契约性文件。因此,它是一个制度性、规范性的文件。无论如何,至此,世界主义理念完成了从康德的以人权准则为核心准则的世界秩序理念到以人权准则为核心准则的司法性世界秩序理念的转变,也完成了古代世界主义理念或人类共同体主义作为伦理理念到现代世界主义或人类共同体主义理念不仅仅是伦理理念,而且是司法理念的转变。

1998 年,在联合国的旗帜下,《国际刑事法院罗马规约》产生。虽然《国际刑事法院罗马规约》直到 2002 年才生效,但它的产生对世界主义或人类共同体主义理念具有历史性的意义。一方面,这是一部全球性的法律,为世界主义或人类共同体主义理念提供了新的法律制度资源。另一方面,它是一部在联合国的旗帜下民主地建立的全球法律,是一次实践方面的革命。它实际上是全球司法秩序的一次重要的实验与实践。2002 年,根据《国际刑事法院罗马规约》,国际犯罪法庭产生,这为世界主义理念加强了制度资源。从康德,经联合国的建立,到《国际刑事法院罗马规约》的产生与国际犯罪法庭的建立,世界主义理念或人类共同体主义所追求的全球司法秩序的制度资源正在不断地建立与扩展。

无论如何,第二次世界大战以及战后的反思使世界主义或人类共同体主义理念获得新的、质的飞跃,尤其是以人权为核心的司法化世界秩序概念把世界主义理念提升到新的高度。康德世界主义或人类共同体主义理念中的两个核心概念,即普遍人权与司法性的世界秩序,在实践中得到了新的检验。这其中,反人类罪概念与联合国《世界人权宣言》的产生,纽伦堡审判以及后来的东京审判,审判前南战犯,审判卢旺达罪犯,2002年国际刑事法庭成立以及之后的各种对反人类罪的审判等都是世界主义或人类共同体主义哲学在理念、制度与实践中得到质的飞跃。

今天,哈贝马斯等许多哲学家在康德版本的世界主义或人类共同体主义基础上,继续发展以人权准则为核心准则的司法性世界秩序理念,坚持与发展出现代版的世界主义理念。我们也可以把现代世界主义理念或人类共同体主义定义为以人权准则为核心准则的司法性世界秩序理念。

二　共和世界秩序理念:康德的理想与困惑

综上所述,现代世界主义或人类共同体主义理念的真正奠基人是康德。如上所述,现代世界主义或人类共同体主义是一种强调每个人作为世界公民的基本权利与自由,义务与责任,强调国家、社会组织与每个人在保障人的基本权利与自由方面的责任与义务,强调人类社会共同体是一个规范性的共同体的哲学理论。康德贡献给现代世界主义或人类共同体主义三个核心概念:宇宙人权;全球正义;世界法律。而这三个概念反过来又使世界公民的概念,全球责任与义务的概念具有实质性的内容。

在1795年发表的《永久和平》一文中,康德石破天惊地提出每个人的宇宙权利的概念,并把每个人的宇宙权利与每个人的国内公民权、国际权利并列为每个人的三种基本公共权利。[1] 每个人的宇宙权利是一种普遍人权,属于每个人。[2] 这种权利是一种公共权利,因此具有司法性制约力,不仅仅是道德权利。

---

[1] 参见[德]康德《永久和平》,第123页。
[2] 同上书,第119页。

现代性与时代意识论
NEW COMPARATIVISM

康德的每个人的宇宙权利与近代西方哲学中所讲的普遍人权既有相同点，又有重大区别。康德的每个人的宇宙权利与近代西方哲学中所讲的普遍人权都是每个人普遍享有的基本权利。但是，康德的每个人的宇宙权利与近代西方哲学中所讲的普遍人权有两个方面的重大区别。第一，康德的每个人的宇宙权利是人类理性所规定与认同的权利，而近代西方哲学中所讲的普遍人权是上天或自由所赋予的权利。第二，康德的每个人的宇宙权利是具有司法性制约的权利，而近代西方哲学中所讲的普遍人权是一种道德权利。如果没有每个人的宇宙权利，世界公民的概念将是空洞无物的概念。公民身份的内容之一就是与公民身份相适应的权利与自由，义务与责任。在这一个意义上，康德的每个人的宇宙权利赋予世界公民的概念实质性的内容。

与此相适应，康德创造性地发展出世界法律，包括世界宪法的概念，并把世界法律与国内法律、国际法并列为三种公共法。[①] 世界法律，顾名思义，是应用于全球范围，在全球范围内具有法律效力的法律。世界法律不是自然或上帝所赋予的法律，而是人类在理性的指导下所建立的法律，由国际法与协议不断演化而成。康德自信地宣称："随着世界各国与人民彼此之间通过公共法律建立起和平的关系，人类就越来越接近于拥有宇宙宪法（cosmopolitan constitution）。"[②]

宇宙宪法或世界宪法是世界的根本大法。它将由世界各国人民在理性的指导下，在不断建立对彼此有制约力的公共法律的基础上建立起来。康德指出："理性能给相关的国家所提供的从一种无法无天、充满战争的情境下解脱出来的唯一办法是这些国家必须放弃他们无法无天的自由，而受公共法律的约束，正如每个人所做的那样。只有这样，我们才能逐渐包括不同人民，并最终包括地球上所有人民的共和

[①] 参见［德］康德《永久和平》，第118页。
[②] 同上。

共同体。"① 他还指出："从其道德立法权力的宝座上，理性绝对地谴责战争作为决定权利的手段，追求和平是一种不容讨价还价的责任。"② 总之，世界法律是人类在理性的指导下，为追求世界和平而建立的应用于全球，具有全球司法效力法律。不言自喻，康德的世界法律区别于普遍道德准则，尽管它们与后者具有重大的内在关系。无论如何，康德不仅提出了每个人的宇宙权利的概念，而且发展出一个以保护每个人的宇宙权利与世界和平为中心的司法性世界秩序概念。

康德的世界法律概念同时也是一个全球正义概念。他的全球正义概念具有如下特点：（1）它是以宇宙权利为核心的，服务于促进和发展每个人的宇宙权利，服务于促进和发展世界和平的行为准则；（2）它不仅仅是道德性的，而且是司法性的；（3）从服务于促进和发展每个人的宇宙权利，服务于促进和发展世界和平的角度出发，它规定每个人、每个社会组织、每个国家政府的全球责任，义务与行为准则。

在一定的意义上，现代世界主义或人类共同体主义是一方面继承发展康德的真知灼见，另一方面解决了康德困惑的结果。康德设想一个能给世界带来永久和平的，以人权理念为核心与运行原则的司法性世界秩序。为此，他首先提出世界法律的概念，并设想一个不是世界国家的司法性世界共和秩序。康德的司法性世界共和秩序具有如下特性：

第一，旨在保障世界和平。因此，康德的世界秩序概念强调国家、社会组织与每个人对世界和平所负担的责任与义务。

第二，旨在保障人权。因此，康德的世界秩序概念强调国家、社会组织与每个人对世界范围内的人权的保障与发展所负担的责任与义务。

第三，是一个由世界法律规范化的世界秩序。因此，康德的世界秩序概念的自由与权利，责任与义务是由法律规定的，是司法性的。

---

① ［德］康德：《永久和平》，第117页。
② 同上书，第116页。

第四，是一个没有世界国家的司法性秩序。

正如哈贝马斯指出，在康德的世界主义理念中，他"把'宪法'概念从民族国家的范围延伸到全球范围，从而提出世界秩序的思想"①。就是说，康德心中的新世界秩序是一个宪法化的司法性世界秩序。因此，康德发展出世界宪法的概念。

当然，康德发展他的世界宪法概念时，由于时代的限制，他所讨论的那种类型的民族国家宪法也仅仅是新事物，才刚刚从美国革命和法国革命中出现，分别是美国宪法与法国宪法。尽管如此，以美国宪法与法国宪法类型的民族国家宪法为范本，康德设想了国际关系的规范化，即国际关系的宪法化。不仅如此，康德设想了整个国际秩序的宪法化。国际秩序的宪法化"包含从关于民族国家的国际法律到关于个人的世界法律的转变。每个人的法律地位不仅仅是一个民族国家的公民，而且是法制规范化了的国际社会的成员"②。从一定的意义上说，今天的联合国宪章显示了康德的先见之明。联合国宪章本身不是也不等同于康德所说的世界宪法。但是，联合国宪章与康德所说的世界宪法在精神上是一致的。无论如何，重要的是，康德提出了世界法律的概念，并从世界法律的角度强调每个人作为世界公民的自由与权利以及相适应的世界责任与义务。

康德的世界秩序设想是一个革命性的发明，是一个全新的设想。这一世界秩序理念是我们今天应努力实现的。这一设想是对我们每个人的身份、权利、自由、责任与义务的重新定义，是对国家行为、社会组织行为与个人行为等重新规定。如前面提到的，东西方古代的世界主义理念就已提出我们每个人的世界义务。但是，康德的世界主义理念是对我们每个人的世界公民身份的系统、完整与明确的规定。康德的世界主义理念是对我们每个人作为世界公民的权利、自由、责任与义务的全新规定。

尽管如此，康德的世界主义或人类共同体主义理念也遇到重大困

---

① ［德］哈贝马斯：《对他者的包容》，麻省理工学院出版社1998年版，第332页。
② 同上。

惑：即康德一方面想要一个司法性的法治世界秩序，另一方面不想要一个国家。那么，一个不是世界国家的司法性法治世界秩序如何可能？在我们的认识中，法律与国家是不可分的。不仅如此，康德是个共和主义者，但不是一个民主主义者。这使他的世界法律的概念遇到合法性、有效性等的困惑。他认识到，所谓神赋的世界法律并不存在。传统的所谓自然给予的自然之法一样的世界法律也并不存在。法律是人建立的。

那么，合理、有效、合法的世界法律如何可能？更确切地说，在没有世界国家的前提下，合理、有效、合法的世界法律如何可能？康德讲合理、合法与有效的正当世界法律却不要它们的民主源泉，这是他的硬伤。哈贝马斯指出：

> 康德的世界秩序本来指一个世界共和国秩序。康德一生都忠于这一世界秩序理念。但是，他表示国家联盟将是世界共和国替身。即看来非有不可的世界共和国国家将由一个有能力实现和平但仍保持自身独立的国家组成的某种联盟所代替。由于一些观念的局限，康德一生都在一个完全意义上的世界共和国与一个松散的国家联盟二者之间摇摆不定而走进死胡同。①

也就是说，一方面，康德一生都不愿意把新的世界秩序设想为一个完全意义上的世界共和国，另一方面，为他所设想的一个松散的国家联盟不能完全扮演他为其所设想的在新的世界秩序中的角色。这是康德的苦恼，一个痛苦的苦恼。康德走进了死胡同。

尽管如此，康德坚守他的世界法律理念这一阵地。在《永久和平》一文中，他给法律理论增添了第三个法律范畴：全球法律（cosmopolitan law）。也就是说，在康德新的法律设想中，全球法律，一国的法律与国际法肩并肩地存在。全球法律适用于人类共同体，它们

---

① ［德］哈贝马斯：《一个多员世界社会的政治宪法》，《中国哲学杂志》2007年第4期。

现代性与时代意识论

给予每个人自由平等的世界公民即人类共同体成员身份，每个人自由平等的权利与自由，以及每个人在人类共同体中的法律地位。哈贝马斯指出，康德关于由世界法律规范化的世界司法秩序的理念是对世界法律理念的发挥应用。不仅如此，在世界司法秩序中的法人不再仅仅是民族国家，也是自由平等的世界公民个人。与此同时，康德思想的核心是世界共同体不是由国家组成的联邦，而是由自由、平等的世界公民组成的全球共同体，世界人类共同体也不是一个世界国家，它既没有一个主权性的世界中央政府，也没有常设的具有国家功能的世界机构。这就出现了康德世界主义或人类共同体主义哲学的核心问题。这就是：一个没有世界国家的共和世界秩序如何可能？这一问题也是当代世界主义或人类共同体主义哲学的核心问题。康德的问题揭示了世界主义或人类共同体主义在理论上与实践上所面临的三个概念性的挑战：国家概念、宪法概念与历史条件问题。康德的问题源于三个挑战。

第一，在他的世界法律概念中，康德石破天惊地提出了世界宪法这一革命性的、划时代的概念，但也陷入深深的困惑。这来源于他的法律概念、宪法概念。讲到法律，人们一般认为法律与民族国家密不可分，只存在民族国家的法律或民族国家之间的国际法，不存在它们之外的法律。一讲到宪法，人们不由自主地想到国家，认为所有的宪法都是民族国家的宪法。根据卢梭的社会契约论，国家和宪法都源于人民的意愿。康德深受国家与法律，国家与宪法不可分思想的影响与限制。与此相适应，因此，他陷入深深的理论困境：如果宪法与民族国家密不可分，如果法律与国家不可分，一部没有世界国家的世界宪法如何可能？没有世界国家的世界法律如何可能？这就是康德的问题。当然，康德的困惑源于他的世界主义理念拒绝一个世界国家的概念。

应如何理解宪法与国家的关系？现代世界主义如果在不要一个世界国家的前提下讲一个司法化的法治世界秩序，讲司法规范化的每个人作为世界公民的权利、自由、责任与义务，它首先要回答的问题是一部没有世界国家的世界宪法如何可能的问题。而要回答一部没有世界国家的世界宪法如何可能的问题，首先要回答国家与宪法是否可分这一问题。

显然，康德对国家与宪法的关系的理解有缺陷。正如哈贝马斯指出的，其实，国家和宪法并不是紧紧相连、相互依存的。例如：

> 在自由主义传统中，宪法并不具有从零开始，构造政治权威的功能。相反，宪法从改造其中的现存规约政治权力去构造新的政治权威。这种宪法确立了"法制"，而这样的法制，即使没有起源于民主传统，依然能够规范性地构造现行权力关系及引导政治权力按照法律允许的渠道行使。通过抛弃以往那种预先假定统治者和被统治者的身份的做法，自由主义传统避免了将国家与宪法混为一谈，并因而保持二者在观念上的独立地位，从实际经验的角度看，二者在民族国家中是密不可分的——宪法是一方，国家和民主的公民是另一边。自由主义的宪法模式为今天政治化的、没有世界政府的、完全宪法化的国际社会提供了观念上的启示。但我们最终会看到这两种国家体制的任何联合，即那种已经融入竞争性的法律传统中的联合，已经产生了跨国界政策网络间的交流如何能被作用于一个完善的民主立法化的国家渠道的圈子的问题。①

当然，我们这里不必为自由主义观点摇旗呐喊。但是，我们要看到，国家与宪法的关系不像康德所想的那样。我们要看到，康德的世界主义理念要突破国家和宪法紧紧相连、相互依存这一观念瓶颈，现代世界主义或人类共同体主义也要突破这一瓶颈。康德的全球法律与全球司法秩序的理念要突破法律与民族国家密不可分，法律只存在民族国家的法律或国际法，不存在它们之外的法律这些观念瓶颈，现代世界主义也要突破这些瓶颈。

---

① ［德］哈贝马斯：《一个多员世界社会的政治宪法》，《中国哲学杂志》2007年第4期，第332页。

第二，康德哲学所揭示的另一个困惑是关于国家主权神圣不可侵犯的概念。首先，康德一方面要一个具有完整性的世界司法秩序，另一方面又坚持国家主权在任何条件下的不可逾越性。这是一个矛盾。这就像一个人既要结婚，又要坚持婚后的单身汉生活，这是一个矛盾。显而易见，民族国家的主权是绝对不容侵犯的理念与司法化的法治世界秩序理念并不兼容。司法化的法治世界秩序理念的前提是法治无国界，这与民族国家的主权是绝对不容侵犯的理念不兼容的。其次，司法化的法治世界秩序理念核心是司法保障人权无国界，这意味着在一定的条件下超越国界去保障人权，这就与民族国家的主权是绝对不容侵犯的理念互不兼容。显而易见，从逻辑上讲，如果在任何条件下，民族国家主权都是神圣不可侵犯的，那么规定以人权准则为核心准则的国际法律不能规定国家行为。如果国际法律不能规定国家行为，司法性世界秩序就毫无意义。如果全球法律以人权原则为核心，规定人权的不可侵犯性及承认和尊重人权的责任，那么，如果一个国家出现严重地践踏其公民人权的暴君或政府，尤其是这一暴君或政府犯下反人类罪时，国际社会保护人权的责任不能使国际社会对此熟视无睹，不应以国家主权决不可侵犯为由让反人类罪或严重地践踏其公民人权的实践、暴君或政府横行无阻。全球司法秩序理念的核心思想是世界共同体不是由国家组成的联邦，而是由自由、平等的世界公民组成的全球共同体，其中，每个人作为其公民，具有不可侵犯的基本人权。这意味着，每个人的不可侵犯的基本人权不能被作为公民所在国的国家主权所先取；换句话说，在全球共同体中，在承认与保护人权方面，没有绝对不可侵犯的国家主权的国界。

不仅如此，正如哈贝马斯指出的，康德的国家概念还有进一步的缺陷。一方面，康德思想中的国家范例模式是中央集权制的法国。而在康德心中，如法国这样的中央集权制的国家与世袭常是孪生的。而"没有灵魂的世袭制度"与他所设想的司法性新世界秩序不仅仅是不相容的，而且前者是后者的灾难。在康德看来，"没有灵魂的世袭性"剥夺一个国家的文化特殊性和身份性，它也会剥夺他所设想的新世界秩序的司法性法治特性与本质。另一方面，康德又认识到，在一个多层次系统的联邦体制结构中,人民的民主意志从一开始便分化为各种各样,即多样性。如美国的国家模式是"分权"思想的早期实践。联邦制的形象给了康德构想共和世界秩序的新启发。也就是说,康德认为,如果未来的世界共和国是一个诸如中央集权制的法国共和国那样的世界国家,它必然与世袭制度相伴,这将是一个灾难。所以,也许,一个由主权国家组成的松散国家联盟才是选择。即未来的世界共和国不是一个国家,而应是一个国家联盟。

第三,康德的第三个困惑是建立世界法律的革命事件如何可能。"促使康德寻找世界共和国国家替身的第三个原因是革命事件的不可能性概率。19世纪的两次宪法革命使人们认为法律主要产生于在某历史时刻出现的合适表达历史意愿的革命性事件。在某一个地方发生的革命事件的可能性概率本已很低,而不同地方同时发生革命事件的可能性更是难以想象的。同时我们必须对宪法化过程感到习惯,这一过程将是长期性的过程,主要是由民族国家和国家间的区域性联盟,而不是由热情的民众所推动的。宪法化过程作为长期过程的时间模式,以及在这一过程中政治干预和体系不断发展的复杂性手连着手,建议我们关注的应是宪法化过程的阶段和程度。"[①] 在康德看来,革命性事件是国家的助产婆。而一场世界革命是不可能的。与此相适应,一个诞生于一场世界革命的世界国家是难以想象的。同样重要的是,世界秩序司法化是世界秩序宪法化。宪法化是规范化,规范化总是长期而复杂的过程。因此,期望一场全球革命带来一个世界国家,因而带来一个世界司法秩序是不现实的。

无论如何,康德的如上困惑也是现代世界主义或人类共同体主义的困惑。现代世界主义或人类共同体主义需要回答康德的问题:在没有世界国家的前提下,一个司法性的世界秩序如何可能?尽管联合国等组织存在,但当代世界主义或人类共同体主义的倡导者与康德一样,既要一个司法化的法治世界秩序,又不要一个世界国家。当代世

[①] [德]哈贝马斯:《一个多员世界社会的政治宪法》,《中国哲学杂志》2007年第4期。

界主义的倡导者与康德一样，既强调司法规范化的每个人作为世界公民的权利、自由、责任与义务，又不要一个传统意义上的世界国家。所以，现代世界主义或人类共同体主义的倡导者必须回答康德的问题。为此，现代世界主义理念必须在国家概念、宪法概念等方面具有突破性的新理解。

三　三层次的司法性世界秩序：哈贝马斯的重建

德国著名哲学家哈贝马斯是当代宣扬司法化的世界秩序与世界主义或人类共同体主义理念的最坚定、最著名的一个哲学家。哈贝马斯的世界主义或人类共同体主义理念对世界主义理念的贡献主要表现在如下方面：

第一，哈贝马斯提出多元化世界的世界宪法理念。他在概念上把国家与宪法分开，提出新的世界宪法的概念，并强调其为新世界秩序的基本法。

第二，他强调人权原则是当今世界主义理念的核心运行原则。

第三，他继承发展了康德世界主义理念，指出当今世界主义所强调的全球秩序是一个具有全球正义的秩序。

第四，他继承发展了康德世界主义理念所强调的全球秩序是一个司法秩序，而不仅仅是一个道德秩序；违背这一司法秩序所规定的全球正义将受到的不仅仅是道德责备，还有法律追究。例如，正如哈贝马斯指出的，"全球秩序的建立意味着侵犯人权就不再是被从道德的角度判断与立即斗争，而是根据制度化的法律秩序，像由一个国家的法律秩序所定义的罪行一样，被起诉"①。

第五，在强调全球人权政治的同时，他明确提出反对人权原教主义（human rights foundamentalism），并指出人权原教主义本质与根源使其不以法律为中介。在《对他者的包容》一书中，哈贝马斯指出，人权原教主义是不以法律为中介的、道德性的人权政治堕落的产物。

---

① ［德］哈贝马斯：《对他者的包容》，第193页。

哈贝马斯指出,"当它在虚假的法律合法性的幌子下为一个实质上只是派别争斗的干预提供道德合法性时,一个世界组织的人权政治就沦为人权原教主义"①;与此相适应,"人权原教主义可以避免,但不是通过放弃人权政治,而是通过全球性地把国与国之间的自然状态转变为一个司法秩序"②。我们要防止人权原教主义,问题是如何防止。要回答这一问题,我们要知道人权原教主义是如何产生的。一个误区是认为人权原教主义是全球人权政治的必然产物,两者密不可分,因此,只有放弃人权政治,才能避免人权原教主义。哈贝马斯指出,人权原教主义是不在司法的基础上道德性地滥用人权政治的结果;只有使人权政治基于合理正当的司法基础即合理正当的世界法律基础,以正当合法的法律为中介,我们才能避免人权原教主义。

第六,他指出,"全球法律是法律的构造性规则的逻辑结果。它第一次在国界内的社会、政治关系的司法与国界外的社会、政治关系的司法之间建立一种对称性"③;也就是说,我们可以从法律的构造性规则中推演出全球法律的必然存在。

第七,他提出一个由超国家、跨国家与民族国家三层次组成的全球秩序体系即世界秩序。

第八,他提出全球民主是建立由超国家、跨国家与民族国家三层次组成的全球秩序体系的唯一正当合法渠道。

康德—哈贝马斯世界主义或人类共同体主义理念成为当今世界主义或人类共同体主义理念的范本,也是使西方现代版本的世界主义理念区别于西方古代版本的世界主义理念的主要源泉。

哈贝马斯的世界主义或人类共同体主义理念的如上核心思想的中心就是建立一个不是世界国家的,旨在全球性地保障基本人权与世界和平和发展的司法化世界秩序或法律秩序。在《事实与规范》中,哈贝马斯又强调指出:"一个法律秩序必须保证,每个人的权利事实

---

① [德]哈贝马斯:《对他者的包容》,第200页。
② 同上书,第201页。
③ 同上书,第199页。

现代性与时代意识论

上被所有的其他人所尊重；不仅如此，社会成员彼此对每个人的权利的互认必须是建立在合理有效的法律的基础上，而合理有效的法律必须给予每个人平等的自由，也限定每个人选择的自由必须与所有人的同等同样自由共容共存。"[1] 就是说，一个合理正当的法律秩序必须以维护每个人的基本人权与共同体公民权利为己任，不仅要规定这些基本人权与共同体公民权利，还要有对每个人这些基本人权与共同体公民权利的尊重的义务，更规定维护每个人的基本人权与权利的具有约束力、强迫性的措施，如对践踏一个人的基本人权与权利的惩罚。哈贝马斯因此提出"文明自主"概念。文明自主指的是每个人既懂得自己的基本人权与权利，又懂得他人的基本人权与权利，以及自己对他人的基本人权与权利尊重的义务。

那么，旨在全球性地保障基本人权与世界和平和发展的司法化世界秩序或法律秩序应保障哪些人的基本权利？回答当然是联合国《世界人权宣言》中所列举的基本权利。在这个基础上，在《事实与规范》中，哈贝马斯指出人的五大类基本权利：

第一，"基本自由权利，即尽可能是最大限度的、均等的个人自由和政治自主性详尽表述的基本权利"。

第二，"基本成为成员权利，即在法律的保护下个人能与他人自由、自愿地组成共同体，成为共同体成员，此身份政治自主性的详尽表述的基本权利"。

第三，"基本享受法律保护权利，即直接基于权利可行性、个人基本自由以及政治自主性享受法律保护的基本权利"。

第四，"基本参与权利，即个人参与意见与意志形成过程中行使其政治自主和发展法律的基本权利"。

第五，"基本社会生态权利，即当享受技术、生态保护的生活资源是公民行使第一至四大类基本权利的必需条件时，个人享受那些技术、生态保护的生活资源的类基本权利"。[2]

---

[1] ［德］哈贝马斯：《事实与规范》，麻省理工学院出版社1998年版，第453页。
[2] ［德］哈贝马斯：《事实与规范·介绍》，第122—123页。

哈贝马斯指出，人的第一至三大类基本权利是话语原则应用于法律的必然结论。第四大类基本权利是话语原则与民主原则应用于法律的必然结论。第五大类基本权利是普通情理的必然结论。人的这五大权利是普遍人类权利，也是全球性权利。

2007年，在《中国哲学杂志》上，哈贝马斯发表《一个多员世界社会的政治宪法》。"政治宪法"指的是通过民主讨论产生的宪法，与民主宪法同义。《一个多员世界社会的政治宪法》一文与哈贝马斯《在自然主义与宗教之间》具有相同题目的第十一章相比，虽略有不同，但思想内容大体一致。在该文中以及在《在自然主义与宗教之间》第十一章中，哈贝马斯讨论了两种含义的宪法与世界宪法的理念，康德的世界主义理念，宪法化世界秩序的构想，如分权，三个层次结构，世界秩序与民主。因此，哈贝马斯旗帜鲜明地宣称：世界社会的政治宪法是康德所构想的世界主义世界秩序的必不可少的条件；世界社会的政治宪法是司法化的世界秩序在没有世界国家的条件下成为可能的必要条件。

在《一个多员世界社会的政治宪法》一文中，哈贝马斯开门见山地指出，1945年以来，尤其是1989年以来，一个司法化世界秩序成功的前景与机会正在不断地改善。他指出："追溯历史，康德关于'世界秩序'的设想问世两百年后才成为国际联盟的政治议程的一部分。联合国是世界秩序理念的第一个制度承载实体。从20世纪90年代早期以来，联合国确立了其政治地位，成为在世界政治争端中不可忽视的因素。"①

哈贝马斯指出，联合国的建立为世界秩序提供制度资源，如它为全球性行为的合法性提供制度资源。现在，世界各国，包括美国这一超级大国，都意识到在国际事务中单方面采取干预行动会缺乏合法性。世界强国，包括美国这一超级大国，都意识到当国际组织拒绝承认其单方面采取的干预行动的合法性时，它们只能与国际组织进行沟

---

① ［德］哈贝马斯：《一个多员世界社会的政治宪法》，《中国哲学杂志》2007年第4期。

通、对话。这就是说,作为世界秩序理念的第一个制度承载实体,联合国正不断地在组建世界性秩序中发挥应有的主要作用。

哈贝马斯没有提到,事实上,联合国不仅仅为全球性行为的合法性提供了制度资源,而且也主导了许多对于司法性的世界秩序理念至关重要的世界性行为,最明显的是对反人类罪的追究。尽管如此,哈贝马斯提出,无论如何,我们要抓住当前的历史机遇,实现司法性世界秩序的设想。为此,"我们要继续康德的设想。如果我们从足够超越的角度去理解康德关于世界秩序的思想。这样,即使是在今天我们仍然能够从这一设想获得裨益"①。

我们应如何师从康德?哈贝马斯认为,我们可以一方面继承康德关于一个司法化世界秩序的理念,另一方面要回答康德的"一个没有世界国家的共和世界秩序如何可能"这一问题。我们前面讨论到,康德的这一问题涉及三个概念方面的挑战:宪法概念,国家概念与历史条件问题。对这三个概念上的挑战,哈贝马斯指出,有三个概念机制使我们可以解救康德的世界主义理念,把以国家中心的国际法律转化为没有世界国家的世界法律。这三个概念机制是:

(1)联邦主义式的分权机制以及多层次系统机制;

(2)一部民主地建立的世界宪法;

(3)一个由国家政府而不是由公民倡议和支持的世界宪法化过程的推进模式。

哈贝马斯认为,如果我们引进这三个机制,我们可以放弃一个世界国家的设想(以及它现代的各种变化形态),而以宪法化的多层次世界秩序系统取而代之。联邦主义式的分权机制以及多层次系统机制使我们一方面不缺乏政府这一制度资源与法治的前提条件,另一方面无须一个世界国家。一部民主地建立的世界宪法是一个司法化的世界秩序或全球秩序的必要条件。一个由国家政府而不是由公民倡议和支持的世界宪法化过程的推进模式给予此司法化的世界秩序或全球秩序

---

① [德]哈贝马斯:《一个多员世界社会的政治宪法》,《中国哲学杂志》2007年第4期。

的正式的合法化程序。为了以上三个目标,我们必须做出以下调整与改造:

(1) 调整与改造我们的国家主权观念,使其与跨越民族国家界限的新型管理形式相适应;

(2) 致力推行一个超越民族限度的法律体系,为此要修订使国家法律和国家力量的垄断紧紧相联结的各种观念,尤其要修订我们的法律观念;

(3) 创建一个解释国家如何改变自身形象的学习机制。

哈贝马斯指出,我们要改造我们的民族国家主权观念,即民族国家主权神圣不可侵犯的观念。什么是国家主权?正如肯尼指出,国家主权由四大要素组成:司法话语权、终极权威话语权、确定领土范围话语权和对所属领土内所有问题的综合话语权。① 国家主权首先是在国家领土范围内对所有问题的终极司法权威,是治理国家领土范围的独立的最高权威。

民族国家主权神圣不可侵犯是康德坚持的一个原则。正如前面所讨论的,康德世界主义理念的一个瓶颈是,在他设想的世界共和秩序中,世界各国的对外主权是神圣不可侵犯、不可逾越的。康德的未来世界共和秩序只是一个由主权国家组成的松散国家联盟的思想与他的民族国家的主权是不可侵犯、不可逾越的思想是孪生兄弟。

哈贝马斯指出,民族国家的主权是不可侵犯、不可逾越的思想与以人权准则为核心的全球司法秩序的理念相互矛盾。哈贝马斯指出,的确,"国际法的核心是人民主权原则,这一原则规定国家的独立地位及国家之间互不干涉内政的原则。一个国家军事上对外部世界保持独立自主反映了它内部的民主自决。一个国家为了保卫自身民主共同体的完整,必须有权并有能力对侵略国家使用武力"。但是,在我们时代全球化的历史条件下,"在当今国家之间有千丝万缕关系的全球社会中,这种传统的观念已经陈旧。甚至连那些超级大国都不能光靠自己,还要依靠其他国家的帮助才能保护本国民众的安全及财产。可

---

① 参见 [美] 西蒙·肯尼《超越国界的正义》,第 150 页。

见，传统意义上的民族国家主权已经变化"。①

哈贝马斯承认，国家主权不可侵犯的原则确实是写在《联合国宪章》中，即《联合国宪章》确实规定外国不能干涉他国的国家内部事务。但是，哈贝马斯认为，"联合国宪章的这一关于外国不能干涉他国的国家内部事务的规定一开始就与国际社会保护人权的责任之间存在紧张关系"②。哈贝马斯指出，民主以承认与保护人权为先决条件。国家内在的人民主权以对公民人权的承认与保护为先决条件。显然，如果一个国家出现严重地践踏其公民人权的暴君或政府，尤其是这一暴君或政府犯下反人类罪时，国际社会保护人权的责任不能使国际社会对此熟视无睹，不应以国家主权决不可侵犯为由让反人类罪或严重地践踏其公民人权的实践、暴君或政府横行无阻。哈贝马斯指出，国家主权绝对不可侵犯的思想与人权政治的理念相互矛盾。更重要的是，国家主权绝对不可侵犯可以成为践踏人权与犯反人类罪的罪人掩盖其罪行的理由。

因此，哈贝马斯指出，在我们时代，"一个国家应有能力并愿意在国际组织或超国家组织框架内解决全球性或地区性问题的集体努力中分担平等义务，从而证明自身的对外主权。对内主权现在不再局限于维护法律和秩序，而是扩展到保护公民的基本权利。这样就假定了放弃战争权以及承认国际社会保护犯罪国家或失败国家中的人民对抗本国政府或政府残余力量的义务"③。

不仅如此，哈贝马斯赞同迈克尔·华尔茨的观点，即在三种情形下，国际社会应为了保护人权而对一国的国家内部事务进行人道性干预，这种人道性干预具有正当性与合法性。迈克尔·华尔茨提出外国不能干涉他国的国家内部事务这一原则要允许以下三种情形：

（1）当国际社会的对一国国家内部事务的人道性干预将给予真

---

① ［德］哈贝马斯：《一个多员世界社会的政治宪法》，《中国哲学杂志》2007年第4期。
② 同上。
③ 同上。

正的民族解放运动必需的支持时，国际社会对一国国家内部事务的人道性干预是正当合理的；真正的民族解放运动指的是通过抵抗行动显示独立的政治共同体身份的民族共同体解放运动。

（2）当国际社会的对一国国家内部事务的人道性干预是保护一个政治共同体的完整所必需时，国际社会的人道性干预是正当合理的。

（3）在如下的任何一种情形出现时，国际社会的人道性干预都是正当合理的，这些情形是："奴役，大屠杀，或灭绝种族的屠杀。"[1] 哈贝马斯赞同华尔茨的观点，尤其是在一国政府或暴君对本国人民的奴役、大屠杀或灭绝种族的屠杀或犯下其他反人类罪时，国际社会保护人权的责任大于尊重一国对国家内部事务主权的义务。

对哈贝马斯来说，国际社会在特定的情形下对一国国家内部事务的人道性干预是保证真正的国内民主、人民主权的必要条件，也是世界主义或人类共同体主义的核心思想之一。世界主义或人类共同体主义的核心理念之一是建立全球性的人权保障与用司法机制消灭各种反人权的罪行。因此，在迈克尔·华尔茨所指出的三种情形下，国际社会应为了保护人权而对一国的国家内部事务进行人道性干预。

总之，我们必须改造我们关于民族国家主权的观念。就是说，我们必须改造所谓的在任何条件下，民族国家主权都是神圣不可侵犯的观念。我们要改造所谓的在任何条件下，在任何情况下，我们在国家主权的问题上都不能让步的观念。相反，我们要认识到，在一般情况下，民族国家主权应受尊重，这毫无异议。但是，在一些特殊情况下，民族国家主权是可以超越的。例如，如果在一个国家发生严重的反人类罪，国际社会就要进行正当的干涉，民族国家主权就应被超越，也可以超越。

显而易见，这里，哈贝马斯是正确的。从逻辑上讲，如果在任何条件下，民族国家主权都是神圣不可侵犯的，那么规定以人权准则为核心准则的司法性世界秩序的国际法律就毫无意义。就是说，如果规

---

[1] ［德］哈贝马斯：《对他者的包容》，第148页。

现代性与时代意识论

定以人权准则为核心准则的司法性世界秩序的国际法律不能规定国家行为，它们就毫无意义。如果它们的规定在任何条件下都不能超越民族国家主权，它们就不能规定一个国家的国家行为，至少在许多需要的情形下却不能规定一个国家的国家行为。如果全球法律以人权原则为核心，规定人权的不可侵犯性及承认和尊重人权的责任，那么，如果一个国家出现严重地践踏其公民人权的暴君或政府，尤其是这一暴君或政府犯下反人类罪时，国际社会保护人权的责任不能使国际社会对此熟视无睹，不应以国家主权决不可侵犯为由让反人类罪或严重地践踏其公民人权的实践、暴君或政府横行无阻。

全球司法秩序理念的核心思想是世界共同体不是由国家组成的联邦，而是由自由、平等的世界公民组成的全球共同体，其中，每个人作为其公民，具有不可侵犯的基本人权。这意味着，每个人的不可侵犯的基本人权不能被其作为公民所在国的国家主权所先取；换句话说，在全球共同体中，在承认与保护人权方面，没有绝对不可侵犯的国家主权的国界。从理念上讲，世界主义理念的一个重要方面是要强调人类社会共同体是国家行为、社会组织行为与个人行为必须对其负责任的法律权威主体。如果人类社会共同体是国家行为、社会组织行为与个人行为必须对其负责任的法律权威主体，那么其法律权威就不能被国界所阻止，即在其法律权威面前，不存在不可逾越的国家主权。

当然，这里并不是说，我们应丢弃在一般情况下，民族国家的主权不应受侵犯、不应被逾越的理念。改造康德的理论，哈贝马斯并不是认为国家主权可以随意侵犯。而是说，一方面，我们要坚持民族国家的主权。另一方面，我们要认识到民族国家的主权不是绝对不可逾越的。在一定的情形下，如在反人类罪或其他涉及全人类的国际罪发生的情形下，国际社会有责任、有义务进行人道干涉。这里，我们需要新的、符合全球正义的国家主权概念。

在《一个多员世界社会的政治宪法》中，哈贝马斯强调，我们应该改造我们的民族国家的主权观念。这就是说，我们要确立一个辩证的国家主权概念。一方面，国家主权必须受到尊重，具有一定程度的不可逾越性。另一方面，国家主权的不可逾越性不是绝对的，不是在任何条件下都存在。相反，在一个国家的公民的基本人权受到严重的、系统的践踏，反人类罪在一个国家发生时，这个国家的政府与领导人以及相关人员必须对人类社会总体这一法律权威主体做出交代，国际社会必须进行人道主义干涉。

不仅如此，国家主权概念更新的核心内容不仅是改造我们关于国家主权不再被认为是绝对性的，在任何条件下都不可超越的概念，而且我们的国家主权应被理解为人民主权，而人民主权指的不仅仅是对外独立自由的主权，而且是在国界内，每个人享有的最基本的权利与自由的主权。

我们应在全球，致力推行一个超越民族国家限度的法律体系，即全球法律系统，并与此相适应，更新我们的法律观念，改造我们关于法律只能是民族国家的法律的观念，改造我们关于国家对力量的垄断的观念，改造我们关于法律与民族国家在概念上紧紧相联系的观念，使我们的法律观念认同超越民族限度的法律。

一个司法化的全球秩序需要世界法律如世界宪法这一集体性法律。对哈贝马斯来说，世界主义或人类共同体主义的核心问题是以人权准则为中心的世界秩序司法化的问题。的确，世界秩序如何以人权准则为中心司法化是哈贝马斯世界主义理念的核心问题。世界法律，顾名思义，就是世界性的、在全球范围内具有法律效力的法律。不仅如此，一个司法化的全球秩序还需要地区法律如欧洲宪法。地区法律指在一个特定的地区范围内具有法律效力的国际性法律。因此，他的《分裂的西方》第八章，也是该书最长的一章，讨论的就是"国际法律宪法化是否仍有机会"。《欧洲：一个平淡化的工程》的第七章是"国际法律宪法化以及一部世界宪法的正当合法性问题"。

哈贝马斯继续指出，在设想的多层次世界秩序中，公民个人与民族国家都是世界宪法的法律主体对象。他认为，内格尔对一部没有世界国家的世界宪法的反对源于一个误区：即世界宪法或世界法律如果存在，将以一个有主权的民族国家式的世界国家为前提。他认为，内格尔的失误源于没看到公民个人与民族国家同时都是世界宪法的法律主体对象。因此,一部没有世界国家的世界宪法或者规范源于没看到公民个人与民族国家在关于世界和平与人权的全球政治互动中的权利与义务。与此相适应,对一部没有世界国家的世界宪法的基本要求包括:

1. 即便存在,(内格尔所分析的)世界公民与一国公民规范标准的矛盾将在一个统一的世界宪法化政治秩序中变得无害;
2. 一个统一的建设不能导致一个由民族国家组成的世界变成一个忽视民族国家内部空间与一国公民对本民族国家的忠诚的世界民族国家或世界共和国;
3. 反过来,对民族国家特性与相应的生活方式的尊重不能影响实施超国家与跨国家层决议的效率。①

最后,哈贝马斯承认,国际法律宪法化任重而道远,超国家世界组织即联合国的改革,双轨制国际法律宪法化的民主过程的建立,三层次司法的建立与协调,等等,都是跨越万水千山的长征,是错综复杂的建设与学习过程。

哈贝马斯指出,在我们时代全球化的历史条件下,全球正义强调全球人权政治,而在全球人权政治中:

一方面,国际社会将人道性地干涉和制裁某些国家的权力授予某一国际组织,另一方面却没有授予该组织在全球范围内有独特垄断的权力去进行人道干涉和制裁这些国家。这与我们现有的法律观念相冲突。超国界的法律机构与民族国家能运用合法手段实施法律的法律机构之间的隔阂正在不断形成与扩大。各国运用权力保有自身的垄断地位。但作为联合国的成员,各国又将这种

---

① [德]哈贝马斯:《欧洲:一个平淡化的工程》,剑桥政体出版社 2009 年版,第 119—120 页。

动用武力的决定权力转给联合国安理会（除了紧急的自卫事件）。欧盟的实践也有力地证明了更高层次的法律规范与民族国家法律规范一样具有约束力，尽管这些法律规范实际上是由那些强大的成员国所支持和实施。①

　　这里，我们在理念上应进行几方面的改造。树立超越民族国家局限的法律即全球法律的理念，认识到超越民族国家限度的法律存在的可能性与事实性。与此同时，我们应认识到全球司法秩序方面严重的制度组织方面的赤字。最后，我们应认识到，全球法律是法律的构造性规则的逻辑结果。它第一次在国界内的社会、政治关系的司法与国界外的社会、政治关系的司法之间建立一种对称性。

　　如上讨论把我们带回到全球司法秩序方面严重的制度组织赤字问题。在《事实与规范》中，哈贝马斯指出，与道德相比，法律不能有制度组织方面的赤字。而目前在建立全球司法秩序方面确实存在严重的制度组织赤字，结果，相关的国际法律或全球法律就形同虚设。我们不能一方面设想全球法律如同一个国家的法律一样具有法律约束力，另一方面又允许全球法律没有一个正当合法的司法权威与司法权威制度组织。但是，要克服全球司法秩序方面严重的制度组织赤字，我们必须改造我们关于法律只能是民族国家的观念，改造我们关于国家对力量垄断的观念，改造我们关于法律与民族国家在概念上紧紧相联系的观念。

　　我们不能一方面设想具有全球约束力的全球法律的存在，另一方面坚持正当合法的司法权威只能是民族国家，正当合法的司法权威制度组织只能是民族国家司法权威制度组织。我们不能一方面设想没有世界国家的全球法律或世界法律，另一方面坚持国家对力量的垄断。我们不能一方面设想没有世界国家的全球法律或世界法律，另一方面坚持法律与民族国家在概念上紧紧相联系。相反，当我们设想具有全球约束力的全球法律时，我们要设想正当合法的、超越民族国家的国

---

① ［德］哈贝马斯：《欧洲：一个平淡化的工程》，第119—120页。

际或全球司法权威,我们要设想正当合法的超越民族国家的司法权威制度组织。我们设想具有全球约束力的全球法律时,我们就要设想民族国家没有对力量的垄断。我们设想具有全球约束力的全球法律时,我们要设想法律与民族国家在概念上不是紧紧相联系的。总之,我们不能,也不应该,一方面要世界法律,另一方面认为法律只能是民族国家的法律。

哈贝马斯认为,要创建没有世界国家的世界法律,我们就必须创建一个国家如何改变自身形象的解释性学习机制。建立全球性司法秩序意味着民族国家以及公民个人对自己有一个重新理解的问题,因为新建立的全球性司法秩序民族国家以及公民个人的身份发生重大变化。例如,民族国家不仅仅是一个对外有主权的政治共同体,而且是对国际社会负责的、受世界法律约束的成员。公民个人不仅仅是一国公民,同时又是世界共和共同体的公民。也就是说,世界主义理念是对我们每个人的身份、权利、自由、责任与义务的重新定义。与此相适应,我们要重新进行自我教育与公民教育。这就要求一个新的学习机制。

不仅如此,公民团结概念更新的核心内容还包括认识到,在新的历史条件下,公民团结的基础不再是民族同质性,如共同祖先、血源、历史等,而是哈贝马斯称的"宪法爱国主义"。公民团结概念更新的另一核心内容是建立双重公民身份的概念,即一个人同时是一个祖国公民与世界公民的身份。在《柏林共和国》中,哈贝马斯指出:"在一个社会中,能使在社会、文化与哲学方面多元化的公民统一起来的首先是一个由法律为中介而组成的共和国秩序的抽象基础与过程。"① 也就是说,一个国家的宪法或基本法的规范是在一个社会中,能使在社会、文化与哲学方面多元化的公民统一起来的正当合理的基础。他不否认,只有在公民对在宪法或基本法的基础建立起来的制度有好的体验与对政治自由感到习惯之后,宪法或基本法的原则才能在

---

① [德]哈贝马斯:《柏林共和国》,史迪芬·任达尔译,林肯:那不拉斯卡大学出版社 1997 年版,第 42—43 页。

公民意识中生根。① 尽管如此,一个在意识形态、文化与哲学方面多元化的社会,国家统一与认同的基础仍是国家宪法或基本法以及它所体现的理念与价值。在全球人类共同体中,人类共同体认同的基础就是世界宪法以及每个人的身份。在全球人类共同体中,一个人在人类共同体的成员身份或资格和他/她对一个民族群体的亲近感或认同感没有联系,也和他/她与某一民族群体的血缘或其他文化历史关系没有联系。

回到一个没有世界国家的司法化法治世界秩序如何可能这一问题。根据哈贝马斯的观点,一个真正的法律秩序不能有制度上的赤字。一方面,不能有法律赤字;另一方面,不能有相应政府作为必要条件的赤字。但是,与康德一样,哈贝马斯拒绝建立一个世界国家。那么,一个没有世界国家,也没有政府赤字的世界司法秩序如何可能?在《一个多员世界社会的政治宪法》一文中,哈贝马斯提出一个联邦主义式分权、三层次的世界司法化秩序。他认为,联邦主义式分权、三层次的世界司法化秩序系统既比现存结构先进得多,又与现存结构仍然保持联系。他指出:"新全球系统秩序有'三个领域'和'三种集体演员'。这种三分模式避免了在全球管理的名义下把各种截然不同的问题混杂一谈。"② 三个领域是:

(1) 超国家组织诸如联合国所属领域;
(2) 民族国家所属领域;
(3) 地区国际组织诸如欧盟所属领域。

这三个领域形成一个联邦主义式分权、多层次政府资源的司法化世界秩序。它们司法化地造就一个人类共同体,但不是一个世界国家。在这一联邦主义式分权的司法化世界秩序,一方面,世界法律有相应的政府资源,没有制度赤字。另一方面,法律主权是三级地分享。联邦式的世界人类共同体不是一个世界国家。

---

① [德]哈贝马斯:《柏林共和国》,第42—43页。
② [德]哈贝马斯:《一个多员世界社会的政治宪法》,《中国哲学杂志》2007年第4期。

在这一联邦主义式分权的司法化世界秩序,有三种相对应的集体演员:

(1) 超国家组织,即联合国;
(2) 民族国家;
(3) 地区国际组织。

这一方面使集体演员在联邦主义式分权的司法化世界秩序分享政府权利,另一方面也分享相应的政府责任与义务。在哈贝马斯看来,这样,三层次的未来全球系统既建立一个具有政府资源、司法化的世界共和秩序,又没有建立康德不想要的一个完整意义上的世界共和国国家,一石二鸟。三层次的全球系统使世界秩序宪法化,但非国家化。这一点可以做如下理解。

在这一多层次的未来全球系统中,首先是超国家领域这一层次。超国家领域只有一个演员,即联合国这一世界组织。为此,"在所设想的三层次世界体系中,超国家层次将由一个世界组织来代表。我们可以从两方面来看这一世界组织。一方面,它专职于世界和平与人权,在世界和平与全球人权事务方面,它有权干涉与管理;另一方面,它还体现以全球的公民个人与民族国家所组成的国际共同体的整体,它将代表全球司法制度的统一或统一的全球司法制度"①。在超国家层次,每个公民被赋予基本的、人人平等的"政治与公民权利"②。与此相适应,民族国家不仅对本国公民的本国公民权与世界公民权尊重并负有保护责任,也对他国的世界公民权负有义务。

联合国这一世界组织有能力在明确规定的领域中采取国家式的行动,但不具有国家的特性。这一国际组织发展为实体性的存在,而不只是一种政治论坛,但它不具有国家的各种属性。联合国被授权(同时也被限制)有效地、非选择性地发挥两种功能,即在世界范围内保护世界和平和保护人权。也就是说,在一个多层次的未来全球系

---

① [德] 哈贝马斯:《一个多员世界社会的政治宪法》,《中国哲学杂志》2007 年第 4 期。
② 同上。

统中，首先存在一个超国家领域层次。在这一层次中，只有联合国这一世界演员。联合国这一世界演员的主要任务是在全球范围内保护世界和平和保护人权。

值得注意的是，在哈贝马斯的设想中，联合国不是一个世界国家政府，而是一个司法化的世界秩序必须有的一个世界性的权力组织。联合国不是一个世界国家政府有两个理由：

（1）联合国不是一个国家主权的世界共同体；

（2）联合国的职能被紧紧地局限于保护世界和平和保护人权这两项。

因此，联合国既不具有一个国家的主权，也不具备国家的全部正常功能，虽然它是一个超国家组织。联合国不具有正常的司法话语权，终极话语权，特定领土与综合话语权。但是，就保护世界和平与保护人权这两项任务来说，联合国是一个超国家的权威组织。联合国的功能限制在实现全球社会政治正义与矫正正义，而不涉及全球分配正义问题。

哈贝马斯指出："在联合国中形成的意见与决议必须密切地反馈给民族国家的国家议会……联合国得依赖民族国家去形成自己的权力中心。国家还依然是国际法的对象。尽管如此，在超国家层次，联合国是造就了一个人权王国，保护公民，并在必要时保护公民对抗他们的政府。"① 也就是说，一方面，联合国的造就一个人权王国的角色作用不能被其他集体演员所代替。另一方面，联合国必须依赖民族国家去形成自己的权力中心。但是，民族国家不能扮演联合国的角色。

在《一个多员世界社会的政治宪法》中，哈贝马斯进一步指出，为了全球社会政治正义与矫正正义，我们必须进一步改革联合国这一超国家领域的独舞者。哈贝马斯认为，联合国的改革必须是使联合国更能有效地担负起两大主要任务：保障人权与维护世界和平。因此，联合国改革必须有如下重点：

---

① ［德］哈贝马斯：《一个多员世界社会的政治宪法》，《中国哲学杂志》2007年第4期。

改革更新的联合国安理会会与国际犯罪法庭（ICC）进行良好互动。但是，深入地看待我们所面临的问题，我们会发现，与跨国家层次相比，超国家层次的合法化要求是多种多样的。自从国际法的发展遵循的是人权原则的诠释以及延伸这一内在逻辑——国际法的发展遵循的对人权原则的具体应用这一内在逻辑，以及国际人权政治已经越来越服从这一逻辑，世界组织所面临的问题也越来越是司法性的而不是政治的。在一个高度宪法化的世界社会中，正当合法性这一问题会向更深层次发展。①

当然，强调联合国这一集体演员的不断改革更新是为了使联合国更加正确地、更好地扮演自己的历史角色，维护与促进全球社会政治正义与矫正正义。

在未来的多层次全球系统中，另一个层次是民族国家所属的领域。民族国家不仅继续扮演处理本国社会政治正义与矫正正义的主角，而且要扮演维护与促进全球社会政治正义、分配正义与矫正正义的不可缺少的配角。哈贝马斯指出，在未来全球系统中：

> 民族国家有必要保持优先地位。这是由于联合国最近以"千年发展目标"的名义宣布了一个涉及面远大的计划。这一远大的计划要求的世界范围内的政治性行动，已远超国际社会目前能够与愿意完成的任务。目前，我们可以看到，为适应日益复杂的全球社会的协调需要，跨国界领域网络及组织已出现。但是，政府之间的协调以及政府与非政府的集体演员之间的协调是一种特殊范畴的跨界。信息交换和磋商、援助与训练等程序控制并执行合约足以解决"技术"问题（如度量标准化、电信规范化或

---

① ［德］哈贝马斯：《一个多员世界社会的政治宪法》，《中国哲学杂志》2007 年第 4 期。

者防止灾难发生、流行病控制，或者与有组织犯罪斗争)。①

"因此，在当今与未来多层次的未来全球系统中，民族国家具有自己的所属领域，扮演着不可替代的角色。"②

哈贝马斯指出："从历史的角度讲，国家是一个相对年轻的政治构成，但在国际领域里，他们仍然是最有力的参与者。然而，全球经济的日益独立及全球社会中风险的跨国界蔓延压缩了国家参与的范围，并对国家的合法性提出了极高的要求。长期以来，居于所有全球化维度中的网络已经过渡到一个荒谬的点上，即关于责任能力理论的假说，因此必须在那些有责任作出政治决策的人和那些被上述人们所影响的人之间达成一致。"③

哈贝马斯指出："在多层次的全球体系中，民族国家作为安全、法律与自由的保护者的传统功能被转移到以保卫和平与在世界范围内推广人权为专职的超国家组织身上。"④ 虽然以保卫和平与在世界范围内推广人权为专职的超国家组织即联合国没有把其功能扩展到民族国家除和平与人权之外的内部事务，也不是民族国家式的政府机构，在宪法基础上的公民之间的团结显然可以超国界存在。

在这一多层次的未来全球系统中，第三个层次是地区性的国际组织所属领域。哈贝马斯进一步指出：

在世界各洲，各国发觉他们有必要组成地区联盟或者各种程度的密切合作关系（APEC，ASEAN，NAFTA，AU，ECOWAS，etc.）。这些区域联盟举步艰难。各国必须超越政府间合作模式，以便在跨国界级别上承担全球性内政的参与者角色以及实现他们跨国和约的民主合法性。欧盟至少已经实现了承担全球性参与者

---

① ［德］哈贝马斯：《一个多员世界社会的政治宪法》，《中国哲学杂志》2007 年第 4 期。
② 同上。
③ 同上。
④ 同上。

的承诺。但是，如果欧盟参与某种程度的政治联合，以使自身得以合法推行国内外政策，它充其量只是一个构筑高阶政治活动能力的模范。①

哈贝马斯指出，在这一多层次的未来全球系统中，有些事务既不属于超国家领域，也超出了民族国家所属领域。超国家领域只处理两类问题：保障人权问题与维护世界和平问题。这就是说，超越民族国家所属领域只处理全球社会政治性正义，不涉及全球分配正义。另一方面，全球能源、环境、财政和经济政策等涉及的分配正义问题超越民族国家所属领域。所以，在超国家领域与民族国家领域之间，还需要一个中间层次，即区域性国际组织领域。也就是说，在超越民族国家所属领域与民族国家领域之间还存在一个区域性国际组织领域，其主要功能是处理平等地分配全球能源、环境、财政和经济政策等涉及的分配正义问题。

为什么不是超国家领域处理平等地分配全球能源、环境、财政和经济政策等涉及的分配正义问题？哈贝马斯指出：

> 许多协调问题并不是本质意义上的"政治"问题，诸如全球能源、环境、财政和经济政策等涉及的是平等分配问题。尽管如此，由于世界上国内政治的存在，在处理这些问题上的规范化以及一体化成为必要。在这方面，在处理这些问题的全球框架和参与者都未定的情况下，任务功能上有具体规定的、多边的以及一定程度上有包容性的网络式国际组织须填补这一空白。在此类国际组织，各民族国家承担相应责任并独立决策，而不需要考虑其他国家是否认同。②

---

① ［德］哈贝马斯：《一个多员世界社会的政治宪法》，《中国哲学杂志》2007 年第 4 期。
② 同上。

这里，核心的思想是哈贝马斯不愿意联合国这一唯一的超国家领域机构成为一个具有全部国家正常功能的机构。

这里，我们注意到哈贝马斯所设想的联合国功能与联合国自己宣称的宗旨略有区别。《联合国宪章》宣称联合国之宗旨为：

> 一、维持国际和平及安全；并为此目的：采取有效集体办法，以防止且消除对于和平之威胁，制止侵略行为或其他和平之破坏；并以和平方法且依正义及国际法之原则，调整或解决足以破坏和平之国际争端或情势；
>
> 二、发展国际以尊重人民平等权利及自决原则为根据之友好关系，并采取其他适当办法，以增强普遍和平；
>
> 三、促成国际合作，以解决国际属于经济、社会、文化及人类福利性质之国际问题，且不分种族、性别、语言或宗教，增进并激励对于全体人类之人权及基本自由之尊重。[①]

根据《联合国宪章》，联合国的功能不仅仅限于维护与促进人权和维护与促进世界和平，既不仅仅限于实现全球社会政治正义，而且涉及解决国际属于经济、社会、文化及人类福利性质之国际问题，即涉及分配正义和矫正正义。

哈贝马斯如上的关于超国家、跨国家与民族国家三层次的未来全球系统的设想与他的现代性的思想是一致的。如前两章所述，在哈贝马斯思想中，现代性有三个显著标志：以交往理性为指导；法治；民主。在哈贝马斯如上的未来全球系统的设想中，未来的世界共和秩序是以交往理性为指导的、司法规范的与民主的。在未来的世界共和秩序中，以人权准则为核心的司法规范性是出发点。

这里，关键点是在超国家、跨国家与民族国家三层次的全球系统中，通过民主过程建立起的司法规范符合哈贝马斯的两个法律准则：

---

① https://www.un.org.

现代性与时代意识论
NEW COMPARATIVISM

话语准则：只有当它得到在实践对话与讨论的所有有关参与者的同意与接受时，一个规范准则才是正当有效的。

民主或民主主权准则：公民同时是法律的受制约者与作者；法律的正当合法性、主权性源于制订它又受其制约的公民意志与选择。①

我们这里讨论的不仅仅是一个司法规范化的世界秩序，而是一个以人权原则为核心、由正当合法的世界法律规范化的世界秩序。不仅如此，在超国家、跨国家与民族国家三层次的全球系统中，世界法律的正当合法性的源泉不是民族国家实体，而是全球民主间体。因此，超国家、跨国家与民族国家三层次的全球系统设想回答了一个没有世界国家的世界法律正当合法性的源泉是什么的问题。由此，它也回答了一个没有世界国家的由正当合法的世界法律司法规范化的世界秩序如何可能的这一问题。

无论如何，要理解关于超国家、跨国家与民族国家三层次全球系统设想的现实意义，我们可以看看目前全球事务管理形式的合法性赤字以及组织赤字。这里，核心问题是如何建立一种从民族国家转移到世界组织，造就合法性的连续链条以及更深层次的结构。从司法的话语原则与民主原则的角度来讲，超国家、跨国家与民族国家三层次的全球系统的设想是最好的答案。

在其三层次的全球秩序的设计中，哈贝马斯指出，超国家层次上的全球政治不能取代跨国家层次上的区域政治。超国家层次上的全球政治有它的作用与角色，跨国家层次上的区域政治有它的作用与角色，彼此不能互相代替。哈贝马斯指出：

在跨国家层次上，如上的一个基础显得过于薄弱。在跨国家层次上，通过协商产生的规则极大地超出了惯常的确保安全、法制和自由的这些事务范围。在跨国家层次上，全球经济多边协定

---

① ［德］哈贝马斯：《事实与规范》，第107、110—111、118—121页。

组织（GEMs），首先并首要的是世界贸易组织（WTO）、世界银行以及国际货币基金组织等，负责制定分配和再分配等诸多问题上的规则。我们从国家领域这一层次了解这些分配和再分配等诸多问题上的规则。这里，在民族国家中，分配和再分配等诸多问题上的规则必须共和式的合法性，这种共和式的合法性又只能从民主的恰当过程中产生。一旦我们对世界共和国的梦想说"再见"，那么在跨国家这一层次上，产生的共和式合法性的如上所说的民族国家式的民主过程就不存在。如上所说的产生的共和式合法性的民族国家式的民主过程只能等待合法的洲际性制度性协商机制的出现。这就是为什么在跨国家此层次上，日益呈现的合法化问题变成一个越来越紧迫的挑战，而对于这一挑战，我们也已通过这样那样的方式找出对策。①

在跨国家层次上，规范化的范围与内容远远超出确保安全、法制、自由与人权的事务范围。但是，如果在跨国家层次上，规范化也必须有种共和式的正当合法性，那么在这一层次上，必须存在民族国家之间的民主过程。正如联合国这一超国家组织对司法规范化的世界秩序在组织上是不可缺的，跨国家的、由民族国家组成的区域组织对司法规范化的区域秩序在组织上是不可缺少的。与此相适应，在跨国家这一层次上，区域公共领域的批判性功能是区域民主的一个重要组成部分。区域民主是区域司法化正当合理性的来源。但是，区域民主不能被简单地看作民族国家之间的民主。区域民主应同时是自由、平等的世界公民之间的民主。区域共同体不仅仅是民族国家组成的联邦，更是由自由、平等的区域公民组成的区域共同体。自由、平等的区域公民之间的民主以区域公共领域为中介。以区域公共领域为中介的自由、平等的区域公民之间的民主，既监督区域组织及其各方面的决定，又监督民族国家及其各方面的决定。

哈贝马斯指出，正如超国家层次上的全球政治不能取代跨国家层

---

① ［德］哈贝马斯：《事实与规范》，第339页。

次上的区域政治一样，跨国家层次上的区域政治不能取代民族国家的国内政治。所以，未来的全球体系不仅有超国家层次上的全球政治与跨国家层次上的区域政治，而且有民族国家的国内政治。

值得注意的是，在《欧洲：一个平淡化的工程》中，哈贝马斯讨论了欧洲所面临的五个全球性挑战。这五个全球性挑战是：

（1）"国际安全"；
（2）保护全球生态环境平衡；
（3）"对不足的能源的分配"；
（4）"全球实施基本人权准则"；
（5）"对公平的全球经济体系的要求"。①

在这些全球挑战的压迫下，"民族国家如果单干，它们将毫无机会对全球政治产生任何影响"②。团结一体才是出路。不仅欧洲需要一个司法化的秩序，而且全球需要一个司法化的秩序。

综上所述，哈贝马斯认为，超国家、跨国家与民族国家三层次的未来全球系统是当前以人权准则为核心的司法规范化世界共和秩序的可行蓝图。对全球正义来说，在这一设想中，超国家组织及联合国主要处理全球社会政治正义与矫正正义问题。民族国家在处理本国的社会政治正义、分配正义与矫正正义问题的同时，参与和处理全球社会政治正义、分配正义与矫正正义问题。哈贝马斯自信，这一设想既有民主共识的基础，又适合多元化的世界社会的需要。这一设想强调超国家、跨国家与民族国家三层次的民主政治是建立以人权准则为核心的司法规范化世界共和秩序的必要条件。其优点不仅仅在于它理论上站得住脚，而且在于它实践上行得通，是可行的。

如上，哈贝马斯回答了康德"一个没有世界国家的司法化世界秩序如何可能"的问题。哈贝马斯的答案是：一个更加民主的超国家、跨国家与民族国家三层次的宪法化全球系统。这里，哈贝马斯始终坚持民主是法律与政治权威正当性的来源。而在哈贝马斯如上的未

---

① ［德］约根·哈贝马斯：《欧洲：一个平淡化的工程》，第90—93页。
② 同上书，第90页。

来全球系统的设想中，一个更民主的超国家、跨国家与民族国家三层次宪法化全球系统的指导是交往理性，中介是在交往理性的指导下，民族国家国内的、民族国家之间，国际的，以及全球的合理性社会交往。

在哈贝马斯提出三个层次的世界司法秩序的蓝图的同时，美国哲学家戴维·赫尔德（David Held）也提出一个以全球国会为核心的世界主义或人类共同体主义的蓝图。赫尔德的蓝图基本点包括：

（1）互为整体的全球民主法律：新的权利与义务国际宪章，并使全球政治、社会与经济权力宪章化；

（2）与地区、民族国家紧紧相连的全球国会；

（3）建立用于全球性议会与选举程序的资金；

（4）全球司法制度，包括全球刑事与民事法律；建立全球国际刑事法庭；

（5）建立地区性与全球性问责国际与超国际组织的国会与议会；

（6）永久性地转移很大部分民族国家的强制权力给国际与全球机构。①

赫尔德认为，我们所生活的世界具有四个显著的特征：第一，现代世界各国的齿唇相依的情形与各国自主概念的不相称；第二，国际法律的迅猛发展，超国家军事机制超越国界的影响；第三，文化间的相互影响；第四，经济全球化。在这一历史情形下，世界秩序的司法化、宪法化是必然要求。②

赫尔德的蓝图与哈贝马斯的三个层次的蓝图一样，都是旨在建立一个全球性的司法秩序。不同的是，哈贝马斯的蓝图强调司法的三个层次，以民主国家为主力，而赫尔德的蓝图强调民主国家的司法权力的大部分向国际性与全球性机构转移。哈贝马斯的蓝图强调三个层次

---

① 参见［美］戴维·赫尔德《民主与全球秩序：从现代国家到全球政府》，剑桥政体出版社1995年版，第279页；肯尼《超越国界的正义》，第157页。

② 参见［美］戴维·赫尔德《民主与全球秩序：从现代国家到全球政府》，第5、6章，第101—134页；肯尼《超越国界的正义》，第156—157页。

的司法过程，而赫尔德的蓝图强调国际性与全球性过程。值得注意的是，赫尔德把当代世界主义或人类共同体主义哲学分为道德世界主义或人类共同体主义和制度世界主义或人类共同体主义两大阵营。而制度世界主义或人类共同体主义的一个重要特点是鼓吹一个世界国家的理念。抛开赫尔德的制度世界主义或人类共同体主义是否适用于诸如哈贝马斯哲学等，他的世界主义或人类共同体主义哲学属于他定义的制度世界主义或人类共同体主义。因此，我们可以合理地断定，赫尔德自己的世界主义或人类共同体主义哲学的理想是一个世界国家。这是他的世界主义或人类共同体主义哲学与哈贝马斯的世界主义或人类共同体主义哲学的重要区别。

四　当代世界主义或人类共同体主义理念的思想特点与哲学挑战

如前所述，世界主义或人类共同体主义理念是我们时代的政治理想与核心理念之一。它是对我们每个人的身份、权利、自由、责任与义务的重新规定，是对涉及我们每个人的身份、权利、自由、责任与义务的政府行为、社会政治组织行为与公民个人行为的重新规定，是对政府与公民的关系的重新规定。

总的来说，现代世界主义或人类共同体主义包含如下的核心概念：（1）世界法律概念：全球秩序是一个司法性的秩序。（2）世界"人民"概念：人类总体是一个具有法律权威的法律主权主体；对这一法律主体，国家行为、社会组织行为以及个人行为必须做出司法性的交代，及担负其规定的法律责任。（3）世界公民概念：每个人不仅仅是一个民族国家的公民，而且是一个世界公民；以司法正义规定每个人作为世界公民具有基本的权利与自由，义务与责任。（4）全球正义概念：存在全球性的司法性正义；这一司法性正义规定每个人作为世界公民的基本权利与自由，义务与责任，强调国家、社会组织与每个人在保障人的基本权利与自由方面的责任与义务。

世界法律，顾名思义，就是在全球具有法律有效性的法律。理想的情形下，在全球具有法律有效性的法律应同时是在全球范围内都被接受与认同的法律。但是，在概念上，在全球具有法律有效性的法律与被在全球范围内接受的法律是两个不同的概念，正如有可接受性的正义概念与事实上被接受的正义概念是两个不同的概念。在现实中，在全球具有法律有效性的法律不一定在全球范围内已被接受，即被世界各国所接受。如《国际刑事法院罗马规约》或《罗马条约》是一个在全球具有法律有效性的法律，但不是世界上每个国家都在条约上签了字。1948年联合国的《世界人权宣言》、1991年的《审判前南战犯国际刑事法庭规约》、1994年的《审判卢旺达罪犯国际刑事法庭规约》等都是在全球具有法律有效性的法律，但不是世界上每个国家都在条约上签了字。反之，在全球范围内被广泛接受的法律不一定在全球具有法律有效性。无论如何，世界法律是全球司法不断规范化的重要里程碑。联合国的存在为世界秩序的司法规范化提供了不可缺少的制度条件。正如前面所讨论的，诸如哈贝马斯等世界哲学大师都在强调建立世界宪法的可能性。而宪法化的世界司法秩序概念也是当代世界主义思想的一个标志性的理念。

世界法律如人道法律体现的是人类总体作为一个社会政治共同体的民主意志，其法律权威主体是人类总体本身。在这一意义上，人类总体事实上是一个"世界人民"，即人类总体实质上是一个具有政治性人民含义的总体，是一个实质上具有人民的法律权威主体地位的法律主体。人类总体这一法律主体的民主意志是世界法律的意志。对于这一法律主体，国家行为、社会组织行为以及个人行为必须做出司法性的交代，并担负其规定的法律责任。例如，如果国家行为、社会组织行为以及个人行为构成反人类罪、战争罪、侵略罪或大屠杀，犯罪者将被国际社会以人类总体代表的名义追究法律责任。联合国的存在为"世界人民"的概念提供了不可缺少的制度条件。联合国的存在为将人类总体作为一个政治性的人民提供不可缺少的政治结构。

在现代世界主义或人类共同体主义理念中，我们每个人不仅仅是我们所属的有具体国界的民族国家的公民，同时还是我们所生活的，其国界只能用太阳来计量的地球本身或世界本身的公民。作为世界公民，我们每个人都是人类共同体这一实质上的世界人民的一员或一部分。作为世界公民，我们每个人都享有世界公民的基本自由与权利，也负有世界公民的责任与义务。这里，我们每个人作为世界公民所享有的基本自由与权利是一种司法性权利与自由，不仅仅是一种普遍的道德权利。对每个人作为世界公民所享有的基本自由与权利的违背或侵犯将被追究法律责任。例如，如果国家行为、社会组织行为以及个人行为构成严重地践踏人权如反人类罪，犯罪者将被国际社会以人类总体代表的名义追究法律责任。

与如上相适应，司法性的全球正义强调对世界法律的遵从，对人类总体作为一个法律权威主体的服从，对每个人作为世界公民的基本权利和自由的尊重与保障，对每个人作为世界公民的基本义务与责任的履行。司法性的全球正义不仅仅强调人类正义，而且强调司法性地实现人类正义。司法性全球正义强调的不仅仅是一个司法化的世界秩序，而且是一个体现正义的司法化世界秩序。司法性全球正义强调的不仅仅是人类要作为一个人民存在，而且强调的是人类要作为一个人民正义地存在。

因此，世界主义或人类共同体主义不仅仅是我们时代的政治理想与我们时代精神的核心概念之一，而且是正在重新定义我们时代的政治理想与时代核心概念。那么，我们时代的世界主义理念有什么特点呢？可以说，在一定的意义上，当代世界主义有如下特点。

第一，当代世界主义或人类共同体主义的全球秩序概念是以人权准则为核心的。在一定的意义上说，当代世界主义的全球秩序概念以人权准则为核心重新定义我们所生活的世界，我们每个人的身份、权利、自由、责任与义务。正如罗伯特·派恩所指出的，"（当今）世界主义设想一个全球秩序，其中人权理念是正义的运行原则，全球性的政府管理机构为保护人权而建立"[1]。就是

---

① ［美］罗伯特·派恩：《世界主义与人权：全球化时代的激进主义》，《〈本体哲学〉杂志》2009 年第 1 期。

说，当代世界主义把人权准则作为全球秩序中正义运行的原则。托马斯·博格指出，"道德世界主义的中心概念是每个人有作为道德考虑的最后单位的身份"①。而如前面所指出的，哈贝马斯对当代世界主义的主要贡献之一是其以人权为中心的司法性的全球秩序概念。在哈贝马斯的世界秩序概念中，侵犯人权就不再是从道德的角度被判断与立即斗争，而是根据制度化的全球法律秩序，像一个国家的法律秩序所定义的罪行一样被起诉。在哈贝马斯所构想的三层次的全球体系即世界秩序中，在超国家这一层次中，只有联合国这一世界演员，而联合国这一世界级演员的任务是在全球范围内保护世界和平和保护人权。

值得注意的是，如前面所指出的，反人类罪理念作为当代世界秩序的一个核心理念进一步突出了当代世界主义的全球秩序概念是以人权理念为核心的。反人类罪的核心内容是对人权、人道的系统、大规模的践踏。强调反人类罪就是强调人权。与此相适应，在当代世界主义的世界秩序中，全球正义的核心是保障人权。强调全球正义保障人权就是强调人权。在当代世界主义的全球秩序概念，世界秩序与世界人权密不可分。

第二，当代世界主义或人类共同体主义的全球秩序概念强调全球正义为这一秩序的第一美德与准则。当代世界主义理念从全球正义的角度重新定义我们所生活的世界，我们每个人的身份、权利、自由、责任与义务。当代世界主义理念从全球正义的角度重新定义合法、合理与正当的政府行为、社会政治组织行为与公民个人行为，以及政府与公民的关系。全球正义概念是当代世界主义的核心概念。如前面所讨论的，全球正义指在全球具有法律制约力的、放之于四海都有法律效力的法律正义。全球正义有两个基本点：全球正义以人权准则为核心运行原则；全球正义是司法性正义。瑟拉·本哈比也指出，"自从1948年联合国的《世界人权宣言》以来，我们已经进入了一个新时

---

① [美] 托马斯·博格：《世界贫困与人权》，剑桥政体出版社2002年版，第169页。

期，其中国际正义的规范正进化为全球正义的规范"①。就是说，自从 1948 年联合国《世界人权宣言》以来，世界社会已经进入一个追求以人权准则为核心的全球正义时代。值得注意的是，强调全球权利、责任与义务意味着强调全球正义。全球权利、责任与义务是全球正义的要求。全球正义的内容与目标就是规定、理顺与端正全球自由、权利、责任与义务。总之，在当代世界主义的全球秩序概念中，全球正义、全球人权与全球人道三合为一。

第三，当代世界主义或人类共同体主义理念中的全球秩序是一个法治的、司法性的世界秩序。当代世界主义理念以人权准则为核心，从全球正义的角度，以法律为中介，规范我们所生活的世界，我们每个人的身份、权利、自由、责任与义务。当代世界主义的全球秩序概念是以人权准则为核心，从全球正义的角度，以法律为中介，规范合法、合理与正当的政府行为、社会政治组织行为与公民个人行为，以及政府与公民的关系。

值得注意的是，在实践中，1948 年的联合国《世界人权宣言》、1994 年的《审判卢旺达罪犯国际刑事法庭规约》、2002 年的《国际刑事法院罗马规约》等都是作为全球性法律来强调的。当代世界主义理念中的世界秩序的法治特点也可从其全球正义的概念中看出。在当代世界主义的世界秩序中，全球正义是由合法、有效的全球法律所规定的。规定全球正义的全球法律是通过全球的民主过程建立的。规定全球正义的全球法律是规范国家行为、政府行为、社会组织行为以及公民行为的准绳。规定全球正义的全球法律由民主地建立起来的全球机构实施。

同样值得注意的是，正如哈贝马斯所指出的，全球人权政治如果不以法律为中介，将堕落为"人权原教主义"。也就是说，在当代世界主义的全球秩序，法治是防止全球人权政治堕落为"人权原教主义"的必要机制。值得注意的是，作为当代世界秩序的一个核心理

---

① [美]瑟拉·本哈比：《另一版本的世界主义》，牛津大学出版社 2006 年版，第 15—16 页。

念，反人类罪理念不仅仅进一步突出了当代世界主义的全球秩序是以人权理念为核心的世界秩序，而且突出了当代世界主义的全球秩序是一个司法性秩序。反人类罪是一种罪行，不仅仅是道德的错。罪行是有法律规定的。哪里有罪行，哪里就有规定罪行的法律。也就是说，哪里有反人类罪，哪里就有规定反人类罪的全球法律的存在。

第四，当代世界主义或人类共同体主义的全球秩序是民主地建立的，也只能民主地建立。当代世界主义理念以人权准则为核心，从全球正义的角度，以民主地建立的法律为中介，民主地规范我们所生活的世界，我们每个人的身份、权利、自由、责任与义务。当代世界主义的全球秩序概念是以人权准则为核心，从全球正义的角度，以民主地建立的法律为中介，民主地规范合法、合理与正当的政府行为、社会政治组织行为与公民个人行为，以及政府与公民的关系。当代世界主义的全球秩序是一个法治的、司法性的世界秩序。而司法化世界秩序的世界法律与国际法律是由全球民主过程与国际民主过程建立的。如前所述，全球法律与国际法律是规范国家行为、政府行为、社会组织行为以及公民行为的准绳，而全球法律与国际法律是由民主地建立起来的全球机构实施的。

第五，当代世界主义或人类共同体主义的全球秩序是一个包容、宽容与容纳的世界秩序。当代世界主义理念以人权准则为核心，从全球正义的角度，以法律为中介，民主宽容地规范我们所生活的世界，我们每个人的身份、权利、自由、责任与义务。当代世界主义的全球秩序概念是以人权准则为核心，从全球正义的角度，以法律为中介，民主宽容地规范合法、合理与正当的政府行为、社会政治组织行为与公民个人行为，以及政府与公民的关系。因此，当代世界主义的全球秩序包容、宽容与容纳不同的人群，不同的信仰，不同的生活方式，不同的文化与习俗，不同的价值观念系统，不同的实践，不同的选择等。它容纳不同的文明、不同的意识形态与不同的发展道路。在我们时代的世界主义理念中，全球正义、全球宽容与全球人道密不可分。联合国是当代世界主义的全球秩序的一个基石。《联合国宪章》开宗明义地指出，联合国的宗旨是"重申基本人权，人格尊严与价值，以及男女与大小各国平等权利之信念，创造适当环境，俾克维持正义，尊重由条约与国际法其他渊源而起之义务，久而弗懈，促成大自由中之社会进步及较善之民生；并为达此目的，力行容恕，彼此以善邻之道，和睦相处，集中力量，以维持国际和平及安全"[1]。

第六，我们时代世界主义或人类共同体主义理念中的世界秩序是一个以联合国为中心、以各种地区组织为骨干、以世界各个国家为基石的多层次的世界秩序。我们时代世界主义理念中的世界秩序是一个不是世界国家的世界共和秩序。世界主义理念不倡导一个世界共和国，而是一个康德式的司法化法治世界共和秩序。同时，世界主义理念认同哈贝马斯关于一个司法化法治世界共和秩序不能有制度赤字的观点。因此，在制度上，世界主义理念中的世界秩序不是一个传统国家的秩序，而是一个三层次的司法化法治秩序。它没有制度赤字，也没有制度超出。与此相适应，当代世界主义理念以人权准则为核心，从全球正义的角度，以法律为中介，从三个不同层次司法化我们所生活的世界，我们每个人的身份、权利、自由、责任与义务。当代世界主义的全球秩序概念是以人权准则为核心，从全球正义的角度，以法律为中介，从三个不同层次司法化合理与正当的政府行为、社会政治组织行为与公民个人行为，以及政府与公民的关系。

第七，我们时代世界主义人类共同体主义理念中，每个人都是双重身份的公民：一个具体国家的公民与世界公民。世界主义人类共同体主义理念常常被误解为只强调个人的世界公民的地位与身份，个人对世界的义务与责任，不强调个人作为某一国家公民的地位与身份，个人对自己所属的国家的义务与责任。也许，古希腊版本的世界主义或人类共同体主义理念确有此缺点。但是，如此解释当代世界主义人类共同体主义理念却是一个极大的误解。如上所说，当代世界主义理念中的三个层次的世界秩序概念拒绝这一误解。在当代世界主义的理念中，每个人既是一个具体国家的公民，又是世界公民。

---

[1] https://www.un.org.

综上所述，当代世界主义或人类共同体主义理念既不同于自由主义、民族主义、爱国主义、普遍主义等，又不同于传统的世界主义理念。如上七大特征使当代世界主义理念既区别于其他主义，也区别于传统的世界主义理念，更是当代世界主义自我定义的源泉。反过来，这七大特征使当代世界主义理念成为切实可行的理念，而不仅仅是理想的乌托邦。这七大特征使当代世界主义理念既反映了现代现实，又反映了我们时代的现代理想与现代性要求，因而是我们时代的政治理想之一，是我们时代精神的核心理念之一。

与此相适应，当代世界主义或人类共同体主义理念哲学上对我们提出重大挑战，这包括：本体意识的重新思考；伦理归属意识，责任与义务意识的重新思考；政治归属意识的重新思考。

（1）对本体意识的重新思考。哲学上，世界主义或人类共同体主义使我们重新认识到，对我们每个人来说，"人"这一属性不仅仅是质量属性，而且是本体属性，是我们本体的类属性。我们是人，这是一个多么简单却又深刻的真理！不错，我们每个人是一个单独个体，也属于这个或那个政治共同体，但我们首先是人，即我们的本体首先是人，然后才是其他。如果我们的本体不是人，我们其他所有的本体身份都变得荒谬。我们首先是人，然后才是 A、B、C、D 等。

（2）伦理归属意识，责任与义务意识的重新思考。哲学上，世界主义或人类共同体主义使我们重新认识到，我们每个人伦理道德上的归属关系不仅仅是我们生长的伦理道德，即我们的祖国，而且是整个世界人类共同体。所以，我们不仅仅要热爱我们所属的祖国与国人，情系祖国与国人，还要热爱人类，情系人类。我们每个人不仅仅对我们所属的祖国与国人负有伦理道德责任与义务，而且对人类共同体与天下所有人负有伦理道德责任与义务。

（3）政治归属意识的重新思考。哲学上，世界主义或人类共同体主义使我们重新认识到，我们每个人政治上的归属关系不仅仅是我们生长的政治共同体，即我们的祖国，而且是整个世界人类共同体。我们每个人不仅仅对我们所属的祖国与国人负有政治责任与义务，而且对人类共同体与天下所有人负有政治的责任与义务。我们每个人不仅要服从我们所属的祖国,服从由国人制定的法律,还要服从国际法律与全球法律。

第四章

社会宽容论

有容乃大,这是多么经典的中国智慧,也是多么闪光、永恒的人类智慧。汇集万流,所以成大海。兼采百家,所以成大师。载物无限,所以成宇宙。无所不包,所以无所不及,乃成大道。宽容,一种伟大的真理!它使人精深,使社会阳光,使世界明亮。宽容,一种伟大的境界。它使人博大,使社会宽广,使世界无限。宽容,一种伟大的价值,它使人正义,使社会丰富,使世界灿烂。宽容,一种伟大的美德,它使人真善,使社会和睦,使世界精彩。宽容,我们时代的义务、价值与美德。

我们的时代是一个多元化的时代。多元的时代需要多元的宽容。多元的宽容即多元的包容、容纳与兼容。在我们时代,不同的人群、信仰、制度、实践与生活方式毗邻而居。不兼容性、他性、差异性、文化多元等是我们时代特有的但也是全球皆认同的词汇。一个像古希腊艺术作品一样充满和谐、对称与美的世界与时代是理想的、梦幻的世界与时代,也是我们应当向往、追求的世界与时代。但我们所生活的世界与时代是一个现实的世界和现代的时代。

我们所生活的现实世界与现代时代充满的不仅仅是美的性感,而且是实的冰感。在我们所生活的现实世界与现代时代里,对真理的不同理解相互开火,不同的价值观兵戎相见,不同发展道路彼此对立,不同品位与美感互不相容,不同的善恶理念生死搏斗。在我们所生活的现实世界与现代时代里,世界观的冲突、意识形态的冲突、文明冲突、利益冲突、权利冲突不是过眼浮云,而是永恒的现实。但我们所生活的现实世界与现代时代里又是一个充满阳光的世界与时代。正如前面所谈到的，在我们所生活的现实世界与现代时代里，正义、人权、自由、人本、人道理念就像早上六七点钟的太阳喷薄而出，映照大地。

在这一特定的历史条件下，社会宽容成为我们时代一个具有普遍性的核心原则与行为准则，是我们时代正义精神的一个体现，也是我们时代的美德与境界。它是我们时代精神的有机组成部分，又是现代性的核心内容之一。多元化性挑战人类的政治智慧、道德理想与正义情操。社会宽容体现我们时代人类的政治智慧、道德理想与正义情操。

这里，限定词"社会"很重要，它限定我们所说的宽容在社会公共领域里。公共社会生活中的宽容，是在社会公共领域里，公共社会政治生活中对不同的人群、不同思想、不同生活方式、不同社会实践、不同生活道路的宽容。宽容的对象具有社会性。宽容的内容与重点是对社会具有意义的理念、行为、实践、生活方式与人群。如一国两制是一种体现政治宽容的理念与制度。在一个国家中两种社会制度相互宽容，这就是政治宽容。政治宽容属于社会宽容的范畴。合法的思想上的百花齐放是思想宽容。广义的社会宽容涵盖宗教宽容，后者甚至可以是前者的范例模型。文化宽容是广义的社会宽容的核心内容。而文化宽容的核心内容是宗教宽容。我们这里讲的就是广义上的社会宽容，宗教宽容是这一课题的一部分，而不是单独课题。与此同时，私人间的宽容也不属于我们讨论的课题。例如，对不同政治信仰的宽容属于社会宽容的范畴，与此相比较，对吵闹的邻居的宽容属于私人间宽容的范畴，与社会宽容无关。

美国学者罗伯特·沃尔夫（Robert P. Wolff）指出，不同时代有不同的核心美德与价值观。他列出如下不同时代的核心美德与价值观：

（1）君主时代的核心美德与价值是忠诚；

（2）军事专政时代的核心美德与价值是荣誉；

（3）传统自由民主时代的核心美德与价值是平等；

(4) 社会主义民主时代的核心美德与价值是博爱；

(5) 民族民主时代的核心美德与价值是爱国主义；

(6) 现代多元民主时代的核心美德与价值是宽容。①

我们没有必要完全认同沃尔夫对时代美德的划分。例如，我们可以说，社会主义民主时代的核心美德与价值不仅仅是博爱，而且是富强、民主、文明、和谐，自由、平等、公正、法治，爱国、敬业、诚信、友善。我们也可以说，宽容也是传统自由民主时代的核心美德与价值。

但是，无论如何，我们应认识到如下真实。第一，我们处于现代多元民主的时代。在这样一个时代，宽容是一种美德，是一种境界，有容乃大。不宽容、极端与压迫仍然存在，但不宽容、极端与压迫不是我们时代的主流或矛盾的主要方面，更不是我们时代的核心美德与价值；相反，不宽容、极端与压迫是对我们时代的反动。第二，宽容是我们时代的行为规范，不仅仅是价值与美德。就是说，宽容是我们时代的中心规范之一，不仅仅是我们时代的中心价值与美德。我们时代强调儒家"地势坤，君子以厚德载物"的美德，道家"常宽容于物，不削于人"与佛祖"大肚能容，容天下之难容之物"的涵养与境界，更强调宽容是每个人都必须遵守的司法规范；社会宽容是每个人都必须遵守的制约性的行为规范。即宽容不仅仅是我们时代的核心美德与价值，而且是我们时代具有司法制约力的核心规范。

1981年联合国发表《消除基于宗教或信仰原因的一切形式的不容忍和歧视宣言》。1995年，联合国发表其著名的《宽容原则宣言》，并把每年的11月16日作为国际宽容日。《消除基于宗教或信仰原因的一切形式的不容忍和歧视宣言》与《宽容原则宣言》都不是国际法律，但是它们的发表是国际法律的一个重要里程碑，也是司法化世界秩序发展的一个重要里程碑。它们都强调了社会宽容是一个司法性的行为规范。它们都强调：宽容是一种确认人权、多元化包括多元文

---

① 参见［美］罗伯特·沃尔夫、拜雷顿·穆尔、赫伯特·马尔库斯《对纯粹宽容的批判》，波士顿Beacon出版社1969年版，第3—4页。

化、民主和法制的责任与义务。因此,《宽容原则宣言》特别提出注意下列有关国际文件:《公民权利和政治权利国际公约》《经济、社会、文化权利国际公约》《消除一切形式种族歧视国际公约》《防止及惩治灭绝种族罪公约》《儿童权利公约》;1951 年《关于难民地位的公约》及其 1967 年《议定书》和地区性文件;《消除对妇女一切形式歧视公约》《禁止酷刑和其他残忍、不人道或有辱人格的待遇或处罚公约》《消除基于宗教或信仰原因的一切形式的不宽容和歧视宣言》《在民族或族裔、宗教和语言上属于少数群体的人的权利宣言》《消灭国际恐怖主义的措施宣言》以及世界人权会议通过的《维也纳宣言和行动纲领》;社会发展问题世界首脑会议通过的《哥本哈根宣言和行动纲领》;教科文组织《关于种族和种族偏见的宣言》;教科文组织《反对教育歧视公约和建议》。① 注意这些文件就是注意它们所强调的社会宽容义务。

的确,无论从理论的角度还是从实践的角度说,社会宽容是既重要,又困难与复杂。社会宽容的内涵、对象、范围及涉及的各种关系理论上的界定不确定因素很多,实践上的合适度也不容易把握。而具有普遍共识的社会宽容范例的缺乏更增加社会宽容的困难性与复杂性。美国著名哲学家伯纳德·威廉斯(Bernard Williams)如是说:"(社会)宽容的困难性在于它既是必需的,又是不可能的。"② 就是说,一方面,社会宽容是我们时代重要、必需与必然的行为准则,是多元化时代社会正义的运行原则。联合国也公开发表文化宗教宽容的宣言,强调宽容为社会行为准则。但是,另一方面,在理论上,如何定义社会宽容是一个非常艰难的任务。如何界定宽容与接受,宽容与拒绝等不是一项简单的任务。在实践中,实践社会宽容是一项近乎不可能的任务。

另一位美国著名哲学家、伦理契约主义大师托马斯·斯坎伦

---

① https://www.un.org.
② [美]伯纳德·威廉斯:《宽容:一个不可能的美德?》,载大卫·海德编《宽容:一个难于捉摸的美德》,普林斯顿大学出版社 1996 年版,第 18 页。

(Thomas Scalon)指出,在我们正式与非正式的政治生活中,由于其在内容上和标准方面不可避免的不确定性,社会宽容既非常重要,又非常困难。他指出:"只有作为正式与非正式的政治生活参与者的市民权利被界定之后,宽容才能有实质内容。但这种市民权利的体系将是约定俗成与不确定的,将不可避免地经常受到攻击。为保持与解读这一市民权利体系,我们需要宽容与兼顾的大度。而这种大度本身很难维持。"[1] 就是说,在内容上与标准方面,社会宽容是对市民作为正式与非正式的政治生活参与者权利尊重的义务与责任。社会宽容的对象、内容、范围与标准等取决于对市民作为正式与非正式的政治生活参与者权利的界定。而要对市民作为正式与非正式的政治生活参与者权利作出正确的界定本身不仅难于达成共识,又需要不容易维持的宽容与兼顾大度。换句话说,界定社会宽容的对象、内容、范围与标准难,维持宽容与兼顾的态度难。因此,社会宽容在理解与实践方面是难上加难。

尽管如此,社会宽容是我们时代社会政治正义的运行核心原则之一与我们时代精神的核心内容之一。如何理解社会宽容这一准则的适用对象、内涵、范围与必备条件是一项艰难与复杂的任务。这里,一些关键问题需要回答。它们中既有证明性问题,也有概念性问题。诸如,什么是宽容?为什么要有社会宽容?为什么社会宽容是我们时代的核心原则之一?社会宽容的对象与要求是什么?社会宽容是一种美德、一种价值,还是一种义务与责任?社会宽容是一个道德行为准则还是法律行为准则?稳定、可持久的社会宽容实践是否可能?稳定、可持久的社会宽容实践的必要条件是什么?宽容与社会纵容的区别在哪里?社会宽容与社会接受的区别在哪里?社会宽容与坚持真理、正义等的关系是什么?这些都是看似简单,实则是很不容易回答的问题。

---

[1] [美]托马斯·斯坎伦:《宽容的困难》,剑桥大学出版社2003年版,第201页。

现代性与时代意识论
NEW COMPARATIVISM

一 宽容的合理性证明

宽容，顾名思义，就是宽待与容纳。宽容就是在社会行为或社会实践中宽待与容纳他者。宽待与容纳不是兼并或消灭他者，而是使他者成为共同体的有机组成部分。在这一意义上，宽容是求同存异。求同，就是寻求统一体。存异，就是让差异性在统一体中作为他者存在。

社会宽容是我们时代精神的核心规范，这是因为它的重要性、正当性与合理性。所以，我们的调查首先从回答关于宽容的证明性问题开始，即证明社会宽容是合理、合法与正当的。为什么宽容是合理的、合法的与正当的？为什么我们时代需要的是宽容而不是其他行为与实践？社会宽容的理论基础与实践基础是什么？它的现实意义何在？宽容的实践目标是什么？宽容与社会正义的关系是什么？宽容与责任、价值和美德的关系是什么？

社会宽容是合情合理的。情即现实情形，理即万物运行之理。于情于理，社会宽容都是实事求是的正当、必然结论。美国哲学家迈克尔·沃尔茨（Michael Walzer）指出：差异性使社会宽容成为必要与必然；社会宽容使保障差异性成为可能。① 根据沃尔茨的观点，从现实情形的角度讲，在现代社会里，正当的差异性如文化差异性是永恒的社会现实，所以社会宽容是重要、必要与必然的行为准则。从万物运行之理的角度看，对待差异性，虽然现代社会有社会接受、社会镇压、社会漠视与社会宽容等不同的选择，但只有社会宽容是正义的选择，是符合万物运行之理的选择。社会镇压指在公共社会政治生活中强制性地压迫、消灭差异性。在公共社会政治生活中，社会镇压正当的差异性意味着违反与剥夺共同体成员的正当的、基本的权利，是不义的、不正当的，因此不可取。社会漠视，顾名思义，就是在公共社会政治生活中漠视我们不同意的人与事，既不反对，也不接受，把它

---

① 参见［美］迈克尔·沃尔茨《论宽容》，耶鲁大学出版社1997年版，第 xii 页。

们晾在一边。在公共社会政治生活中,社会漠视意味着无视被漠视的共同体成员的正当的、基本的权利,也不符合正义,因此也不可取。社会接受就是在公共社会政治生活中接受我们不同意的人与事。在公共社会政治生活中,社会接受要求作为接受者的共同体成员无原则地放弃他们正当基本的权利,不符合正义,因而也是不正当的。所以,社会宽容是共同体成员一方面维持正当差异性,另一方面又共同生活的必要与必然选择。

哲学家艾萨·伯林(Isaiah Berlin)指出:"我们所见的世界是一个在其中不相容、不能共存的价值在我们面前相互冲突的世界。另一个世界里的相互和谐原则不是我们日常生活所遵循、所懂得的原则。如果它转化来到我们面前,我们在地球上的人将不认识它。"[①] 伯林的观点有些偏激。如我们所理解与生活的世界对和谐原则并不陌生,也把它当作一种价值。但伯林的宽容观具有真知灼见。其关于我们所理解和生活的世界是一个文化多元的世界这一论断尤为中肯与精彩。文化多元性是我们所生活的当代世界的基本社会现实与特点。当然,文化多元性与相互和谐原则并非互不兼容。但是,文化多元性是社会宽容、文化兼容重要性、必要性与必然性的原因。文化多元性社会的和谐只能是通过包容、兼容而取得的和谐。

美国哲学家约翰·罗尔斯也指出,合理的多元主义是自由民主制度的产物,而合理化的多元主义与多元化的合理世界观的存在是宽容被要求的基础。[②] 罗尔斯指出,正义原则规定对人的权利与基本自由的尊重,这意味着在多元化社会对共同体成员正当的对理念、价值、生活方式等的尊重。社会镇压正当的差异性意味着违反与剥夺共同体成员的正当的、基本的权利,是不义的,因此不可取。罗尔斯指出,"我们甚至不能为了社会的福利而否定正义所规定的每个人的不可侵

[①] [美]艾萨·伯林:《人道的曲木》,普林斯顿大学出版社1997年版,第46页。
[②] 参见[美]约翰·罗尔斯《政治自由主义》,哥伦比亚大学出版社1993年版,第3—4页。

犯性"①。社会镇压正当的差异性侵犯共同体成员的作为人的不可侵犯性。社会宽容是正义的要求,所以它是责任,是义务。

在东方,2000多年前,中国先圣孔子说,"宽能得众"②。就是说,社会宽容是社会团结的重要机制。在正当多元化的世界,社会宽容更是社会团结的必需机制。中国古代杰出的法家思想家韩非子说:"太(泰)山不立好恶,故能成其高;江海不择小助,故能成其富。故大人寄形于天地而万物备,历心于山海而国家富。"③ 韩非子也强调,社会宽容与包容是社会团结的必需机制。

德国哲学家约根·哈贝马斯(Jürgen Habermas)对宗教宽容的观点也给我们一些启示。哈贝马斯指出,"多元主义和为宗教宽容而斗争不仅仅是民主国家出现背后的推动力,而且是民主国家继续发展到今天的重要动力"④。宗教多元化是当今世界的现实状况,是不容争辩的事实。宗教多元化是民主国家发展的力量源泉,但也是民主国家发展的巨大挑战。宗教宽容使大家共同精彩,因此不仅使不同的人能和平共存,而且能化宗教差异阻力成为动力。因此,哈贝马斯指出,"宽容保证一个多元的社会作为一个政治共同体不会因为世界观的冲突而分崩离析"⑤。有宗教信仰的公民与没宗教信仰的公民相互之间理性交往的桥梁是宗教宽容。无论有宗教信仰的公民还是没宗教信仰的公民,都应尊重社会政治生活的共同基础,都应对彼此的理念与认识持宽容态度。总之,宗教宽容是文化、宗教多元化社会求同存异的重要、必要与必然行为准则。宗教宽容是一个真理。政治宽容、思想宽容等也是真理。

在现代民主社会,在当代民主法治国家的社会政治生活中,"民

---

① [美]约翰·罗尔斯:《正义论》,哈佛大学出版社1971年版,第3页。
② 《论语正义·尧曰》,载《诸子集成》卷1,团结出版社1996年版。
③ 韩非子:《韩非子集解》,载《诸子集成》卷5,团结出版社1996年版,第159页。
④ [德]哈贝马斯:《在自然主义与宗教之间》,剑桥政体出版社2008年版,第257页。
⑤ 同上书,第258页。

主政体的公民对其他公民有一种义务,这就是使自己的政治观点基于好的理由"[1]。即在民主法治国家的社会政治生活公共空间,对信念、制度、实践与共同体成员,共同体成员之间有义务使自己的政治观点与行为理性化,而这里,理性化指公共理性化,彼此对对方有义务在社会政治生活公共空间中公共地使用理性。公共地使用理性意味着对彼此权利、自主性、合理理由等的尊重。这就意味着彼此之间的包容。

当然,社会宽容是文化宗教多元化社会中求同存异的重要、必要与必然行为准则,这不仅仅因为它从效率的角度说是一个最实用的原则,而且因为它从正义的角度说是一个正确、最适宜的原则。事实上,从效率的角度说是社会宽容并不是文化宗教多元化社会求同的最实用的原则。从效率的角度说,在文化宗教多元化社会,社会镇压比社会宽容在求同上更有效率、更实用、更能保证一个多元的社会作为一个政治共同体不会因为世界观的冲突而分崩离析。但是,社会镇压不可取。这不是因为社会镇压在保证一个社会作为一个政治共同体存在方面没有效率,而是因为它是非正义的。社会镇压有效率,但是不义之效率不可取,正如不义之财不可取。

同样道理,社会宽容是文化宗教多元化社会求同存异的重要、必要与必然行为准则,不仅仅因为从可能性的角度说它是最可行的。事实上,从可能性的角度说,社会宽容并不是文化宗教多元化社会求同的最可能的原则,而是非常难以实践的原则。至少,从可能性的角度说,社会镇压比社会宽容更容易实践,可行性、操作性更大。社会镇压有操作性,但是不义之操作性不可取。社会镇压有可能性,但是不义之可能性不可取。

还有,社会宽容是文化宗教多元化社会求同存异的重要、必要与必然行为准则,不仅仅是因为它从政治的角度说是一个因果原则。事实上,从因果性的角度说,社会宽容并不是文化宗教多元化社会冲突中求同的必然结果。至少,从因果性的角度说,社会镇压比社会宽容

---

[1] [德]哈贝马斯:《在自然主义与宗教之间》,第258页。

更具必然性。社会镇压有因果必然性,但不义之因果必然性不可取。当然,社会镇压可以是非正义的,也可以是正义的。如依法严压,消灭形形色色的恐怖主义,在惩恶方面,乱世用重典。就是说,该实践社会宽容时实践社会宽容,该实践社会镇压时实践社会镇压。一切以正义为准。

总之,社会宽容是文化宗教多元化社会求同存异的重要、必要与必然行为准则,不仅仅是因为它的有效性、可能性与因果性,而且是因为它的正义性。

所以,社会宽容作为一种义务与责任要求不是因为它是有效性、可能性与因果性的要求,而是因为它是正义的要求。它是正义的义务与责任。它是正义的运行原则。所以,罗尔斯指出,社会宽容准则是正义的义务与责任;"宽容的基础不是现实必需或国家理由"[1]。社会宽容准则规定如下义务与责任:正义要求我们尊重我们所不同意的人的权利;正义指示我们,"没有生活在某一种生活方式的人能因为不同意其他人的行为而要求禁止这些行为"[2]。社会宽容准则规定如下义务与责任:正义不允许以实用性、有效性、可能性、因果性等名义否定人的基本权利,否定一个正当共同体成员的基本权利与正当权利。

与此同时,某一差异性存在这一事实并不表明这一差异性是一种价值,也不表明保存这一差异性是一种价值。就是说,不是所有的差异性都是一种价值,也不是所有的差异性都值得保存。不是凡是存在的,都是有价值的,因此保存它是一种价值,即是一种工具性价值。也不是凡是存在的,都是合理的,因此保存它是一种价值,至少是一种工具性价值。罪恶存在,但是罪恶的东西不是价值,也不合理,因此保存它不是一种价值,而是对真正价值的践踏。形形色色落后的文化习俗不是价值,也不合理,因此保存它们不是一种价值。无论是差异性,还是保存差异性,都只能是一种工

---

[1] [美]约翰·罗尔斯:《正义论》,第214页。
[2] [美]托马斯·斯坎伦:《宽容的困难》,第197页。

具性价值。

工具性价值指的是这一价值是因为它是另一价值的必要工具，但它自己本身没有内在价值，即它自己本身既不能是一个值得追求与实现的目标，也不具有重要性。例如，财富只能是一种工具性价值，而不是一种内在价值。财富可以是我们生活中某一内在价值（如幸福）的必要工具，但它自己本身没有内在价值，即它自己本身既不能是一个值得追求与实现的目标，也不具有重要性。与工具性价值相区别，内在价值其本身既是一个值得追求与实现的目标，也具有重要性。如人是一种内在价值，即作为人的存在内在价值其本身既是一个值得追求与实现的目标，也具有重要性。差异性与保存差异性都只能是工具性价值。

因此，某一差异性是否是一种价值与保存这一差异性是否是一种价值取决于差异主体，不取决于差异性与保存差异性本身。如果差异主体是一种价值，这一主体的差异性是一种价值，保存这一差异性也是一种价值。反之，如果差异主体不是一种价值，这一主体的差异性就不是一种价值，保存这一差异性也不是一种价值。例如，人具有内在价值，因此人的差异性是一种价值，保存这一差异性是一种价值。与之相比，财富不具有内在价值，因此财富的差异性不是一种价值，保存财富的差异性也不是一种价值。与之同时，恐怖主义不仅不具有内在价值，而且是反价值的。因此，其所体现的差异性不仅不是一种价值，而且是反价值的。与此相适应，保存这一差异性不仅不是一种价值，而且是反价值的。恐怖主义是一种工具，但所实现的不是一种价值，而是一种非正义，因此它不是实现另一内在价值的必要工具，而是实现诸如正义、人道这些内在价值的敌人。

谈到为什么社会宽容是一种价值选择时，斯坎伦指出，"答案就在……宽容使之可能的一个共同体成员与其他共同体成员的关系上"[1]。就是说，一个共同体成员与其他共同体成员之间的正当

---

[1] ［美］托马斯·斯坎伦：《宽容的困难》，第192页。

关系是一种价值。一个共同体成员与其他共同体成员之间在差异中的和平共处是这一正当关系的体现，是一种价值。因此，社会宽容是一种正当的价值选择，因为选择它就是选择一个共同体成员与其他共同体成员之间在差异中和平共处。不仅如此，一个共同体成员与其他共同体成员之间的正当关系是尊重共同体成员权利的体现。共同体成员的权利是一种价值。因此，社会宽容是一种正当的价值选择，因为选择它就是选择一个共同体成员权利的尊重。所以，斯坎伦进一步指出，"任何宽容的取代者都会使我与其他共同体成员——朋友或敌人——之间处于一种对立与异化的关系"①。也就是说，不选择社会宽容，而选择其替代者如社会镇压，意味着选择一个共同体成员与其他共同体成员之间不在差异中和平共处，而是处于一种对立与异化的关系，就意味着选择对一个共同体成员权利的不尊重，甚至践踏。从价值的角度说，是否选择社会宽容是是否选择对一个正当的共同体，一种正当的共同体成员之间的关系，共同体成员的价值和正当权利的价值认同。所以，社会宽容作为一种价值选择不是简单的对差异性与保存差异性的价值认同，而是对差异性主体与保存差异性主体或保存某一主体差异性的价值认同。更确切地说，社会宽容作为一种价值选择是对人的差异性与保存人的差异性的价值认同。例如，宗教宽容是对宽容者与宽容对象作为信仰的不同，但公民政治地位与权利平等的共同体公民的共同性与差异性价值的认同。社会宽容表达如下价值选择：选择其他共同体成员作为内在价值的尊重；选择意味着对与其他共同体成员之间在差异中和平共处，而不是对立与异化的尊重；对共同体成员的价值和正当权利的尊重；对人道与所处共同体的认同与尊重。

还有，宽容本身是一种内在价值。也就是说，宽容本身是一种可作为目的、值得追求的价值。其他的不说，宽容是一种美德。美德是一种内在价值。从做人的角度说，宽容是一种做人的重要美德，也是一种做人的境界。这种做人的境界不仅仅值得作为目的来追求，而且

---

① ［美］托马斯·斯坎伦：《宽容的困难》，第 201 页。

非常值得作为目的来追求。《易经》说：地势坤，君子以厚德载物。这里，载物指的就是宽容。宽容是海纳百川的大度，是山载万物的厚重，是宇宙拥抱的境界。在公共社会生活中，能载物就是能实践社会宽容。能载物是一种厚德，即深厚的美德。一个人能载物是一个人心胸深厚、器量宏大的表现。一个社会能载物是这一个社会心胸深厚、器量宏大的表现。就做人来说，只有心胸深厚、器量宏大的人才能真正载物。所以说，宰相肚里能撑船。

荀子说："君子之度己则以绳，接人则用抴。度己则以绳，故足以为天下法则矣。接人用抴，故能宽容，因求以成天下之大事矣。故君子贤而能容罢，知而能容愚，博而能容浅，粹而能容杂，夫是之为兼术。"[①] 韩非子说："太山不立好恶，故能成其高；江海不择小助，故能成其富。"[②]《淮南子》说："明于天道，察于地理，大足于容众，信足以一异，知足于知变，人英也。"[③] 佛学说：大肚能容，能容天下难容之事。能容天下难容之事是一种厚德。而要做到厚德载物，一个人就要追求博大精深。所以，儒家强调博、大、精、深、厚、重为每个人都应追求的完美人德，即博大精深厚重是使我们每个人成为真实、充实的人的必需美德。《易经》也说：坤厚载物，德合无疆；含弘光大，品物咸亨。所以，从做人的角度说，社会宽容作为一种美德选择是对博大精深厚重等做人美德的认同。从做人的角度说，社会宽容表达如下美德选择：博大精深厚重使我们每个人充实、完美；选择社会宽容是选择博大精深厚重的人格与人生。

与此相适应，社会宽容也是一个社会的美德。宽容使一个社会博大精彩。正所谓容纳千岳所以成高山，汇聚万流所以成大海。一个社会要像高山一样厚重，运载万物，必须宽容、兼容。一个社会要像大海一样博大，必须宽容、兼容。像高山一样厚重自身是一个社会美德，又是使一个社会繁荣昌盛的美德。一个社会的社会宽容是这一社

---

① 荀子：《荀子集解》，载《诸子集成》卷2，团结出版社1996年版，第101页。
② 韩非子：《韩非子集解》，载《诸子集成》卷5，第159页。
③ 刘安：《淮南子》，载《诸子集成》卷7，团结出版社1996年版，第328页。

会公正、文明的重要标志，正如一个社会的社会压迫、排斥是这一社会不公正、野蛮的重要标志。谈到宗教宽容时，哈贝马斯指出，宗教宽容是民主社会发展的动力。像许多中国古代先哲一样，哈贝马斯相信有容乃大。同时，哈贝马斯认为，"宗教宽容不等同于文明性这一政治美德"①。这里，文明性指愿意与他人合作、愿意与他人妥协这一政治美德。哈贝马斯不是否认宗教宽容是一种社会政治美德，而是坚持宗教宽容不能归于文明性这一政治美德。也就是说，宗教宽容不等同于文明性，但宗教宽容是一种政治美德。同样道理，社会宽容不等同于文明性这一社会政治美德，但宽容是一种社会政治美德。宽容不能归于某一种社会政治美德不等于社会宽容不是一种社会政治美德或一个社会的美德。

在中国哲学中，《淮南子》说："治大者道不可小，地广者制不可狭。"② 就是说，治大者不可不宽容、包容与容纳。地广者其制度不会不宽容。《淮南子》又说："河以逶蛇，故能远；山以陵迟，故能高；阴阳无为，故能和；道以优游，故能化。"③ 就是说，包容与容纳使河能至远，使山能崇高。这里，《淮南子》强调社会宽容是一个社会的重要美德，是一个社会繁荣昌盛的重要条件。因此，《淮南子》指出："天地之气，莫大于和。和者，阴阳调，日月分，而生物……故圣人之道，宽而栗，严而温，柔而直，猛而仁。"④ 圣人之道是宽容与严谨相结合。社会之道也是宽容与和睦相结合。阴阳互动而生物，多元宽容带来阴阳互动。当然，在中国哲学中，宽容主要是一种价值与美德，而不是一种责任与义务。

历史上，中国古代李斯的《谏逐客书》是中国早期捍卫社会包容，即对移民的接受与容纳的一个经典范例。当时的秦王嬴政准备驱逐非秦移民，李斯向秦王指出这种对非秦移民的社会排斥是错误的，

---

① ［德］哈贝马斯：《关于现代性的哲学讨论》，麻省理工学院出版社1987年版，第258页。
② 刘安：《淮南子》，载《诸子集成》卷7，第325页。
③ 同上。
④ 同上书，第201页。

并辩道:"臣闻地广者粟多,国大者人众,兵强者士勇。是以泰山不让土壤,故能成其大;河海不择细流,故能就其深;王者不却众庶,故能明其德。是以地无四方,民无异国,四时充美,鬼神降福。此五帝、三王之所以无敌也。今乃弃黔首以资敌国,却宾客以业诸侯,使天下之士退而不敢西向,裹足不入秦,此所谓'藉寇兵而赍盗粮'者也。夫物不产于秦,可宝者多;士不产于秦,而愿忠者众。今逐客以资敌国,损民以益仇,内自虚而外树怨于诸侯,求国无危,不可得也。"他向秦王指出:"必秦国之所生然后可,则是夜光之璧不饰朝廷;犀象之器不为玩好;郑卫之女,不充后宫;而骏良駃騠不实外厩;江南金锡不为用,西蜀丹青不为采。所以饰后宫,充下陈,娱心意,悦耳目者,必出于秦然后可,则是宛珠之簪,傅玑之珥,阿缟之衣,锦绣之饰不进于前;而随俗雅化,佳冶窈窕赵女不立于侧也。"①

这里,我们无须要求李斯有一个成熟的社会宽容概念。我们只需看到,李斯捍卫社会包容的精辟立论。他不仅从历史的角度强调社会包容对秦国发展的重要作用,而且从理论的高度坚持社会包容是一种社会美德,强调有容乃大。尽管李斯后来没有捍卫思想宽容,但他在《谏逐客书》中坚持社会包容是一种社会美德,是当时的秦国能够强大的重要原因之一。他在《谏逐客书》中的名言"泰山不让土壤,故能成其大;河海不择细流,故能就其深"也成为中华思想的经典之一。有容乃大,这是永恒的真理。这是永恒的中国,也是人类智慧。

宽容是我们时代的一个行为规范、价值与美德,1995 年联合国《宽容原则宣言》经典地指出:

> 宽容是对我们这一世界丰富多彩的不同文化、不同的思想表达形式和不同的行为方式的尊重、接纳和欣赏。宽容通过了解、坦诚、交流和思想、良心及信仰自由而得到促进宽容是求同存

---

① https://www.baike.so.com.

异。宽容不仅是一种道德上的责任,也是一种政治和法律上的需要。宽容,这一可以促成和平的美德,有助于以和平文化取代战争文化。

宽容不是让步、俯就或迁就。宽容首先是以积极的态度承认普遍的人权和他人的基本自由。在任何情况下都不可以宽容来证明侵犯这些基本价值是有道理的。宽容是个人、群体和国家所应采取的态度。

宽容是一种确认人权、多元化(包括多元文化、民主和法制)的责任。它摒弃教条主义和专制主义并确认国际人权文件所提出的标准。

宽容与尊重人权是一致的,它既不意味着宽容社会不公正行为,也不意味着放弃或动摇人们各自持有的信仰。宽容是指人们可自由坚持自己的信仰,并宽容他人坚持自己的信仰。宽容是指接受事实,即人在相貌、处境、讲话、举止和价值观念上天生不同,但均有权利按其本来之方式和平生活。它也意味着人之观点不应强加于他人。①

因此,《宽容原则宣言》强调,宽容是处理个人、家庭和社区之间关系所必不可少的因素。应在学校与大学中,并通过非正规教育在家庭和工作场所,宣传宽容的思想,并提倡坦诚、相互倾听与团结。传播媒介可以发挥建设性的作用,促进自由和坦率的对话与讨论,传播宽容价值。并指出对不宽容的群体及思想意识的增加持漠然的态度所具有的种种危险。

《宽容原则宣言》强调,国家一级的宽容有赖于公正和无偏见的立法、执法和司法以及行政程序。它还要求使每个人在没有任何歧视情况下获得经济与社会生活的机会。排斥和社会边缘化可能导致失意、对抗和疯狂,为实现一个更加宽容的社会,各国应批准现有国际人权公约,并拟定必要的新的立法,以确保社会中所有群体和个人享

---

① 《宽容原则宣言》第1.1条,第1.2条,第1.3条,第1.4条。

有平等的待遇和机会。①

总之，宽容是我们时代的义务、价值与美德，是我们时代具有真理、正当性与合法性的核心理念之一。从责任与义务的角度看，社会宽容是多元化社会求同存异的重要、必要与必然行为准则，也是多元化社会中社会正义的重要、必要与必然的要求。从价值的角度来讲，社会宽容是多元化社会求同存异的核心行为价值，也是多元化社会中社会正义这一价值的重要、必要与必然的体现。在一定的程度上，社会宽容是一种内在价值。从美德的角度看，社会宽容是多元化社会求同存异的做人与行为的核心美德。就中国来说，社会宽容是用中国精神团结全体中国人共同奋斗的重要智慧。因此，社会宽容虽是困难与复杂的，但它是多元化社会求同存异、社会合作的重要、必要与必然的理念与实践选择。

二 宽容的正当对象

如上讨论把我们引领到什么是社会宽容的对象。在某种意义上，社会宽容的证明问题与社会宽容对象的问题不可分割。不回答后者，我们不能完全回答前者。社会宽容的正当性部分取决于社会宽容对象的正当性、合理性与合法性。例如，形形色色的恐怖主义不属于正当的社会宽容对象范畴，对它们的包容不是正当的社会宽容，而是非正义的纵容。换句话说，包容属于正当的拒绝，镇压社会对象不是正当的社会宽容，而是不正当的社会纵容。与此同时，诸如信仰自由这些人的基本权利，也不属于正当的社会宽容对象范畴，而是属于正当的社会接受对象范畴，只是容忍它们而不是接受与保障它们也是非正义的，对它们的所谓的"社会宽容"也不具正当性、合理性与合法性。

规定社会宽容的正当对象不是一项容易的任务。不仅仅对社会宽容的正当对象的性质、标准、范围，与其他社会行为对象的区别和联系等的定义是一件错综复杂的任务，而且确定某一事物或人是否属于

---
① 《宽容原则宣言》第2.1条，第2.2条。

所定义的社会宽容的正当对象也不是一件简单容易的任务。如一国两制中的两制属社会宽容对象。但一国中的民族一定程度的自治属于社会接受对象。区别这两者不是一件简单容易的任务。

与此相适应，社会宽容的困难与规定正当的社会宽容对象的困难紧密相连。规定正当的社会宽容对象的艰难首先来源于典型宽容例子的缺乏。典型宽容例子指具有普遍接受性的例子。美国学者大卫·海德（David Heyd）指出："关于权利，美德或责任的理论，当人们对这些概念的分析与证明出现根本不同的观点时，总可以求助一个共享的例子仓库。但是，讨论宽容，我们很难找到一个具体但普遍同意的案例。"① 他进一步指出："勇气与人身自由是美德与权利的典型例子。但是，我们是应把对新纳粹主义者的克制态度理解为宽容，还是把属于大多数人的异性恋者对待属于少数人的同性恋者的方式理解为宽容？"② 无论是对新纳粹主义者的克制态度，还是异性恋者对待同性恋者的方式都不能成为普遍同意的宽容典型。就是说，无论是对新纳粹主义者的克制态度，还是异性恋者对待同性恋者的方式，其接受性不是普遍的，或不具有普遍性。

同样，中国对港澳所实行的一国两制是好的社会宽容或政治宽容例子。即是说，它是制度上、政治上包容不可调和的差异性的好例子。但是，人们也有理由认为，一国两制所体现的是社会接受，不是社会宽容。就是说，一国两制作为典型社会宽容例子的接受性不是普遍的，或不具有普遍性。由于典型宽容例子的缺乏，我们就缺乏典型的正当社会宽容对象例子。由于缺乏典型的正当社会宽容对象例子，我们就缺乏规定正当社会宽容对象的性质、特点、标准与范围的典型材料。

与此同时，斯坎伦指出规定正当社会宽容对象在概念上的艰难性。他指出："虽然为了给予宽容理念实质内容并使它站得住脚，我们必须先规定一些权利和限制一些例外情形，宽容理念从不等同于某

---

① ［美］大卫·海德编：《宽容：一个难于捉摸的美德》，第3页。
② 同上。

一权利和限定体系,如言论自由与结会自由的权利,隐私权,宗教自由权……许多权利体系是可接受的。但是,没有哪一个权利体系是理想的、完美的。所以,每一权利体系都不断地受到挑战与被修改。"① 就是说,一方面,正当的社会宽容对象的界定由于社会宽容理念不能由某一权利体系,而要由不同权利体系共同规定而变得困难。另一方面,许多规定正当的社会宽容对象权利体系自己本身也在不断地自我修正,这反过来带给对正当的社会宽容对象的规定不确定性。这种不确定性增加了规定正当的社会宽容对象概念上的艰难性。

规定正当的社会宽容对象是一项艰难的理论任务,但不是不可能的任务。无论是理论上,还是实践中,认识社会宽容对象的源泉、标准与正当性实验都是很丰富的。这里,我们可以从一些基本的共识开始。应该说,人类信念、制度、实践与共同体成员属于可能的正当社会宽容对象范畴。就是说,人类信念、制度、实践与共同体成员都是具有社会性的,是我们公共社会生活的有机组成部分。因此,它们都是可能的正当社会宽容对象。

与此同时,不是所有的人类信念、制度、实践与共同体成员属于可能的正当社会宽容对象范畴。这一道理应不言而喻。对人类信念、制度、实践与共同体成员,社会宽容只是一种行为模式,不是唯一的行为模式。社会接受、社会漠视、社会镇压、社会纵容都属于可能的行为模式。而属于社会接受、社会漠视、社会镇压、社会纵容正当对象范畴的人类信念、制度、实践与共同体成员,不属于正当社会宽容对象的范畴。

关于正当社会宽容对象,许多哲学家认为,只有共同体成员才属于正当的社会宽容对象范畴。这一许多哲学家认同的正当社会宽容对象范畴过于狭窄与片面。事实上,对不同信念、价值观、制度与社会实践的宽容是社会宽容的重要内容。以宗教宽容为例。宗教宽容不仅仅是对有宗教信仰的政治共同体成员的包容,而且是对宗教信念、制度与实践的宽容,包括对不同宗教信念、制度与实践的宽容。同样,

---

① [美]托马斯·斯坎伦:《宽容的困难》,第198页。

一国两制所体现的政治宽容不仅是对人的宽容，也是对不同信念、价值观、制度与社会实践的宽容。当然，我们应区分宽容共同体成员与宽容他们的信念、制度与实践。宽容前者不等于宽容后者。也就是说，在某种情形下，共同体成员属于正当的社会宽容对象范畴，但它们的信念、制度与实践不属于正当的社会宽容对象范畴。

因此，法国哲学家伏尔泰宣称：我将坚决拒绝你的观点，但我会誓死捍卫你说话、表达你的观点的权利。斯坎伦也认为，当我们不允许某些共同体成员所代表的信念与实践时，我们应宽容共同体成员本人。① 罗尔斯强调，我们要宽容不宽容的人。② 例如，我们应宽容宗教极端主义者，但要坚决镇压宗教极端主义信念与实践。当然，当某一共同体成员犯罪时，他/她将受到法律的制裁，在这一意义上，他/她将受到社会镇压。他/她在受到法律制裁的同时也受到法律的保护，即对他/她的制裁将依据法律而行。在这一意义上，就在一定的意义上，他/她仍被宽容为一个共同体成员，直到他/她被宣布为共同体的敌人，被剥夺所有共同体成员的权利。

与此同时，如果某一人或一群人不属于正当社会宽容对象范畴，他/她们所代表的信念、制度与实践也不属于正当社会宽容对象范畴。如自绝于人类共同体、犯下滔天反人类罪的恐怖主义分子不属于正当社会宽容对象范畴，他/她们所代表的恐怖主义信念、制度与实践不属于正当社会宽容对象范畴。就是说，即使某些人类信念、制度与实践不属于正当的社会宽容对象范畴而属于社会镇压的正当对象，这不等于坚持这些人类信念、制度与实践的共同体成员不属于正当的社会宽容对象范畴而属于社会镇压的正当对象。但是，如果某些共同体成员不属于正当社会宽容对象范畴，他/她们所代表的信念、制度与实践就绝对不属于正当社会宽容对象范畴。

如前所述，不是所有的人类信念、制度、实践与共同体成员都属于可能的社会宽容正当对象范畴。正面的例子如民族自治属于社会接

---

① 参见［美］托马斯·斯坎伦《宽容的困难》，第197页。
② 参见［美］约翰·罗尔斯《正义论》，第216—221页。

受的正当对象范畴,而不属于可能的社会宽容正当对象范畴。反面的例子如形形色色的恐怖主义不属于正当的社会宽容对象范畴,而属于社会镇压的正当对象范畴。形形色色的恐怖主义制度与实践不属于正当的社会宽容对象范畴,而属于社会镇压的正当对象范畴。形形色色的恐怖主义分子与罪犯不属于正当的社会宽容对象范畴,而属于社会镇压的正当对象范畴。因此,美国学者约翰·郝顿(John Horton)指出,两种事物不能成为宽容的对象:"一方面,那些不能被允许的东西不应被宽容。另一方面,那些不应被反对的东西也不是宽容的适当对象。"① 不能被允许的东西指诸如形形色色的恐怖主义等。它们是一个社会政治共同体从正义、人道与幸福的角度绝对不能容忍、允许的东西。那些不应被反对的东西指诸如人的信仰自由这些基本权利等。它们是政治共同体从正义、人道与幸福的角度绝对必需的东西。

历史上,许多哲学家就主张某些社会成员不应属于正当的社会宽容对象范畴。法国著名哲学家卢梭认为,危及社会和平与秩序的社会成员不应属于正当的社会宽容对象范畴,而属于社会镇压的正当对象范畴。英国著名哲学家约翰·洛克是宗教宽容的坚定倡导者。他的《关于宽容的一封信》属于哲学经典。尽管如此,洛克同时坚决主张,那些危害公共秩序的社会成员不应属于正当的社会宽容对象范畴,而属于社会镇压的正当对象范畴。从理念上讲,社会宽容是对公共社会成员正当权利的尊重。当某些社会成员是公共社会成员正当权利的侵犯者与敌人时,他们不应属于正当的社会宽容对象范畴,而属于社会镇压的正当对象范畴。同样,当某些信念、行为、实践等是公共社会成员正当权利的侵犯者与敌人时,他们不应属于正当的社会宽容对象范畴,而属于社会镇压的正当对象范畴。

概念上,社会宽容的对象当然不包括不是人类社会的东西,不属于公共社会生活的东西。可以说,非人类的东西不属于正当的社会宽容对象范畴。非人类动物如龙、虎、狮、豹、狼等不属于正当的社会

---

① [美]约翰·郝顿:《宽容作为美德》,载大卫·海德编《宽容:一个难于捉摸的美德》,第33页。

宽容对象范畴。石头、树木、坏天气等也不属于正当的社会宽容对象范畴。上帝、天等不属于正当的社会宽容对象范畴。一个人的坏脾气属于私人宽容对象范畴,但不属于正当的社会宽容对象范畴。这里,我们要注意"属于"与"有影响,有关系"之间概念上的区别。某一事物对我们有影响,与我们有联系,这不等于这一事物属于我们。如空气污染对我们有影响,与我们有联系,但是空气污染不属于我们。同理,虎、狮、豹、狼、石头、树木、坏天气等对我们的社会与公共社会生活有影响,与我们的社会与公共社会生活有这样或那样的联系,但是,它们不属于我们的社会与公共社会生活。与此同时,不是所有的我们不同意、要拒绝的、与我们格格不入的人类信念、制度与实践都属于正当的社会宽容对象范畴。如上所示,那些不能被允许的、与我们所生活共同体格格不入的信念、制度与实践确实属于正当的拒绝与镇压社会对象范畴,而另一些我们不同意、要拒绝的、与我们格格不入的人类信念、制度与实践也许属于正当的社会接受对象范畴,而不属于正当的社会宽容对象范畴。

那么什么样的人类信念、制度、实践与共同体成员属于可能的正当社会宽容对象范畴?为了更好地回答这一问题,我们应换一个角度问问题。我们这里应问的问题包括:社会宽容正当对象的本质、特点与衡量标准是什么?是什么使一事物或人成为正当的社会宽容对象?是什么使正当的社会宽容对象区别于其他社会行为与实践的对象?也就是说,使正当的社会宽容对象区别于其他社会行为与实践对象的基础和标准是什么?这些是苏格拉底—柏拉图式问题。这些问题使我们看到正当的社会宽容对象的以下特征。

首先,正当社会宽容的对象必须具有重要性,即社会宽容的对象必须是对我们的公共社会生活具有重大影响的。如果社会宽容的对象如某种信仰、信念、制度与实践对我们的公共社会生活无关痛痒,没有什么重大影响,我们可以对它们漠不关心,社会宽容将变得容易但也毫无意义。社会宽容是多元社会公共政治生活中我们的一个重要、必需与必然的准则,这是因为社会宽容的对象如某种信仰、信念、制度与实践对我们多元社会的公共社会生活具有重大影响,与它们的关系涉及我们的切身利益。

如宗教宽容。宗教宽容的对象是宗教信念、制度、实践与信教的人。宗教信念、制度、实践与信教的人是重要的社会存在。它们的存在不是对我们的公共社会生活无关痛痒，没有什么重大影响，而是涉及我们的切身利益。接受它们，我们的公共社会生活是一个样。拒绝与镇压它们，我们的公共社会生活是另一个样。宽容它们，我们的公共社会生活又是另外一个样。因此，我们不能忽视它们的存在，它们也不让我们忽视它们的存在，而是给我们下了"不是东风压倒西风，就是西风压倒东风"的挑战书。

这里，我们要把重要性与价值区分开来。重要性与价值既相互联系，又互相区别。重要性是某一事物或人与我们生活的相关度与影响度的总和。而价值是某一事物或人内在的意义与有利性。在特定的生活条件下有价值的事物或人不一定具有重要性，即其与我们生活的相关度、对我们生活的影响度的总和无关痛痒。如英国女王是位有价值的人，但她对一个普通中国农民不具有重要性，即她与一个普通中国农民生活的相关度与对他生活影响度的总和无关这一农民的痛痒。与此相适应，有重要性的事物或人不一定有价值。对一个不信教的人来说，他/她所属的政治共同体的另一成员的宗教信仰对他/她也许毫无价值，但非常重要。既对他/她来说，他/她所属的政治共同体的另一成员的宗教信仰毫无真理，而是谬误一片，因而毫无价值可言，但这毫无价值可言的宗教信仰与我们生活的相关度、对我们生活影响度的总和能量重大。

首先，价值使正当社会宽容的对象更有吸引性。具有价值不是正当社会宽容的对象的必要条件，但是，有重要性是正当社会宽容的对象的必要条件。就是说，正当社会宽容的对象不必具有价值，但必须有重要性。就是说，没有价值，某一事物或人不一定不是社会宽容的正当对象。但是，没有重要性，某一事物或人一定不是社会宽容的正当对象。另外，重要性不是正当社会宽容对象的充足条件。即光有重要性还不足以使某一事物或人一定成为社会宽容的正当对象。有重要性的某一事物或人不一定是社会宽容的正当对象。尽管不是社会宽容的正当对象，某一事物或人不一定不具有重要性。如政治共同体的法律对每一共同体成员具有重要性，但它们不是社会宽容的正当对象，而是社会接受与服从的对象。政治共同体的法律不是正当社会宽容的对象，但对每一共同体成员具有重要性。一国两制与民族自治在中国都具有重要性。但一国两制是正当社会宽容的对象，而民族自治是正当社会接受的对象。总之，有重要性是正当社会宽容的对象的必要条件，但不是充足条件。社会宽容的对象必是与我们生活具有重大关系且有影响力的。

其次，正当社会宽容的对象必须具有差异性。如前面提到，沃尔茨指出："宽容使差异性成为可能。差异性使宽容成为必要。"[①] 也就是说，差异性是正当社会宽容对象的必要条件。没有差异性，社会宽容就没有必要。如果某些信仰、信念、制度与实践和我们自己的信仰、信念、制度与实践是相同的，那么这些信仰、信念、制度与实践不是社会宽容的正当对象，而是社会接受的正当对象。那么所谓的对这些信仰、信念、制度与实践的社会宽容就毫无意义。与此相适应，如果某些信仰、信念、制度与实践和我们自己的信仰、信念、制度与实践是有差异的，因而不能是社会接受的正当对象，那么它们只能是社会宽容、社会漠视或社会镇压的正当对象。所以，正当社会宽容的对象必须具有差异性。

与此同时，差异性中存在兼容差异性与不兼容差异性的区别。兼容差异性指诸如阴阳差异，男女差异，美国民主与英国民主的差异等既有不同性又有互容性、非排他性的差异。兼容差异性是需要解决的问题对象，不是社会宽容的正当对象。正当社会宽容的对象必须具有不兼容的差异性，即它必须是可以定义为他者的不兼容差异性。两者具有不兼容差异性时，一方不能兼并另一方。因此，它们如要相对和平地共存，它们彼此必须相互宽容。只有不兼容的差异性才可能使我们在理性与情感上合理地不同意它们，想要拒绝和禁止它们。下面我们将看到，正当社会宽容的对象必须是我们在理性与情感上合理

---

① ［美］迈克尔·沃尔茨：《论宽容》，第 xii 页。

地不同意它们，想要拒绝和禁止事物与人。所以，正当社会宽容的对象在我们眼里通常是完全错的、坏的、道德上不能同意的事物与人。威廉斯指出，"只有对不可容忍的事物与人……才需要宽容"①。斯坎伦也指出，社会宽容适用的对象是"那些与我们不同或不同意我们，那些想把我们所生活的社会改变成我们不想要的社会"②。巴巴拉·赫曼（Barbara Herman）如此定义正当社会宽容的对象："对宽容者来说，宽容的对象具有负值：人们宽容人们不喜欢、不同意的事物。"③

尽管如此，不兼容差异性只是正当社会宽容对象的必要条件，不是充足条件。有不兼容差异性的某一事物或人不一定是社会宽容的正当对象。例如，恐怖主义具有不兼容差异性，但它不是社会宽容的正当对象，而是社会镇压的正当对象。如果我们有正义的理由不允许某一不兼容差异性，那这一不兼容差异性是正当的社会拒绝对象。反之，不是社会宽容的正当对象，某一事物或人不一定不具有差异性。如恐怖主义不是社会宽容的正当对象，但它具有不兼容差异性。反人类罪不是社会宽容的正当对象，但它具有不兼容差异性。

再次，与如上相联系，正当社会宽容的对象必须具有合理的不可接受性与被拒绝性。某一事物或人的合理被拒绝性指我们想要拒绝它是有合理性的。正当社会宽容的对象必须是我们有好的、合理的理由想要拒绝的事物与人。正当社会宽容的对象必须是我们想要拒绝的事物与人。如果不是我们想要拒绝的事物与人，它们应是正当社会接受或漠视的对象，而不是正当社会宽容的对象。如果我们不想拒绝它们，所谓的对它们的宽容毫无意义。如果它们不是我们有好的、合理的理由想要拒绝的事物与人，我们就不能合理地拒绝它们。如果我们

---

① ［美］伯纳德·威廉斯：《宽容：一个不可能的美德?》，第18页。
② ［美］托马斯·斯坎伦：《宽容的困难》，第197页。
③ ［美］巴巴拉·赫曼：《多元主义与道德判断共同体》，载大卫·海德编《宽容：一个难于捉摸的美德》，第61页。

不能合理地拒绝它们，所谓的对它们的宽容毫无意义。所以，具有合理的被拒绝性是正当社会宽容对象的必要条件。

以宗教宽容为例。宗教宽容是对所拒绝的他者与其他性的忍受。宗教宽容的先决条件是宗教宽容的目标是宗教宽容者所拒绝的，即宗教宽容目标的被拒绝性是宗教宽容的先决条件。所以，哈贝马斯指出，"只有那些在主观上有好的理由拒绝有其他信仰的人的信念的人能够实践宗教宽容"①。没有宗教目标的合理被拒绝性，也就没有宗教宽容的必要性。因此，哈贝马斯进一步指出，"宗教宽容也不等同于文明性这一政治美德"②。这里，文明性指美国哲学家罗尔斯所说的愿意与他人合作，愿意与他人妥协。哈贝马斯指出，"对那些与我们思想不同的人的宽容不应该与愿意合作或愿意妥协混淆。只有当各方都具有好的理由既不对有争议的信念寻求赞同，也不认为赞同是可能的时候，宗教宽容才是必需的。宗教宽容超越耐心地追求真理，公开性，相互信任与正义感"③。当然，哈贝马斯关于宗教宽容超越正义感的观点值得商榷。宗教宽容是正义感的体现。但是，正当宗教宽容的对象是我们有理由不愿意合作或不愿意妥协，主观上完全拒绝的。同样道理，没有社会宽容目标的合理被拒绝性，就没有社会宽容的必要。

与此同时，具有合理被拒绝性是正当社会宽容对象的必要条件，但不是充足条件。具有合理被拒绝性的某一事物、行为、实践或人等不一定是社会宽容的正当对象，但不具有合理被拒绝性的事物、行为、实践或人不是正当社会宽容对象。例如，恐怖主义具有合理被拒绝性，但它不是社会宽容的正当对象，而是社会镇压的正当对象。如果我们有正义的理由不允许拒绝某一事物，那这一不兼容差异性是正当的社会拒绝对象。反之，不是社会宽容的正当对象，某一事物或人不一定不具有合理被拒绝性。如恐怖主义不是社会宽容的正当对象，

---

① ［德］哈贝马斯：《在自然主义与宗教之间》，第258页。
② 同上。
③ 同上书，第261页。

但它具有合理被拒绝性。反人类罪不是社会宽容的正当对象，但它具有合理被拒绝性。这里，我们还要严格区分合理被拒绝性与合理不允许性。合理被拒绝性是合理的不要性、合理被抵抗性。合理不允许性是合理的不能要性、排除性。合理被拒绝性不包含包容的不可能性。但是，合理不允许性意味着包容的不可能性，即可能的包容性不存在。

正当社会宽容的对象与正当社会镇压的对象都具有合理的可拒绝性，但是，我们要严格区分正当社会宽容的对象与社会镇压的对象。正当社会宽容的对象是我们有好的、合理的理由拒绝，但同时又被正义要求包容的事物与人。而社会镇压的对象是我们有好的、合理的理由拒绝，同时又没有被正义要求包容的事物与人。凡是被宽容的事物与人都是根据正义的要求没有被事实上拒绝的事物与人。对所有根据正义的要求可以拒绝与排除的事物与人没有宽容的必要。这里，限定词"事实上"强调正当社会宽容的对象可以同时是思想上的拒绝对象与行为上的宽容对象，社会镇压的对象同时是思想上与行为上的拒绝对象。

最后，正当社会宽容的对象必须是我们有权利说"不"、有权利不同意的事物与人。正当社会宽容是我们行使我们正当政治权利的正当、正义行为。对于我们没有权利说"不"的事物与人，我们没有权利拒绝。我们没有权利拒绝某一事物与人，我们就不能合理地拒绝它们，我们对它们拒绝就不是行使我们正当权利的正当行为。就是说，我们有权利说"不"的事物与人没有合理被拒绝性。如前所述，没有合理被拒绝性，也就没有合理被拒绝的正当性。与此相适应，我们的正当政治权利与我们政治共同体——如国家——的其他共同体成员的正当政治权利是相容、相一致的。如我们的人身自由的正当公民权利与其他共同体成员的人身自由正当公民权利是相容、相一致的。

所以，正当社会宽容的对象必须是其他共同体成员有正当政治权利要求我们尊重、不能镇压的事物与人。如果其他共同体成员没有正当政治权利要求我们尊重，不能镇压某种事物，我们对它的不宽容就不侵犯其他共同体成员的正当政治权利，我们对它的不宽容也不会是先验的不合理。因此，它不属于正当社会宽容的对象的范畴。正当社会宽容的对象必须是我们有权利说"不"，但从尊重他人的正当权利的角度来说是不应禁止的。正当社会宽容的对象必须是我们有权利对正当社会宽容的对象说"不"，因为我们有正当政治权利按照我们自己选择的信仰、制度生活，有权利拒绝我们认为从伦理道德的角度说我们不可接受的东西。我们没有权利禁止正当社会宽容的对象，因为它们是我们所不同意的其他共同体成员有与我们的权利相容、一致的正当政治权利坚持的，禁止它们意味着侵犯我们所不同意的其他共同体成员的与我们的权利相容、一致的正当政治权利。

总而言之，社会宽容的正当对象具有重要性、不兼容差异性、合理的被拒绝性，是人们有权利说"不"，但从尊重他人的正当权利的角度来说不应禁止的理念、实践与人群。其重要性是人们对其必须认真对待，不能简单地说"不"或对其漠视。其不兼容差异性、合理的被拒绝性是人们有权利说"不"使其不能成为社会接受的对象。对这一类型的理念、实践与人群，社会镇压、拒绝、漠视等都是非正义的，都不尊重正当权利。但是，对这一类型的理念、实践与人群，社会接受也是错误的，是反向的不尊重正当权利。因此，从社会正义的角度，对这一类型的理念、实践与人群，社会宽容是唯一合理、合法、正当的回应与社会行为。

三　宽容的基本要求

现在我们来回答，从正义的角度，宽容的基本要求是什么。宽容的基本要求体现着其本质的内涵与特征，也使它与其他社会行为与实践区别开来。当然，这里所讨论的宽容的基本要求不等同于在具体情形下宽容的具体要求。宽容的基本要求是普遍性的要求。宽容的具体要求是特殊性的要求。

郝顿指出，"社会宽容概念的核心是拒绝禁止或严重干涉人们认为应该反对，且有能力拒绝禁止或严重干涉的行为"①。也就是说，社会宽容概念的核心内容是拒绝禁止或严重干涉被宽容行为。与此相适应，社会宽容的基本要求是禁止或严重干涉被宽容对象。郝顿的观点基本正确。它指出社会宽容的一个基本要求。宽容意味着拒绝禁止或不允许被宽容对象。宽容要求宽容者的克制。但是，郝顿的观点也存在不足。如前所述，社会宽容的正当对象不仅仅是人们认为应该反对，且有能力拒绝禁止或严重干涉的行为，而且还包括人们认为应该反对，且有能力拒绝禁止或严重干涉的理念与人群。更重要的是，宽容不仅仅意味着拒绝禁止或不允许被宽容对象。正如威廉、哈贝马斯、斯坎伦与许多学者所指出的，社会宽容与冷淡、漠视或忽视具有本质上的区别，而冷淡、漠视或忽视也未禁止或不允许被宽容对象。

社会宽容与冷淡、漠视或忽视本质上的区别可从以下的类比推理中看出。对责任的冷淡、漠视或忽视不是对责任的宽容。对某一信念、某一种实践或某一人群的冷淡、漠视或忽视、任之由之不是对这一信念、这一实践或这一人群的宽容，它没有完全的包容内容。宽容的基本要求是包容、兼容。表面上，对某一信念、某一种实践或某一人群的冷淡、漠视或忽视、任之由之实现了与这一信念、这一实践或这一人群的和平共处，但实际上，它所实现的是与这一信念、这一实践或这一人群的友好分家、分道扬镳。社会宽容与冷淡、漠视或忽视本质上的区别也可从它们各自与正义的关系中看出。社会宽容是正义的，而对某一信念、某一种实践或某一人群的冷淡、漠视或忽视可能是非正义的。

总而言之，虽然社会宽容与冷淡、漠视或忽视都拒绝禁止或不允许被宽容对象，但社会宽容与冷淡、漠视或忽视具有本质上的区别。也就是说，拒绝禁止或不允许被宽容对象是社会宽容的一个基本要求、必要要求，但不是社会宽容的一个全部要求，也不是社会宽容的一个充足条件。

---

① ［美］约翰·郝顿：《宽容作为美德》，第28页。

哈贝马斯认为，社会宽容的核心要求是平等对待社会宽容的对象。斯坎伦也认为，社会宽容包括"接受那些我们不同意的人是与我们平等的这一事实。"[①] 他进一步指出，"宽容要求我们接受人，即使我们强烈地不同意他们，也允许他们的实践"[②]。例如，"宽容要求……不应否定处于'错误'一边的他者……法定的政治权利：投票权利，参政权利，享受全民开放的公共福利诸如教育，公共安全，法律制度保护，健康保险等等的权利"[③]。这里，平等对待意味着把合法正当的社会全体成员都平等地当作合法正当的社会平等成员，即平等地认同、尊重社会全体成员参与社会公共政治生活的合法、正当、平等的权利，而不是把处于"错误"一边的他者当作二等、三等公民。社会宽容要求不歧视社会宽容对象。

根据哈贝马斯与斯坎伦的观点，社会宽容不仅仅要求宽容者对社会宽容的对象保持克制，即宽容者克制自身拒绝或严重干涉社会宽容对象的行为，而且要求宽容者平等地对待社会宽容的对象，如尊重社会宽容的对象与宽容者本身一样的平等权利。当然，这里，斯坎伦所说的接受那些我们不同意的人是与我们平等的这一事实不是指接受那些我们不同意的人。

与此同时，社会宽容不是社会接受。这里，伏尔泰的名言——我会誓死捍卫你说话的权利，但誓死反对你所说的话，就是一个好例子。承认宽容对象说话的权利是一回事，同不同意宽容对象所说的话又是另一回事。接受宽容对象有与我们平等的说话权利不意味着我们必须同意宽容对象所说的话。同样道理，接受宽容对象有与我们平等的正当公民权是一回事，接受宽容对象的信念、行为与实践是另一回事，前者不意味着后者。社会宽容没有要求宽容者接受宽容对象的信念为具有真理与价值的信念，宽容对象的行为为正当行为，宽容对象的实践为正当实践。社会宽容没有要求宽容者把作为宽容对象

[①] ［美］托马斯·斯坎伦：《宽容的困难》，第190页。
[②] 同上书，第187页。
[③] 同上书，第189页。

的人作为正确的人来接受。社会宽容要求的是宽容者接受宽容对象像宽容者一样拥有自己的信念、行为与实践的权利这一事实。在社会宽容中,宽容者一方面接受宽容对象像宽容者一样拥有自己的信念、行为与实践的权利这一事实,另一方面与宽容对象的信念、行为与实践作坚决的斗争,试图让被宽容的人群放弃其信念、行为与实践。

这里,宽容不是纵容。宽容他者的信念、行为与实践不是欣赏他者的信念、行为与实践,也不是成就他者信念、行为与实践,鼓励他者去继续其信念、行为与实践,而是允许他者的信念、行为与实践。宽容他者不等于放任其自流。总而言之,这里,社会宽容不止于宽容者克制自身拒绝或严重干涉社会宽容对象的行为,但又不要求宽容者接受社会宽容对象。

宽容要求平等对待宽容对象,这使社会宽容与怜悯区别开来。社会宽容不是强者对弱者的怜悯,它所反映的也不是强者与弱者之间的关系。例如,某一群体的人宽容另一群体的人不是某一群体人对另一群体人施舍好处,而是某一群体的人与另一群体的人之间相互地兼容对方。某一群体人宽容另一群体人的理念、实践与生活方式不是某一群体的人对另一群体的人施舍好处,而是某一群体的人与另一群体的人之间相互地认同、尊重彼此的正当权利。与此同时,社会宽容不是耻辱地忍受着社会宽容对象或一个处于强者地位的人剥削一个处于弱者地位的人。相反,社会宽容是宽容者与宽容对象之间彼此有尊严、彼此尊重的相互兼容。总而言之,社会宽容是平等者之间和平共处的行为。社会宽容不能不足,也不能过度,但是怜悯或施舍好处可以无度。社会宽容的准则是正义,而怜悯的准则是仁慈。宽容不是爱,而是义。

沃尔茨不认为社会宽容是平等者之间和平共处的行为。相反,他认为,"宽容者与宽容对象之间的关系犹如亚里士多德所讲的统治者与被统治者的关系"①。沃尔茨的观点也许得到一些历史例子的支持,

---

① [美]迈克尔·沃尔茨:《论宽容》,第 xi 页。

但它是不正确的。首先，沃尔茨的社会宽容观不适合我们时代许多需要宽容的情境。其次，沃尔茨的社会宽容观不能区分社会宽容与怜悯。如果沃尔茨的社会宽容观是正确的，那社会宽容就是强者即统治者对弱者即被统治者的包容与怜悯。再次，沃尔茨的社会宽容观不能解释社会宽容是宽容者与宽容对象之间彼此有尊严、彼此尊重的相互兼容。如果宽容者与宽容对象的关系是统治者与被统治者式的不平等关系，那宽容对象的尊严，宽容者与宽容对象之间的彼此尊重不复存在。

与此同时，社会宽容要求的不止于平等对待社会宽容对象。社会宽容意味着宽容者与宽容对象正常地、民主地共同参与共同的公共社会政治生活。即是说，社会宽容要求的是包容与兼容。包容就是容纳。兼容就是容纳与兼顾。乾坤无地不包容。天地容纳与兼顾万物。社会漠视可以是平等对待社会漠视对象，但主张大路朝天，各走一边。社会宽容要求的不是大路朝天，各走各的，而是大路朝天，共同携手前行。社会漠视是变相的不容纳与不兼顾，但社会宽容要求的是容纳与兼顾。

的确，我们可以把社会宽容定义为包容、兼容，具有重要性、不兼容差异性、合理的被拒绝性与人们有权利说"不"，但从尊重他人的正当权利的角度来说不应禁止的理念、实践与人群。包容与兼容包含着宽容者拒绝禁止或不允许被宽容对象，宽容者的克制。它也包含着宽容者与宽容对象之间彼此有尊严、彼此尊重的平等地对待对方。它同时包含着宽容者与宽容对象正常地、民主地共同参与共同的公共社会政治生活，在共同的社会生活中携手前行。

真正的社会宽容是具有相互性的，即宽容者与宽容对象相互包容与兼容。如果宽容者或宽容对象中的一方拒绝容纳与兼顾对方，所谓的"社会宽容"就流变为一方对另一方的施舍，不再是真正意义的社会宽容。如宗教宽容，如果宗教宽容的宽容者或宽容对象中的一方拒绝容纳与兼顾对方，所谓的"宗教宽容"就流变为一方对另一方的宗教施舍。概念上，容纳与兼顾本身就是相互的，没有单方面的容纳与兼顾。更重要的是，真正的社会宽容意味着宽容者或宽容对象彼此认同与尊重对方的正当合理权利。没有宽容者或宽容对象相互之间的认同与尊重对方的正当合理权利，所谓的"社会宽容"就流变为一方对另一方的怜悯与施舍。

一些学者不认为社会宽容意味着包容。赫曼坚持认为："一个体现宽容这一美德的人无须同意宽容对象，也无须对其感兴趣或希望与其有任何联系。宽容是一种任其自然的美德。如果因为从长远的角度看，镇压少数群体的政治言论是危险的，我因此必须宽容它们，那我可以选择不听它们。虽然我们不能阻止有其特殊历史与传统的人群继续他们的，从我们的角度来说是可反对的实践，我们不必与他们共同生活。"[1] 赫曼这里混淆了社会宽容与社会漠视的本质区别。她也把宽容狭隘地译为忍耐，即在赫曼的眼里，宽容是忍耐。

综上所述，我们可以把社会宽容的肯定性要求归纳如下。第一，宽容者与宽容对象各自克制自己对对方的拒绝。第二，宽容者与社会宽容对象彼此平等容纳对方，相互容纳对方作为大家共同的公共社会政治生活的一个组成部分。第三，宽容者与社会宽容对象彼此积极地、平等地、有尊严地与对方和平地交锋与斗争，相互之间和平地竞争。社会宽容的三项肯定性要求体现社会宽容的本质与正义性。在内涵与本质上，社会宽容是一种在拒绝与接受中间的克制，是彼此平等容纳对方，但这种克制与容纳是一种矛盾双方对立统一中的克制与容纳，即矛盾双方在正义基础上通过克制与容纳而达到对立统一。

与此相适应，我们可以把社会宽容的否定性要求归纳如下。第一，宽容者与宽容对象不缺乏尊严地对待对方。第二，宽容者与宽容对象彼此不污辱对方，不把对方置于耻辱情境。第三，宽容者与宽容对象彼此不把对方当作自己的工具来剥削。社会宽容的三项否定性要求同样体现社会宽容的本质与正义性。在内涵与本质上，社会宽容是一种对不尊严地对待对方的克制，是彼此正义地不污辱

---

[1] ［美］巴巴拉·赫曼：《多元主义与道德判断共同体》，第61页。

与剥削对方。不缺乏尊严地对待对方与不把对方置于耻辱情境是尊重对方正当地位与权利的重要标志,是平等地容纳对方的重要标志。

社会宽容的三项肯定性要求与三项否定性要求使社会宽容与其他社会行为和实践,诸如社会拒绝、社会接受、社会漠视等区别开来。

四 社会宽容与物极必反定律

社会宽容是我们时代的行为准则、核心美德,但其实践既复杂,又困难。要使社会宽容成为一项稳定的、可维持的、可持久的社会行为与实践更是难上加难,但这又是我们必须完成的任务。社会宽容要成为社会行为准则,它不仅应是可实行的,而且是要稳定、维持、持久性实行的。要完成这一任务,我们必须懂得物极必反的规律。

为了理解这一点,我们应回到内在价值与工具价值的区分,即内在价值是固有的,自身可成目的即目的性的价值,而工具价值是附有的(而不是固有的),自身只是另一目的性价值的工具这种价值。稳定持久性不具有重要性。稳定持久性的重要性来源于也取决于稳定持久对象的重要性。如果某一事物具有重要性,其稳定性同样就具有重要性。反之,如果某一事物不具有重要性,其稳定性同样不具有重要性。与此相适应,稳定持久性不具有实践价值。稳定持久性的实践价值来源于也取决于稳定持久对象的价值。就是说,在实践的层面上,稳定持久性是一种工具价值,不是内在价值。其工具价值来源于也取决于稳定持久对象是否具有价值。例如,一国两制的理念与实践具有重要性、实践价值,其稳定性同样就具有重要性、实践价值。

如前面所讨论的,社会宽容是包容、兼容具有重要性的理念、实践与人群,是正义原则在多元社会的运行原则。因此,社会宽容既困难与复杂,又必须与重要。与此相适应,其稳定性同样就具有重要性。不仅如此,社会宽容是我们时代的行为准则与核心美德。因此,社会宽容是一种内在价值。与此相适应,其稳定性是一种工具价值。

社会宽容是一种重要的内在价值。与此相适应，其稳定性是一种重要的工具价值。也就是说，社会宽容的稳定性、维持性、持久性的必要条件是一种重要的必要条件。而影响、损害社会宽容的稳定性、维持性、持久性的危险也成为重大危险。当然，这里，我们应关心的那些影响、损害社会宽容的稳定性、维持性、持久性的危险主要指的不是矛盾双方中的一方刻意回避社会宽容的危险，而是那些在矛盾双方都想实践社会宽容时，影响、损害社会宽容的稳定性、维持性、持久性的危险。这种危险当然存在，但其没有普遍性，只有特殊个性。即这种危险主要是由具体、特殊与偶然的原因引起的。我们这里关注的是具有普遍性、必然性的危险。

当矛盾双方都想实践社会宽容时，普遍地、必然地损害社会宽容稳定性、维持性的危险至少有两种。第一，使社会宽容转化为其对立面的危险，即社会宽容转化为社会不宽容。第二，使社会宽容转化为其他社会行为的危险。例如，社会宽容转化为社会施舍或怜悯。两种危险共同指向物极必反这一存在的定律以及它对实现社会宽容的稳定性、维持性、持久性极其重要。如果社会宽容是毫无节度的，那物极必反的定律将导致社会宽容转化为其对立面或其他社会行为。当我们宽容属于其他社会行为的对象时，我们的社会宽容行为就转化为其他社会行为。当我们的社会宽容行为过度时，我们的社会宽容行为就转化为其他社会行为如社会纵容。反之，当我们的社会宽容行为不足时，我们的社会宽容行为也转化为其他社会行为如社会漠视。因此，遵从物极必反的定律，不走极端对维持社会宽容的稳定性、维持性、持久性至关紧要。可以说，在现实社会生活与实践中，遵从物极必反的定律，不走极端是维持社会宽容的稳定性、维持性、持久性的必要条件。

《道德经》指出，物极必反。事物发展到极端，它将会向相反方向转化，即"物壮则老，谓之不道"。① 《道德经》因此警告人们："祸兮，福之所倚；福兮，祸之所伏。"又："天之道，其犹张弓与？

---

① 老子：《道德经》，载《诸子集成》卷3，团结出版社1996年版，第55章。

现代性与时代意识论

高者抑下，下者举之，有余者损之，不足者补之。天之道，损有余而补不足。人之道，则不然，损不足以奉有余。孰能有余以奉天下，唯有道者。是以圣人为而不恃，功成而不处，其不欲见贤。"① 根据《道德经》的观点，遵从物极必反的定律、不走极端是维持某一事物的稳定性、维持性、持久性的必要条件。遵从物极必反的定律、不走极端就是遵从道。遵从道则生，逆违道则亡。《鹖冠子·环流》也说："物极则反，命曰环流。"② 就是说，物极必反是事物存在的普遍规律。《淮南子》说："物盛而衰，乐极生悲，日中而移，月盈而亏。"③《淮南子》还说："太刚则折，太柔而卷。"④《淮南子》讲的也是物极必反是事物存在的普遍规律。当然，不是在任何情形下，事物向其对立面转化都是坏事。当向其对立面转化的事物本身不重要或没有价值时，其向自己的对立面转化就不重要或没有价值。但是，如果社会宽容转化为其对立面或其他社会行为，正义将转化为非正义。就是说，社会宽容转化为其对立面或其他社会行为使好事变坏事。

这里，我们要区分物极必反与黑格尔式存在的辩证法。在黑格尔式存在的辩证法中，某一事物的自我否定是此事物进步的必然历程或发展阶段。确实，物极而反与黑格尔式的事物的自我否定都意味着事物的质变。但黑格尔认为某一事物的自我否定是进步性的质变，是质变就意味着进步。物极而反的质变不一定是进步性的质变，质变也不意味着进步。黑格尔式的某一事物的自我否定是指这一事物在质变后获得与其原来的事物相反的特性，旧的事物被扬弃，但包含在新的事物中。物极而反的某一事物转化为其对立面或其他事物，旧的事物不是被扬弃，而是被抛弃。具体地，就社会宽容的转化为其对立面或其他社会行为来说，这一社会宽容的自我否定与质变不具

---

① 《道德经》，第58、77章。
② 《四库全书》卷2，天津古籍出版社1998年版，第554页。
③ 刘安：《淮南子》，第195页。
④ 同上书，第201页。

有进步性。

总之，物极必反的定律指出某一事物转化为其对立面或其他事物的可能性与条件。物极必反定律是事物存在的定律。与此相适应，遵从物极必反的定律、不走极端是维持社会宽容的稳定性、维持性、持久性的必要条件。不走极端这里有两个相关的含义。首先，不走极端是实践社会宽容时，不超越它的度与界限，如不试图包容不该包容的对象。特别是，权利的界限也是社会宽容的界限。超越权利界限的社会宽容是过度、超界限的宽容。其次，不走极端是不用极端、非自然的方式实践社会宽容，如不试图用极端、非自然的方式加速实践社会宽容。

维持社会宽容的稳定性、维持性、持久性的必要条件是民主政治与法治。民主与法治是遵从物极必反的定律，不走极端，实践社会宽容不超越它的度与界限的必要机制，也是不用极端、非自然的方式实践社会宽容，如不试图用极端、非自然的方式加速实践社会宽容的必要机制：

第一，社会宽容的对象、范围、标准度与界限必须民主地、法制地建立起来。这样，实践社会宽容就有稳定的度与界限标准。在《柏林共和国》中，哈贝马斯指出，"在一个社会中，能使在社会、文化与哲学方面多元化的公民统一起来的首先是一个以法律为中介而组成的共和国秩序与过程"[1]。即是说，一个国家包括宪法或基本法律在内的法律规范是一个社会中能使社会、文化与哲学方面多元化的共同体的公民统一起来，彼此容纳的正当合理的基础。

第二，社会宽容的度与界限的界定是以对自由与责任，权利与义务的界定为中心的，而对自由与责任，权利与义务的合理、合法、正当与稳定的解释必须由法律来完成。

值得注意的是，在信仰、价值观念、伦理道德、实践、生活方式与意识形态多元化的现代社会，法律对社会管理、社会宽容来

---

[1] ［德］哈贝马斯：《柏林共和国》，史迪芬·任达尔译，林肯：那不拉斯卡大学出版社1997年版，第42—43页。

说，更是必要机制。不可否认，只有在公民们对在宪法或基本法律的基础上建立起来的制度有好的体验与感到习惯之后，宪法或基本法的原则才能在公民意识中生根。也不可否认，只有体现正义的法律才能真正成为维持社会宽容的稳定性、维持性、持久性的机制。所以，在一个意识形态、文化与哲学方面多元化的社会，社会宽容与和谐、社会认同的基础与机制是法律以及它所体现的理念与价值，因此，法律是维持社会宽容的稳定性、维持性、持久性的机制的必要条件。

哈贝马斯指出，一个包容他者的民主模式是时代的要求，但这一民主模式显然与强调信念、实践与生活方式的同质性的民主模式相反。这一民主模式的基础与机制只能是法治。在包容他者的民主模式中，公民性、人民主权、人权、民主与法治在理念概念上相互渗透。"民族国家由公民组成。公民身份不是民族同质性产物，而是社会化的产物。公民身份体现一种公民共同创造公民身份的生活方式，其中成年公民甚至为其公民身份放弃其从中长大的传统。"[1] 在包容他者的民主模式中，在法治下，少数民族没有被边缘化，它与民族国家的大多数同在民族国家的政治生活的中心。而所有的公民都是一样同等的公民。同时，在包容他者的民主模式中，"不同种族，不同语言，不同宗教与不同生活方式的共存，没有使社会四分五裂，共同不在……多元文化孕育着共同文化"[2]。即多元文化孕育着共同的民主政治文化，也只有在以法治为基础的共同的民主政治文化之上才能存在。

五 宽容、真理与理性

遵从物极必反的定律、不走极端是维持社会宽容的稳定性、维持性、持久性的必要条件，而听从真理、服从理性是维持社会宽容的必

---

[1] ［德］哈贝马斯：《对他者的包容》，麻省理工学院出版社1998年版，第143页。
[2] 同上书，第146页。

要条件。公共信任是社会宽容必需的空气,而对真理与理性的忠诚是保持公共信任这一社会宽容必需空气的必要条件。这里,以为社会宽容是坚持真理与理性的对立物是错误的。相反,对真理与理性的忠诚是正义的、稳定的社会宽容的必需桥梁。把社会宽容与坚持真理与理性对立起来本身是一种走极端,它把我们引领到谬误。

作为社会宽容对象的理念一般是有理由捍卫的。它(们)使我们有好理由拒绝,但也认识到对方有理由捍卫,出于尊重对方的正当权利,我们克制我们对它(们)的拒绝,即不在行动上拒绝它(们),而是包容与容纳它(们)。也就是说,社会宽容对象的理念是他人有权利和理由相信与捍卫的理念。我们宽容而不是接受它(们),因为我们从我们的角度来讲,它(们)没有真理,是错的。我们宽容而不是拒绝它(们),因为我们认识到,他人有权利与理由相信它(们)拥有真理,是正确的。所以,社会宽容所体现的是对真理的忠诚。

哈贝马斯正确地指出,稳定可行的社会宽容是基于对真理的忠诚的。在讨论宗教宽容时,他问道:如果宽容原则与信仰自由不能在好的理由的基础上,诉求独立于宗教与本体论的道德有效性,我们能终止宗教冲突吗?[①] 这里,诉求独立于宗教与本体论的道德有效性是诉求独立于宗教与本体论的客观道德真理。与黑格尔、马克思和恩格斯一样,哈贝马斯把宗教与本体论归类于意识形态。与在黑格尔、马克思和恩格斯的眼中一样,在哈贝马斯的眼中,意识形态具有贬义的含义。无论如何,根据哈贝马斯的观点,宗教宽容意味着不断地诉求客观道德真理,调解宗教冲突。也就是说,宗教宽容离不开对真理的忠诚。在宗教宽容中,对真理的忠诚使宽容者与宽容对象进行合理的交锋与交流。

当然,这里,对真理的忠诚不是对某一真理概念的忠诚。对真理的忠诚不要求宽容者与宽容对象寻找共同、统一的真理概念。所以,在讨论宗教宽容时,哈贝马斯指出:"对那些与我们思想不同的人的

[①] 参见 [德] 哈贝马斯《在自然主义与宗教之间》。

宽容不应该与愿意合作或愿意妥协混淆。只有当各方都具有好的理由既不对有争议的信念寻求赞同,也不认为赞同是可能的时候,宗教宽容才是必需的。宗教宽容超越耐心地追求真理,公开性,相互信任与正义感。"① 就是说,宗教宽容超越追求共同、统一的真理概念。一方面,宗教宽容保持着对真理的忠诚,宽容者与宽容对象各自有自己的真理概念。另一方面,正是因为宽容者与宽容对象难以对真理达成共识,不能找到共同、统一的真理概念,宽容者与宽容对象才需要彼此宽容、包容与兼容。宗教宽容要求宽容者与宽容对象对真理的忠诚超越对某一意识形态的忠诚。同样道理,社会宽容一方面要求宽容者与宽容对象保持着对真理的忠诚,宽容者与宽容对象各自有自己的真理概念。另一方面,正是因为宽容者与宽容对象难以对真理达成共识,不能找到共同、统一的真理概念,宽容者与宽容对象才需要彼此宽容、包容与兼容。

有些哲学学者认为,社会宽容意味着搁置对真理的追求。根据海德的观点,真正的社会宽容意味着搁置真理,而专注于被宽容的人本身。他说:"我把宽容当着永恒的美德,因为它改变其专注对象。宽容克服干涉别人生活的企图,这不是因为宽容者意识到克制的理由比不同意的理由大,而是因为宽容者的专注不再是不同意的对象,而是作为宽容对象的人的道德主体地位。"② 认为社会宽容意味着搁置对真理的追求具有重大缺陷。它忘记了不同意的对象本身如理念、实践或行为也是宽容对象,宽容不是对它(们)的漠视。

对真理的忠诚对真正的社会宽容的重要性可以从以下四个方面来理解。第一,它是不兼容的冲突各方彼此包容、和平共处的动力源泉。第二,它是不兼容的冲突各方彼此包容、和平共处的共同立脚点、共同基础。第三,它是不兼容的冲突各方彼此认同正义、服从正义的共同立脚点、共同基础。第四,它是把不兼容的冲突各方从各自意识形态中解放出来的解放者。因此,真正的社会宽容以对真理的忠

---

① [德]哈贝马斯:《在自然主义与宗教之间》,第261页。
② [美]海德编:《宽容:一个难于捉摸的美德》,第12页。

诚为必要条件。

不仅对真理的忠诚是真正社会宽容的必要条件，对理性的忠诚也是真正社会宽容的必要条件。也就是说，服从理性的声音与指导是真正社会宽容的必要条件。对真理的忠诚实质上是对理性的忠诚的有机组成部分。服从理性的声音与指导意味着服从真理的声音与指导。理性的声音是真理、正义与责任的声音。对理性的忠诚是对理性的声音即真理、正义与责任的忠诚。值得指出的是，在真正的社会宽容中，以主观体为中心的理性被间体性的理性所替代，以自我意识为中心的思维范例模型应为以相互理解为目标的思维范例模型所代替。理性不仅从主体性能力转变为间体性能力，理性还从主观控制客观的能力转变为主观之间交往、互证与理解的能力。理性不仅从主体以自封的标准去排斥他者的能力转变成间体性以共认的规范容纳他者的能力，理性还从主观的自归能力转变成主观的间体化归能力。不仅如此，合理性从管理主体对客体的认识与行动的规范结构转变为主观之间交往、互证与理解的规范结构。合理性不仅从主体性以自封的、排他的规范结构转变成间体性共认的、容他的规范结构，还从主观的自归规范结构转变成主观的间体化规范结构。

因此，在真正的社会宽容中，对理性的忠诚主要表现在对交往理性的服从与忠诚。真正的社会宽容要求合理的社会交往。合理的社会交往服从交往理性的声音与指导。在任何合理的社会交往中，可理解性、真诚、真理和规范的正确这四个规范的有效性将不可避免地显示出来，也就是说，在合理的社会交往中，参与者都自觉地遵守这四个规范：

第一，为了合理地交往，谈话双方都自觉地把话讲得让对方能够理解；否则，如果谈话双方彼此不理解对方的话，真正的交流也就不存在，合理的交往也就无从谈起。因此，为了合理地交往，谈话双方都自觉地遵守可理解性这一规范。

第二，为了合理地交往，谈话双方都自觉、真诚地表达自己的意思，而不是有意地误导对方；否则，如果谈话双方彼此有意地误导对方，真正的交流也就不存在，合理的交往也就无从谈起。因此，为了合理地交往，谈话双方都自觉地遵守真诚这一规范。

第三，为了合理地交往，谈话双方都自觉地尽自己所知所能使自己所说的话具有真理的成分，如果发觉自己所说的话不具有真理的成分，是错误的，就会马上修改自己的话。否则，如果谈话双方彼此交流的不是真理，真正的交流也就不存在，合理的交往也就无从谈起。因此，为了合理地交往，谈话双方都自觉地遵守真理性这一规范。

第四，为了合理地交往，谈话双方都自觉地在相互讨论和批判性的交流中证明，如果发觉自己所说的话具有规范性的正确性，只要那一个观点在相互讨论和批判性的辩论中有最好的论据和论证，它都应该是相互讨论和批判性的交流中的胜者；否则，如果谈话双方彼此在交往中依靠的不是好的论点、论据和论证，而是权力或其他制度方面的力量，真正的交流也就不存在，合理的交往也就无从谈起。

值得注意的是，根据哈贝马斯的观点，作为社会宽容指导力量的交往理性是间体性的，而不是主体性的。它与以主观体为中心的理性有本质的不同。关于交往理性是间体性，哈贝马斯指出：

> 以主体为中心的理性以真理与成功作为合理性与规范性的标准。而其所认同的真理与成功指的是管理知识的、有目的的行动的主体与有可能的客体和事物组成的世界之间的关系的真理与成功。与此相反，当我们明白知识是以交往为中介的，我们认识到合理性指的是负责任的交往参与者的能力。而负责任的交往参与者指的是那些在交往中，致力于获得间体间的相互认同的有效要求。交往理性以提议的真理性、规范的正确性、主观的真诚性与美学式的和谐性为合理性与规范性的标准。而其所指的提议的真理性、规范的正确性、主观的真诚性与美学式的和谐性指的是在交往辩论过程中直接或间接地认同承认的。[①]

---

① [德] 哈贝马斯：《关于现代性的哲学讨论》，第314页。

在另一个地方，哈贝马斯进一步指出："在相互理解的思维范例模型中，最根本、最关键的是社会交往参与者的行为表现态度，即社会交往参与者要通过对世界事物的了解（去达到相互理解）而协调其行动计划。"① 又说："交往理性使自己在促成间体的理解与相互的认同的制约力量中感觉到。"② 就社会宽容准则来说，交往理性指导人们彼此尊重对方的合法说话与参与的权利，通过合理交流，彼此包容。

因此，交往理性能克服以主观体为中心的理性的排他、自封、自闭、自我崇拜的缺陷，能够从自己本身中创造出它自己的规范性标准来。即对社会宽容来说，交往理性使宽容者与宽容对象克服自己以自己主观体为中心的理性的排他、自封、自闭、自我崇拜的缺陷，包容与容纳对方。以交往理性为指导的社会宽容也能够从自己本身中创造出它自己的规范性标准来。

不仅如此，交往理性不但以其包容性、开放性、自我反省性见长，而且不像以主观体为中心的理性自以为自己是绝对理性、是绝对真理的化身。它认识到自己的有效论断和主张的"两面性"。哈贝马斯指出："人类理性的有效论断和主张因此有一副两面神（Janus）面孔。作为论断和声称，它们的有效性不局限于而是超越任何当地的条件；同时，它们又是在这里和现在被发现和认识。……理性的普遍性的内涵使它超越任何当地的条件；它的具体体现又迫使它与当地的条件相适应。"③

总之，真正的社会宽容不强迫宽容者与宽容对象接受统一的真理概念，但包含对真理的忠诚。真正的社会宽容不强迫宽容者与宽容对象接受统一的合理性本体概念，但包含对交往理性的认同与忠诚。

---

① ［德］哈贝马斯：《关于现代性的哲学讨论》，第296页。
② 同上书，第324页。
③ 同上书，第322页。

六 文化宽容与全球性正义

如上的讨论把我们引领到全球社会、政治、经济生活中的宽容与全球性正义问题。全球化把不同的国家、民族、人民、文化、传统与发展道路带到一起，也把不同的国家、民族、人民、文化、传统与发展道路卷入现代化—现代性与传统的争论中。不同的国家、民族、人民别无选择地必须接受现代化—现代性的挑战，根据全球性正义做出合理回应。例如，在解释现代性包括现代人权观念的挑战时，哈贝马斯首先指出：

> 无论如何，我们现在是毫无选择地被卷入现代化过程之中。现代性对传统构成了三种挑战。第一，经济现代化，传统的经济交往模式转换成了全球化的交往模式；社会关系的商业化，导致用以保证商业活动的可信性、可预见性和信任的欧洲私法的产生。第二，文化、宗教的多元化。这个问题在欧洲非常突出，不同的教派、不同文化的相互抵触。宗教的多元化好像在中国不是很严重。第三，是社会个体化的挑战。中国在这一点上正在不断进步。对所有这些挑战的应战手段是要让个人关于家庭、生活关系、生活取向……的世界观变得中性化。作为个体，每个人都应享有基本权利。因为我们已经处于现代化的过程中，我们别无选择。①

哈贝马斯既不认为西方应当或能够把人权的理念强加于中国或亚洲国家，也不认为在全球化背景下人权理念的挑战面前，中国或其他亚洲国家能够在所谓的"亚洲价值"或其他幌子下置身这一挑战之外。

---

① 曹卫东：《权力的他者》，上海教育出版社 2004 年版，第 71 页。

我们现在面临着一个更为严重的问题，这就是全球化。整个世界已经被拉在一块，世界一体化，需要我们寻找到一套共同的规则。这是共同建立人权规则的历史理由，也是基本理由。1948年发布的联合国《世界人权宣言》就是一个标志。问题已经不在于是否承认人权，而在于不同的国家如何理解人权。人权的文化间体性将是我们一直讨论的问题。①

因此，当代人权讨论的最主要任务是在交往理性的指导下找出人权理解的文化间体性共识，即不同的国家、文化之间理解人权的共识。但是，试图逃避人权规范是与现代性和时代精神背道而驰的。

另外，全球性正义意味着对不同的国家、民族、人民的权利与选择的尊重，意味着对不同的国家、民族、人民、文化、传统与发展道路的宽容。国际与全球事务中对不同的国家、民族、人民、文化、传统与发展道路的社会宽容与国内的社会宽容在应用领域方面有许多一致。如宗教宽容、政治宽容、价值宽容等既是国内的社会宽容的主要应用领域，也是国际与全球事务中社会文化宽容的主要应用领域。1945年，《联合国宪章》开宗明义地宣称："我们联合国人民共同决心……重申我们信仰基本人权，人格尊严与价值，以及男女平等与大小各国平等权利……并为达此目的力行宽恕，彼此以善邻之道，和睦相处，创造适当环境，俾克维持正义，尊重由条约与国际法其他渊源而起之义务，久而弗懈，促成大自由中之社会民族进步及较善之民生。"②

1981年联合国《消除基于宗教或信仰原因的一切形式的不容忍和歧视宣言》指出："对人权和基本自由的漠视和侵犯，特别是对思想、良心、宗教或任何信仰等自由的权利的漠视和侵犯，已经直接或间接地给人类带来了战争和巨大的痛苦，尤其是在被利用来作为外国干涉他国内政的手段，以及煽起民族间和国家间的仇恨时更是如

---

① 曹卫东：《权力的他者》，第71页。
② https://www.un.org.

此";"宗教或信仰对于任何信教或抱有信仰的人来说是他人生观中的一个基本因素 …… 宗教或信仰自由应受到充分的尊重和保障";"在涉及有关宗教自由和信仰自由的问题时促进谅解、容忍和尊重具有根本性的意义;确实保证绝不允许利用宗教或信仰以实现违反《联合国宪章》、联合国其他有关文件以及本宣言的宗旨和原则的目的具有根本性的意义"[1]。在国际与全球事务中,宗教或信仰原因等的一切形式的不容忍是对人的基本权利的侵犯,是对《联合国宪章》以及联合国其他有关文件的宗旨和原则的违反。也就是说,文化宽容、宗教宽容是我们时代的行为准则之一,是全球正义的要求与运行原则之一。

1995年联合国《宽容原则宣言》宣称:"《联合国宪章》申明:'我们联合国人民共同决心……重申基本人权,人格尊严与价值……并为达此目的力行宽恕,彼此以善邻之道,和睦相处'……《世界人权宣言》申明,'人人有思想、良心和宗教自由的权利'(第十八条),有'主张和发表意见'的自由,以及教育'应促进各国、各种族或各宗教集团间的了解、宽容和友谊'。"

《宽容原则宣言》指出:"目前直接针对民族、宗教和语言上属于少数群体者(难民、移徙工人、移民)和社会中易受伤害群体的不宽容、暴力、恐怖主义、仇外情绪、挑衅性的民族主义、种族主义、反犹情绪、排斥、社会边缘化和歧视现象以及对于行使其言论自由权利的个人施加暴力并进行恐吓的行为的增多表示震惊,所有这些行为威胁到国家与国际和平与民主的巩固,对发展构成严重的障碍。""在现代社会中,宽容愈发具有重要的意义。社会现正处于以经济全球化和以流动性、交往、种族融合与相互依存、大规模移民和人口迁移情况急剧增多为特点的新时期。由于多样性成为世界各地的特征,日益升级的不宽容与冲突亦成为对每一地区潜在的威胁。这一威胁并不局限于任何国家,它是一种全球性的威胁。"并指出:"个人、社会和民族接纳和尊重人类大家庭多种文化的特点,是实现国际

---

[1] https://www.un.org

和睦所必不可少的条件。没有宽容,就不可能有和平,没有和平,也就无法实现发展或民主。""不宽容,可表现为使易受伤害群体社会边缘化并将其排斥于社会和政治生活之外,并可表现为针对这些群体的暴力和歧视。正如《种族与种族偏见问题宣言》中所确认的,'所有个人与群体均有维护其特性的权利'。"[1]

在全球化的今天,社会宽容是我们时代正义行为的方式,是全球正义的核心要求之一,也是现代性的基本要求之一。因此,社会宽容是我们时代精神的核心理念之一。与此同时,社会宽容是一项艰难的任务与社会实践,无论是在一个国家或地区内,还是在全球人类共同体社会中,文化宽容仍任重而道远。

七 结论

没有社会宽容,就没有社会政治正义、分配正义与矫正正义,这在一国国界内是如此,在全球范围内也是如此。没有世界上不同文化与人群之间的文化宽容,就没有全球正义。没有社会宽容,就没有正义的世界。没有宽容,就没有不同人群正义地、和平地共存。宽容是我们时代正义运行的方式之一。它体现着对人的基本权利与自由的认同与尊重,对人群的人的基本权利与自主性的认同与尊重,也体现着对人的基本责任与义务,社会群体的基本责任与义务,基本社会制度的基本责任与义务,政治权力机构的基本责任与义务的正义要求与规定。无论是对国家、社会机构、社会组织,还是对公民个人,社会宽容是现代性的要求,也是现代性的标准。

社会宽容是一种责任与义务,因为它是社会正义的要求。社会宽容是一种价值,因为它是和平共处、社会合作、共同发展与共同幸福的要求。社会宽容是一种美德,因为它还是做人的要求,因为它使人成长,使人提高,使人升华。它也是对一个现代社会的要求。

社会宽容不仅仅是一种态度与一种心态境界,而且是一种行为模

---

[1] https://www.un.org.

式，一种行为境界。在我们多元化的时代，社会宽容是一种极具艰难与挑战性的态度、心态、行为模式与社会实践。但是，唯有艰难，方显弘毅；万水千山，有志者事竟成。宽容使我们每个人对他人是人，而不是狼，也不是狗。有容乃大，有容乃博，有容乃精，有容乃深。这是我们至少所知道的，也是我们至少所应该知道的。

第五章

反人类罪论

"我们是人",一个看似简单却不简单,具有千吨重量的宣言!是的,我们是人,我们同属人类这一存在家族。这一事实意味着我们有作为人的基本权利与自由,基本人格与尊严,以及相应的基本责任与义务,意味着我们人与人之间存在基本的责任与义务,意味着我们人的身份与人格的不可侵犯性。我们是人,我们同属人类,这一事实宣告着人道法律(the laws of humanity)作为世界法律的存在。这一事实意味着人类正义的存在,意味着我们有责任与义务无条件地服从人道法律与人类正义。我们是人,我们同属人类这一存在家族,这一事实宣告着全人类作为一个政治、司法共同体,作为事实上的一个人民的存在。这是一个有法律权威的共同体,也是我们每个人必须对其负责任,做出交代的共同体。因此,反人类罪理念是如上意识的必然产物。在这一意义上,反人类罪是人类文明发展到现阶段的一个最重要的成果。

反人类罪理念是我们时代正义运行的原则之一,是我们时代矫正正义的核心组成部分之一,也是我们时代的核心理念之一。它是现代性的特征之一,也是时代性的本质特点之一。它特别规定一种独特种类的国际性、全球性罪行,其中人类总体本身既是被侵犯的对象或受害者,又是由权威规定法律责任与义务的法律主体。它特别规定一系列的从全球正义与人道法律的角度绝对禁止的国家行为、社会组织行为与个人行为。作为我们时代正义运行的原则之一,反人类罪概念史无前例地规定着正当与不正当,可接受的与不可接受的国家行为、国家政策与国家层次的社会实践。不可否认，反人类罪理念是我们时代所特有的产物与成就，其内容、风格与特性深深地刻写着我们时代所特有的烙印。但是，反人类罪概念的真理性却超越我们的时代，具有普遍性与普遍意义，是人类文明发展的重大成果。无论如何，反人类罪理念的产生与发展揭示着我们时代对人的尊严，人的基本权利与自由，人的价值，人的身份与地位，人的类关系等的新的认识。

反人类罪概念重新规定人类对人类整体的责任与义务。它重新规定了人类的类关系。它给予人道法律概念新的内容与现实性。如果说法治是现代性的重要标准之一，那么反人类罪是我们时代法治的重要里程碑之一。如果说，我们时代法治的核心之一是规定政府行为，那么，反人类罪理念从人的基本权利、人的基本尊严的角度规定各级政府的行为，尤其是国家级政府的行为。作为哲学课题，反人类罪课题是全球正义课题的不可分割的有机组成部分。在全球正义中，规定反人类罪的国际法规与全球法规旨在规定国家、社会组织以及个人对人类本身的责任与义务，旨在保障人的本体性、伦理道德性与政治性身份的内在价值与尊严。

反人类罪理念与全球正义、世界主义等其他的我们时代的理念一起，为我们时代定调，是使我们时代的时代意识区别于其他时代的时代意识的重要方面之一，是我们时代的时代意识的本质内容之一。中世纪法国诗人尤斯塔瑟·德斯坎普斯曾迷茫地问道："为什么时代是如此黑暗，人类彼此之间竟是陌生路人？"我们时代的反人类罪理念与其他全球正义理念使人类彼此之间不再是陌生路人。这些理念使我们时代不仅仅成为一个德国哲学家康德所称的人道时代，其中，在世界的某一地方对人的基本权利的践踏，对人的基本尊严的践踏都将受到来自世界各地的谴责，而且成为世界主义理念所追求的时代，在世界的某一地方对人的基本权利的践踏，对人的基本尊严的践踏都将受到国际社会的司法追究。

反人类罪理念也是当代哲学讨论的热点课题之一。当代西方哲学对反人类罪理念的讨论主要集中在两个方面：一是有关它的内涵与特征，即概念上如何全面地理解这一理念的含义；二是有关它的合理性与合法性，即哲学与法理上如何全面地理解这一理念的正当性。本书主要讨论的是第一方面的问题，即如何全面地理解反人类罪这一理念的含义及革命性意义。本章将集中回答如下问题：什么是反人类罪？它的本质、内涵与特征是什么？如何规定它的界限？它与其他国际或全球罪的区别在哪里？它与一般的非人道的恶性罪行如强奸、谋杀等的区别在哪里？

一 反人类罪理念的内涵

反人类罪，顾名思义，就是侵犯人类的罪行。侵犯人类这里可以从两方面来理解。一方面，侵犯人类意味着伤害人类，如伤害人类共同体总体、伤害人类的类关系、伤害人类的基本尊严等。侵犯人类意味着伤害人类作为一个主体。另一方面，侵犯人类意味着冒犯、侵犯人类共同体总体作为一个法权权威主体，侵犯人类法律。当然，反人类罪的这两方面的含义彼此不可分。无论如何，反人类罪概念具有以下几个特点。

首先，它是一种罪行，不是一种道德上的错。其次，它所侵犯的对象是人类本身，不仅仅是受害的个人。它是 1945 年的《国际军事法庭的伦敦条例》（*The London Chater of the International Military Tribunal*）所规定的三大国际罪之一，也是 1993 年的《审判前南战犯国际刑事法庭规约》（*The Statutes of the International Criminal Tribunal for the Former Yugoslavia*, ICTY），1994 年的《审判卢旺达罪犯国际刑事法庭规约》（*The Statutes of the International Criminal Tribunal for Rwanda*, ICTR）与 1998 年的《国际刑事法院罗马规约》（*The Statutes of the International Criminal Court*, ICC）所规定的四大国际罪行之一。因此，它是当今国际社会公认的国际罪即全球罪行之一。1945 年的《国际军事法庭的伦敦条例》又称《纽伦堡规约》，它规定了三种国际罪行：反和平罪，战争罪与反人类罪。1998 年的《国际刑事法院罗马规约》规定了四种国际罪行：大屠杀，反人类罪，战争罪与侵略罪。

《国际军事法庭的伦敦条例》所讲的反和平罪就是《国际刑事法院罗马规约》所讲的侵略罪。在国际法律中,反和平罪概念很少被强调,这是因为其定义很模糊,而且很难区分侵略性战争与自卫战争。在《纽伦堡规约》中,大屠杀被当作反人类罪。但是,在《国际刑事法院罗马规约》中被单独列为一项臭名昭著的国际罪行。在传统意义上,战争罪指在战争中或战争期间一个国家的士兵残忍地、非人道地对待另一国家的士兵或平民,其典型范例是战争中虐待俘虏或残杀非战斗人员。反人类罪不仅包括在战争中或战争期间残忍地、非人道地对待另一国家的士兵、平民或人群的系统性地、政策性地对人权、人的尊严与人格的最恶劣的、大范围的侵犯,而且包括残忍地、非人道地对待本国公民或人群的系统性地、政策性地对人权、人的尊严与人格的最恶劣的、大范围的侵犯。

《国际军事法庭的伦敦条例》把反人类罪限定在战争中或战争期间发生的罪行,而《国际刑事法院罗马规约》取消这一限定。反人类罪概念是 20 世纪标志性的概念,也是 21 世纪标志性的概念。它包括一系列的罪行,诸如由国家或国家般的社会政治组织所组织的对个人、某一人群的人的基本权利与自由,人的基本尊严,人的肉体与灵魂的安全等的系统的、政策性的与大范围的赤裸裸的践踏。

从历史的角度来说,反人类罪概念本身并不是 20 世纪的产物。当然,反人类罪理念也不像正义理念那样源远流长,而只是近代的产物。传统西方哲学中没有 "反人类罪" 一词。传统东方哲学也没有 "反人类罪" 一词。最早开始使用 "反人类罪" 一词的应是 19 世纪的美国公众人物。1860 年,竞选美国总统的林肯(Abrham Lincoln)在共和党全国代表大会上把贩卖非洲黑奴的行为斥为 "反人类罪"(crimes against humanity)。与此同时,在其 1890 年 9 月 15 日给当时的美国国务卿詹姆斯·布莱恩(James G. Blaine)、乔治·华盛顿·威廉斯(George Washington Williams)的信中也使用 "反人类罪" 一词来谴责刚果国的奴隶贸易。① 20世纪初，罗伯特·兰兴在其1906年的一篇文章中也使用"反人类罪"一词来谴责当时海盗行为。② 1914年，英法之间的《巴黎协议》（Treaty of Paris）使用了自然正义法则的概念。自然正义法则概念是后来的人道法则概念的前身。1914年英美之间的《甘特协议》（Treaty of Ghent）强调奴隶贸易违反"人道与正义的原则"。1915年，第一次世界大战同盟国在其共同宣言中把土耳其政府对"亚美尼亚人的大屠杀"（the Amenian enocide）定义为"反人类罪"（crimes against humanity）。1915年5月24日，同盟国中，英国、法国和俄罗斯共同发表声明明确提出"反人类的罪行"概念。《联合声明》说："鉴于这些新的土耳其危害人类罪和文明，盟国政府向最高波特奥斯曼政府公开宣布，所有成员以及那些其代理人都卷入了这类屠杀事件的人将直接对这些罪行负责。"③ 在这场战争结束时，国际战争罪行委员会建议设立一个法庭，尝试以"违反人道的法律"追究有关人员的责任。但是，美国公开反对"人道法律"这一提法，认为人道法律的概念含义模糊不清，也很不成熟。因此，追求反人类罪这一动议只好作罢。

1945年《国际军事法庭的伦敦条例》使反人类罪理念划时代性地成为我们时代的重要理念之一，使反人类罪正式成为重大国际罪之一。1945年第二次世界大战结束后，同盟国决定追究纳粹战犯的法律责任。《国际军事法庭的伦敦条例》应时而生。《国际军事法庭的伦敦条例》的革命性的突破是它使反人类罪理念不再仅仅是一个道德概念，而是一个法律概念。《国际军事法庭的伦敦条例》列出三种国际罪：反人类罪、战争罪与反和平罪。根据这一条例，1945年，纽伦堡审判追究犯反人类罪的纳粹战犯的法律责任。反人类罪概念的横空出世是与当时的历史背景紧密相关的。在第二次世界大战之后，

---

① 参见［英］诺曼·杰拉斯（Norman Geras）《反人类罪：一个概念的诞生》，曼彻斯特大学出版社2011年版，第4页。

② 同上书，第5页。

③ http://avalon.law.yale.edu.

现代性与时代意识论
NEW COMPARATIVISM

《国际军事法庭的伦敦条例》重新定义大屠杀和纳粹政权所犯下的滔天罪行问题。因为传统意义的战争罪概念没有包含对本国公民的基本权利、尊严与人身安全所犯下的罪行,如纳粹政权对德国的犹太人所犯下的滔天罪行,因此《国际军事法庭的伦敦条例》只好把这一类罪行也归纳在一个新的罪行范畴下。不仅如此,纳粹政权对德国的犹太人所犯下的滔天罪行再次提出了必须司法性地保障人的基本权利与自由,保护人的基本尊严与人格,这需要新的国际罪范畴。所以,反人类罪范畴应运而生。

《国际军事法庭的伦敦条例》第 6 条不仅包括传统战争罪和危害和平罪,而且在第 6(c)条把危害人类罪定义为:谋杀、灭绝、奴役、驱逐出境和其他基于政治、种族或宗教的理由,在战争或迫害期间犯下的不人道行为的地方。[①] 国际军事法庭对德国主要战犯审判的判决中指出:本法庭不能根据《国际军事法庭的伦敦条例》认定 1939 年之前的行为属于反人类罪,但从 1939 年之后,大规模范围内所犯的罪行已构成危害人类罪;本法庭所指控的,在战争开始后所犯的不人道行为,并不属于战争罪的范畴,而是属于反人类罪的范畴。[②] 从此,反人类罪正式成为国际法的一个最具影响的范畴。

与此同时,1946 年,远在东京的美军占领军统帅道格拉斯·麦克阿瑟发布命令,效仿纽伦堡审判追究犯反人类罪的纳粹战犯的法律责任的做法,建立国际远东军事法庭,以反人类罪、战争罪与侵略罪追究日本战犯的法律责任,这就是著名的东京审判。在东京审判中,反人类罪与大屠杀罪同属一个范畴。也就是说,在东京审判中,反人类罪与大屠杀罪在内涵与外延上是相同的。5700 名日本人因犯此罪被送上审判台。对于反人类罪理念来说,东京审判与纽伦堡审判一样具有同等意义。在理念上,东京审判与纽伦堡审判一样把反人类罪作为正式的司法性范畴。两者的反人类罪也基本相同。在实践上,东京审判与纽伦堡审判一样把反人类罪作为正式的司法性罪行起诉,对犯

---

① 《国际军事法庭的伦敦条例》,http://avalon.law.yale.edu。
② 同上。

反人类罪的罪犯正式追究法律责任。

  1945年的纽伦堡审判和1946年的东京审判之后，另一个对危害人类罪的具有司法审判权的国际法庭的建立是48年之后的事情。1993年，联合国在荷兰海牙设立审判前南战犯国际刑事法庭，起诉在前南斯拉夫战争期间犯下的严重罪行及其肇事者。前南战犯国际刑事法庭的成立由联合国安全理事会827号决议规划，在1993年5月25日通过。它对四种自1991年以来在前南斯拉夫领土上所犯下的罪行具有司法审判权：严重违反《日内瓦公约》罪，违反法律或惯例的战争罪，种族灭绝罪和危害人类罪。1993年《审判前南战犯国际刑事法庭规约》定义的危害人类罪基本上沿用《国际军事法庭的伦敦条例》的概念与纽伦堡审判案例的概念。这一概念与战争罪多有交叉之处。

  总的来说，《审判前南战犯国际刑事法庭规约》定义的危害人类罪仍是指在战争期间，系统地对人权、人的尊严的严重践踏以及对人身安全的侵犯。对于反人类罪理念来说，荷兰海牙审判与纽伦堡审判、东京审判一样具有同等意义。在理念上，海牙审判与纽伦堡审判、东京审判一样把反人类罪范畴作为正式的司法性范畴。在实践上，海牙审判与纽伦堡审判、东京审判一样把反人类罪作为正式的司法性罪行起诉，对犯反人类罪的罪犯正式追究法律责任。无论如何，它们证明了国际甚至全球性的对反人类罪的定义、审判、追究的司法秩序与机构的存在与发展。

  与此同时，自从1945年的纽伦堡审判和1946年的东京审判之后，在联合国的主持下，拟订规定危害人类罪法规的工作一直都在按部就班地进行。早在1947年，联合国大会授权联合国国际法律委员会制订和起草与国际法原则、纽伦堡宪章与审判精神一致的，关于危害和平罪和危害人类罪的法规。这一历史性的任务终于在51年后完成，这就是1998年《国际刑事法院罗马规约》（以下简称《罗马规约》）的产生。《罗马规约》2002年生效。《罗马规约》给出反人类罪的最经典定义，也是目前国际法律各国法律通用的反人类罪定义。根据《罗马规约》，反人类罪是一种系统的、政策性的、有组织的于大范围内犯的罪行，是政府政策或某一社会组织某种政策的体现。反人类罪是系统地、政策性地、残酷地对人的基本权利与自由，对人的尊严与人格的严重践踏与危害。

根据《罗马规约》，"危害人类罪是指广泛地、有系统地针对任何平民人口进行的攻击与侵犯，并作为攻击的一部分，有意识地、明知地实施的下列任何一种行为：（1）谋杀；（2）灭绝；（3）奴役；（4）驱逐出境或强行迁移人口；（5）违反国际法基本规则，监禁或以其他方式严重剥夺人身自由；（6）酷刑；（7）强奸、性奴役、强迫卖淫、强迫怀孕、强迫绝育或严重程度相当的任何其他形式的性暴力；（8）基于政治、种族、民族、族裔、文化、宗教、第三款所界定的性别，或根据公认为国际法不容的其他理由，对任何可以识别的团体或集体进行迫害，而且与任何一种本款提及的行为或任何一种本法院管辖权内的犯罪结合发生；（9）强迫人员失踪；（10）种族隔离罪；（11）故意造成重大痛苦，或对人体或身心健康造成严重伤害的其他性质相同的不人道行为。"[①]

根据《罗马规约》，"（1）'针对任何平民人口进行的攻击与侵犯'是指根据国家或组织攻击平民人口的政策，或为了推行这种政策，针对任何平民人口多次实施上述行为的行为过程；（2）'灭绝'包括有意识地造成某种生活情况，如断绝粮食和药品来源，目的是毁灭部分的人口；（3）'奴役'是指对一人行使附属于所有权的任何或一切权力，包括在贩卖人口，特别是贩卖妇女和儿童的过程中行使这种权力；（4）'驱逐出境或强行迁移人口'是指在缺乏国际法容许的理由的情况下，以驱逐或其他胁迫行为，强迫有关的人迁离其合法留在的地区；（5）'酷刑'是指故意致使在被告人羁押或控制下的人的身体或精神遭受重大痛苦，但酷刑不应包括纯因合法制裁而引起的，或这种制裁所固有或附带的痛苦；（6）'强迫怀孕'是指以影响任何人口的族裔构成的目的，或以进行其他严重违反国际法的行为的目的，非法禁闭被强迫怀孕的妇女。本定义不得以任何方式解释为影响

---

① 《罗马规约》，http://avalon.law.yale.edu。

国内关于妊娠的法律;(7)'迫害'是指违反国际法规定,针对某一团体或集体的特性,故意和严重地剥夺基本权利;(8)'种族隔离罪'是指一个种族团体对任何其他一个或多个种族团体,在一个有计划地实行压迫和统治的体制化制度下,实施性质与第一款所述行为相同的不人道行为,目的是维持该制度的存在;(9)'强迫人员失踪'是指国家或政治组织直接地,或在其同意、支持或默许下,逮捕、羁押或绑架人员,继而拒绝承认这种剥夺自由的行为,或拒绝透露有关人员的命运或下落,目的是将其长期置于法律保护之外。在本规约中,'性别'一词应被理解为是指社会上的男女两性。'性别'一词仅反映上述意思"[1]。

根据《罗马规约》的补充说明,反人类罪行指的不是孤立或零星的罪行。相反,反人类罪是某种政策性(虽然肇事者不需要自己认同这项政策)与系统行为的一部分,是广泛实践的、具有一贯性的暴行。不仅如此,事实上,反人类罪的发生是受一国政府或事实上的权威机构政府容忍、纵容或鼓励的。值得注意的是,根据《罗马规约》的补充说明,如果谋杀,灭绝,酷刑,强奸,政治、种族或宗教迫害和其他不人道行为是广泛或有系统的做法的一部分,也属于危害人类罪的范畴。反之,如果这些性质的不人道行为是孤立的,根据不同情形,它们或构成严重侵犯人权罪或构成战争罪,但不属于正在讨论的危害人类罪的范畴;与此同时,如果其行为是始终如一的、连贯的,并与其他人的同样行为联系在一起,个人可能犯有危害人类罪,即使他涉及的是上文所述的其中一个或两项罪行,或其侵犯行为涉及的只有几个平民(例如,因为他们在统一战线上从事武装行动或他们进行一项共同计划或任何其他类似的原因)。因此当一个或多个个人还未被指控策划或进行一项政策的非人道性行为,而仅仅被指控犯具体罪行或恶毒的行为时,为了确定是否满足属于反人类罪的必要标准,应当使用下面的测试:应该看看并验证这些暴行或行为在其前后关系中是否可能是整体政策的一部分或一贯的非人道性的行为,

---

[1] 《罗马规约》,http://avalon.law.yale.edu。

还是孤立或零星的残暴和邪恶的行为。①

无论如何,《罗马规约》不仅列举了一些反人类罪的典型行为,如系统性的、有组织性的与政策性的谋杀,灭绝,酷刑,强奸,政治、种族或宗教迫害和其他不人道行为,而且指出反人类罪与一般的恶性罪行的区别,即反人类罪是整体政策的一部分或一贯的非人道性的行为,而一般恶性罪行是孤立或零星的残暴和邪恶行为。也就是说,《罗马规约》不仅仅给出反人类罪的一些范例,而且对反人类罪概念的内涵做出一些重要的规定。不仅如此,在《国际军事法庭的伦敦条例》中,反人类罪被限定在战争前或战争期间所犯的罪行,而《罗马规约》没有这一时间限定。在《国际军事法庭的伦敦条例》中,反人类罪被限定为武装冲突是所犯的罪行,而《罗马规约》没有这一限定。也就是说,《罗马规约》突破《国际军事法庭的伦敦条例》的一些局限,在更加广泛的范围内定义反人类罪。

2002 年,根据《罗马规约》,国际刑事法院(ICC)在海牙(荷兰)成立。《罗马规约》给予国际刑事法院对灭绝种族罪、危害人类罪和战争罪的司法审判权。就是说,国际刑事法院的法律依据是《罗马规约》。总的来说,国际刑事法院诉讼时所使用的"危害人类罪"范畴与《罗马规约》的危害人类罪行概念、1994 年的《审判卢旺达罪犯国际刑事法庭规约》所用的反人类罪的概念是一致的。但是,国际刑事法院诉讼时所使用的"危害人类罪"范畴是,在其第 7 类反人类罪中加进"基于政治、民族、种族或宗教的理由"的标准与限制。

2002 年 4 月 30 日欧洲理事会部长委员会发给各成员国关于保护妇女免受暴力的一项提议。该建议"关于在冲突和冲突后局势中的暴力行为的额外措施"的第 69 段要求成员国坚决地把强奸、性奴役、强迫怀孕、强迫绝育或任何其他形式的性暴力作为不可容忍的侵害人权、危害人类罪和战争罪,与在武装冲突情况下犯下的罪行一样应受到严重惩罚。欧洲理事会部长委员会提议所用的反人类罪的范畴

---

① 《国际刑事法院罗马规约解释性补充》,http://avalon.law.yale.edu。

完全是《罗马规约》的反人类罪范畴。提议特别指出，1998年7月在罗马通过国际刑事法庭规约即《罗马规约》，第7条将强奸、性奴役、强迫的卖淫、强迫的怀孕、强迫的绝育或任何其他形式的，严重程度相当的性暴力行为定义为危害人类罪。又指出，根据《罗马规约》，反人类罪必须是针对任何平民人口的广泛或有系统攻击的一部分，即强奸、性奴役、强迫怀孕、强迫的绝育或任何其他形式的性暴力作为不可容忍的侵害人权必须是系统性的、政策性的才能属于反人类罪的范畴。欧洲理事会部长委员会给各成员国提议并没有在内容与含义方面更新反人类罪概念，而是不断地现实化《罗马条约》的反人类罪概念。

与此同时，值得注意的是，反人类罪的核心内容是系统地、政策性地、大规模地践踏人的基本权利与人的基本尊严。在这一意义上，1948年的联合国《世界人权宣言》为反人类罪理念提供了一个永恒的理论与法理基础。反人类罪包含对人权的最粗暴、最冷血的侵犯与践踏。随着人权理念事实上成为全球性的司法法理念，反人类罪理念也逐渐成为全球性的司法理念。联合国《世界人权宣言》不是国际法，但是，联合国《世界人权宣言》的发表赋予人道法律这一概念新的内容。联合国《世界人权宣言》的发表，制度性地巩固了以纽伦堡审判与东京审判为标志的全世界向反人类罪宣战的成果，也为后来全人类对反人类罪的战争吹响了战斗的号角。

反人类罪是一种国际与全球性的罪行，是对人类总体的侵犯，是一种对全球性人类法律的侵犯，不仅仅是一种道德上的错。罪行是一种犯法。罪行概念所示的不是一种在道德上令人作呕的行为，而是法律上禁止的行为。就反人类罪来说，一方面，反人类罪是由现有的国际法所规定，其主要法律范例模型是如上所提的《国际军事法庭的伦敦条例》《审判前南战犯国际刑事法庭规约》《审判卢旺达罪犯国际刑事法庭条例》与《罗马规约》。因此，反人类罪是一种犯法，而不仅仅是一种不道德或非伦理。它是非正义的、触犯法律的冒犯，不仅仅是一种道德上的恶。例如，纳粹战犯、前南战犯、卢旺达罪犯与被送上国际刑事法院犯反人类罪的人所犯的是罪行，是对法律的侵犯，而不仅仅是一种道德上的错。另一方面，与此相适应，犯反人类罪的人、团体或政府受到的将不仅仅是道德性的谴责，而是被送上法庭，受到法律的追究，负刑事责任。例如，纳粹战犯、前南战犯、卢旺达罪犯与被送上国际刑事法院犯反人类罪的人都受到法律的追究，负刑事责任，不仅仅是受到道德的谴责。

与此相适应，现存的国际法律所定义的反人类罪具有具体确定的内涵与外延。在这一意义上，反人类罪理念比其他我们时代的核心理念具有一个独特的优势，即其概念上的内涵与外延的法定确定性。不错，随着时代的发展以及新的国际法律和全球法律的不断建立，反人类罪的概念还会不断地发展。但这一事实并不改变反人类罪概念在我们时代具有确定的内涵与外延。

二 反人类罪概念的证明

自纽伦堡审判以来，反人类罪概念作为一个司法范畴迅速全球化，其理念在概念上与制度上充实了全球正义理念。在这一历史情境下，其实可以有三大对反人类罪理念的合理论证：世界主义论证、契约主义论证与法律实证主义的论证。

（一）世界主义论证

世界主义论证是最古老的论证。最早期反人类概念的论证主要是世界主义的论证。如前所述，反人类罪概念从一开始出现就是与人类法律的概念一起出现的。如前面所提到的，1860年，竞选美国总统的林肯以违反人类法律的名义把贩卖非洲黑奴的行为斥为"反人类罪"。在其1890年9月15日给乔治·华盛顿·威廉斯的信中，也以违反普遍人类法则的名义谴责刚果国的奴隶贸易为反人类罪。[1] 罗伯特·兰兴在其1906年的一篇文章中将违反普遍人类法则的名义谴责

---

[1] ［英］诺曼·杰拉斯：《反人类罪：一个概念的诞生》，曼彻斯特大学出版社2011年版，第4页。

当时的海盗行为为反人类罪①。1914年，英法之间的《巴黎协议》使用了自然正义法则的概念，自然正义法则概念是后来的人道法律概念的前身。1914年英美之间的《甘特协议》强调奴隶贸易违反"人道与正义的原则"。1915年，第一次世界大战同盟国在其共同宣言中将违反普遍人类法则的土耳其政府对"亚美尼亚人的大屠杀"定义为反人类罪。1915年5月24日，同盟国中，英国、法国和俄罗斯共同发表声明明确提出违反普遍人类法则的"反人类的罪行"概念，而美国以"人道法律"这一概念模糊不清为由反对反人类罪概念。1945年，《国际军事法庭的伦敦条例》列出三种国际罪：反人类罪、战争罪与反和平罪；同年，根据这一条例，纽伦堡审判追究犯反人类罪的纳粹战犯的法律责任。因为纳粹战犯的罪行是对本国公民的基本权利、尊严与人身安全所犯下的罪行，如纳粹政权对德国的犹太人所犯下的滔天罪行，因此《国际军事法庭的伦敦条例》把这一类罪行定为反人类罪。

世界主义的基本论证如下：

（1）存在自然的、世界性的人类权利与人道法律；

（2）自然的、世界性的人类权利与人道法律是全球人类社会政治道德共同体的普遍的、平等的、具有全球效力的人类权利存在与法则；

（3）与之相适应的全球性，冒犯自然的、世界性的人类权利与人道法律是一种犯罪，而不仅仅是道德上的错；

（4）冒犯自然的、世界性的人类权利与人道法律是一种犯罪，就是冒犯人类总体与人道；

（5）因此，反人类罪存在。

天赋人权是近代哲学的一个核心概念，这一概念自洛克之后尤其深入人心。自康德以来，世界性的人道法律概念也逐渐成为西方主流哲学概念。自1948年联合国发表《世界人权宣言》以来，人权原则已成为我们时代社会正义最重要的运行原则。而自1945年《国际军

---

① ［英］诺曼·杰拉斯：《反人类罪：一个概念的诞生》，第5页。

事法庭的伦敦条例》以来，人道法律不仅仅成为一个国际法范畴，而且紧紧地与人权理念连在一起。所以，世界主义论证的第一前提有充分的时代精神基础。人道法律是人类法律，即制约人类、属于人类共同体的法律，因此，有人道法律，违反人道法律自然就是一种反人类罪。人权、人类地位等概念都以承认人类共同体作为法权权威的存在为前提，其核心含义是承认违背人权、人类地位意味着违背人类共同体作为法律权威的存在，正如不承认违背人权、人类地位意味着不承认人类共同体作为法律权威的存在。

（二）契约主义的论证

契约主义的论证是目前西方哲学最流行的论证之一。契约主义的论证与世界主义的论证的重大区别是，世界主义的论证认为，在全球范围内具有法律效力的人类权利与规定反人类罪的人道法律是自然法律的反映，其规范都是自然法则与理性法则，而契约主义的论证认为，在全球范围内具有法律效力的人类权利与规定反人类罪的人道法律是民主地、契约地建立的。那些在全球范围内具有法律效力的人类权利与规定反人类罪的人道法律，也许反映或未反映自然法则与理性原则，一切都是契约，它们的全球性法律效力来自契约。

契约主义论证的基本点是：

（1）法律是契约的产物，法律效力来自契约；

（2）契约性的、在全球范围内具有法律效力的人类权利与规定反人类罪的人道法律可以通过民主过程建立；

（3）契约性的、在全球范围内具有法律效力的人类权利与规定反人类罪的人道法律的确已经通过民主过程建立；

（4）因此，反人类罪存在。

契约是人类社会政治思维的最古老的概念之一，法律的契约性也是人类社会政治思维最认同的理念之一。因此，契约主义的论证第一、第二前提应没什么争议。既然人类的某一具体共同体即国家可以契约性地建立国内法律与国际法律，全球人类共同体也可以契约性地建立国际法律与全球法律。契约主义的论证第三前提是一个事实描述,在全球范围内具有法律效力的人类法规如《罗马规约》事实上存在。契约主义的论证第一、第二、第三前提成立,反人类罪因此法律上存在。

值得注意的是,自由主义哲学可以不同意世界主义的论证,但很难拒绝契约主义的论证。契约主义的论证不假设参加制定契约的各方必须有普遍真理、普遍正义等概念,或认同共同的关于人类的综合学说。它只要求参加制定契约的各方有罗尔斯所说的合理态度。如前所说,罗尔斯所说的合理态度包括两个方面:第一,愿意在公平的条件下与他人合作,也愿意提出与他人合作的公平条件;第二,愿意承担判断的责任负担。

(三) 法律实证主义的论证

法律实证主义的论证是西方社会政治哲学最流行的论证之一,是法律实证主义哲学在全球法律、国际法律领域中的应用。它与世界主义论证的根本区别是,它强调某一规定反人类罪的国际或全球法律有效性的唯一源泉乃这一法律是由正当权威经过正当程序正式颁布的法律,不依赖于自然人权或自然法律的存在。它与契约主义论证的根本区别是它强调颁布法律的权威与程序的正当性,而不是法律的契约性,而契约主义强调法律的契约性。

法律实证主义论证的基本点是:

(1) 凡是由正当权威经过正当程序正式颁布的法律都是有效的;

(2) 法律效力以其被正当权威正式颁布为基础与标准;

(3) 在全球范围内具有法律效力的人类法规如《罗马规约》被正当权威正式颁布存在;

(4) 在全球范围内具有法律效力的人类法规如《罗马规约》有效地明确规定反人类罪存在;

(5) 因此,反人类罪存在。

如上的前提(1)和(2)是法律实证主义法律观的核心理念。前提(3)和(4)是事实描述。因此,如果你认同法律实证主义的法律观，如上论证就成立。

三 反人类罪、人类总体与人道

反人类罪概念的产生与迅速发展记载着我们时代对人的身份、人的尊严、人的地位、人的价值的重新认识。反人类罪概念司法性地规定人的身份、人的尊严、人的地位、人的价值的不可侵犯性。反人类罪（crimes against humanity）的中文译名包括"危害人类罪""反人道罪"等。这里，我们先在概念上重申几点。首先，反人类罪是一种罪行，不仅仅是一种道德的错。也就是说，它是一种违法的侵犯。其次，它冒犯的是人类。也就是说，它冒犯的对象是人类本身。如何理解反人类罪对人类的冒犯是当今哲学争论的一个热点。如上所讨论的，反人类罪指的是一种既危害人类总体，又践踏人道的罪行。总的来说，它的基本内涵是：

（1）侵害人类总体（offend and injure humankind in whole）；

（2）践踏人道（violate humanness），包括践踏人权、践踏人的尊严、否定人的地位等。

也就是说，在反人类罪中，受害主体不仅仅是受害的个人或人群，而是人类总体本身与人道本身。美国学者大卫·鲁班指出："反人类罪同时触犯人类总体与伤害人道。它是如老鼠过街，人人喊打的罪行，是全人类的公敌。"[1] 与此相适应，反人类罪概念正式成为司法范畴时，它给当代法律哲学带来两个方面的革命性贡献。也就是说，它给法律哲学带来两个概念性的革新。第一，它史无前例地把人类总体作为罪行的受害者。因此，它更新了我们的法律性受害者的概念。第二，反人类罪概念史无前例地把人类总体作为对罪行问责的主权主体。因此，它更新了我们的法律权威主体的概念。

与一般的罪行概念不同，反人类罪的直接受害者是人类总体本

---

[1] ［美］大卫·鲁班：《关于反人类罪的理论》，《耶鲁大学国际法杂志》卷29，2004年。

身，而不仅仅是直接受害的具体个人与具体人群。人类总体是一个抽象概念。它只能是亚里士多德所说的第二实体，即家族或种族实体。作为亚里士多德所说的第二实体，人类总体没有自己的独立存在，它的存在只能寓于具体的个人与具体的人群。因此，根据传统的法律观，抽象存在不能是直接受害者。根据传统法律观，一般罪行的受害者只能是具体的人或具体的人群，而不是抽象的实体。反人类罪概念一方面正式宣布人类总体作为一个实体存在，另一方面正式宣布这一实体是一种罪行的直接受害者。因此，反人类罪概念不仅扩大了我们的法律概念——如它指示着国际法律与全球法律的存在，也扩大了我们的罪行受害者的范畴。

不仅如此，反人类罪之所以是反人类罪还在于它是被人类主体问责的罪行，即它违背人类主体是一个有权规定法律的主权主体。因此，反人类罪概念扩大了我们的人类概念，即人类不仅仅是一个生物族体或族类的存在，而是一个政治实体，即人民，是一个具有法律主权的，国家、社会组织与个人比较服从的法律主体。它也扩大了我们的法律主体范畴，因此认识到国际法律与全球法律的可能性与本体条件。

反人类概念的革命性的贡献还表现在它正式宣布司法性人道法律的存在。反人类罪概念的存在意味着人道法律的存在。哪里有罪行，哪里就有定义罪行的法律。因此，反人类罪概念正式宣布人道法律的存在。不仅如此，反人类罪概念正式宣布司法性人道法律的存在。即违背人道法律是要受到司法追究的，而不仅仅是道德谴责。如上所讨论的，《国际军事法庭的伦敦条例》与 1915 年第一次世界大战同盟国的《共同宣言》都宣称，反人类罪违背"人道法律"。在历史里程碑性的纽伦堡审判中，美国法官罗伯特·杰克逊（Robert H. Kackson）著名地宣称：纳粹战犯违背一则最高法律，即人道法律。与此同时，如上所讨论的，仅仅在 1915 年，人道法律仍被认为意义模糊，其存在受到质疑。从 1915 年至 1945 年，人道法律经过漫漫长路终被确认。

应如何理解反人类罪侵害人类总体与践踏人道，仁者见仁，智者见智。例如，关于如何理解反人类罪侵害人类总体，著名哲学家汉娜·阿伦特（Hannah Arent）认为，反人类罪损害人类认同，因此侵害人类总体。在这一问题上，学者们又受困于应如何理解人类总体是一个共同体。而关于反人类罪侵害践踏人道的问题，著名学者大卫·鲁班（David Luban）认为，反人类罪践踏人类的政治生活方式，因此，反人类罪践踏人道。

从前面的讨论中我们可以看到，反人类罪践踏人道的最基本的含义是反人类罪违背人道法律。而人道法律最基本的内容可以概括如下：

（1）禁止国家、社会组织或个人对人的身份与地位的否认或伤害；

（2）禁止国家、社会组织或个人对人的人格与尊严的侮辱；

（3）禁止国家、社会组织或个人对人的基本权利与自由的无理侵犯；

（4）禁止国家、社会组织或个人对人类共同体的间体意识的侵犯与践踏；

（5）每个人具有做人的基本责任与义务，国家与社会组织具有把公民当作人的责任与义务；

（6）禁止国家、社会组织或个人对人的基本价值的不尊重，禁止国家、社会组织或个人对人类普遍价值的不尊重；

（7）如上禁止与命令是司法性的。

毫无疑问，如上所述的人道法律适用于禁止国家、社会组织或个人。反人类罪对人道的践踏的核心是对人道法律的触犯与背叛。

反人类罪是对受害者人的身份与地位的否认或伤害。马斯莫·雷诺指出，"反人类罪指那些否认其受害者的人的身份与地位的罪行"[①]。反人类罪包含着对其受害者的人格与尊严赤裸裸的、最恶劣的侵犯与侮辱。反人类罪包含着对其受害者的人的基本权利与自由的

---

① 马斯莫·雷诺：《反人类罪与国际犯罪法律的局限》，《法律与哲学》第31集，2012年，第448页。

赤裸裸的、最恶劣的侵犯与践踏。反人类罪是对人类共同体的间体意识的侵犯与践踏。反人类罪包含着不把受害者当作人，反人类罪罪犯背叛了其责任与义务。反人类罪包含着对人类普遍价值的不尊重，对人的基本价值的不尊重。因此，反人类罪违背了人道法律的禁止与命令。也就是说，反人类罪对人道的践踏不是道德上的失误或失败，而是法律上的触犯。

值得注意的是，践踏人道或触犯人道法律不应被理解为或简单地等同于反人道或非人道。因此，对《国际军事法庭的伦敦条例》《审判前南战犯国际刑事法庭规约》《审判卢旺达罪犯国际刑事法庭规约》与《罗马规约》等指明反人类罪行为是非人道的这一点，我们要深入理解。在道德上，践踏人道是侵犯人的基本尊严、基本权利、人性本身以及人身份本身。而反人道或非人道主要是违背人性，没有以慈悲为怀。践踏人道侵犯"人道法律"。反人道或非人道违背仁爱准则。践踏人道侵犯人类总体。反人道伤害受害个体如个人或某一人群。因此，一些战争罪事件是反人道的，但不同于践踏人道，属于战争罪而不属于反人类罪。在法理上，践踏人道是对法律的侵犯，而反人道或非人道是道德性的错与伦理性的错。

无论存在何种分歧，我们这里应认识到，反人类罪的两个基本要素是践踏人道与侵害人类总体。如《罗马规约》所规定的，反人类罪不是一般的侵犯人权或尊严，而是达到践踏人道、侵害总体这一程度的侵犯。反人类罪事件对人权与人的尊严的侵犯具有不能为人类所容忍的广度与深度。反人类罪不是一般的否定人的地位，而是达到践踏人道、侵害人类总体这一程度。因此，《罗马规约》将反人类罪定义为"那些针对人性尊严极其严重的侵犯与凌辱的众多行为构成的事实"。这里，"侵犯与凌辱"的限制词是"极其严重的"。又如，反人类罪也不是一般的大屠杀，而是达到践踏人道、侵害人类总体这一程度的大屠杀。在这一点上，值得注意的是，制造南京大屠杀的日本战犯被远东军事法庭与其他法庭审判时，被定的罪是大屠杀罪、战争罪，而不是反人类罪。在纽伦堡审判中，纳粹对犹太人的大屠杀却被定为反人类罪。如何区别反人类罪与一般的大屠杀是当前西方哲学讨论的热点之一。就纳粹对犹太人的大屠杀来说，它政策性地、系统地否认犹太人的人的地位。它侵犯的不仅仅是犹太人这一群体，而是人类总体。

为了更好地理解反人类罪，有必要把反人类罪与其他三大国际罪做一个比较。《国际军事法庭的伦敦条例》《审判前南战犯国际刑事法庭规约》《审判卢旺达罪犯国际刑事法庭规约》与《罗马规约》所规定的四大国际罪行是：

(1) 反人类罪（crimes against humanity）。
(2) 大屠杀（genocide）。
(3) 战争罪（war crimes）。
(4) 侵略（aggression）或反和平罪（crimes against peace）。

反人类罪区别于其他三种国际罪行，衡量反人类罪标准的重点在于：危害人类总体；践踏人道。例如，如前所说，一些反人类罪涉及大屠杀。但是反人类罪与大屠杀又是两类不同的罪行。不是所有的大屠杀都是反人类罪，也不是所有的反人类罪都涉及大屠杀。又如虐待或屠杀放下武器的战俘违背《日内瓦公约》，犯战争罪（war crimes），但不一定犯反人类罪。使用被《日内瓦公约》明文禁止使用的非常规武器，如某些化学武器或细菌武器犯战争罪，但不一定犯反人类罪。侵略犯反和平罪，但不一定犯反人类罪。这不是说反人类罪与其他三种国际罪之间没有联系。事实上，在纽伦堡审判中，反人类罪与战争罪是统一范畴的罪行，即使在《罗马规约》中，反人类罪与战争罪也有许多交叉之处。尽管如此，反人类罪与其他三种国际罪行至少有如下三个方面的区别。

第一，反人类罪的受害主体或首要的受害主体是人类总体本身与人道本身，而其他三种国际罪行的受害主体或首要的受害主体不是人类总体本身与人道本身，而是其他主体。的确，在表面层次上，四种国际罪的直接受害者都是具体个人或具体人群。但是，在更深层次上，反人类罪的受害者不仅仅是具体个人或具体人群，而且是人类总体本身，是全人类作为一个人。反人类罪理念的最革命性的贡献之一是其认定人类总体本身与人道本身可以是某种罪行的受害主体或首要的受害主体。反人类罪理念的基本思想是:人类是一个由平等——不分国家、种族、文化、信仰、阶层、性别的,享有尊严、基本的人的权利与自由的人组成的共同体;这一共同体在反人类罪中成为首要的受害主体。与此同时,人道是使人成为人的本质性;它在反人类罪中成为首要的受害主体。因此,反人类罪是一种国际罪行或全球罪行,它危害全球人类共同体。总之,反人类罪理念确立人类本身或人类本体本身是罪行的受害者。反人类罪理念不仅强调了每个人都有基于正义的不可侵犯性,也强调了人类作为法主体对象具有基于正义的不可侵犯性。

反人类罪理念的这一革命性突破难免要引学术界与思想界的争论。其中,德国哲学家约根·哈贝马斯与德国法哲学家卡尔·斯密特的争论是一个范例。哈贝马斯坚决捍卫反人类罪理念,坚持人类本身或人类总体本身可以是罪行的受害者,人类本身或人类总体本身是一个司法范畴的思想。斯密特则持相反观点。"斯密特认为,'当一个国家以人类的名义与它的政治敌人作斗争时,它不是为人道而斗争,而是在滥用一个普遍的概念,正如一个人滥用和平、正义、进步、文明这些词,以便把它们据为己有,否定他人能拥有它们。人道一词是一个特别有用的意识形态工具。'"[①] 斯密特否定反人类罪理念,否定人类本身或人类总体本身可以是罪行的受害者。对此,哈贝马斯指出,斯密特的如上观点不懂得全球人权政治执行的不是属于普遍道德一部分的规范,而是属于世界法律的规范。[②] 我们在这里还应加上,斯密特的如上观点没看到人类本身或人类本体本身可以是反人类罪行的受害者。

第二,反人类罪的法律主权主体是人类总体本身或全球人类共同体本身。即人类总体本身或全球人类共同体本身是犯法的人、团体与政府必须对其负责交代的,也就是说,人类总体本身或全球人类共同体本身主权性主体地规定的法律权利、义务与责任。但某一国际或全

[①] [德]哈贝马斯:《对他者的包容》,第188页。
[②] 同上书,第188—189页。

球机构，是代表人类总体本身。其他三种国际罪行的法律主权主体不是人类总体本身或全球人类共同体本身，而是某种契约共同体。在反人类罪理念的基本思想中，人类是一个由平等——不分国家、种族、文化、信仰、阶层、性别的，享有尊严、基本人权的，作为公民的人组成的共同体。人类实质上是一个世界性的人民。在人类共同体中，作为人类这一世界性人民的一员或一个世界公民，每一个人都具有做人的地位，具有人的尊严，享有一个世界公民的基本人权与自由，同时又负有相应的一个世界公民的义务与责任，正如每一个公民在一个国家中享有公民尊严、基本公民权利，同时又负有相应的公民义务与责任。在这一意义上，全人类是一个具有法律主权权威的世界性人民。像一个国家一样，全球人类共同体是一个法律主权主体，其成员必须对其规定的权利、义务与责任有所交代。因此，反人类罪是一种国际罪行或全球罪行，它冒犯全球人类共同体或作为一个人民的全人类。

简言之，反人类罪指的是使人类总体本身与人道本身成为首要的受害主体的法律触犯。它是对人类总体本身这一法律主权主体的触犯，它是对人道法律的触犯。它与其他三种国际罪既有交叉之处，又在内涵与外延方面有所区别。

与此相适应，如上的讨论使我们认识到，无论是作为受害者或是主权者，人类总体不仅仅是一个生物族体，而且是一个政治实体，即人民。而作为一个政治实体，即人民，人类不仅仅是一个法律、政治与伦理道德实体，而且是一个本体性的主体。的确，人类首先是一个本体性的实体，然后才是人类。这一事实意味着如下三个基本事实。第一，每个人的人身份不仅仅是一种正式的、本体性的身份，而且是优于其他现实身份的最重要的身份。第二，人类总体不仅仅是一个亚里士多德式的第二性实体，而且是拥有间性意识的实体。无论是作为法律主体——有主权的法律主体，还是作为法律客体——某种罪行的受害者，人类总体必须是一个有意识的实体，因为只有有意识的实体才有可能是法律的主体或客体。第三，侵犯人类总体与侵犯人道彼此相连，密不可分。

第五章 反人类罪论

首先，反人类罪伤害人类总体，践踏人道，这意味着反人类罪伤害到人类最正式、最本质与最实质的东西。因为没有比伤害到人类最正式、最本质与最实质的东西是更加真实、更加完整意义上对人类总体的伤害与对人道的践踏。那么什么是人类最正式、最本质与最实质的东西？人类最正式、最本质与最实质的东西当然是人类的人身份。人类的人身份不仅仅是人类最正式的身份，而且是最本质、最实质的身份，因而也是最基础的身份、基本体身份。失去了人的人身份，人的其他身份毫无意义，一无是处。例如，如果一个人不是人而是禽兽或冷血动物，这个人的党员身份或市民身份也就毫无意义，一无是处。在这一意义上，人类的人身份优于人类的其他现实身份。也就是说，在我们的政治、伦理道德与法律思维中，人类的人身份必须是被优先考虑的。从本体的角度说，人的自由、人的权利、人的责任、人的义务与人的尊严等都以人的人身份为前提，是由于人的人身份而产生的。不仅如此，人类之所以是一个总体，能成为一个人民，是由于人的人身份的存在。人类作为一个整体的存在是前政治性的，即它不是由一个政治性的过程如建国所造成的。而人类能前政治性地存在为一个总体，这是因为人类都有共同的人身份，并因为这一身份而具有人的地位、权利、自由、责任、义务与尊严。在这一意义上，反人类罪具有本体性的一方面。如大卫·鲁班、马斯莫·雷诺等所指出的，反人类罪否定那些受害人的人身份与地位。反过来说，反人类罪否定人类的人身份是所有人的正式、本质与实质的身份。所以，反人类罪一方面伤害那些具体受害人或人群的本体性存在，更伤害人类总体的本体性存在。这也是反人类罪是一种国际性、全球性的罪行的原因。它是全球性的伤害，因为通过对人类的人的身份的伤害，反人类罪造成对人类总体的本体性的伤害。值得注意的是，人类总体在反人类罪中受伤害了，这不是说人类在数量上减少了，而是人类在本质上、实质上受伤害了。人类总体在反人类罪中受伤害了，这不是说人类的某些非本质、非实质性的东西没了，而是说人类的本质性、实质性的东西受到了攻击与伤害。总之，反人类罪对人的自由、权利与尊严的践踏，对人的责任与义务的背叛，在更深层次上是对人的人身份与地位的伤害与践踏。

其次，与此相适应，反人类罪之所以是反人类罪，一方面是因为人类总体是此罪行的受害者，另一方面是因为人类是犯此罪行罪犯必须服从、对其负有责任的法律主体。如果人类总体是反人类罪的受害者，那人类总体必然是一个有意识的主体，不仅仅是亚里士多德式的第二实体。只有有意识的实体才能是罪行的受害者，因为只有有意识的实体才拥有自由与权利。而只有拥有自由与权利的实体才能成为罪行的受害者。不仅如此，只有对有意识的实体，罪行罪犯才负有责任与义务，对这些责任与义务的背叛应受到追究。与此相适应，如果人类总体是一个反人类罪性的罪犯必须服从的法律主体，那人类总体必然是一个有意识的主体，不仅仅是亚里士多德式的第二实体。只有有意识的实体才能是对罪行罪犯具有法律权威的立法者与执法者。

不仅如此，只有对有意识的实体，罪行罪犯才负有责任，才必须回答对其的责任与义务问题。而反过来，人类总体的意识的存在肯定人类总体作为实体的现实性，或现实化人类总体为实体。人类总体的意识的存在肯定人类总体作为实体的现实性，这不是因为意识的存在以实体的存在为前提，而是因为具有现实性的意识的存在可以是现实性实体存在的证明。人类总体的意识具有现实性与存在性，因此，它可以是人类总体作为实体的现实性的证明。值得注意的是，人类总体的意识是一种间体性意识（intersubjective consciousness）。因此，它本身就是维系它可以是人类总体作为实体的纽带，也就是说，它本身就是把不同的人连成一个整体的本体性纽带。反过来，反人类罪对人类总体的伤害也集中地表现在对人类间体意识的伤害。例如，许多学者指出，反人类罪在心理上给每个人造成恐怖。即人类能如此对待同类这一事实意识上严重削弱了人类的归属感与间体意识。反人类罪罪犯对人类总体的责任集中地表现在对人类间体意识的责任。这就是说，人类间体意识是反人类罪罪犯必须服从的意识主体，是反人类罪罪犯必须对其负有责任并对所负责人做出交代的意识主体。

美国学者迈克尔·沃尔茨指出，反人类罪震撼我们的良知与良心。反人类罪震撼我们的良知与良心就是反人类罪震撼我们人类的间体意识。我们的良知与良心是我们的间体意识的有机组成部分,更确切地说,它是我们的伦理道德层次上的间体意识,由我们共同的伦理道德情感与信念所组成。我们的良知与良心就是我们作为人的良知与良心。与此同时,反人类罪震撼我们的良知与良心体现在两个方面。一方面,反人类罪伤害了我们的良知与良心,它羞辱了我们的良知与良心。另一方面,反人类罪对我们的良知与良心负有责任,并必须对我们的良知与良心做出交代与回答,而其对我们的良知与良心所做的交代与回答严重地触犯了我们的良知与良心的底线,不仅仅是没有达到我们的良知与良心的标准。

总之,反人类罪是对人的自由、权利与尊严的践踏,对人的责任与义务的背叛,在更深层次上是对人类主体意识的伤害与践踏。反人类罪是对人类总体这一实体的侵犯,这在更深层次上体现在它是对人类主体意识的伤害与践踏。

再次,与此相适应,侵犯人类总体与侵犯人道紧密相连。侵犯人类总体是对人类实体的侵犯,对人类实体的侵犯是对人的自由、人的权利、人的责任、人的义务与人的尊严的侵犯,更是对人的人身份、地位与主体意识的侵犯,因而是对人道的侵犯。反过来,对人道的侵犯,就是对人类实体的侵犯。人道就是人类存在、发展之道。人类存在发展之道是由人的自由、人的权利、人的责任、人的义务、人的尊严、人的身份与地位以及人类主体意识组成的,是与人的自由、人的权利、人的责任、人的义务、人的尊严、人的身份与地位以及人类主体意识共存在的。人类的本质、实质决定人类的生存、发展之道,正如苹果的本质,是指决定苹果的生存、发展之道。反过来,人类之道的保存是人可以作为人去存在、发展的必要条件。因此,侵犯人类总体这一实体意味着侵犯人道,而侵犯人道意味着侵犯人的自由、人的权利、人的责任、人的义务、人的尊严、人的身份与地位和人类主体意识,意味着侵犯人类总体这一实体。也就是说,在一定的意义上,关于反人类罪是侵犯人类总体本身还是侵犯人道的问题没有实质性的意义,因为侵犯人类总体本身和侵犯人道本质上是一块铜板的两面。

与此相适应，反人类罪的存在证明人道法律的存在。一方面，罪行是有法律规定的。犯罪意味着犯法。也就是说，哪里有罪行，哪里就有规定罪行的法律。另一方面，从如上的讨论中我们看到，人道是关于人的自由、人的权利、人的责任、人的义务、人的尊严、人的身份与地位以及人类主体意识之道。与之相适应，人道法则就是关于人的自由、人的权利、人的责任、人的义务、人的尊严、人的身份与地位以及人类主体意识的法则。因为人道是关于人的自由、人的权利、人的责任、人的义务、人的尊严、人的身份与地位以及人类主体意识的，所以它是关于正义的。它的规定是正义的规定，即从正义的角度所做的规定。因为它所做的规定是从正义的角度做的规定，它所规定的就不是一种劝导性、劝诫性价值，而是强制性的规范。也就是说，它不是作为道德定律规定价值与规范，而是作为司法定律规定规范与标准。总之，人的自由、人的权利、人的责任、人的义务、人的尊严、人的身份与地位以及人类主体意识的存在意味着人类正义的存在，人类正义的存在意味着人道定律不仅仅是作为一个道德定律的存在，而且是作为一个司法性法律的存在。

大卫·鲁班认为，人道法则的存在是因为人类的共同利益。这里，鲁班的命题需要解释。如上所述，人道定律的存在不是因为人类的物质利益的存在，而是因为人类正义的存在，因为人的自由、人的权利、人的责任、人的义务、人的尊严、人的身份与地位以及人类主体意识的存在。值得注意的是，人道定律的存在表明人不是像无意识或低级意识的存在那样机械地受因果定律的摆布，而是作为有自主意识的主体，是意识到人的自由、人的权利、人的责任、人的义务、人的尊严、人的身份与地位以及人类主体意识的主体。即人道定律的存在表明人类不是萨特尔所说的自在之物，而是萨特尔所说的自为之物。这就是说，人道定律的存在是司法性的存在，而不仅仅是道德性的存在，这是因为作为自为的存在，人类认识到人的自由、人的权利、人的责任、人的义务、人的尊严、人的身份与地位以及人类主体意识，因此人类之间存在一种前政治性的，但是同样有效的法律基础。这一基础是人道法律作为全球性法律的正当性、有效性的源泉。

所以，康德认为以人权为核心的世界法律存在，康德的根据就是人是有主体自主意识的主体，是意识到人的自由、人的权利、人的责任、人的义务、人的尊严、人的身份与地位以及人类主体意识的主体。康德相信，世界法律有其本体性的基础。鲁班也认为，人道法律的正当性力量或威力不仅仅来自它被体现在各种国际、国内法律这一事实，而且来自人道法律的正当性、可接受性。而人道法律的正当性与可接受性来源于它反映了人的自由、人的权利、人的责任、人的义务、人的尊严、人的身份与地位以及人类主体意识的存在。

最后，反人类罪是对人类总体的侵犯与对人道法律的背叛，是对人的自由、人的权利、人的责任、人的义务、人的尊严、人的身份与地位以及人类主体意识的侵犯与践踏。因此，它涉及全球所有的人，是全球性的罪行。不追究反人类罪，不维护与保障每个人的人的身份地位，人的基本权利与自由，人的尊严与人格，社会正义就不可能存在。康德说，我们所生活的地球已进入这样一个时代，即在地球的一角对人权的侵犯将被在地球上的所有其他角落的人所感到。我们还应该说，我们所生活的地球已进入这样一个时代，即在地球的一角对某一人或某一人群所犯的反人类罪将是对在地球上的所有其他角落的人所犯的罪行，将被作为全球罪来追究。我们所生活的地球已进入这样一个全球正义时代，其中，反人类罪将被作为一种主要的国际罪、全球罪来追究。

四　反人类罪的特征

作为国际罪与全球罪，反人类罪是一种特殊类型的罪行。它不仅有特别规定的内涵与外延，而且有其独特的特性。如上所述，在内涵上，反人类罪是对人类总体与人道的侵犯，体现在对人的自由、人的权利、人的责任、人的义务、人的尊严、人的身份与地位以及人类主体意识的政策性的、系统的、具有一定宽度与广度的侵犯与践踏，是对人道法律的政策性的、系统的、具有一定宽度与广度的侵略。在外延上，正如《罗马规约》所规定的，它包括系统性的、政策的、具

现代性与时代意识论

有一定宽度与广度的谋杀、灭绝、奴役、驱逐出境或强行迁移人口，违反国际法基本规则，监禁或以其他方式严重剥夺人身自由、酷刑、强奸、性奴役、强迫卖淫、强迫怀孕、强迫绝育或严重程度相当的任何其他形式的性暴力，基于政治、种族、民族、族裔、文化、宗教、第三款所界定的性别，或根据公认为国际法不容的其他理由，对任何可以识别的团体或集体进行迫害，而且与任何一种本款提及的行为或任何一种本法院管辖权内的犯罪结合发生，强迫人员失踪，种族隔离，故意造成重大痛苦，或对人体或身心健康造成严重伤害的其他性质相同的不人道行为等。

究其特点来说，反人类罪是政策性的、系统的对人的自由、人的权利、人的责任、人的义务、人的尊严、人的身份与地位以及人类主体意识的侵犯与践踏。也就是说，反人类罪不是一种简单的罪行，而是一种政策性的、系统的、具有一定宽度与广度的罪行。《罗马规约》指出：构成人类罪的事件"一般不是孤立或偶发的事件，或是出于政府的政策，或是实施了一系列被政府允许的暴行。如针对民众实施的谋杀，种族灭绝，酷刑，强奸，政治性的、种族性的或宗教性的迫害，以及其他非人道的行为"。不仅如此，《罗马规约》指出，为了确定某些罪行是否满足属于反人类罪的范畴，应当回答如下问题：这些暴行或行为是否可能是整体政策的一部分或一贯的非人道性的行为，还是孤立或零星的残暴和邪恶的行为？这里，我们将集中讨论反人类罪的两个显著特点：政策性与系统性。

反人类罪具有政策性特点。政策性是反人类罪的核心组成部分，也是反人类罪最显著的特征之一。反人类罪发生是为了实施一种政府，或团体，或群体，或政党的某种政策，它是政策性的。如种族屠杀、种族奴役等。如对犹太人的大屠杀是政策性的。因此，构成反人类罪的事件不是偶发的，而是在某种政策主导下必然的。因为对犹太人的大屠杀是政策性的，它是纳粹政策的必然产物。大屠杀与反和平罪也具有政策性的特点。比较之下，主导反人类罪事件的政策旨在侵犯人的人权、践踏人的尊严，否定人的地位与肢解人的人类关系。也就是说，其政策的内容、重点与宗旨不同于主导大屠杀与侵略事件的政策的内容、重点与宗旨。这就是说，从逻辑的角度说，政策性是反人类罪的必要条件，但不是充分条件。反人类罪必然是政策性的。但政策性本身不足以使一些事件成为反人类罪事件。

政策性带给反人类罪事件四大重要因素：意识形态纲领；行动纲领；整体性；必要的宽度、广度与深度。政策是意识形态的表现。反人类罪事件是为实现某种践踏人道、侵害人类的意识形态而发生的。意识形态是意识的客体化与形态化。如纳粹对犹太人的大屠杀是为实现否定犹太人的身份与地位、基本权利与自由的意识形态而进行的种族清洗。主导反人类罪事件的政策使这些事件在一个具体纲领的指引下意识形态化、意志化、目的化。反过来，一些事件的有意志、有目的与有意识地践踏人道与侵犯某一人群群体使这些事件达到有意志、有目的与有意识地侵犯人类总体事件。它不仅使这些事件从简单的暴力事件上升为有意识、有目的性的暴力事件，而且使这些事件从一般的有意识、有目的性的暴力事件上升为特殊的侵犯人类总体、践踏人道意识性、目的性的暴力事件。政策又是行动纲领。主导反人类罪事件的政策使这些事件在一个具体纲领的组织下具有结构性。主导反人类罪事件对人道的践踏与对人类总体的侵犯是结构性的侵犯。因此，纲领性不仅仅使反人类罪事件具有目的性与宗旨，也使这些事件从简单的一般暴力事件上升为结构性的侵犯人类总体、践踏人道的特殊暴力事件。与此相适应，政策使反人类罪事件一起有机地组成一个完整的整体。政策使反人类罪事件中的每一事件成为一个完整整体的有机组成部分，而不再是零散、孤立的事件。也就是说，政策带给反人类罪事件整体性与完整性。与如上相适应，反人类罪侵犯人类总体，因此反人类罪事件具有必要的宽度、广度与深度才能对人类总体构成伤害，政策带给反人类罪事件必要的宽度、广度与深度。

因此，《罗马规约》指出：构成人类罪的事件"或是出于政府的政策，或是实施了一系列被政府允许的暴行"。上面提到的美国学者大卫·鲁班指出，"反人类罪是由有组织的团体在具体政策指导下犯的"，"反人类罪的显著特征不是犯罪者的屠杀倾向，而是其组织性与政策性"①。鲁班进一步指出主导反人类罪事件政策的侧重点是消灭族群体中的人,而主导大屠杀政策的侧重点是消灭族群体。笔者认为,鲁班言之有理。强调主导反人类罪事件政策的侧重点是消灭族群体中的人,突出反人类罪事件是侵犯人类本身与践踏人道。

反人类罪又具有系统性与大范围的特点。反人类罪事件不是某个单独的犯罪行为,如强奸个案或谋杀个案,而是系统性的、集体性的。如种族屠杀、种族奴役、对犹太人的大屠杀等都是系统性的与大范围的,不是简单的强奸或谋杀,而是系统性的与大范围的强奸与谋杀。因此,反人类罪所侵犯的不仅仅是受害者个人,而且是人类本身或人类本体本身。从逻辑的角度说,系统性与大范围也是反人类罪的必要条件,但不是充分条件。反人类罪必然是系统性的与大范围的。但系统性与大范围本身不足以使一些事件成为反人类罪事件。

鲁班认为,反人类罪事件与大屠杀事件的另一重大区别是,前者必须是系统性的、大范围的,而后者不必是系统性的、大范围的。例如,个别的屠村或屠城事件是大屠杀事件,但不一定是反人类罪事件。个别的屠村或屠城事件如果是在特定政策驱使下,系统性的、大范围的种族、宗教或政治清洗的一部分,则成为反人类罪事件。鲁班指出,"大屠杀事件的特点是受害者具有相同的集体群体性,而反人类罪事件的特点是罪犯的集体群体性——罪犯在大范围内系统地制造反人类罪事件"②。

系统性与大范围带给反人类罪事件两大重要因素。第一,系统性与大范围性带给反人类罪整体性,即反人类罪是整体性罪行。第二,系统性与大范围带给反人类罪必要的宽度、广度与深度,即反人类罪是具有一定的宽度、广度与深度的罪行。如上所述,反人类罪事件一起有机地组成一个完整的整体,其中的每一事件成为一个完整整体的有机组成部分,而不再是零散、孤立的事件。反人类罪事件整体性与完整性需要具体政策的指导,也需要系统地设计与实施。也就是说,

---

① [美]大卫·鲁班:《关于反人类罪的理论》,第108、98页。
② 同上书,第98页。

系统性是反人类罪事件整体性与完整性的必要条件。又如上所述，反人类罪侵犯人类总体，因此反人类罪事件具有必要的宽度、广度与深度才能对人类总体构成伤害，系统性是反人类罪事件必要宽度、广度与深度的必要条件。

鲁班认为，反人类罪具有以下五大特点："(1) 反人类罪受害者是以他（她）们的群体归属，而不是以他（她）们的个人特性划分的；(2) 反人类罪针对本国公民与外国人；(3) 反人类罪是国际罪，其罪行超越国界；(4) 反人类罪是由有组织的团体在具体政策指导下犯的；(5) 反人类罪包含最严重、非正常的暴力与追究行为。"①鲁班所列举的反人类罪的五大特性中，特点 (1) 与 (2) 是反人类罪与大屠杀所共有的。在某种意义上，大屠杀事件在这两个特点上更突出。特点 (3) 是四大国际罪所共有的。特点 (4) 是我们如上所讨论的政策性。特点 (5) 与如上所讨论的系统性和大范围性彼此包含。但是，系统性和大范围性更直截了当地表明反人类罪的暴力与追究行为是如何最严重、非正常的。当然，特点 (1)、(2) 和 (3) 是反人类罪与其他国际罪的共性这一事实与它们是反人类罪的特性之一并不相矛盾。政策性、系统性和大范围性更突出地使反人类罪事件区别于其他国际罪。当然，政策性、系统性和大范围性也使反人类罪事件区别于国内恶性、暴力性罪行。另外，反人类罪受害者是以他（她）们的群体归属，而不是以他（她）们的个人特性划分的这一事实反证反人类罪的政策性与系统性。即反人类罪是政策性地与系统地针对受害者的群体属性，政策性地与系统地因为受害者的群体属性而侵犯与践踏受害者的人的自由、人的权利、人的责任、人的义务、人的尊严、人的身份与地位以及人类主体意识。反人类罪针对本国公民与外国人这一事实也反证反人类罪的政策性与系统性，即反人类罪是政策性地与系统地针对受害者的政治属性，政策性地与系统地因为受害者的政治属性而侵犯与践踏受害者的人的自由、人的权利、人的责任、人的义务、人的尊严、人的身份与地位以及人类主体意识。反人

---

① ［美］大卫·鲁班：《关于反人类罪的理论》，第109—110页。

类罪是国际罪，其罪行超越国界这一事实也反证反人类罪的政策性与系统性，即反人类罪是政策性地与系统地伤害人类总体与践踏人道，政策性地与系统地违背人道法律，因此，反人类罪是国际罪、全球罪，其罪行超越国界。反人类罪是由有组织的团体在具体政策指导下犯的这一事实直接证明政策性与系统性特点。反人类罪包含最严重、最非正常的暴力与追究行为反证反人类罪的政策性与系统性，因为政策性与系统性的暴力行为是最严重、最非正常的。

马斯莫·雷诺认为反人类罪具有四大特点：(1) 它们是最恶劣的侵犯；(2) 它们是国际罪；(3) 它们具有政策性的特点；(4) 它们是集体行为。雷诺对反人类罪特点的归纳本质上与鲁班的归纳基本相同。他的四点归纳只是省去了鲁班五点归纳中的第二点，即反人类罪针对本国公民与外国人。因此，雷诺对反人类罪特点的归纳也证明反人类罪政策性与系统性的特点。反人类罪是对人道的最恶劣的侵犯，反证反人类罪的政策性与系统性，因为政策性与系统性的侵犯是最恶劣的侵犯。反人类罪是国际罪，其罪行超越国界这一事实也反证反人类罪的政策性与系统性，即反人类罪是政策性地与系统地伤害人类总体与践踏人道，政策性地与系统地违背人道法律，因此，反人类罪是国际罪、全球罪，其罪行超越国界。它们具有政策性的特点这一事实直接表明反人类罪的政策性与系统性。反人类罪是集体行为这一事实反证反人类罪的政策性与系统性。政策性与系统性是集体行为的必要条件。

无论如何，政策性、系统性和大范围性是反人类罪的重要特点。反人类罪犯罪的政策性、系统性和大范围性特点是其侵犯人类、践踏人道的本质表现与展现。它们是反人类罪本质外在化与实现的必然特点。因此，它们是反人类罪事件的主要特点。当然，这不排除反人类罪事件有其他非主要特点。但是，抓住这两个主要特点就是抓住反人类罪事件本质的关键。

五 反人类罪理念与时代精神

自 1945 年的纽伦堡审判以来，反人类罪理念已逐渐成为我们时代精神的核心理念之一。的确，在我们时代，不讲反人类罪，我们就讲不了全球正义理念、世界主义或人类共同体主义理念，以及人权理念。不讲反人类罪，我们就讲不了矫正全球正义。讲不了矫正全球正义，我们就不能完整地讲全球正义。不讲反人类罪，讲世界主义或人类共同体主义理念与人权理念就成为空谈。反人类罪与人类共同体、与人权互为必要条件。如果没有人类共同体，反人类罪就不存在。如果没有反人类罪，反人类共同体就不是反一个有法律主权、道德主权权威的共同体。而如果人类不是一个有法律主权、道德主权权威的共同体，人类共同体就是一个虚无内容的概念。总之，反人类罪理念不仅是我们时代划时代的理念之一，更与我们时代其他划时代的理念密不可分。而当强调法治为我们时代精神的主要色彩之一时，反人类罪理念是全球正义理念法制化、全球人权政治法制化的体现。它集中地体现了我们时代精神的一些重要特点。

反人类罪理念集中地体现了我们时代精神中的人类认同与人本主义精神。我们时代精神的突出特点之一是人类认同意识与人本主义意识成为主旋律的核心部分。正如前面所讨论的，反人类罪理念以对人类人的身份与地位的认同为前提，以对人的自由、权利、责任、义务、尊严，以及人类主体意识为前提。简言之，反人类罪理念以对人类这一本体实体的认同为前提。正如前面所讨论的，反人类罪理念不仅仅以对人类这一本体实体的认同为前提，而且是我们时代发展初期对人类总体的认同，如反人类罪把人类当作法律的主体与客体。

具体来说，反人类罪理念集中地体现了我们时代精神中对人类的如下认同与人文主义的如下精神：

第一，人类总体是一个本体性的总体，是我们每个人的第二实体；作为本体性的实体，人类总体可以是某种罪行的受害者。

第二，人类的人身份与地位是本体性的、伦理道德性的与政治性的；相比于人类的其他现实身份，人类的人身份与地位具有优先权与优先性。

第三，每个人，因为其属于人类的人身份与地位，具有不可侵犯性；每个人的人格与做人的尊严神圣不可侵犯。

第四，每个人享有人的基本自由与人的基本权利，也负有人的基本责任，承担人的基本义务。

第五，人本身是目的，不是手段；社会制度为人服务，而不是人为社会制度服务。

第六，人类总体同时又是一个实质性的道德共同体和政治共同体；全人类是政治意义上的人民，不仅仅是种族的类存在；作为实质性的道德共同体和政治共同体，人类总体又是一个有主权的道德权威与政治权威。

因此，在一定的意义上，反人类罪体现了我们时代精神在人类认同方面的革命性进步与人文主义的大回归，体现了人类共同体主义哲学和人本主义哲学。

与此同时，反人类罪理念集中地体现了我们时代精神中法治、司法性的全球正义理念。反人类罪概念是我们时代正义概念与法治概念的有机结合。反人类罪理念集中地体现了我们时代精神的全球正义理念中对法制性的人道正义的强调。这体现在它对以下五个方面的强调：

第一，人类总体是一个伦理道德、政治性与法律性实体；人类总体实质上是一个"世界人民"，是一个具有法律权威的，国家行为、社会组织行为与个人行为必须对其负责任的法律主体。

第二，人类的人身份与地位是全球性的、世界性的与法律性的。

第三，每个人作为世界公民具有不可侵犯性；每个人的人格与做人的尊严具有神圣不可侵犯性；对人的人格、做人的尊严与人权的侵犯不仅仅是一种道德上的错，而且是司法性的罪。

第四，每个人作为世界公民享有世界法律所给予的人的基本自由与人的基本权利，也负有世界法律所规定的人的基本责任，承担世界法律所规定的人的基本义务。

第五，普遍人类价值与人类之间的类关系是本体性的、伦理道德性的与政治性的。也就是说，反人类罪概念体现了我们时代的全球正义概念本质上是司法性的人道正义概念。

值得注意的是，当反人类罪的理念第一次在国际宣言中被强调时，人道法律的概念即被强调。纽伦堡审判历史性地宣告人道法律是司法性的，反人类罪意味着触犯了人道法律。人道正义的内容是根据人权原则、人类价值原则以及人类类关系原则端正人类事务，是从这三大原则来说的公平、公正、中正与适宜。

人权原则：人作为人的基本权利存在，是不可侵犯的；人的人格尊严存在，是不可侵犯的；社会正义旨在重申、保障与促进人的基本权利。所以，反人类罪概念表明，尊重人的基本权利、人格尊严与基本自由是每个人的基本责任与义务，是每个社会的基本责任与义务，是每个政府的基本责任与义务，是每个社会组织的基本责任与义务。

人类价值原则：每个人作为人具有内在价值，是目的本身，不是服务于其他目的的工具；使人成为人，更好的人的普遍人类价值存在；普遍人类价值一方面是全人类的价值，另一方面也是所有人的价值；每个人都应在与他人的关系与交往中尊重普遍的人类价值；社会正义旨在重申、保障与发展普遍人类价值；反人类罪概念表明，尊重普遍的人类价值是每个人的基本责任与义务，是每个社会的基本责任与义务，是每个政府的基本责任与义务，是每个社会组织的基本责任与义务。

人的人类关系原则：普遍人类类关系存在，而且具有内在价值；社会正义旨在重申、保障与加强普遍人类类关系。反人类罪表明，认同、尊重与维护普遍人类类关系是每个人的基本责任与义务，是每个社会的基本责任与义务，是每个政府的基本责任与义务，是每个社会组织的基本责任与义务。

因此，反人类罪概念是社会正义概念、法治概念与人类共同体哲学、人本主义哲学和人类认同的有机统一。

与此相适应，反人类罪理念集中地体现了我们时代精神中以法制为中介的人权政治的核心地位。反人类罪是我们时代社会正义概念与人权概念的有机结合。我们时代的政治是人权政治，即强调人的基本权利与自由的政治。不仅如此，我们时代政治对人权的强调与对法律的强调紧密相连。即我们时代强调的是以法律为中介的人权政治。一方面，每个人的基本人权与自由要受到法律保护，法律保障每个人的基本人权。另一方面，法律规定每个人的基本人权与自由。因此，我们时代的人权政治不会堕落为哈贝马斯所批判的"人权原教主义"。

反人类罪理念集中地体现了我们时代精神中的以下特点与侧重点：

第一，人权准则是我们时代正义运行的原则；反人类罪的核心是对人的基本权利与自由的政策性的、系统性的践踏；反人类罪的非正义性是它政策性地、系统性地践踏人权。

第二，法治是人权政治的中介与核心；反人类罪概念是对人的基本权利与自由的政策性的、系统性的践踏，它不仅仅是一种道德上的错，而是一种法律上的犯罪；在这一概念中，什么是对人的基本权利与自由的政策性与系统性的践踏是有法律规定的。如在我们时代，反人类罪对人的基本权利与自由的政策性与系统性的践踏的内涵、外延与标准主要由《罗马规约》所规定；另外，反人类罪的核心是对人的基本权利与自由的政策性的、系统性的践踏，将受到法律惩罚，不仅仅是受到道德谴责。

第三，以人权为中心的司法性的全球秩序；在反人类罪概念中，在保护人的基本权利与自由上，民族国家主权、民族国家国界不是不可逾越的，就是说，保护人的基本权利与自由的世界司法秩序是完整、统一的，不承认任何国界的局限；规定与保护人的基本权利与自由的国际法律与全球法律具有超越国界的有效性；反人类罪是一种国际罪，是一种全球罪。这里，世界司法秩序使反人类罪概念现实化。没有世界法律，就没有反人类罪作为一种国际罪或全球罪。正如杰佛理·罗伯特森（Jeffrey Robertson）所说："如果没有'补偿'，所谓'权利'就不存在；同样道理，如果没有惩罚那些犯反人类罪的错的制度，就无所谓'补偿'，因此所谓'权利'也就不存在。"①

所以，反人类罪概念是社会正义概念，人权认同、人类认同、法治概念的有机统一。

总而言之，作为我们时代精神的核心理念之一，反人类罪理念充分体现了我们时代精神的特点与色彩，与其他时代精神的核心概念密不可分。它是我们时代革命性的新生概念之一。

---

① [英] 杰佛理·罗伯特森：《反人类罪》，伦敦 Allen Lane 出版社 1999 年版，第 203 页。

第 六 章

法律、规范化与和谐社会论

早在两千多年前，中国古代杰出的思想家与政治家管仲就指出："法者，民之父母也。"① 他还说："法者，天下之至道，圣君之实用也。"② 他又进一步说："夫法者，所以兴功惧暴也；律者，所以定纷止争也；令者，所以令人知事也。法律政令者，吏民规矩绳墨也。夫矩不正，不可以求方；绳不信，不可以求直。"③ 根据管仲，法律是人民的父母，是管理天下的最高的道，是消灭冲突、规范行为、树正驱邪的利器。他还说："故巧者能生规矩，不能废规矩而正方圆。虽圣人能生法，不能废法而治国。"④

中国古代杰出的法家思想家韩非子也指出："奉法者强则国强，奉法者弱则国弱……能去私曲就公法者，民安而国治；能去私行行公法者，则兵强而敌弱。"⑤ 又说："巧匠目意中绳，然必先以规矩为度；上智捷举中事，必先以先王之法为比。故绳直而枉木斫，准夷而高科削，权衡县而重益轻，斗石设而多益少。故以法治国，举措而已矣。法不阿贵，绳不挠曲。法之所加，智者弗能辞，勇者弗能争。"⑥ 还说："法分明则贤不得夺不肖，强不得侵弱，众不得暴寡。""释法

---

① 管子：《管子校正》，载《诸子集成》卷5，团结出版社1996年版，第544页。
② 同上书，第722页。
③ 同上书，第756页。
④ 同上书，第546页。
⑤ 韩非子：《韩非子集解》，载《诸子集成》卷5，团结出版社1996年版，第42页。
⑥ 同上书，第43—44页。

术而心治，尧不能正一国。去规矩而妄意度，奚正不能成一轮。废尺度而差短长，王尔不能半中。"① 法治强国。

中国儒家先圣孟子说："离娄之明，公输子之巧，不以规矩，不能成方圆。师旷之聪，不以六律，不能正五音。"② 虽然孟子所强调的规范是儒家强调的道德规范与礼义，但是，孟子强调社会规范是社会管理的必要机制。法律规范是一种重要规范。孟子关于规范是社会管理的必要机制的思想适用于法律规范。与管仲对贵惧于法律的强调一致。

两千多年过去了，这些中国古代杰出思想家所揭示的深刻真理犹如美酒，越久越香。今天，这些中国古代杰出思想家的真知灼见，仍是我们思想文化的宝贵财富。

法律规范是现代社会政治共同体行为的规范与准绳，是社会政治共同体的意志的体现，是现代社会政治共同体社会管理的必要机制。法治是我们时代的呼声，是我们时代的智慧，也是我们时代正义的载体、现代性的核心内容。作为一种政府模式与生活方式，法治对实现社会正义具有重要的工具价值，是现代社会正常化的本质特征之一。法律现代化是社会现代化的重要标准。作为一种制度，法律是现代社会管理必不可少的工具，是现代性的重要组成部分，是现代社会的核心要素。当然，世界上有各种各样模式的法治与司法制度，并不是所有的法治形式都是健全的，都是正义的。世界各国有自己的法律，并不是所有的法律制度都是健全的，都是正义的。但是，要不要法治是一个问题，要什么样的法律则是另一个问题。要不要法治是一个要不要现代性、现代化的问题。要什么样的法律则是一个什么样的法律更适合一个具体社会共同体的发展，更适合一个具体社会共同体的历史、文化与现状的问题。

早在20世纪80年代中国改革开放之初，邓小平就提出，加强法治是建设中国特色社会主义的重要组成部分。中国共产党第十五届代

---

① 韩非子：《韩非子集解》，载《诸子集成》卷5，第154、155页。
② 孟子：《孟子正义·离娄上》，载《诸子集成》卷1，团结出版社1996年版。

表大会更明确地提出依法治国的理念。1999年依法治国的理念也写入了中国宪法。今天，依法治国更是实现中国梦的重要组成部分。

中国共产党十八届四中全会审时度势，就依宪治国、依法治国做出重大战略决定。十八届四中全会的决定指出，全面推进依宪治国、依法治国是中国发展的本质要求和重要保障，是兴国安邦、维护国家长治久安的必要条件与重要保障；现在中国改革开放进入攻坚期，进入深水区，进行科学化的社会管理，解决社会矛盾，协调社会阶层利益，实现社会正义，要靠法律这个社会机制，要依靠宪法这一根本法律；把权力关进制度的笼子里是社会正义、中国进步的历史要求。

依宪治国、依法治国的本质是使政府权力的运行服从国家宪法，置国家宪法的权威之下。依法治国的本质是使政府权力的运行依照国家法律，置于国家法律的框架内。依宪治国、依法治国强调的不仅仅是公民要守法，而且是政府要守法，权力要守法。与此同时，依宪治国、依法治国强调的不仅仅是程序正义——正义地执行国家宪法与法律，而且是实体正义或实质正义，即正义地执行的国家宪法与法律是正义的。所以，法律现代化是中国现代化的重要组成部分与标准。

一　法治的含义

无论在东方还是西方，依法治国的理念源远流长。但是，依宪治国、依法治国确实是现代国家行为的重要标准之一。与政教分离一样，法治与德治分离是现代国家的重要特征之一。这不是说，现代国家不讲道德，而是说，现代国家让法律发挥它的社会功能，让道德发挥道德的社会功能，正如让警察做警察的工作，让大学教授做大学教授的工作。守法是政府权力与公民，国家行为与公民行为的最重要准则、责任与义务。其中，作为国家的根本大法，宪法是近代国家发展的产物，是近代人类文明的重大成果。宪法是一个民族自我定义、自我规范的基本法，是一个民族国家价值、国家理想、国家理念最高与终极体现的基本法。

依法、守法是国家行为、政府行为与公民行为的重要责任与义务之一。一个国家行为是否是现代的、与时代精神相一致的重要标准之一就是看这一国家到底是法治的国家,还是人治的国家或其他形式治理的国家。同样,一个社会共同体的行为、基本机构行为与这一社会共同体的公民行为是否是现代的、与时代精神相一致的重要标准之一就是看这一社会共同体到底是法治的社会共同体,还是人治的国家或其他形式治理的社会共同体,这一共同体的基本机构如政府是依法、守法的机构,还是人治的机构,这一共同体的公民是依法、守法的公民,还是人治的公民。以宪定国,是现代国家的重要特点之一。

依宪治国,依法治国,简言之,法治成为现代国家管理、现代国家行为以及现代国家公民行为的必然选择。法律因此成为现代国家管理、现代国家行为以及现代国家公民行为的必然准绳。法律是现代国家管理、现代国家行为以及现代国家公民行为合理性、合法性与可接受性的基础。现代国家的特点是作为人民组成成员的国家公民的异质性,如民族性多元化与差异,文化多元性,价值、伦理与道德的多元性等。法律是多元化社会人民主权、意志的体现。法律是多元化历史条件下现代国家管理、现代国家行为以及现代国家公民行为的共同准绳。法律是具有不同种族属性、文化背景、政治信仰和生活方式的国家公民在价值、伦理与道德的多元化的历史条件下能共同认同与遵守的行为规范。依法治国是行使人民主权、实现人民意志的必要途径。

那么,什么是法治?法治的含义是什么?依法治国、依宪治国的含义是什么?法治,顾名思义,即依靠法律去治国,就是以法律为依据、基础与框架去管理国家。依宪治国就是以宪法作为最高和终极法律依据与权威,最高和终极法律基础与最高和终极法律框架去治理国家。那么,如何才算是以法律为依据、基础与框架去治理国家呢?这至少包含四个方面:

(1)政府遵从宪法,遵守法律,要以法律为依据、基础与框架去运行;

(2)所有公民要遵从宪法,遵守法律,以宪法、法律为准绳去规范自己的社会行为;

(3)遵循法律正义;

现代性与时代意识论

（4）法律与道德各有各的功能，法德分治，告别所谓的德主刑辅。

（一）政府守法

依法治国的第一要义是政府要守法，就是政府要以法律为依据、基础与框架去运行，所有的政府行为要以法律为依据、基础与框架去运行。依宪治国的第一要义是国家的所有法律都要符合宪法，所有的政府运行与行为要符合宪法。就是说，国家的所有法律与政府都要以宪法作为最高与终极法律依据与权威，最高与终极法律基础与最高与终极法律框架去自我规范。在《事实与规范》中，哈贝马斯指出："行为规范并不是法律的全部。法律继续不断地组织与调节国家权力。作为宪法条例系统，它不仅保护公民的个人自主与公共自主，它还产生政府的机制、制度、过程与官方权力。"[1]

为什么依宪治国、依法治国首先是政府要遵守宪法与守法？政府是治理国家的权力机构。如果治理国家的权力机构不依法管理国家，依法治国就无从谈起。如果政府作为治理国家的权力机构不守法，政府就不是依法治国。如果政府作为治理国家的权力机构不以法律为依据、基础与框架去运行或不守法，政府就不是根据法律，以法律为基础，在法律的框架内行使政府权力去治理国家。如果政府工作人员在行使政府职能时不守法，那其履行政府职权治国时就不是依法。作为公民，政府工作人员要与其他公民一样守法。作为政府职能的行使者，政府工作人员更要守法去运作政府功能。总之，依法治国的第一要义是政府作为治理国家的权力机构要首先以法律为依据、基础与框架去运行，首先要守法。依法治国的第一要义是把权力置于法律的权威下、法律的基础上与法律框架内。

值得注意的是，在现代社会，宪法与法律是体现全体人民意志的规范和条例。政府要守法与遵守宪法就是服从全体人民意志。其中，宪法是人民自我定义、自我价值与自我理解的最集中的体现。因此，

---

[1] ［德］哈贝马斯：《事实与规范》，麻省理工学院出版社1998年版，第144页。

一国政府依宪治国就是这一政府依照本国人民的自我定义、自我价值与自我理解治国，而只有如此，服从全体人民的意志，一国政府才能证明自己是人民的政府、为人民服务的政府、代表人民的政府、体现人民主权的政府、与人民同舟共济的政府。所以，对于每个政府来说，政府权力应依宪运行，依法运行是责任，是义务，不是权宜变通。

依法治国首先是依宪治国。不仅政府及其工作人员要依宪，所有国家法律都要符合宪法。如果作为治理国家的依据、基础与框架的国家法律不符合宪法，依宪治国就无从谈起。依宪治国的第一要义是把权力置于宪法的权威下、宪法的基础上与宪法的框架内。法治是对权力的法律规范化。宪治是对法律与权力的宪规规范化。

（二）公民守法

依法治国要求所有公民遵从宪法，遵守法律，以宪法、法律为准绳去规范自己的社会行为。公民是治国的参与者。如果治国的参与者不遵从宪法、遵守法律，依宪治国、依法治国就成为空话。如治国的参与者不遵照宪法、法律规范自己的行为，依宪治国、依法治国就成为空话。所以，依法治国强调在法律面前人人平等。在法律面前人人平等就是每个公民都享有法律所规定的自由与权利，也承担法律所规定的与每个人的自由与权利相适应的责任与义务。没有刑不上大夫，也没有任何党派、民族或宗教与信仰组织的成员能成为法律面前的特殊成员。同样道理，依宪治国的另一要义是所有公民要遵守宪法，以宪法为准绳去规范自己的社会行为。依宪治国强调在宪法面前人人平等。每个公民都享有宪法所规定的自由与权利，也承担宪法所规定的，与每个人的自由与权利相适应的责任与义务。没有任何党派、民族或宗教与信仰组织的成员能成为宪法面前的特殊成员。

同样值得注意的是，在现代社会，宪法与法律是体现全体人民意志的规范和条例。每个公民守法与遵守宪法就是服从全体人民意志。其中，宪法是人民自我定义、自我价值与自我理解的最集中的体现。因此，一个公民遵守宪法就是认同自己所属人民的自我定义、自我价值与自我理解。只有这样，服从自己所属人民的意志，一位公民才真正是这一人民的一员。所以，对于每个公民来说，遵守宪法与其他国家法律是责任，是义务，不是权宜变通。

本质上，依宪治国、依法治国是依宪、依法去规范国家行为、社会机构行为与国家公民行为。依宪治国、依法治国就是根据宪法、根据法律去规范政府权力与责任，社会机构的权力与责任和国家公民的自由、权利、责任与义务。依宪治国、依法治国就是国家、政府、基本社会机构以及公民在宪法、法律的框架内运行。因此，依宪治国、依法治国的主要任务是合理、合法与正当地规定政府等权力机构合法的权力范围和界限，责任与义务的范围和界限以及公民合法的自由、权利、责任与义务。依法治国、依宪治国的主要任务是强制性地保证政府等权力机构和基本社会结构在规定的合法权利范围、界限、责任与义务内合理地、合法地与正当地行使管理权力与职能，保证公民合法地和正当地享受自由与权利，合法地和正当地履行责任与义务。

需要指出的是，合理、合法地与正当地规定政府等权力机构合法的权力范围、界限、责任与义务，强制性地保证政府等权力机构在规定的合法权利与界限范围内运行，履行责任与义务，合理地、合法地与正当地行使管理权力与职能，保证公民合法地享受自由与权利，合法地履行责任与义务是现代国家的重要特征之一，也是现代国家区分法治与人治的重要特征之一。因此，依法治国、依宪治国是现代性的主要内容之一，也是现代化的主要标准之一。

（三）法律正义

依法治国意味着强调法律正义。法律正义，顾名思义，就是从法律的角度来看的公正、公平与适宜。法律正义是现代国家依法治国、依宪治国的第一义务、第一价值和第一美德，也是现代国家依法治国、依宪治国的第一标准与要求。

法律正义包括实质（体）正义与程序正义两个有机组成部分。实质（体）正义指的是治国方式的本质必须是正义的。也就是说，依法治国、依宪治国所依据的法律、宪法必须是正义的。如前面所讨论，正义是公平性、公正性与适宜性。这一公平性、公正性与适宜性是基于真理的。

正义的法律，顾名思义，就是具有公平性、公正性与适宜性，基于真理、道理的法律。正义的法律公平、公正与适宜地规定权利与自由，责任与义务以及相应执行和保障措施的法律。法律的第一功能是规定一个社会政治共同体中公民的基本自由与权利。在这一方面，法律的公平、公正与适宜体现在三个方面。第一，法律公平、公正与适宜地确认、重申与强调每个公民的基本人权所包含的自由与权利，即每个人的普遍人权。与此相适应，法律的公平、公正与适宜地确认、重申与强调政府与其他权力机构在保障每个公民的基本人权所包含的自由与权利方面的权限、责任与义务。第二，法律公平、公正与适宜地确认、重申与强调每个公民与其对社会共同体的责任与义务相适应的自由与权利，即每个公民由于归属某一特定的政治共同体而在这一社会政治共同体中所享有的基本自由与权利。与此相适应，法律的公平、公正与适宜地确认、重申与强调政府与其他权力机构在保障每个公民履行基本责任与义务方面的权限、责任与义务。第三，法律公平、公正与适宜地确认、重申与强调每个公民在具体的时间、空间与历史情境下的自由与权利。与此相适应，法律公平、公正与适宜地确认、重申与强调政府与其他权力机构在保障每个公民的特定公民权所包含的自由与权利方面的权限、责任与义务。值得注意的是，每个公民的这三种自由与权利相辅相成，缺一不可。因此，任何正义的法律必须对它们明确地作出法律规定。

与此相适应，法律的第一功能还包括规定一个社会政治共同体中公民的基本责任与义务。在这方面，法律公平、公正与适宜地确认、重申与强调每个公民的与他/她基本人权相适应的人的基本责任和义务，即每个人的普遍伦理道德责任与义务，每个公民对社会共同体以及其他共同体成员的责任与义务，即每个公民由于归属某一特定的政治共同体而在这一社会政治共同体中所承担的责任与义务，每个公民在具体的时间、空间与历史情境下的责任与义务。同样值得注意的是，每个公民的这三种责任与义务相辅相成，缺一不可。因此，任何正义的法律必须对它们明确地作出法律规定。

程序正义指的是法律的建立、运行程序所具有的公平性、公正性与适宜性。它是指依法治国时建立、运用、执行与解释法律中的公平、完整与合理。换句话说，程序正义是公平、完整与合理地建立运用、执行与解释法律，是建立、运用、执行与解释法律程序的正义性。因此，程序正义体现在四个方面。第一，程序上公平、公正、正当的立法。就是说，立法不仅仅由有效权威机构来实行，而且要有正式、完整与公平的程序。第二，程序上公平、合理与正当地用法。例如，在明确规定的法律有效性范围内用法，对正当的司法对象用法。第三，程序上公平、有效、正当地执法。例如，执法时严格按规定程序执法，在法律面前人人平等，不徇情枉法等。第四，程序上公平、合理、正当地释法。例如，要由规定的权威按规定的程序释法。

程序正义拒绝徇情枉法、徇德枉法、徇私枉法、因人枉法等不公平、完整与合理地运用、执行与解释法律的实践。对法律执行者来说，程序正义是规范其责任、义务与权力，保证其责任、义务与权力合法性、合理性与可接受性的必要条件。对法律制约对象来说，程序正义是保障法律制约对象的自由与权利，追究法律制约对象与其自由与权利相适应的责任与义务，做到法律面前人人平等的必要条件。实质（体）正义与程序正义是法治的根本。

实质正义与程序正义相辅相成。没有实质正义，程序正义所实现的就是非正义。没有实质正义，程序正义越完美，其所实现的非正义就越完美。这与逻辑推理一样，如果逻辑推理的前提没有真理，其结论必然没有真理。如果逻辑推理的前提没有真理，逻辑推理过程程序越完美，其所实现的非真理就越完美。与此相适应，没有程序正义，实质正义就难以实现。即程序正义是实现实质正义的必要条件与机制。没有程序正义，再完美的实质正义，在乱念经的歪嘴和尚嘴里，也被变成非正义。

正义是现代国家依法治国、依宪治国的第一美德，也是现代国家依法治国、依宪治国的第一标准与要求。正义意味着公平。无论是实质正义所要求的正义的法律，还是程序正义所要求的运用、执行与解释法律中的公平、完整与合理,公平是正义的本质。正义作为公平意味着合理、合法与真实地规定政府等权力机构合法的权力范围、界限、责任与义务,保证政府等权力机构在规定的合法权力范围、界限、责任与义务内合理、合法与真实地行使管理权力与职能,保证公民合法地享受自由与权利,合法地履行责任与义务。正义作为公平的理念与阶级统治压迫的理念格格不入。正义作为公平的理念与社会共同体中某一部分人统治压迫另一部分人的理念格格不入。

在现代国家中,宪治、法治理念与人民民主专政的理念本质上是相通的。如上所述,宪治、法治实行实现的是人民主权,即人民当家做主的权利。在这一意义上,宪治、法治实行实现的是人民民主。与此同时,宪治、法治实行实现的是宪法、法律专政。在这一意义上,宪治、法治本质上是一种专政形式。两者结合起来,宪治、法治理念与人民民主专政的理念是一致的。宪治、法治理念与人民民主专政的理念是相通的这一真理还可以从另一个角度来理解。1949年,毛泽东指出,对人民内部的民主方面和对反动派专政的方面,相互结合起来,就是人民民主专政。[①] 也就是说,人民民主专政是实行人民内部的民主,对反人民的反动派的专政或对敌人的专政。在这一意义上,人民民主专政的理念与宪治、法治理念完全一致。宪治、法治的本质就是实行、实现人民的主权,即人民内部的民主与对敌人的专政。

正义的宪治、法治实现的是人民民主与法律专政的结合。毛泽东指出,人民的国家是保护人民的。[②] 在现代国家中,人民国家保护人民的含义就是宪治、法治,依用宪法、法律合理、合法与真实地规定政府等权力机构合法的权力范围、界限、责任与义务,保证政府等权力机构在规定的合法权力范围、界限、责任与义务内合理、合法与真实地行使管理权力与职能,保证属于人民的公民合法地享受自由与权利以及承担相应的责任与义务。

宪治、法治是强力性的人民民主专政,但不是暴力性的专政。就

---

① 参见《毛泽东选集》,人民出版社1969年版,第1364页。
② 同上书,第1365页。

是说，宪治、法治不可避免地会使用暴力，但不强调暴力，不是一味地只依靠暴力。毫无疑问，法治是强制性的社会规范化治理。但是，这并不意味着法治必须强调暴力。也就是说，法治强调强制性，但不强调暴力性。真正的宪治、法治是正义的宪治与法治。正义的宪治与法治不仅仅以正义的宪法与法律为前提，而且以正义地依照宪法与法律运行为前提。正义的宪治与法治是合理、正当与有效的宪法与法律。正义地依照宪法与法律运行是公平、正当与适宜地运行。

哈贝马斯著名地提出法律的两面性，即有效性与事实性（强制性）。也就是说，法治强调的不应只是强制性，应包括有效性与合理性。而强制性也不能简单地等同于暴力性。法治不是暴力统治，而是规范统治。法治不是压迫性的统治，而是正常化统治。

（四）法德分治

依法治国意味着法律与道德各有各的功能，意味着告别所谓的德主刑辅。正义的宪治、法治实现的是人民民主与宪法、法律专政。宪法、法律专政就是在国家管理上，宪法与法律具有规定对与错，可接受性与不可接受性的最高权威。它与德治既相辅相成，但又有本质上的区别，各自有各自的社会分工。宪治、法治与宪法、法律专政的含义就是宪法、法律是治理国家的最高权威、最终依据、最根本的基础与最权威的框架，是区分人民与敌人的最高权威、最终依据、最根本的基础与最权威的标准。宪法、法律专政与德治是两个不同的概念。宪法、法律专政的含义就是宪法、法律不能被道德所占先，更不能被道德所取代。宪法、法律专政的含义就是宪法、法律，而不是道德，合理、合法与正当地规定政府等权力机构合法的权力范围、界限、责任与义务，保证政府等权力机构在规定的合法权力范围、界限、责任与义务内合理、合法与真实地行使管理权力与职能，保证公民合法地享受自由与权利，合法地履行责任与义务的最高权威、最终依据、最根本的基础与最权威的框架。

从理念上讲，宪法、法律专政或宪治、法治的第一美德、标准与要求是包括实质正义与程序正义的法律正义。即是说，宪法、法律专政或宪治、法治要求的不仅仅是正义的宪法与法律，即具有端正的公平性、公正性与适宜性，基于真理的宪法法律，而且还是运用、执行与解释宪法与法律程序或过程的端正公平性、公正性与适宜性，以及基于真理。而德治的第一美德、标准与要求是强调实质正义的道德正义，即道德意义上的端正公平性、公正性、适宜性与真理性。德治不强调，也不可能强调程序正义。从运行的角度讲，宪法、法律专政或宪治、法治理念与人治格格不入。与此相比较，德治理念不仅与人治兼容，而且强调人治。法律专政或宪治、法治理念强调情理分家，而德治欢迎情理一家。

依宪治国、依法治国的基本含义是，凡是符合宪法的、法律的国家行为、社会机构行为或公民行为就是正当、合法与合理的，即使它不符合某些通行的伦理道德规范。反之，一些国家行为、社会机构行为或公民行为即使符合某些通行的伦理道德规范，但是不符合宪法与其他法律，也是不合理、不合法与不正当的。也就是说，法治不是德治，也不以德治为基础或前提。法治与德治当然可以相互兼容。但是德治不能凌驾于法治之上。当法律尤其是宪法与道德发生冲突时，不是宪法与法律应服从于道德，而是道德应让位于宪法与法律。

依宪治国、依法治国需要人来运行，但是法治与人治是相互对立、互不兼容的。第一，法治的本质是规范性，而人治的本质是不规范性；法治建立行为标准，而人治建立统治者的权威。第二，法治具有同一性、一致性与连贯性，而人治不具有同一性、一致性与连贯性；法治是相对稳定的、不变的；而人治是相对不稳定的、多变的。第三，在法治中，法大于人；在人治中，人大于法。第四，在法治中，法律面前人人平等；在人治中，法律面前人与人之间并不平等。在真正的法治中，不存在"刑不上大夫，礼不顾下人"的情况；而在人治中，刑不上大夫，礼不顾下人。第五，法治强调人的基本权利与义务，人治既不强调人的基本权利，也不强调人的基本义务。

因此，法治，而不是德治，成为现代国家管理、现代国家行为以及现代国家公民行为的必然选择。法律，而不是道德，成为现代国家管理、现代国家行为以及现代国家公民行为的必然准绳。依法治国、依宪治国本质上是规范性地理性治国、正义治国。

二 法律的本质与社会功能

法律的本质、特性与社会功能是什么？法律的正当性、合法性、有效性、可接受性的源泉是什么？这些问题一直是法律哲学的中心课题。几千年来，它们也是法律哲学争论的重大课题。当然，关于法律与道德，法治与德治之间的关系的哲学争论是法律哲学发展史的重要组成部分。中国历史上的儒法之争不仅仅是关于德主刑辅或刑主德辅的争论，也是关于法律的本质、特性与社会功能，以及法律与道德，法治与德治之间关系的综合争论。无论如何，我们必须深刻理解法律的本质、特性与社会功能，深刻理解法律与道德，法治与德治之间的关系。只有深刻理解法律的本质、特性与社会功能，深刻理解法律与道德，法治与德治之间的关系，我们才能深刻理解为什么是法治，而不是德治，更不是人治，是现代性的重要组成部分，是现代化的重要标志之一。换句话说，我们才能深刻理解为什么在我们时代，德治与人治必然为法治所取代。

那么，在我们时代，法律的本质、特性与社会功能是什么？法律正当合法性、有效性、可接受性的源泉是什么？如何理解法律与道德，法治与德治之间的关系？对于这些问题，不同的哲学家给予不同的回答。不同的哲学学派也给予不同的回答。

在我们时代，认为法律是某种超自然神的意志的体现，是某种超自然神的统治工具的神学法律观显然是不合时宜的，与时代意识背道而驰的。神学法律观是中世纪的产物，是封建社会的产物。现代国家基本上拒绝这一法律观。首先，经过现代启蒙运动的洗礼以及现代科学知识的发展，认为法律是某种超自然的神的体现，是某种超自然神的工具的观点显然是不合理的。其次，在文化多元化的今天，有许多公民是无神论者。认为法律是某种超自然的神的体现，是某种超自然神的工具的观点显然难以得到他（她）们的认同。也就是说，在一个信仰多元化的时代，不是每个公民都信仰宗教，因此神学法律观中的法律不可能体现一个社会共同体的全体公民的意志。再次，认为法律是某种超自然的神的体现，是某种超自然神的工具的观点也与我们自身的经验不相符。最后，政教分离是现代国家的重要特征之一。认为法律是某种超自然的神的体现，是某种超自然神的工具的观点与政教分离的政治原则背道而驰。总之，神学法律观与我们的时代意识背道而驰。

在现代西方哲学中，最具有统治性影响的两大法律观是自然法则主义的法律定义与法律实证主义的法律定义。自然法则主义的法律观认为，正当的法律是基于自然法则，法律本质上是自然法则在人类社会的翻版。自然法则主义法律观分为古代版与现代版。

在古代版的自然法则主义法律哲学中，古罗马哲学家西塞罗（Cicero）法律定义是自然法则主义法律观的一个典范。根据西塞罗，"真正的法律是理性与自然的同意。真正的法律具有普遍应用性、不变性与永恒性。它规定责任与禁止"①。即法律是理性根据自然而作出对责任与禁止的规定。圣·奥古斯丁（St. Augustine）的法律定义也是自然法则主义观的另一个典范："法律就是促进公众利益的理性规定。这一理性规定来自关心社会的它。"② 这里所谓的"它"指的是自然。就是说，法律是来自自然的理性规定。圣·阿奎那把法律分为四类：永恒法律、自然法律、神圣法律与人类法律。根据圣·阿奎那，人类法律的根据是自然法律。阿奎那指出，人类法律具有如下特点：

（1）法律是理性的规定；
（2）法律服务共同利益这一目的；
（3）法律由管治社会的人所制定；

---

① ［美］约尔·费恩伯格、朱莉斯·科尔曼汇编：《法律哲学》，Wadsworth 出版社 2000 年版，第 8 页。
② 同上书，第 2 页。

(4) 法律必须是公开颁布的。①

在阿奎那那里,理性的规定就是人类理性依据自然规则作出的规定。总之,自然法则主义的法律观与中国传统道家的法律观有许多相通之处。根据中国传统道家的法律观,"人法地,地法天,天法道,道法自然"②。

现代版的自然法则主义与古代版的自然法则主义略有区别。冷·富勒的法律定义是现代版的自然法则主义法律观的一个缩影。根据富勒,法律具有如下特点:

(1) 法律规定是总体性的、一般性的;

(2) 法律必须是公开颁布的,这样公民们知道他(她)们被要求达到的标准;

(3) 有追溯效力的法律制定与应用要最小化;

(4) 法律应该是可理解的;

(5) 法律应该是不矛盾的;

(6) 法律规定不应该是受法律影响的人的能力之外的;

(7) 法律应该是长时间地稳定的;

(8) 颁布的法律与法律的管理应保持一致。

根据雷纳尔德·杜沃金(Ronald Dworkin),法律不仅仅是法律条律,而且是法律原则。而法律原则是道德原则或具有道德性。这就是说,法律原则具有自然性。杜沃金拒绝现代法律实证主义关于法律就是法律条文的总称的观点。

无论是现代版的自然主义法律观还是古代版的自然主义的法律观都没有看到,在现代国家,正当、有效与合理的法律都是由人民民主地建立起来的。也就是说,自然法则主义的法律观没有看到,现代法律合法性、正当性、有效性与合理性的源泉来自民主的立法过程。

值得注意的是,现代版的自然法则主义的法律观强调法律的合理性与合理性的自然准则,这是其区别于法律实证主义的法律。现代版

---

① [美]约尔·费恩伯格、朱莉斯·科尔曼汇编:《法律哲学》,第9—21页。
② 老子:《道德经》,载《诸子集成》卷3,团结出版社1996年版,第21章。

的自然法则主义的法律观不认同凡是存在的,都是合理的这种法律实证主义的法律思维。但是,现代版的自然法则主义的法律观与古代版的自然法则主义的法律观略有区别,这就是现代版的自然法则主义的法律观的思维不是"人法地,地法天,天法道,道法自然"这种思维,而是康德式的理性思维。古代版的自然法则主义的法律观强调法律准则居于道德准则,现代版的自然法则主义的法律观只强调法律准则与道德准则不可分。无论如何,自然法则主义的法律观的缺陷是没有看到,在现代国家,正当、有效与合理的法律都是由人民民主地建立起来的。也就是说,自然法则主义的法律观没有看到,现代法律合法性、正当性、有效性与合理性的源泉来自民主的立法过程。

西方近现代法律实证主义(legal positivism)认为,法律是被公开地颁布为法规条文,即法律是法律条文的总和,与法律原则或道德原则无关。法律纯粹是社会构造与社会契约的产物。根据西方近现代法律实证主义,法律是否正义、明智、谨慎与真正有用与其能否是法律无关。也就是说,法律正当合法性、有效性、可接受性的源泉不是法律的内容,而是法律是否被公开地颁布为法规条文这一事实。换句话说,凡是公开地颁布为法律的,都是合理的、合法的与正当的。被公开颁布是法律合法性、合理性与正当性的源泉。根据约翰·欧斯丁,法律是最高立法者的命令的总和。他认为:"一则有效法律是一个命令。这一命令有如下特定。第一,它是要求其他人行动或禁止某些行为的表达。第二,它带有对不遵守者的威胁。第三,它由权力机构强迫执行。第四,它来自社会一般服从的一个人或一群人,而这一个人或一群人只服从做自己或他们自己。"[1] 近现代法律实证主义法律观的特点之一是它把法律定义为命令的总和。这里,命令指的是通过条文颁布的要求他人做某事或禁止某事的命令。命令不是原则,也不一定体现原则。因此,法律条文命令不是法律原则或道德原则,也不一定体现法律原则或道德原则。近现代法律实证主义法律观把法律看作法律条文的总和,而不是法律原则或道德原则的总和。这使它与

---

[1] [美] 费恩伯格、科尔曼汇编:《法律哲学》,第2页。

自然法则主义法律观有本质的区别。近现代法律实证主义法律观的另一特点是它把法律与道德分开，强调法律本身是道德中性的。欧斯丁著名地宣称，法律的存在是一回事，法律本身的优点与缺点是另一回事。当代著名现代法律实证主义法哲学家 H. L. A. 哈特指出："除非是宪法或其他法律明确规定，某一项法规不会因为其违反道德标准而不成为法规。反过来，一个条文不能因为它是道德的即符合道德标准的就成为法律条文。"① 就是说，符合道德标准不是法律之所以成为法律的必要条件，也不是法律之所以成为法律的充分条件。哈特不像欧斯丁那样简单地把法律定义为具有强制性的条文命令，但他也强调法律与道德的区别。

无论如何，近现代法律实证主义法律观把法律看作公开颁布的法律条文的总和。在近现代法律实证主义的法律概念中，公开颁布的法律条文有两个基本点：（1）它们表达命令，即强制性的命令；（2）它们与道德无关，它们是否符合或违反道德标准不是它们之所以成为法律的必要条件，也不是它们之所以成为法律的充分条件。

西方近现代法律实证主义与中国传统的法家法律观基本一致。中国传统的法家思想家如管仲、韩非子等都认为法律是被公开颁布的法规条文。不仅如此，中国传统的法家思想家也强调法律的道德中性特点。当然，无论是西方近现代法律实正主义，还是中国传统的法家，都没有否定好的法律应是正义的法律。他们坚持的是法律的正当合法性、有效性、可接受性的源泉不取决于法律是否正义。根据他们的观点，即使是不正义的法律，只要它们被公开地颁布为法规条文，它们就是合法性的、有效性的、必须接受的法律条文。也就是说，凡是公开颁布存在的法律，都是合法、合理与正当的法律。根据他们的观点，法律是社会管理的工具。

自然主义的法律观与实证主义的法律观具有本质的区别。第一，在自然主义法律观中，法律不仅仅是法律条文的统称，而且包括法律原则。第二，自然法则主义的法律定义是规范式的。它使用合理性、

---

① ［美］费恩伯格、科尔曼汇编：《法律哲学》，第 62 页。

大众利益、正当权威等词汇。法律实证主义的法律定义是经验性、科学性的。它不使用合理性、大众利益、正当权威等词汇，而是使用命令、威胁、权利、服从这样的词汇。第三，法律实证主义的法律观强调在道德—政治争议面前保持法律分析的中立性。自然法则主义的法律观否认法律分析具有中立性。它强调，像正义、道德等原则本身就是法律内在的概念内容。第四，自然法则主义的法律定义是功能性的、目的性的。而法律实证主义的法律定义是描述性的、现象性的。第五，自然法则主义的法律定义强调法律的自然基础，而法律实证主义的法律定义强调法律的社会基础。在自然法则主义的法律定义中，法律的正当性、合理性与合法性来自自然。在法律实证主义的法律定义中，法律的正当性、合理性与合法性来自它被公开地宣布为法律这一事实本身。

综上所述，我们可以对法律的本质作出如下规定：法律是体现社会政治共同体中全体公民的共同意志的具有强制性的规范条例；与此相适应，宪法、法律的正当合法性、有效性、可接受性的源泉是民主的立法过程。

法律是公开颁布的由政府强制性执行的，实现社会政治共同体中全体公民共同意志的规范、戒律与条例。它与道德有本质的区别，和道德是两个相互平行的社会管理机制。因此，法律具有如下特点：

第一，法律是规范、戒律与条例的总和。法律由社会行为的规范与准绳，社会行为的戒律与规定，社会行为的条例共同组成，它规范、标准化、警戒与规定社会行为，包括国家的、政府的、社会机构的与公民个人的社会行为。

第二，法律规范、戒律与条例是形成文字的，由政府公开颁布的，不是不成文的社会规范如伦理道德规范或潜规则等。因此，法律规范、戒律与条例是具体的，其含义、效力与适用范围是明确规定的。与此同时，法律不是政府政策，法律是相对稳定的规范、戒律与条例。

第三，法律规范、戒律与条例是由政府强制性执行的。法律与道德的重大区别之一是法律规范、戒律与条例是由政府强制性执行的，而道德规范、戒律与条例不是，也不能由政府强制性执行。

第四，法律规范、戒律与条例体现的是社会政治共同体中全体公民的共同意志。政府强制性地执行实现的是社会政治共同体中全体公民的共同意志。法律不是社会政治组织的纪律，也不是某个社会集团的私律。法律是公共的规范、戒律与条例，体现的是全体公民公共的意志。

第五，实现正义是法律的第一责任与义务，正义是法律的最高准则、最高价值与最高美德。实现社会政治共同体中全体公民的共同意志的法律规范、戒律与条例必须实现社会正义。

第六，正义的法律规范、戒律与条例具有合理性、正当性、合法性与有效性。正义的法律规范、戒律与条例不仅仅是强制性的，也是合理的、正当的、具有可接受性的。

第七，法律正当合法性、有效性、可接受性的源泉是民主的立法过程。法律正当合法性、有效性、可接受性不来自自然的给予或神赋，而是由人民通过民主的过程民主地建立。

因此，法律是一种特殊形式的社会管理机制，是一种特殊的社会上层建筑。它具有特定的社会功能。法律的第一社会功能是规范化、标准化与合法化社会行为。因此，它的第一社会职责是规定公民的自由、权利、责任与义务的内容与范围，保障公民正当地享受其合法的自由与权利，正当地担负起责任与履行其义务；与此相适应，法律的第一社会功能是规定基本社会权力机构如政府的自由、权利、责任与义务的内容与范围，确保基本社会权力机构如政府履行其义务，担负其责任。法律的另一社会功能是保障与维护社会的安全、稳定与和平，保证人们正常的生活与发展环境。因此，法律的另一社会功能是惩戒危害社会的安全、稳定与和平的社会行为，禁止对公民的自由、权利、责任与义务的侵犯。法律的社会功能还包括发展社会合作与和谐。因此，它的社会功能还包括调节社会行为、调节社会冲突与调节社会矛盾。总而言之，现代法律具有现代本质、现代职能与现代功用。

现代法律体现现代性的要求。具体来说，现代法律是合理性、有效性与正当性的有机统一。现代法律的合理性要求就是它要有可以被证明的、合情合理的可接受性,而不是主观武断的,只体现某些少数人意见。现代法律的有效性要求就是它具有实质性的、合法的威力。现代法律的正当性要求就是它是由有效权威经过正当的程序制定、颁布与强制性地实现的。合理、有效与正当是现代法律的重要特征。

宪法是一个社会政治共同体的根本大法,如国家宪法是国家的根本大法。宪法除了具有普通法律的如上功能,其最主要的社会功能是定义一个社会政治共同体与人民。例如,国家宪法最主要的功能是定义一个国家与人民。也就是说,宪法最主要的功能是造就一个社会政治共同体及其人民。国家宪法最主要的功能是造就一个国家与人民。因此,宪法最主要的任务是规定一个社会政治共同体的理想,基本信念,基本与最高价值,政府组成结构,人民的构成,等等。

显然,国家不是唯一形式的社会政治共同体。如前面所讨论的,现代世界主义或人类共同体主义哲学把全人类视为一个全球人类社会共同体,拥有全球正义,普遍人权,反人类罪,人道法律等理念。

总而言之,现代法律具有现代本质、现代职能与现代功用。现代法律体现现代性的要求。

三 哈贝马斯的法律观

如上所述的,正是哈贝马斯的话语哲学法律概念所强调的。在当今西方法哲学中,哈贝马斯的话语法律哲学在与西方其他学派的法律哲学的竞争中脱颖而出,引领风骚。为了对法律的本质、特性、社会功能、正当合法性、有效性、可接受性的源泉等问题有更深刻的理解,也为了对法律这一社会机制有更深刻的理解,我们这里讨论一下哈贝马斯的哲学理解。这是具有真知灼见的哲学理解,这是得到了大家的认同的哲学理解。

1992 年,哈贝马斯的哲学巨著《事实与规范》(*Faktizität und Geltung*)由 Suhrkamp 出版社出版。《事实与规范》是哈贝马斯话语法哲学的经典。它是哈贝马斯法律哲学的总汇。在其中,哈贝马斯对

现代性与时代意识论

法律的本质、特性、功能，法律与道德之间的关系，法律规范与价值规范之间的区别与联系等进行深入、系统的揭示。它的出版是近现代德国法律哲学发展，也是当欧洲法律哲学发展的一个重要的里程碑。近现代德国文化产生了分别以黑格尔和韦伯的著作为代表的两大法律哲学理论，哈贝马斯话语法律哲学可以说是第三大理论。黑格尔把法律看作绝对精神在这个世界上的外在化，法律体现了社会成员作为实践主体的相互认识与肯定。也就是说，在黑格尔的法律观中，法律规范体现了社会成员作为实践主体所相互认同的绝对精神意志和理念，法律的基础是绝对精神的理性。韦伯认为，西方社会是法律统治的社会。法律统治是现代西方社会区别于其他社会的重要特征，也就是说，法治是西方社会现代性的重要特征之一。在现代西方社会中，法律建设和统治是社会整合的关键设备，法律研究因此是研究社会整合的关键。与此同时，韦伯认为，法律的本质是它是强制性的规范。法律是由国家暴力强制服从的规范。黑格尔的法律观认识到法律体现了社会成员作为实践主体的相互认识与肯定，但没有认识到法律体现了社会成员作为实践主体的共同意志，也没有强调法治是西方社会现代性的重要特征之一。韦伯的法律观认识到法治是现代社会治理的重要工具，是西方社会现代性的重要特征之一。但是，韦伯的法律观没有认识到正义的法律体现的社会成员作为实践主体的共同意志，正义的法律不仅仅具有强制性的一面，还具有合理性的一面。

根据哈贝马斯的观点，法律具有如下的特性：（1）正当、合理与有效的法律是人民民主意志的体现；就是说，正当、合理与有效的法律的本质上是体现全体公民民主意志的。（2）法律规范权利与义务；法律的功能是规范公民的权利与义务，同时也规范政府的权力与义务；司法化是规范化。（3）法律具有强制性与有效性的两面性；前者使它与道德区别开来；后者使它不仅仅是法律条文，而且是行为准则与标准。（4）法律是知识系统与行动系统的统一。（5）法律与道德的关系是平行互补的关系。（6）法律的有效性、合理性与正当性的源泉是民主的立法过程。（7）法律思维具有三维性：实用性、伦理性与道德性；法律思考需考虑三方面的问题：实际情形、伦理问题和道德问题。

毫无疑问,哈贝马斯的如上概念使其法律概念既区别于西方自然法则主义,又区别于法律实证主义。区别于自然法则主义的法律概念,在哈贝马斯的话语哲学法律概念中,法律不是简单的自然法则的总和。法律是知识与行动系统的总和,是原则、条文、规范、准绳、命令等的总和。无论如何,哈贝马斯试图在自然法则主义法律概念与法律实证主义的法律概念中走出第三条道路来。

不仅如此,哈贝马斯的话语法律哲学扬弃地继承和发展黑格尔的法律哲学思想,尤其是黑格尔关于法律体现了社会成员作为实践主体的相互认识与肯定,社会成员作为实践主体的共同意志的思想。哈贝马斯《事实与规范》中的法律哲学的两大核心原则,即法律的民主原则与法律的话语原则与黑格尔关于法律体现了社会共同体成员作为实践主体的相互认识与肯定,社会共同体成员作为实践主体的共同意志的思想是一脉相承的。但是,哈贝马斯强调的是法律有效性的间体性特性以及法律体现人民主权的意志,有效、合理与合法的法律本质上是自由、平等的公民间体性共识与意志的体现。黑格尔强调的是法律共同意志的先决条件,即体现绝对精神的意志。就是说,黑格尔从绝对理性那里寻找法律本质的来源,而哈贝马斯则从自由、平等的公民间体性共识与意志那里寻找法律本质的来源。值得注意的是,哈贝马斯关于法律本质的概念先验地排除法律作为阶级压迫与统治,社会压迫与统治的工具的观点。如果法律本质上是自由、平等的公民间体性共识与意志的体现,在法律面前所有公民人人平等,不存在阶级区分,因而也就不存在法律作为某一阶级的公民压迫与统治另一阶级公民的工具的正当性与有效性。反过来,法律作为某一阶级的公民压迫与统治另一阶级公民的工具,法律本质上就不是自由、平等的公民间体性共识与意志的体现。

与此同时,哈贝马斯认为,法律不仅体现了某一理性概念的成就,即它是按照某一理性概念建立起来的,法律还体现了不同的理性概念如何在社会共同体和社会制度中共存,法律体现着一种普遍理性,因而具有合理性与正当性。不仅如此,法律所体现的普遍理性是以交往理性为基石的人类理性。其正当性是以交往理性为基石的,体现自由、平等的公民间体性共识与意志的正当性。因此,他扬弃地继承和发展韦伯的思想。在哈贝马斯的法律概念中,法律的本质不仅是它是强制性的规范,而且是它是有效的、合理的,因而具有正当性、正统性。值得注意的是,哈贝马斯关于法律本质上的正当性、正统性先验地排除法律作为阶级压迫与统治、社会压迫与统治的工具的观点。如果法律必须有正当性、正统性,如果法律的正当性、正统性的源泉是自由、平等的公民间体性共识与意志,法律就不能是阶级压迫与统治,社会压迫与统治的工具。反过来,如果是阶级压迫与统治,社会压迫与统治的工具,法律就不可能体现自由、平等的公民间体性共识与意志。法律不体现自由、平等的公民间体性共识与意志,法律就不可能具有正当性与正统性,因为法律就不可能具有有效性与合理性。

在《事实与规范》中,哈贝马斯进一步指出法律在当代社会生活中的规范合法化的功用,法律是社会规范化的最重要的手段之一。不同于黑格尔,哈贝马斯没有把法律的发展与社会政治经济的生产或国家的合理独立性联系起来,而是把法律的发展与社会道德意识、社会集体的自我意识、理性的规范化要求的发展结合起来。不同于韦伯,哈贝马斯没有因为法律的强制性而忽视强调法律的合理性、合法性与规范性,虽然法律有强制性的一方面,但是法律的规范应该是能被公民在以交往理性为基础的人类理性指导下所认同的。同样重要的,哈贝马斯没有因为法律是人立的这一事实而忽视强调法律的合理性与规范性。

关于法律与道德,法治与德治之间的关系问题,在《事实与规范》中,哈贝马斯不仅继承和发展黑格尔与韦伯的思想,也继承和发展了康德的哲学思想。康德法律思想对哈贝马斯影响重大。尤其是,哈贝马斯是从康德那里继承了关于法律必须有合法性的思想。但在法律与道德的关系上,哈贝马斯不跟康德走。康德认为,法律是道德的传声筒,正当的法律意志是合理的道德意志。在《事实与规范》中,哈贝马斯认为,法律与道德是两种相互平行、相互补充的社会机制。与康德一样,哈贝马斯把道德看作责任规范体系,而道德责任就是为对的事情本身,而不是为其他原因去做对的事情。如道德责任之一是为了正义本身,而不是为其他原因,去服务正义。道德责任是每个人都与生俱有、作为人的责任。道德的有效性具有绝对的普遍性。道德的这一本质使道德只能是总的调节社会相互作用的机制。法律不同。法律规定具体的社会公民的基本权利与义务,自由与责任等。法律与道德之间存在重要联系,但两者不能等同。法律命令与道德命令也有区别,甚至冲突。如公民的法定基本权利之一就是有自由与权利选择不遵循道德命令。当然,哈贝马斯这里强调的不是法律的道德中立性,而是法律与道德的区别。

与如上相适应,哈贝马斯指出法律的本质是,体现一个社会政治共同体全体公民的间体共识与意志,体现人民主权,具有强制性与合理有效性、正统性的规范的总和。不仅如此,法律的特性与社会功能是它是知识系统与行动系统的总和。也就是说,法律不是通过压迫与镇压去规范一个社会政治共同体,而是通过提供一个知识系统与行动系统的结合体来规范一个社会政治共同体及其公民。合理、有效与正当的法律是具有强制制约性的,但不是压迫性、镇压性的,因为法律是一个知识系统与行动系统的结合体。法律是强制规范性的,不是劝导性的,因为法律是一个知识系统与行动系统的结合体。强制制约性的规范化是知识与标准运用的过程,不是简单地运用暴力。压迫与镇压是暴力运用的过程。

哈贝马斯指出:"法律是两个系统的结合体,即它是知识系统与行动系统的结合体。"[①] 正因为法律是知识系统与行动系统的结合体,它"解除了个人在判断与行动中思想觉悟的重大的认识,动机与组织方面的负担,这是它与道德的区别"。[②] 也就是说,在认识、动机与组织方面,法律给个人在判断与行动中提供了具体、确定与可行的知识与规范。举例来说,法律条文规定,在某某区开车超过每小时

---

① [德]哈贝马斯:《事实与规范》,第114页。
② 同上。

现代性与时代意识论

90 里要罚款 120 美元。在这一则法规条文中，认识上，人们知道开车时速超过每小时 90 里叫"超速"，开车超速时可能会发生什么。动机上，人们知道开车不要超速，否则将被罚款。组织上，人们知道，开车超速将被警察罚款，罚多少钱。而道德指令则不同。举例来说，道德指令说不应开车超速，不应做不负责任的事。在认识、动机与组织方面，这一指令没有给个人在判断与行动中提供任何具体可行的知识与规范。认识上，人们不知道开车时速多少是"超速"。动机上，人们不确定开车要不要超速。不错，人们知道，开车超速可能是错的、不谨慎的，但这不等于人们在动机上能确定开车不要超速。显然，人们在动机上可能想冒险，因而开车超速。人们在动机上可能为赶时间而开车超速。组织上，人们不确定开车超速后会发生什么。所以，道德指令留给个人在判断与行动中思想觉悟重大的认识、动机与组织方面的负担。如个人在判断与行动中的思想觉悟在接受"不应开车超速"这一道德指令时，必须对"开车时速多少是超速""开车要不要超速""开车超速后会发生什么"这些认识、动机与组织方面的问题给出自己的回答。这里，哈贝马斯关于法律是知识系统与行动系统的结合体的法律观不仅指出法律机制与道德机制的重大区别，也指出法律的一些本质、特性与社会功能。当然，作为知识系统与行动系统的结合体，法律条文是对一般情形及类似情形的规定。如在某某区开车超过每小时 90 里要罚款 120 美元。这是对在某某区开车时速的一般性的规定。所以，这里强调法律是知识系统与行动系统的结合体与强调法律条文是对一般情形及类似情形的规定并不矛盾。但强调法律是知识系统与行动系统的结合体与强调法律是条文命令的总和有重大区别。强调法律是知识系统与行动系统的结合体着眼于强调法律的原则性、规范性与标准性，但强调法律是条文命令的总和则着眼于对条例的服从。

法律规范的基础是什么？法律正当合法性、有效性、可接受性的源泉是什么？如前面所指出的，在我们时代，关于法律正当合法性、有效性、可接受性的源泉来自上帝的观点已被证明为错误的。自然法则主义虽然仍有很大市场，但是显而易见，这一观点也是漏洞百出，难以服人。现代时代的一个基本事实是，有效的法律都是人制定的。康德认为人类理性体现在自由、自主的个人的实践理性。而哈贝马斯认为，法律的正当合法性、有效性、可接受性来源于法律的民主立法过程。法律的民主立法过程形成自由平等的公民的间性共识与意志。有效、合法、可接受的法律必须体现自由平等的公民的间性共识与意志。因此，法律正当合法性、有效性、可接受性的源泉只能是法律的民主立法过程。

哈贝马斯指出，根据康德的观点，法律的司法性本质体现在其是三个规范性的抽象。"法律首先是对受法律制约人同意制约其意志的抽象。法律的假定前提是自由选择，即法律服从以自由选择为充足理由。第二，法律是对行动计划所处的生活世界的复杂性的抽象……第三，法律是对服从法则动机的抽象。"[1] 也就是说，对受法律制约人来说，法律是对其同意意志的规范概括，是对其行动计划所处的生活世界的复杂性的规范概括，是对其服从法则动机的规范。换句话说，在哈贝马斯看来，根据康德的法律观，法律代表着三种抽象体现：

第一，法律是受制约人共同意志的抽象体现。也就是说，法律抽象地体现了受制约人的共同同意的意志。

第二，法律是受制约人生活世界命令的抽象体现。也就是说，法律抽象地体现了所生活的生活世界的道德命令；法律抽象地体现了受制约人所生活的生活世界的道德准则。

第三，法律是受制约人的义务责任的抽象体现。也就是说，法律抽象地体现了受制约人必须承担的责任义务的要求。

换句话说，康德的法律观强调的是法律本质上体现在它抽象地体现受法律制约人的主体意志，法律反映道德，服从道德，法律规定责任与义务。法律的合法性来源于受法律制约人的实践理性与自由意志，法律规范的基础是法律制约人这一存在本体。根据康德的法律观，法律是法律制约人这一存在本体理性契约的产物。

---

[1] ［德］哈贝马斯：《事实与规范》，第112页。

现代性与时代意识论

哈贝马斯认同康德把法律看作一个由规范组成的系统，也认同康德观关于法律是由自由、自主的公民建立的观点。尽管如此，与康德不同，哈贝马斯不是从存在本体（如个人意志）或世界本体去寻找法律规范的合法性、合理性与正当性基础。与康德不同，哈贝马斯强调，法律规范的合法性、合理性与正当性基础不仅仅是理性契约，而且是民主的、理性的契约。法律受制约人同时又是合法的、有效的法律的共同作者。

根据哈贝马斯的观点，法律是公民公共认识的体现，反映公民对他/她们的生活世界所发出的命令的共识，表达公民对彼此义务责任的共识。共识是一种间体性的认识。因此，法律本质上体现的是公民之间的间体共识与意志。公民之间的间体共识与意志本质上是一种民主的、间体性的人民意志。在这一意义上，哈贝马斯强调，法律本质上体现由公民组成的人民的主权意志。人民的主权，顾名思义，即由公民组成的人民的自主权利。人民主权是公民之间的间体共识与意志具有主导地位的权力。

值得注意的是，哈贝马斯这里使用人民、间体性等名词，而不是集体等名词。这是为了强调公民之间的间体共识与意志是一种民主地形成，有民主体现的主导权，在人民这一共同体中，公民个体没有被扬弃或否定。集体这一概念指的是作为个人对立物的主体存在。如我们说，要兼顾国家、集体与个人的利益时，国家、集体与个人是三个对立统一的存在体。但是，在哈贝马斯哲学中，人民不是公民的对立存在体。不存在兼顾人民与公民的利益。在哈贝马斯哲学中，人民不等同于民族，也不是民族性的，而是后民族性的。

哈贝马斯指出，作为知识系统与行动系统的结合体，法律是社会规范化、社会管理的最重要手段之一。与此相适应，哈贝马斯强调，法律与伦理道德的关系是平等互补的关系，而不是说法律是道德规范、命令的仆人。更确切地说，法律与伦理道德各自有自己规范的领域。伦理道德规范的对象是人与人的关系，即伦理道德规范的是人与人之间的自然关系。而法律规范的是公民之间的政治关系，是非自然的关系。伦理道德规范造就人类的团结、社会的人类认同，而法律造就的是社会正义、对权利与自由的保障、对责任与义务的落实。

因此,哈贝马斯与康德不同。如前面所指出,在康德哲学中,法律服从于伦理道德,是伦理道德的传声筒。法律意志直接体现、服从伦理道德意志。伦理道德给予法律正当合法性、有效性、可接受性。就是说,法律正当合法性、有效性、可接受性不是民主的立法过程,而是法律在实践理性的指导下,对伦理道德意志的服从。哈贝马斯认为,法律的正当合法性、有效性、可接受性来源于其民主的立法过程。它体现的是立法者的民主意志。如果法律意志体现一定的伦理道德意志,这一体现只能是间接的,以立法者与民主的立法过程为中介的。

不过,就正当合法性这一概念本身来说,哈贝马斯是从康德哲学中学来的。但是,在康德哲学,所有有效的法律必须是道德的,不存在违反道德的法律。在哈贝马斯哲学,公民法定的基本权利包括有权选择不服从道德指令。这一公民法定的基本权利不会使规定它的法律规范变得不道德,而是使规定它的法律规范区别于、不能归决于道德规范。没有任何规定公民有权选择不服从道德指令的道德规范是合理的。但是,规定公民有权选择不服从道德指令的法律规范不仅可以是合理的,而且是必需、必然的。

但是,这里,哈贝马斯不像法律实证主义哲学家如奥斯丁、哈特那样强调符合或违反道德标准不是法律之所以成为法律的必要条件,也不是法律之所以成为法律的充分条件。但是他的确强调法律与道德在本质、功能上是平行的、互补的。哈贝马斯强调,他的法律观是法律实证主义与法律自然主义之间的折中。在《事实与规范》中,哈贝马斯指出:

> 道德间的问题与法律间的问题都是关于同一个疑难:人与人之间的关系如何正当合法地安排,安定行为之间如何通过被证明为正当的规范来协调,行为冲突如何在相互认同的规范性的原则与条例的范围内在共识的基础上解决。但它们各自又从不同的角度看待这同一的问题。两者的最明显的区别在于:后传统的道德

代表的仅仅是一种文化知识的形式，但是法律代表的不仅仅是一种文化知识的形式，而且在制度层次上是有约束力的。法律也不仅仅是一个符号体系，还是一个行动体系。①

哈贝马斯进一步指出，道德规范与法律规范都必须符合话语原则的要求，但是，"在证明道德规范的正当性中，话语原则以普遍化原则的形式出现。而在证明法律规范的正当性中，话语原则以民主原则的形式出现"②。

尽管如此，哈贝马斯指出，道德规范与法律规范的社会功能不同。伦理道德让原本一家的人群认识自己的群关系，回归自己的共同体。法律让原本不是一家的一群陌生人在一起组成一个社会共同体，即是：

> 道德规范调节的是互认对方既是一个具体的共同体成员又是不可代替的个人的自然人之间的关系。道德规范把它的调节对象看作通过他（她）们的生活历史而个体化的人。与此相比，法律规范调节的是互认对方为一个由法律规范本身生产的抽象共同体成员的演员之间的关系。虽然法律规范也把它的调节对象看作个体化的人。但是，在法律规范的眼里，它的调节对象不是通过他（她）们的生活历史而形成的个人特性而个体化，而是由他（她）们的成为一个在法律基础上组成的共同体的社会角色的能力而个体化。③

道德规范调节的是作为一般人类道德共同体的成员之间的关系，即人与人的关系。法律规范调节的是公民作为具体社会共同体成员的关系。道德依赖的是先验的人类类关系，而法律调节的是具体社会共

---

① ［德］哈贝马斯：《事实与规范》，第106页。
② 同上书，第109页。
③ 同上书，第112页。

同体成员后验的政治关系。也就是说，人类道德共同体的成员之间的人与人的关系是先天的，而具体社会共同体成员之间的公民关系是后天的，是政治性的。值得注意的是，强调道德规范调节的是作为一般人类道德共同体的成员之间的关系，法律规范调节的是公民作为具体社会共同体成员的关系，这并不与世界主义中强调人的类关系的观点相矛盾。相反，这与世界主义所强调人类之间的类关系是世界公民之间的公民关系、司法关系是一致的。

法律的功能是规范化。要深入了解法律的这一特性，我们要认识到，规范与价值存在重大区别。哈贝马斯指出，规范与价值存在如下区别。

第一，规范具有义务、责任性的约束力量。不管规范制约的对象是否喜欢它，这一受制约的对象必须遵从它，否则将受到惩罚。价值不同。价值的力量是吸引力。被吸引的对象是否遵从它取决于这一被吸引的对象的个人爱好与选择。哈贝马斯如是说：

> 有效（法律）的规范没有例外地，平等地使受它的制约所有的对象有同等义务对其行为的概括出来的期望。而价值是人们分享认同的爱好。分享认同的价值表达对某一好东西的偏爱性。对具体的共同体或集体来说，那些被偏爱的好东西被认为是值得追求的。通过有目标的行动，人们可以得到那些被偏爱，被认为是值得追求的好东西。[①]

哈贝马斯这里没有用"命令"一词。但是，实质上他所说的是，规范给予它的对象的是命令，而价值给予它的对象的是建议与劝告。命令要求它的对象服从它。建议与劝告给它的对象某种或某些选择。也就是说，规范具有义务、责任性的约束力量，这种约束力量给予制约对象的是命令。

当然，道德规范存在。就是说，道德也有规范化的功能。而且，

---

① ［德］哈贝马斯：《事实与规范》，第255页。

众所周知，康德把道德规范叫作绝对命令。另外，法律也体现诸如正义、谨慎、权利等价值。而宪法不仅应体现诸如正义、谨慎、权利等价值，还要体现一个国家与人民的基本价值观。因此，法律与道德的区别不能简单地等同于规范体系与价值体系的区别。这一点，哈贝马斯也认识到。但是，法律规范与道德规范的区别在于法律规范是强制性的，而道德规范是非强制性的。法律规范所规定的义务是强制性的，而道德规范所规定的义务是非强制性的。也就是说，法律规范所代表的命令是强制性的，而道德规范所代表的命令是非强制性的。

第二，行动规范具有二极化的有效要求，即"规范的要求是要么有效，要么无效，不存在第三种的有效性要求……而价值所建立的偏爱使某些东西比其他东西具有更大的吸引力"①。就是说，规范的有效要求只有有效与无效两种，没有有效与更加有效之分，也没有无效与更加无效之分。而价值则不同。不仅有值与不值之别，还有值与更值，不值与更不值之分。与此相适应，当然，法律与道德的区别不能简单地等同于法律规范具有二极化的有效要求，而道德规范与价值不具有二极化的有效要求。法律与道德的区别在于法律规范有效要求是强制性的，而道德规范与价值的有效要求是非强制性的。法律规范所规定义务的有效性要求是强制性的，而道德规范所规定的义务的有效要求是非强制性的。重要的是，法律规范区分标准只有有效与无效两种。

第三，规范规定义务，即有绝对、无条件地服从规范命令的普遍义务。"制约性规范的'应该'具有无条件的普遍义务的绝对性。'一个人应做什么'的指令对每个人都具有同等的适用性。而共同认同分享的价值的吸引性具有已建立的对好处的估计的相对性。"② 与上相联系，法律与道德的区别不是法律规范规定义务，道德规范不规定义务。它们之间的区别是，法律规范所规定的义务是强制性的，而道德规范所规定的义务是非强制性的。

---

① ［德］哈贝马斯：《事实与规范》，第 255 页。
② 同上。

第四,"当它们制约同一群对象时,不同的规范之间不能相互矛盾;相反,它们必须形成一个和谐的系统。不同的而共同认同分享的价值却一再为优先地位而彼此竞争。"① 法律准则是行动规范。不管它制约的对象是否喜欢它们,法律准则具有义务、责任性的约束力量。它们要求要么有效,要么无效。它们的"应该"命令具有无条件普遍义务的绝对性。不同法律准则彼此相辅,形成一个和谐的制约系统。有些道德准则是行动规范,表达的是价值。法律准则与道德准则的区别在于法律准则具有哈贝马斯所称的"事实性"。

无论如何,一方面,法律的本质功能是规范化,因此它不是简单的法律条文的总和。另一方面,法律的规范性功能又具有强制性。因此,它又不简单的是法律原则或道德原则的总和。例如,宪法与相关法律规定政府等权力机构合法的权力范围、界限、责任与义务,保证政府等权力机构在规定的合法权力范围、界限、责任与义务内合理、合法与真实地行使管理权力与职能,保证公民合法地享受自由与权利,合法地履行责任与义务时,宪法与相关法律规范化政府行为与公民行为。宪法或其他国家法律不简单的是法律条文的总和,也不简单的是法律原则或道德原则的总和。

总之,法律的本质功能不仅仅是规范化,而且是强制性的规范化。正义的法律必须是公平、公正与适宜的,因而是合理的。这一事实并不改变法律具有强制性的特性。因此,哈贝马斯指出,作为知识系统与行动系统的结合体,法律一开始就具有事实性与有效性的两重特性。事实性与有效性是法律最重要的本质特性。

事实性指法律是强制性的,指它背后是惩罚力量与权威。也就是说,法律的事实性指法律的强制性。"法律表达具有惩罚那些不服从的人的能力的立法者的意志。由于法律将实际上被服从与实施,它们的存在差不多是一种社会事实。"② 如果法律不具有强制性,法律将不是法律。法律的事实性是法律区别于道德的一个重要方面。犯法要

---

① [德]哈贝马斯:《事实与规范》,第255页。
② 同上书,第11页。

受到事实上的制裁,如被判刑,而不仅仅是受到批评与责备。法律的事实性即法律的强制性使法律成为社会管理的必需的机制与工具。它使法律具有道德不可取代的功能。例如,宪法与相关法律规定政府等权力机构合法的权力范围、界限、责任与义务,保证政府等权力机构在规定的合法权力范围、界限、责任与义务内合理、合法与真实地行使管理权力与职能,保证公民合法地享受自由与权利,合法地履行责任与义务时,这种规定与保证是强制性的,它背后是惩罚力量与权威。宪法与相关法律规范化政府行为与公民行为时,其规范化是强制性的,它背后是惩罚力量与权威。就是说,宪法与其他国家法律具有事实性。

有效性指法律是合理、合法与正当的,而不是简单地指法律的威力。"强制性的法律不仅仅是有威迫支持的命令,而且是体现正当合法性要求的命令。"① 这里,哈贝马斯公开使用"命令"一词。强制性法律的有效性使我们看到法律的几个侧面。

"法律的确定性与其具有经过民主的立法过程证明的可接受性的许诺不可分割。"② 因此,"法律从它的事实性与有效性的联盟中借得它的约束力量"③。法律的事实性是它制约性规范的强制性的现实表达。与此同时,"合法正当的法律只与不破坏遵从法律的合理性动机的法律强制的模式共存,与破坏遵从法律的合理性动机的法律强制的模式格格不入;合法正当的法律使人人在认识的基础上遵从法律成为可能"④。

"法律制度与自然存在的机制不同。法律制度具有相对高度的合理性。它给予经过教义化的提炼,与原则性的道德联姻的知识系统一个坚实的形态。"⑤ 例如,宪法与相关法律规定政府等权力机构合法的权力范围、界限、责任与义务,保证政府等权力机构在规定的合法

---

① [德]哈贝马斯:《事实与规范》,第11页。
② 同上书,第29页。
③ 同上书,第39页。
④ 同上书,第121页。
⑤ 同上书,第114页。

权力范围、界限、责任与义务内合理、合法与真实地行使管理权力与职能，保证公民合法地享受自由与权利，合法地履行责任与义务时，这种规定与保证是合理化与合法化政府行为与公民行为。宪法与相关法律规范化政府行为与公民行为时，其规范化又是合理化与合法化的。

法律的事实性与有效性相辅相成，使法律一方面区别于道德，另一方面区别于其他社会管理机制。值得注意的是，早在20世纪70年代，哈贝马斯就提出资本主义社会的社会权力的正当合法性问题及其危机。社会权力的正当合法性问题也是现代性的核心问题之一。但具体到法律的正当合法性问题，哈贝马斯受益于康德。

尽管如此，如前面所提到的，哈贝马斯的法律正当合法性概念与康德的法律正当合法性概念不同。在康德思想中，法律的正当合法性源于它对道德的依附。而在哈贝马斯中，法律的正当合法性源于它的合理的民主立法过程。合理的民主立法过程使法律既符合法律的民主主权原则，又符合法律的话语有效性民主原则，因而不仅仅是合理的、正当合法的，而且是具有合理性、正当合法性的。最重要的是，强调法律的合理性、有效性，因而强调民主原则，哈贝马斯实质上在强调，正义的法律本质上是由自由、平等的公民所组成的人民的意志的体现。无论如何，强调法律的事实性与有效性，哈贝马斯的法律观既区别于自然法则主义的法律观，又区别于法律实证主义的法律观。

这里最重要的是，强调法律的事实性与有效性，哈贝马斯强调如下的两个法律准则：

话语准则：只有当它得到在实践对话与讨论的所有有关参与者的同意与接受时，一个规范准则才是正当有效的。

民主或民主主权准则：公民同时是法律的受制约者与作者；法律的正当合法性、主权性源于制订它又受其制约的公民意志与选择。①

哈贝马斯指出法律的正当合法性源于它的合理的民主立法过程，

---

① ［德］哈贝马斯：《事实与规范》，第107、110—111、118—121页。

有效、合理与合法的法律，本质上是自由、平等的公民间体性共识与意志的体现。

有效、合理与合法的法律本质上是民主地建立起来的，体现自由、平等的公民间体性共识与民主的意志的规范。例如，宪法与相关法律规定政府等权力机构合法的权力范围、界限、责任与义务，保证政府等权力机构在规定的合法权力范围、界限、责任与义务内合理、合法与真实地行使管理权力与职能，保证公民合法地享受自由与权利，合法地履行责任与义务。但是，规范政府行为与公民行为的宪法与相关法律本质上是民主地建立起来的，体现自由、平等的公民间体性共识与民主的意志的宪法与法律规范。

在如上的思想中，哈贝马斯不是企图捍卫法律实证主义的法律观，虽然哈贝马斯确实有抵制康德法律观中的新自然法则主义倾向。哈贝马斯是要从自然法则主义与法律实证主义中间走出一条中间道路。一方面要抵制自然法则主义法律观中把法律置于道德之下，另一方面要拒绝法律实证主义认为法律与道德无关的观点。关于他的话语法律哲学的法律概念与传统的法律实证主义哲学、传统的法律自然主义法律哲学的区别，哈贝马斯指出：

> 话语法律哲学的法律概念不陷入法律实证主义哲学与传统的自然主义法律哲学的孪生陷阱。如果强制性的法律的合法性源于立法过程的合理性并最终追溯到对立法者的合理的政治意志的形成（与应用法律）做出适当的交往安排，那么法律有效性的不可侵犯的因素不会在讲不偏不倚的决定论中消失，也不靠道德限制来维护。[①]

就是说，话语法律哲学认为，有效、合理与合法的法律本质上是自由、平等的公民间体性共识与民主意志的体现。所以，在话语法律哲学的法律概念中，法律有效性既不像在法律实证主义哲学那里那样

---

① ［德］哈贝马斯：《事实与规范》，第453页。

消失，也不会像自然主义法律哲学那样，必须依靠道德限制来维护。在1986年的哈佛大学哲学讲座中，哈贝马斯就指出，合理有效的法律必须以普遍理性为基础，尽管现代法律不能再以传统的自然法则理念为基础。有效、合理与合法的法律本质上不是统治者或统治阶级意志的体现，也不是某种宇宙自然意志的体现，而是自由、平等的公民间体性共识与民主意志的体现。

哈贝马斯进一步提出，以可理解性、真诚、真实和规范的正确四大规范为基础的社会交往实践是解决法律有效性，法律与价值，事实与规范之间矛盾的基础。一方面，有效性、价值和规范有其事实基础。另一方面，有效性、价值和规范又是交往实践的产物。这样，哈贝马斯回应了对实践理性的各种挑战以及各种后尼采式的对理性的批判。

许多当代哲学家指出，实践理性的最大局限性是它的论断不能超越事实的范围。后尼采式对理性的批判坚称，超越事实的范围论断如价值判断是人类思想必不可少的，而要做出这种超事实的判断，人们必须摆脱理性本身，一个被事实所围困的理性本身是思想的枷锁。在西方法哲学中，后现代主义思维、法律实证主义思维等认为，有效的法律辩论只能是历史叙述与政治叙述的结合。

与此相反，在哈贝马斯哲学中，强调以社会交往实践为基础，交往理性一方面能在认识事实的基础上做出超越事实的判断，例如价值判断、有效性判断和规范判断，另一方面又坚持理性理念，否定自由与理性之间存在必然的矛盾。哈贝马斯提出并回答了一个重大的哲学以及现实问题，那就是，从社会的角度来说，什么是法律有效性的源泉，什么是法律与价值，事实与规范之间的关系稳定的条件；即是，交往理性是法律有效性的源泉，是事实与价值，事实与规范之间的关系稳定的根本和必需条件。反过来，在可理解性、真诚、真实和规范的正确四大规范为基础的社会交往实践的基础上民主地建立起来的有效、合理与合法的法律，本质上是自由、平等的公民间体性共识与民主意志的体现。

无论如何，哈贝马斯的话语法律哲学不仅仅回答了合理、有效、正当的法律如何可能的这一问题，而且回答了法律的本质、功能与特性是什么的问题。这就是，合理有效的法律必须在根据交往理性的要求，根据民主原则与话语原则运行的立法过程中建立。与此相适应，有效、合理与合法的法律本质上是自由、平等的公民间体性共识与民主意志的体现。显然，根据交往理性的要求，法律不仅必须满足社会经济政治整合的要求，而且必须满足社会成员作为社会实践主体相互沟通与理解的要求。法律是带强迫性的，它是强迫性地使社会秩序井然的工具。但是，法律给社会带来井然秩序的前提是它是有效的、合理的与正统的。法律的有效性的前提是它是社会成员作为社会实践主体的相互明白、理解与承认的。法律的前提是它是建立在交往理性概念的基础上的，它在理性和道德的角度上是合理的与合法的。因此，合理的法律必须回答三方面的问题：实践问题、伦理问题与道德问题。

四　法律，权利与义务

如前一节所讨论的，法治的主要任务是合理、合法与正当地规范政府等权力机构合法的权力范围、界限、责任与义务以及公民合法的自由、权利、责任与义务。也就是说，法律的主要社会管理功能之一是合理、合法与正当地规定政府等权力机构合法的权力范围、界限、责任与义务以及公民合法的自由、权利、责任与义务。

法律与道德不同。道德从价值与正当性的角度规定行为的对与错，好与坏，可接受的还是不可接受的。而法律从规范的角度规定政府等权力机构合法的权限范围、界限、责任与义务以及公民合法的自由、权利、责任与义务的合理、合法与正当性。就是说，本质上，法治的核心任务是理顺自由与责任，权利与义务的关系，是理顺权力与自由，权利、责任与义务的关系。

法律，权利与义务，自由与责任的关系是辩证的。法律规定权利与义务，自由与责任，法律给自由与权利，责任与义务司法属性、正当性与合法性。而对权利与义务，自由与责任的规定是法律之所以成为法律的根本原因，权利与义务，自由与责任的客观要求或命令是法律存在的前提。正如哈贝马斯在《事实与规范》中指出的，"法律以一个权利系统的形式出现"①。"这一系统必须包括公民为了希望通过去正当合法地调节他（她）们的行为与生活条件必须相互赋予的权利。"② 所以，一方面，权利与义务，自由与责任必须是合理合法的，才是有效的。权利与义务，自由与责任的合理合法源于法律规定。法律本质上是规定权利与义务，自由与责任的规范，是权利与义务，自由与责任的规范形式。另一方面，没有权利与义务，自由与责任，法律就失去其本质与实质内容，成为没有本质与实质内容的空洞形式。而没有本质与实质内容的空洞形式没有存在的依据与基础，也就没有存在的必要。所以，法律依据于权利与义务，自由与责任。权利与义务，自由与责任依据于法律。

与此相联系，权利与义务，自由与责任的关系是辩证的。法律规定权利，也规定义务。只规定权利，不规定义务的法律不是真正的法律，不是合理、合法、正当的法律，不仅仅不是好的法律。反之，只规定义务，不规定权利的法律也不是真正的法律，不是合理、合法、正当的法律，不仅仅不是好的法律。其实，肯定权利意味着认同义务。拥有权利意味着拥有义务。肯定义务意味着认同权利。拥有义务意味着拥有权利。法律正义要求公平、公正、合理与适宜地规定相互对等、适应的权利与义务。正义的法律公平、公正、合理与适宜地规定相互对等、适应的权利与义务。同样道理，法律规定自由，也规定责任。

与此相适应，权利和自由本身是辩证的。一方面，人人应有基本的权利与自由。这是绝对的。另一方面，人人应有基本的权利与自由又与人人应有基本的义务与责任共存。这就是说，人人应有基本的权利与自由又受人人应有基本的义务与责任所限制，正如人人应有基本

---

① ［德］哈贝马斯：《事实与规范》，第133页。
② 同上书，第122页。

的义务与责任与人人应有基本的权利与自由一样。因此，一个人的基本权利与自由又不是绝对的。这里，我们要区别两个概念：（1）绝对地拥有基本权利与自由的权利。（2）基本权利与自由在内涵外延上的无限性。人类共同体中的每个人绝对地拥有基本权利与自由的权利。与此同时，人类共同体中每个人所绝对地拥有的基本权利与自由在内容与外延上不是无限的，而是有限制的。正义法律的任务就是明确、合理、公正地规定人类共同体中的每个人绝对地拥有基本权利与自由的权利、每个人所绝对地拥有的基本权利与自由在内容与外延上具体的限定。

1948年联合国《世界人权宣言》经典地、规范地对基本人权与自由作出规定。但是，《世界人权宣言》也经典地、规范地规定："人人对社会负有义务，因为只有在社会中他的个性才可能得到自由和充分的发展；人人在行使他的权利和自由时，只受法律所确定的限制，确定此种限制的唯一目的在于保证对旁人的权利和自由给予应有的承认和尊重，并在一个民主的社会中适应道德、公共秩序和普遍福利的正当需要。"[1] 同样地，1793年的法国《人权和公民权宣言》指出，"自由就是指人始终是自由平等的。因此，只以保证社会上其他成员能享有同样权利为限制。此等限制仅得由法律规定之"；"法律仅有权禁止有害于社会的行为"[2]。就是说，每个人的自由是受法律限制的。

所以，人人应有的基本权利与自由不是绝对的、不受限制的，而是相对的，受人人应有的基本义务与责任所限制。不仅如此，人人应有的基本权利与自由意味着每个人应有的基本权利与自由受到他人应有的基本权利与自由的限制。所以，每个人应有的基本权利与自由不是绝对的、不受限制的，而是相对的，受他人应有的基本权利与自由所限制。还有，每个人应有的基本权利与自由是由具体的法律所规范，由具体的法律合法化、合理化与正当化。因此，每

---

[1] 《世界人权宣言》第29条，https://www.un.org。

[2] http://en.wikisource.org.

个人应有的基本权利与自由不是绝对的、不受限制的，而是相对的，受规范化、合法化、合理化与正当化这些基本权利与自由的法律所限制。

与此相适应，义务和责任本身也是辩证的。

总之，法律，权利与义务，自由与责任本身是辩证的。法律，权利与义务，自由与责任的关系也是辩证的。法律，权利与义务，自由与责任本身有抽象的一面，又有具体的一面。法律，权利与义务，自由与责任的关系有抽象的一面，又有具体的一面。法律，权利与义务，自由与责任本身有绝对的一面，又有相对的一面。法律，权利与义务，自由与责任的关系有绝对的一面，又有相对的一面。法律，权利与义务，自由与责任本身中抽象与具体，绝对与相对对立统一，构成各自本身的矛盾。法律，权利与义务，自由与责任之间关系中抽象与具体，绝对与相对对立统一，构成它们之间关系的矛盾。毛泽东指出，矛盾存在于一切事物发展的过程中，矛盾贯穿于一切事物发展过程的始终，这是矛盾的普遍性与绝对性。① 矛盾存在于、贯穿于法律，权利与义务，自由与责任本身发展的过程中，矛盾存在于、贯穿于法律，权利与义务，自由与责任之间关系发展的过程。这就是唯物辩证法。这就是辩证唯物主义与历史唯物主义的法律，权利与义务，自由与责任观。

在现代国家中，自从 1948 年联合国发表《世界人权宣言》以来，规范政府等权力机构合法的权力范围、界限、责任与义务以及公民合法的自由、权利、责任与义务合理性、合法性与正当性，现代各国法律都有一个专门的规范角度，即人权角度。无论是讲公民合法的自由、权利、责任与义务，还是讲现代政府等权力机构合法的权力范围、界限、责任与义务，都不能不涉及人权这一概念。从理念上讲，公民合法的自由、权利、责任与义务是公民人权的具体形式，现代政府等权力机构合法的权力范围、界限、责任与义务以保障公民人权为中心。

---

① 参见《毛泽东选集》，第 283 页。

因此，在《事实与规范》中，哈贝马斯在交往理性概念的基础上重建人权的理念，并且强调法律的基本功能之一是定义、维护每个人的基本人权与权利。哈贝马斯自称是一位黑格尔—马克思主义的哲学家。但他的人权理念是真正的新康德主义理念，是新康德主义理念在我们时代的进步版本。

在《事实与规范》中，哈贝马斯又强调指出："一个法律秩序必须保证，每个人的权利事实上被所有的其他人所尊重；不仅如此，社会成员彼此对每个人的权利的互认必须是建立在合理有效的法律的基础上，而合理有效的法律必须给予每个人平等的自由，也限定每个人选择的自由必须与所有人的同等同样自由共容共存。"① 就是说，一个合理正当的法律秩序必须以维护每个人的基本人权与共同体公民权利为己任，不仅要规定这些基本人权与共同体公民权利，还要有对每个人这些基本人权与共同体公民权利的尊重的义务，更规定维护每个人的基本人权与权利的具有约束力、强迫性的措施，如对践踏一个人的基本人权与权利的惩罚。哈贝马斯因此提出"文明自主"的概念。文明自主指的是每个人既懂得自己的基本人权与权利，又懂得他人的基本人权与权利，以及自己对他人的基本人权与权利尊重的义务。简言之，文明自主指的是每个人都有自己的基本权利与义务，自由与责任。

在《事实与规范》中，哈贝马斯指出人的五大类基本权利：

第一，"基本自由权利，即尽可能是最大限度的、均等的个人自由和政治自主性详尽表述的基本权利"。

第二，"基本成为成员权利，即在法律的保护下个人能与他人自由、自愿地组成共同体，成为共同体成员，此身份政治自主性的详尽表述的基本权利"。

第三，"基本享受法律保护权利，即直接基于权利可行性、个人基本自由以及政治自主性享受法律保护的基本权利"。

第四，"基本参与权利，即个人参与意见与意志形成过程予行使

---

① ［德］哈贝马斯：《事实与规范》，第133、453页。

其政治自主和发展法律的基本权利";

第五,"基本社会生态权利,即当享受技术,生态保护的生活资源是公民行使第一至四类基本权利的必需条件时,个人享受哪些技术,生态保护的生活资源的类基本权利"。①

哈贝马斯指出,人的第一至三大类基本权利是话语原则应用于法律的必然结论。基本自由权利包括基本人身自由等。基本成为成员权利包括成为公民基本权利。基本享受法律保护权利,顾名思义,包括个人的自由、权利、责任与义务享受法律正当保护的基本权利。第四大类基本权利是话语原则与民主原则应用于法律的必然结论。第五大类基本权利是普通情理的必然结论。

哈贝马斯在《事实与规范》中的人权理念与1948年联合国的《世界人权宣言》的人权理念相一致。关于人的基本自由权利,联合国《世界人权宣言》宣称:"人人生而自由,在尊严和权利上一律平等。他们富有理性和良心,并应以兄弟关系的精神相对待";"人人有资格享有本宣言所载的一切权利和自由,不分种族、肤色、性别、语言、宗教、政治或其他见解、国籍或社会出身、财产、出生或其他身份等任何区别。并且不得因一人所属的国家或领土的政治的、行政的或者国际的地位之不同而有所区别,无论该领土是独立领土、托管领土、非自治领土或者处于其他任何主权受限制的情况之下";"人人有权享有生命、自由和人身安全";"任何人不得使为奴隶或奴役;一切形式的奴隶制度和奴隶买卖,均应予以禁止";"任何人不得加以任意逮捕、拘禁或放逐";"人人在各国境内有权自由迁徙和居住;人人有权离开任何国家,包括其本国在内,并有权返回他的国家";"人人有思想、良心和宗教自由的权利;此项权利包括改变他的宗教或信仰的自由,以及单独或集体、公开或秘密地以教义、实践、礼拜和戒律表示他的宗教或信仰的自由";"人人有权享有主张和发表意见的自由;此项权利包括持有主张而不受干涉的自由,和通过任何媒介和不论国界寻求、接受和传递消息和思想的自由";"人人有权享

---

① [德]哈贝马斯:《事实与规范》,第122—123页。

有和平集会和结社的自由；任何人不得迫使隶属于某一团体"①。关于人的基本成为成员权利，联合国《世界人权宣言》宣称："人人有权享有国籍；任何人的国籍不得任意剥夺，亦不得否认其改变国籍的权利。"② 关于基本享受法律保护权利，联合国《世界人权宣言》宣称："人人在任何地方有权被承认在法律前的人格"；"法律前人人平等，并有权享受法律的平等保护，不受任何歧视。人人有权享受平等保护，以免受违反本宣言的任何歧视行为以及煽动这种歧视的任何行为之害"；"任何人当宪法或法律所赋予他的基本权利遭受侵害时，有权由合格的国家法庭对这种侵害行为做有效的补救"；"人人完全平等地有权由一个独立而无偏倚的法庭进行公正的和公开的审讯，以确定他的权利和义务并判定对他提出的任何刑事指控"；"凡受刑事控告者，在未经获得辩护上所需的一切保证的公开审判而依法证实有罪以前，有权被视为无罪；任何人的任何行为或不行为，在其发生时依国家法或国际法均不构成刑事罪者，不得被判为犯有刑事罪。刑罚不得重于犯罪时适用的法律规定"；"任何人的私生活、家庭、住宅和通信不得任意干涉，他的荣誉和名誉不得加以攻击。人人有权享受法律保护，以免受这种干涉或攻击"③。关于基本参与权利，联合国《世界人权宣言》宣称："人人有直接或通过自由选择的代表参与治理本国的权利；人人有平等机会参加本国公务的权利；人民的意志是政府权力的基础；这一意志应以定期的和真正的选举予以表现，而选举应依据普遍和平等的投票权，并以不记名投票或相当的自由投票程序进行"。④ 关于基本社会生态权利，联合国《世界人权宣言》指出，"每个人，作为社会的一员，有权享受社会保障，并有权享受他的个人尊严和人格的自由发展所必需的经济、社会和文化方面各种权利的实现，这种实现是通过国家努力和国际合作并依照各国的组织和资源

---

① 《世界人权宣言》第 1、2、3、4、9、13、18、19、20 条。
② 《世界人权宣言》第 15 条。
③ 《世界人权宣言》第 6、7、8、10、11、12 条。
④ 《世界人权宣言》第 21 条。

情况";"人人有权享受为维持他本人和家属的健康和福利所需的生活水准,包括食物、衣着、住房、医疗和必要的社会服务;在遭到失业、疾病、残废、守寡、衰老或在其他不能控制的情况下丧失谋生能力时,有权享受保障;母亲和儿童有权享受特别照顾和协助。一切儿童,无论婚生或非婚生,都应享受同样的社会保护"①。

哈贝马斯指出:"仅仅是话语原则自身或仅仅是法律形式自身都不足以成为任何权利的基础。只有当话语原则自身与法律形式有机地结合成一个认为个人与公共的自主彼此互为先决条件的权利体系时,话语原则才通过法律这一中介以民主原则的形式出现。"② 即单独话语原则自身或单独法律形式自身都不足以成为任何权利的基础。权利指的是共同体成员为了在法律的保护下共同生活而必须彼此赋予的东西。在共同体成员为了在法律的保护下共同生活而必须彼此赋予的权利中,个人自由(个人自主,私自的自主)的权利与社会参与(公共的自主)的权利彼此互为先决条件。法律的民主原则集中地反映了这一法律现实。而当话语原则与法律形式相结合,以法律的民主原则的形式出现时,如上所说的权利体系是民主法律体系的核心组成部分。

显而易见,哈贝马斯所指出的如上的人的五大类基本权利都是现代世界上公认的人的基本权利。基本自由权利、基本成为成员权利、基本享受法律保护权利、基本参与权利与基本社会生态权利是联合国1948年的《世界人权宣言》中指出的人的基本权利。基本社会生态权利更体现在联合国关于人权的一些最新规定。无论如何,在《事实与规范》中,哈贝马斯强调,法律应以公民的基本自由权利、基本成为成员权利、基本享受法律保护权利、基本参与权利和基本社会生态权利为准则,规范政府等权力机构合理、合法与正当的权力范围、界限、责任与义务以及公民合理、合法与正当的自由、权利、责任与义务。法律本质上是规范人权与保障人权的规范。

---

① 《世界人权宣言》第22、25条。
② [德]哈贝马斯:《事实与规范》,第128页。

现代性与时代意识论

在《事实与规范》中,哈贝马斯还没有像他在《对他者的包容》那样刻意区别每个人的人权与道德权。但是,在《事实与规范》中,基本自由权利、基本成为成员权利、基本享受法律保护权利、基本参与权利和基本社会生态权利是司法权,这是显而易见的。哈贝马斯在《事实与规范》中认为,人权不仅仅是每一个人作为人类一分子所固有的权力,不仅仅是每个人作为人类一分子的自我意识的觉悟的表达,也是每个人作为一个具体社会的成员的自我意识、觉悟的表达,更是社会的成员之间合理地相互承认每一个人的权力这一社会觉悟的表达,它是社会成员作为社会实践主体共同建立的社会意识或主体间意识的觉悟的表达。简而言之,每个人所应享有的人权是建立在人类固有的权利的基础上,也是建立在人类成员共同社会意识或主体间意识的基础上的。因此,在现实生活中,每个人所应享有的权利不仅仅代表着人们在义务上应当尊重的每个人的主观自由,也代表着人们在认识上应当尊重的每个人在法治底下的合法的自由。无论如何,法律是道德的补充。有效的法治和德治相辅相成。法律对道德的核心补充是法律以公民的基本自由权利、基本成为成员权利、基本享受法律保护权利、基本参与权利和基本社会生态权利为准则,规范政府等权力机构合理、合法与正当的权力范围、界限、责任与义务以及公民合理、合法与正当的自由、权利、责任与义务。值得注意的还有,哈贝马斯的人权概念认为人权是具体的,不是抽象的,因此人权不是绝对的。

在《对他者的包容》中,哈贝马斯明确区分每个人的人权与道德权,强调指出,人权是一个司法概念。哈贝马斯指出:"现代意义上的人权可以追溯到《关于权利的弗吉尼亚草案》,1776年的《美国独立宣言》与1789年的《关于人类与公民的权利的宣言》。这些宣言吸取了现代自然法律哲学,尤其是洛克与卢梭哲学的思想。在第一批宪法中,人权获得具体的形式,特别是由一个国家法律秩序保证的基本权利这一形式,这不是偶然的。尽管如此,第一批宪法中的人权规范都有一个双重特点:作为宪法规范,它们具有法律有效性;但作为人的权力，它们有超越法律的有效性。"① 哈贝马斯进一步指出，人的道德权是与生共有的，而人权是历史地建立起来的。哈贝马斯指出："人权的概念并不起源于道德，而是具有现代个人自由概念深深的烙印。因此，它是一个特别的司法概念。在本质上，人权是一个司法概念。它所以有道德权的外表不是由于它的内容，也不是由于它的结构，而是由于它的有效性模式。它的有效性超越一个民族国家的法律秩序。"② 无论如何，作为司法概念，人权获得具体的形式，即由一个国家法律秩序保证的基本权利这一形式。作为在实质内容上受一个国家法律，尤其宪法，规定与保证的基本权利，人权又是具体的，不是抽象的。具体的，不是抽象的人权不是绝对的。这就是区分人权与道德权的意义所在。

哈贝马斯意识到，法治的主要任务是合理、合法与真实地规定政府等权力机构合法的权力范围、界限、责任与义务以及公民合理、合法、正当的自由、权利、义务与责任。因此，在《事实与规范》中，哈贝马斯指出，法律的功能不仅仅局限于调节行为。它还是组织与调节国家权力的重要功能。也就是说，"行为规范并不是法律的全部。法律继续不断地组织与调节国家权力。作为宪法条例系统，它不仅保护公民的个人自主与公共自主，它还产生政府的机制，制度，过程与官方权力"③。法律的社会整合功能不仅仅局限于调节公民的行为以确保每个人既享受自己的基本权利，又尊重别人的基本权利与履行对他人的义务。它不仅仅局限于调节政府的行为以确保每个公民既能享受自己的基本权利，又能尊重别人的基本权利履行对他人的义务。法律的社会整合功能组织与调节国家权力，使国家权力成为正当合法的社会权力。

讲到公民的基本权利，我们这里应探讨一下所谓的公民的不服从权利。公民的不服从权利指的是公民的不服从公共权威、公共秩序的

---

① ［德］哈贝马斯：《事实与规范》，第189页。
② 同上书，第190页。
③ 同上书，第144页。

权利。从理念上讲，公民的不服从权利可以从基本自由权利与基本参与权利中引申出来。但是，与其他的公民正当权利一样，公民的不服从权利是抽象与具体，绝对与相对的矛盾体。世界上不存在抽象的、绝对的公民的不服从权利。与其他的公民正当权利一样，一个公民的不服从权利要受到这一公民的义务与责任，他（人）的权利与自由，以及规范公民的不服从权利的法律等的限制。哈贝马斯强调，公民不服从行为必须有理、有节，标准是遵守宪法。1986年5月，他在与《星期》（Die Woche）杂志的黑姆特·海恩（Helmut Hein）的访问谈话中谈到公民不服从时指出：

> 关于这个问题，有三点需要说明。第一，公民不服从不能根基于一个私人的、武断的世界观，而是在原则上要在宪法所界定的范围内，要符合宪法。第二，公民的不服从要和革命性的实践严格区分开来，也与暴乱严格区分开来，公民的不服从明确地拒绝暴力……第三，当然，对我来说，霍布斯（Hobbes）、卡尔·史密特（Carl Schmitt）或《法兰克福人公报》所强调的守法为最高的，也是唯一的正当正统性准则的观点是有问题的。我们需要知道，在什么条件下和为了什么目的，保持司法和平与稳定是必需的（不能讲盲目的，无条件的守法）。①

在这里，哈贝马斯明确地提出了公民不服从行为中，遵守宪法为最高的，也是唯一的正当性准则。他旗帜鲜明地指出，一方面，公民的不服从要遵守某一国家的宪法或基本法。也就是说，它以某一国家的宪法或基本法为基本规范，是一种有节的斗争方式。另一方面，遵守或违背某一具体法规，这要具体情况，具体分析，不能一概而论。无论如何，公民不服从可以在特定的情形下违背某具体法律的法规，但不能违背宪法或基本法。

总而言之，法律，权利与义务，自由与责任的关系是辩证的。离

---

① ［德］哈贝马斯：《自主与团结》，美国纽约沃索出版社1986年版，第225页。

开法律去谈权利与义务，自由与责任是错误的。讲法律，却不讲权利与义务，自由与责任，这是丢掉法律的根本。

五 国家、民族与民主

如上的讨论把我们带回到国家、民族与民主的课题来。在一定的意义上，法律的本质、特性、社会功能，正当合法性、有效性、可接受性的源泉明显地体现在法律与国家、民族与民主的关系上。以宪定国，以法治国，这是现代国家的重要特征之一。反之，无论对于国内法，还是国际法或全球法，法律中的人民主权都是由国家主权所代表。所以，法律本质上体现一国人民的民主意志与法律本质上体现一个民主的国家意志是一致的。法律不是私刑。因此，它本质上不是民族意志的体现。而且，当法律将不同民族的公民组成一个共同的国家时，它政治上在去民族化，正如当法律将有不同宗教信仰的公民组成一个共同的国家时，它政治上在去宗教化。所以，正如政教分家也是现代国家的一个重要特征，国家与民族的区别也是现代国家的一个重要特征。

现代国家与古代国家或封建国家不同。现代国家不是家的延伸。在中国语言中，国与家密不可分。国家与家国，是家园，是家乡。在中国封建社会，封建国家是属于某一家族如李家、赵家等的国家。但是，现代国家是全体人民的国家，正如现代中国是全体中国人民的国家，而不是像封建国家属于某一家族如李家、赵家等的国家。在现代国家中，公民的身份与家庭出身和关系无关。事实上，从家的国到人民的国的概念转变是现代国家概念性的重大革命，或国家发展史上的重要革命。从一家的主权到人民的主权的概念转变是现代国家概念性的重大革命，或国家发展史上的重要革命，也是国家现代化的重要特征。现代国家的正当性、合法性与合理性既不来自国家管理者的家庭归属，也不来自这一国家公民的家庭归属。

同样道理，现代国家也不是属于某一社会阶级的国家。在现代国家中，公民的身份与阶级无关。无论属于哪一社会阶级或阶层，所有公民的地位都是平等的。所以宪法面前人人平等，法律面前人人平等。现代国家的正当性、合法性与合理性既不来自国家管理者的阶级归属，也不来自这一国家公民的阶级归属。当然，说国家不是某一阶级的国家不是说在一个现代国家阶级区分和分化不存在。而是说，在一个现代国家，无论阶级如何区分和分化，这一现代国家不属于某一社会阶级。

现代国家不是民族的延伸，尽管在许多现代国家中，某一或某些民族会独大。的确，当今许多国家也以民族国家的形式存在。但是，现代国家是由属于不同群体的、平等自由的公民组成的政治共同体，不是属于某一民族的国家。民族属性既不是一个人成为国家公民的前提条件，也不是一个国家存在的前提条件。现代国家既没有传统国家如古代国家或封建国家那样具有家族或民族的单一性，也没有某一家族或民族能合法地宣称其为国家的主人。与此相适应，现代国家的基础规范体系是法律，不是道德。法律将不同的人群组织成人民，道德将不同的人组成一个政党或同一族群的人组成一个民族。反过来，人民是一个具有法律权威的政治主体，即它是一个其成员必须被其问责的具有司法权威的政治主体。民族则不是一个具有法律权威的政治主体。

历史上，国家与民族曾经是密不可分的。但是，国家与民族的区别与分离是现代国家的重大特征之一。不是说，国家与民族毫无关系，而是说，在现代国家中，公民的身份与民族属性无关。国家的性质也与一个具体民族的属性无关。现代国家的正当性、合法性与合理性既不来自国家管理者的民族归属，也不来自这一国家公民的民族归属。例如，在美国，不是只有一个种族的公民才能当美国市长、州长或总统。在中国，也不是只有汉族或其他民族的人才能当国家领导人或地区领导人。同样道理，说国家不是某一民族的国家不是说在一个现代国家民族区分和分化不存在，而是说，在一个现代国家，无论民族如何区分和分化，这一现代国家不属于某一民族。事实上，民族差异是现代国家的历史特点，即民族多元性是现代国家的历史特点。

哈贝马斯指出，在现代国家中，公民身份和资格不以公民的民族属性为前提，因而现代国家公民身份和资格的形式具有共同性和包容性，能使不同宗族、种族、信仰、历史文化背景的人在认同共同的民主宪法及其理念和价值的基础上团结起来，组成共同的国家。而在民族主义的民族国家理念中，公民身份和资格以公民的民族属性为前提，因而民族公民身份和资格的形式不具有共同性和包容性，它不能使不同宗族、种族、信仰、历史文化背景的人能在认同共同的民主宪法及其理念和价值的基础上团结起来，组成共同的国家。在现代国家中，公民身份和资格的形式普遍性和非具体实质性也使现代国家的公民适合于世界范围内的民主化潮流。显然，在民族主义民族国家理念中，公民身份的形式特殊和实质性使其难以适合于现代具有文化、意识形态多元化的政治空间。现代国家使具有不同政治价值观念、语言与世界观的人，在民主、理性协商的过程中形成共同的政治意志。在现代国家，不同宗族、种族、信仰、历史文化背景的人通过认同共同的民主宪法而认同共同的国家。

现代国家是一个由自由、平等的公民组成的社会政治共同体。它是由不同宗族、种族、信仰、历史文化背景的公民在认同共同的民主宪法及其理念和价值的基础上团结起来，共同组成的社会政治共同体。

重要的是，我们应认识到，国家宪法之所以是国家的基本法，是因为它规定国家的基本结构。国家法律之所以是国家法律，是因为它们规定国家作为社会政治共同体的具体行为方式与标准。也就是说，如果我们把国家这一社会政治共同体看作形式与内容的有机统一体，那么，国家宪法与其他国家法律是给予国家这一社会政治共同体的形式。而家的形式由血缘关系与伦理规范构成。内容上，组成国家的内容要素与组成家的内容要素不同。也就是说，国与家，无论在内容与形式上，都有本质的区别。

谈到现代国家（state）概念与民族（nation）概念的区别时，哈贝马斯还指出："在现代概念中，国家（state）是一个法律概念。在法律性的国家定义中，国家，在本质上，指的是对清楚地规定的既有领土空间与在此领土空间上的所有人员拥有内外主权的国家权力。"① 即是，在本质上，国家拥有内外主权政治权威或权力。对外，它拥有对特定的领土与人群的拥有主权。对内，它拥有在特定的领土上对特定的人群行使特定的权威的行政主权。与此相比较，"民族概念与人民概念有相同的外延。除了法律上的含义之外，'民族'一词还指由一个共同的血统，或至少由一个共同的语言、文化与历史所组成的政治共同体。在这一历史意义上，一个人民只是在一种特殊的生活形式的具体形式中变成一个民族"②。无论如何，现代国家既不是家的延伸，也不是民族的延伸。它是由异血缘、异族的人所组成的政治共同体。国家价值、国家理想、国家理念不等同于民族价值、民族理想与民族理念。

现代国家中，许多国家的确仍是国家与民族的结合，即仍在很大意义上是民族国家。但是，正如哈贝马斯所指出，国家与民族的结合，即民族国家的产生，并不是与生俱来的，正如民族概念与人民概念的通用只是在一定的意义上才有效。也就是说，民族国家是历史地产生的。正如民族国家可以历史地产生，后民族国家同样可以历史地产生。换句话说，国家的民族性不是内在的、必然的，而是历史地形成的、偶然的，后民族国家同样可以是正当、合理、合法的。其次，哈贝马斯指出，与此相适应，国家意识与民族意识的结合是现代长期而复杂的"发明民族"过程中的产物。在现代西方及其他地区的现代工业化国家，现代长期而复杂的"创造民族"过程有效率地把自己转变为现代西方民主共和国建立过程。具体地说，"大众的民族自我意识成为使成员们变成积极的'公民'的文化条件与背景。同属于一个民族使原先彼此陌生的人之间第一次存在一种团结关系。所以，民族国家的产生是一石二鸟：它使一种新的合法化模式在一种新的、更抽象的社会整合的基础上成为可能"③。也就是说，现代民族国家的产生是基于同时解决合法化与社会整合两个问题的历史需要。

---

① ［德］哈贝马斯：《对他者的包容》，麻省理工学院出版社1998年版，第107页。
② 同上。
③ 同上书，第111页。

合法化问题起源于现代化过程中意识形态的多元化,政治权威不能再依赖于宗教的"神权",是现代化的历史产物。社会整合的问题起源于现代化过程中都市化与经济现代化①,也是社会现代化的历史产物。

现代化过程中的合法化问题与社会整合的问题使民族国家适时、应运而生。与此相适应,民主意识与民族意识历史地结合起来。在现代化过程中,"从贵族的民族向人民的民主转化……是以18世纪后期由知识分子所激起的意识的深刻转化为条件的……它把大众的民族意识汇集于一个'抽象的政治共同体'中"②。即在民主转化的历史过程中,在知识分子的推动下,民主意识与民族意识被历史地结合起来。也就是说,它们的结合是历史的产物,而不是内在的,与生俱有的。同时,更重要的是,"随着它的逐渐建立,民主参与在提供新的合法性证明的同时,已使通过公民身份,以法律为中介的团结达到新的水平"③。也就是说,民主转化的历史进步创造了新的合法性证明的基础,即是在民主的过程中建立起来的合理法律,而不是使合法性证明继续基于狭隘的、排外的民族主义。更重要的是,在民主转化的历史进步中,"随着从贵族主权性向大众主权性的转变,臣民的权利转变为人权与公民权,即公民的基本的自由与政治权利。理想地,它们保证政治及私人的自主。原则上,它们甚至保证每个人的平等的政治及自主"④。

值得注意的是,正如哈贝马斯所指出的,现代国家中的民族群体生活方式(ethnos)与民主群体生活方式(demos)具有本质性的区别。民族群体(ethnos)"一方面是由家族关系组成具有共同血统的前政治共同体,另一方面是期望政治独立性的民族国家"⑤。民主群体即人民是由大众组成的共同体。在现代国家中,组成人民的共同体公员不一定具有共同血统。人民也不是前政治性的共同体,而是政治

---

① [德]哈贝马斯:《对他者的包容》,第111页。
② 同上书,第110页。
③ 同上书,第112页。
④ 同上。
⑤ 同上书,第129—130页。

性的共同体。

与如上所说相适应，人民是一个政治概念，而不是本体概念。人民是由具体国界内的自由、平等的公民组成的社会政治共同体。国家是人民的国家。人民是国家的人民。值得强调的是，组成国家的成员是自由、平等的公民，而不是种族、阶级、政党、宗教的成员等。一个人的种族、阶级、政党、宗教归属不是一个人成为这一个国家人民的一员的必要条件。事实上，在现代国家，一个人的种族、阶级、政党、宗教归属与一个人是一个国家的人民这一政治共同体的一员毫无关系。

人民与种族、阶级、政党、宗教的分离关系可以从它们错综复杂的关系中看到。一个国家的人民常包含分属不同民族种族的公民。同样，分属同一民族的人可能是不同国家的公民。虽然我们时代有组织的国际性政党几乎绝迹，但这不能阻碍不同国家的公民归属具有同样意识形态的政党。一个国家的公民有信教的，不信教的。信教公民又分属不同宗教。一个国家的公民常分成不同的阶层，同样，分属同一阶级的人可能是不同国家的公民。

总之，现代国家不是家的延伸，也不是民族的延伸，是人民的公共大家庭，不是某一阶级或政党的私家。值得注意的是，现代国家基本上是民族多元化的国家，也就是说，民族多元化是现代国家的标志性、本质性的特征。因此，宪法，而不是家或民族的伦理道德规范，是国家自我定义、自我规范的基本法。宪法，而不是家或民族的礼仪，是国家价值、国家理想，国家理念最高与终极体现的基本法。国家宪法是一个国家的根本大法与最高法。宪法是一个国家人民的意志、理想、理念、基本价值等的最高体现，是人民主权的最高体现。以宪定国、以宪安国是现代国家的重要特点之一。

我们这里要认识到，把国与家区分开来的是国家宪法与其他国家法律。把国家与民族区分开来的是国家宪法与其他国家法律。国家宪法与其他国家法律构成国家的形式，这是国家宪法与其他国家法律是异血缘、异族、异价值观与信仰的公民共同认同，也唯一能共同认同的公约的原因。

第六章 法律、规范化与和谐社会论

为了充分理解关于国家宪法与其他法律是异血缘、异族、异价值观与信仰的公民唯一能共同认同的社会公约的这一思想，我们有必要再次回到哈贝马斯。在《新的不确定性》一书中，哈贝马斯提出，在存在多元文化的差异的特定历史条件下，存在国家认同、社会发展取向的新的严重挑战。他指出，我们应建立新的国家认同概念。他认为，新的国家认同基础是共同的民主价值和法律规范，而不是同一的民族（nation）的种族性，也就是说，以前的祖国是建立在共同的血缘、族缘、祖先等之上，现在是建立在体现共同的民主价值和法律规范的宪法之上，传统的爱国主义意识应由宪法爱国主义意识所取代。在当今多元化的世界里，拥有共同的血缘、族缘、祖先等，即同一的民族（nation）种族的国家是不可能的。那么，拥有不同的血缘、族缘、祖先等的不同种族的人如何有共同的国家认同呢？

哈贝马斯在《新的不确定性》的思想触及一系列敏感课题：民主与民族的关系，现代的国家或祖国概念，民主意识与民族意识，民族主义，爱国主义的关系，民主意识与历史意识等。《新的不确定性》一书的标题传递这些信号：我们需要重新认真地反思如上问题，我们以前对如上问题的既成与确定的答案已与时代精神不符，而我们现在对如上问题仍没有确定的答案；从实践的角度讲，如上问题又是我们不能回避的关于我们何去何从的问题。与此相适应，他在《柏林共和国》中进一步发挥他的民主、民族与国家的理念，尤其是宪法爱国主义理念。宪法爱国主义理念不仅鼓励所有共同体成员积极参与意见与意志形成过程，行使其政治自主和发展法律的基本权利，而且鼓励所有共同体成员积极认同在宪法的基础上进行的民主过程。民主理念是一个关于过程民主的理念。其关键点而且所有共同体成员积极认同的对象是共同的宪法，尤其是基本法，不必是共同体的过去与经历。这一认同就叫"宪法爱国主义"。

在《柏林共和国》中，哈贝马斯对卡尔·斯密特的思想以及相关的狭隘的民族主义进行了无情的批判，强调德国的未来在于以宪法爱国主义理念为基础的民主。哈贝马斯不否认德国过去、现在与未来是紧密相连的，关键是它们应该如何紧密相连。对此，在《柏林共和国》中,哈贝马斯指出:"直到1989年,我们有好理由不把1945年当作零点,而把它看作德国近代史上的一次狂热。自从1989年,许多关于这一狂热到底有多深的问题已被提起。新的德国的不确定感与1945年这一年紧紧相关……一些(德国)政治性自我理解的根本问题,尤其是如何理解正向我们走来的柏林共和国的规范性问题,仍然悬而未解。"① 面临它的过去,德国应如何理解正向它走来的民主共和国的规范性问题,这是德国必须回答的问题! 宪法爱国主义,这是哈贝马斯的回答。也就是说,德国过去、现在与未来的有机结合不等同于以过去来规范现在与将来。

在《柏林共和国》中,哈贝马斯指出,"在一个社会中,能使在社会、文化与哲学方面多元化的公民统一起来的首先是一个由法律为中介而组成的共和国秩序的抽象基础与过程"②。也就是说,一个国家的宪法或基本法的规范是在一个社会中,能使在社会、文化与哲学方面多元化的公民统一起来的正当合理的基础。他不否认,"只有公民们对在宪法或基本法的基础上建立起来的制度有好的体验与对政治自由感到习惯之后,宪法或基本法的原则才能在公民意识中生根"③。尽管如此,在一个意识形态、文化与哲学方面多元化的社会,国家统一与认同的基础是国家宪法或基本法以及它所体现的理念与价值。

他进一步强调,现代国家的基础应是共同民主政治文化与价值,而不是种族或民族同质性;维系现代国家的情感与理念应是宪法爱国主义,而不是狭隘的、封闭的以种族为基础的民族忠诚。在宪法爱国主义中,一个人在民主共和国的成员身份或资格和他/她对一个民族群体的亲近感或认同感没有必然的联系,也和他/她与这一民族群体的血缘或其他文化历史关系没有必然的联系。社会成员无须有相同的民族背景才能组成共同的国家。反过来说,有相同的民族背景的社会

---

① [德]哈贝马斯:《柏林共和国》,史迪芬·任达尔译,林肯:那不拉斯卡大学出版社1997年版,第164—165页。
② 同上书,第42—43页。
③ 同上。

成员不一定能组成共同的国家。在现代国家中，对社会成员来说最重要的不是学会在某一民族文化中生活，而是在特定政治文化中生活。他进一步认为，从现代性的角度来说，在现代国家中，对社会成员来说最重要的不是去寻找种族的根和发展与其他同根的成员的认同感，而是学会批判地使自己的利益与行为规范化，以便进入理性的协商。所以，作为具有现代性的现代国家的统一基础的民主文化具有形式普遍性，其社会成员的公民性也具有形式普遍性和非具体实质性。

《柏林共和国》中的宪法爱国主义理念为我们揭示了如下的思维：

（1）在以宪法爱国主义为基础的民主中，公民身份和资格的形式共同性和包容性使不同宗族、种族、信仰、历史文化背景的人能在认同共同的民主宪法及其理念和价值的基础上团结起来，组成共同的国家。

（2）在以宪法爱国主义为基础的民主中，公民身份和资格的形式普遍性和非具体实质性也使现代国家的公民适合于世界范围内的民主化潮流。公民性的形式普遍性和非具体实质性使现代公民适合于具有共同政治空间的多文化联系的现代社会，使世界各国公民有共同的政治和价值语言与规范，也使他们具有民主、理性协商的政治意志和条件。

当然，在发展其民主理念时，哈贝马斯始终以欧洲民主，尤其是欧洲共同体的民主为模型，哈贝马斯也始终在为未来欧洲民主，尤其是欧洲共同体的民主量体裁衣。值得注意的是，哈贝马斯以宪法爱国主义为基础的民主理念具有浓厚的实证主义的味道，尽管它本质上是话语主义的。哈贝马斯认为，以宪法爱国主义为基础的民主理念是后本体论思维的产物。

哈贝马斯的《对他者的包容》继续在理论上集中归纳了哈贝马斯关于国家、民族、公民身份、民主与宪法爱国主义的理念。在一定的意义上，如果说，我们在《柏林共和国》中看到国家、民族、公民身份、民主与宪法爱国主义这些理念的身影，那么，我们在《对他者的包容》中就实实在在地看到这些理念本身。而这些理念值得我们学习与借鉴，对我们对法律、国家与民族的关系的深刻理解具有重大的指导作用。

在《对他者的包容》中的"欧洲民族国家：关于主权与公民身份的过去与未来"一章中，哈贝马斯指出，"民族国家具有两面性。一方面，公民自愿地组成的民族国家是民主合法化的源泉。另一方面，民族国家又是继承性或归决性地以保证社会整合的种族成员身份为基础的……存在于平等主义的法律共同体普遍主义理念与以历史使命为纽带的共同体特殊主义理念之间的紧张关系被筑进民族国家这一概念中"[1]。法律共同体普遍主义是共和主义。它认为平等、自由的公民在基本法与其他国家法律的基础上自愿地组成一个社会共同体，以便共同生活与发展。以历史使命为纽带的共同体特殊主义是民族主义。它认为具有共同民族属性的平等、自由的公民基于某种历史的原因自愿地组成一个民族政治共同体，以便实现某一特定的历史使命。共和主义与民族主义的区别在于：（1）不同的公民概念。（2）不同的国家目的性概念。无论如何，在民族国家这一概念中，共和主义与民族主义的紧张关系一开始就如影随形。反过来，共和主义与民族主义的紧张关系反证民族同质性认同越来越难以成为共和国家认同的基础。这里，哈贝马斯的真知灼见不仅仅是他关于民族国家概念的局限性的观点，而且是他关于现代国家以宪法与其他国家法律为基础的思想，是他关于宪法与其他国家法律造国的思想。也就是说，哈贝马斯的真知灼见不仅仅是他关于现代国家的概念，而且是他关于宪法与其他国家法律在现代国家中所扮演的中心角色的观点。

哈贝马斯进一步指出，我们处于一个文化多元的年代，文化多元的年代要求新的国家认同基础与标准。"文化生活方式，种族，宗教，与世界观方面的差异性正在不断发展。"[2] 在这一历史条件下，国家认同的基础是什么？哈贝马斯的回答是：宪法爱国主义。宪法爱

---

[1] ［德］哈贝马斯：《对他者的包容》，第 115 页。
[2] 同上书，第 117 页。

国主义因此取代了民族主义的传统地位。① 一方面，宪法爱国主义取代了民族主义传统的解释大众主权与人权的地位。另一方面，宪法爱国主义取代了民族主义传统的解释共同体原则与价值的地位。宪法爱国主义指的是对宪法的国家忠诚。在现代国家的历史上，公民以前把对国家的忠诚与对民族的忠诚等同，爱国与爱民族等同。在宪法爱国主义的理念下，公民们对国家的认同与忠诚和对宪法的认同与忠诚等同，爱国与爱宪法等同。哈贝马斯指出，宪法爱国主义取代了民族主义的传统地位这一事实表明我们进入"后民族的自我理解"②。即我们的公民意识或公民意识是后民族性的。

最后，哈贝马斯指出了民族国家理念的局限性。它已不适应一个文化多元的年代。同时，哈贝马斯也拒绝后现代所主张的克服民族国家。哈贝马斯指出，我们应实现民族国家的转型，即从民族国家向后民族的国家的转型。

《对他者的包容》的第五章，即第三部分的第二篇文章的题目是"论民族，法制与民主的关系"。正如其题目所示，在这一章中，哈贝马斯继续阐述他的民主思想。他指出传统中民族群体（ethnos）与民主群体（demos）的区别。民族群体（ethnos）"一方面是由家族关系组成具有共同血统的前政治共同体，另一方面是期望政治独立性的民族国家"③。人民是由大众组成的共同体。组成人民的共同体成员不一定具有共同血统。而人民往往也不是前政治的共同体。哈贝马斯指出，民族国家的理念认为，"公民的民主意识根基于他们民族成员的民族意识"④。然而，在现代国家中，"民族主义不是民主过程的必要或永恒条件"⑤。也许，在特定的历史条件下，民族意识对民主过程具有一些进步作用。但是，民主过程不以民族意识作为其稳定的先决条件。也就是说，民族意识与民主意识的关系是偶然的，不是必然

---

① ［德］哈贝马斯：《对他者的包容》，第118页。
② 同上书，第119页。
③ 同上书，第129—130页。
④ 同上书，第132页。
⑤ 同上。

的。由家族关系组成具有共同血统的前政治共同体与由具有平等自由的公民组成的国家的关系是历史地形成的、偶然的，不是内在的、必然的。

哈贝马斯批判了以卡尔·斯密特为代表的民族主义民族国家理念。民族主义的民族国家理念认为，人民的身份"不是首先从人民自己为自己建立的宪法中获得。相反，人民的身份是前宪法性的，历史的事实"①。哈贝马斯指出，这一观点是错误的。这一观点颠倒了人民的身份与国家宪法的关系。在哈贝马斯看来，人民的身份是从人民自己为自己建立的宪法中获得。人民的身份不来自种族成员身份。法制与民主的关系是内在的，但民族与民主的关系是偶然的。民族属性是继承的。人民的身份属性却是作为自由人加入一个以法律为中介的共同体而获得的。民族主义的民族国家理念与宪法爱国主义的理念确实是格格不入的。它把宪法爱国主义看作洪水猛兽，必然是对它的最大威胁。

如上所述，在宪法爱国主义中，公民身份和资格不以公民的民族属性为前提，因而其公民身份和资格的形式具有共同性和包容性，能使不同宗族、种族、信仰、历史文化背景的人能在认同共同的民主宪法及其理念和价值的基础上团结起来，组成共同的国家。而在民族主义民族国家理念中，公民身份和资格以公民的民族属性为前提，因而其公民身份和资格的形式不具有共同性和包容性，它不能使不同宗族、种族、信仰、历史文化背景的人能在认同共同的民主宪法及其理念和价值的基础上团结起来，组成共同的国家。在宪法爱国主义中，公民身份和资格的形式普遍性和非具体实质性也使现代国家的公民适合于世界范围内的民主化潮流。显然，在民族主义民族国家理念中，公民身份的形式特殊性和实质性使其难以适合于现时代具有文化、意识形态多元化的政治空间。宪法爱国主义使具有不同政治价值观念，语言与世界观的人，在民主、理性协商的过程中形成共同的政治意志。民族主义民族国家理念使所谓的"民主协商过程"成为民族主

---

① ［德］哈贝马斯：《对他者的包容》，第133页。

义的兵工厂。

因此，对以斯密特为代表的民族主义民族国家理念，哈贝马斯提出一系列思想作为回应，包括：

（1）宪法性地构造人民主权理念；
（2）民族自决的限度理念；
（3）对他者包容的民主模式；
（4）民主理念；
（5）对主权国家内部事务人道性的国际干涉理念；
（6）欧洲祖国理念。

在哈贝马斯看来，民族主义民族国家理念没有一个正确的民主观念，它曲解民主过程的真正含义，也曲解民主平等。民族主义民族国家理念错误地把意志的形成当作是一个民族的自我肯定：凡是民族所要的是好的，其足够理由就是民族要它为法制下的民主服务显现一种潜在意义；鉴于主导的政治意志没有合理的内容，而纯粹是自然化的民族意识的表达，它不必是由有公民权保证的公共讨论与参与而产生的。也就是说，民族主义民族国家理念误解了什么是民主意志的形成，如它的内容、目的等以及对它的合理性要求，因此它误解在法制基础上的民主。与此相连，民族主义民族国家理念也读错民主平等，即把民主平等理解为本体性的平等。如斯密特所说，民主平等理解是本体性的平等。因为每个公民都共享这一实体本质，他们能够被平等对待，他（她）们都有平等的选举、投票权等。[①] 而斯密特所说的"本体"指的是种族属性。也就是说，民族主义民族国家理念误读民主平等为种族本体属性的平等，把公民的平等权利的源泉归决为共同的种族属性。真正的民主平等与平等地具有种族本体属性是风马牛不相及，毫无相关的。前者更不以后者为先决条件。

与此相适应，哈贝马斯指出，以斯密特为代表的民族主义的民族国家理念人为地造出"人民"（people）与"人类"（humanity）在民主中的虚假的对立。哈贝马斯指出，根据斯密特的观点，"民主的中

[①] ［德］哈贝马斯：《对他者的包容》，第135页。

心概念是人民，不是人类。如果民主是一种政治形式，它只能是人民的民主，不是人类的民主"①。表面上，这没什么大错。实质上，在这里，在民族主义民族国家理念中，每个公民的人权被局限于享受平等的私人的自由，而人权中的公民公共参与权不仅形同虚设，而且异化为参与制造种族本体意识的平等权利。哈贝马斯指出，本质上，在民族主义民族国家理念中，"民族同质基础上的民主自决的含义不是每个人的政治自主，而是民族的独立，它是一个民族的自我主张、自我确认与其特性的自我实现的表达。在这里，民族是法制与民主的中介：只有那些已从私人转化为一个政治上自我意识的民族家庭成员能够参与民主自治"②。

民族主义民族国家理念与共和主义的共和国家理念逆道而行。在共和主义的国家理念中，人民与民族只是在指与一个政治共同体同生的公民群体时同义，即人民或民族指在一个政治共同体中，由这一政治共同体所造，同时又是这一政治共同体的创造者的公民群体。③ 在共和主义的共和国家理念中，人民主权，人权，民主与法治国家在理念概念上是相互渗透的。④ 在此，宪法爱国主义的人民主权、人权、民主与法治国家在本质上是共和主义的共和国家理念。在宪法爱国主义的人民主权、人权、民主与法治国家的理念中，民族属性不重要，更不用说它不是民主与法治国家的基础或人民主权的内涵或前提。

哈贝马斯进一步指出，我们由此可以看到民族自决的限度。民族自决的理念以民族同质性的存在为前提。但是，对民族同质性的存在的设想与自愿原则相矛盾，通常带来恶果。以民族主义民族国家理念为例，斯密特说："一个民族同质的国家是正常的。一个缺乏民族同质性的国家是不正常的，是对和平的威胁。"⑤ 哈贝马斯指出："这种对强制性集体同一性的设想使压迫政策成为必然的选择，或是霸王硬

---

① ［德］哈贝马斯：《对他者的包容》，第 136 页。
② 同上。
③ 同上书，第 138 页。
④ 同上。
⑤ 同上书，第 141 页。

上弓式的强迫陌生成员成为一体,或是通过种族清洗而达到人民的纯洁性。如斯密特说,'如果它继续认同所有人在公共生活中与公共法律面前的平等,一个民主国家将夺去它自己的本体本质'。"[1]

与民族主义民族国家理念相反,哈贝马斯认为,一个包容他者的民主模式是时代的要求。这一民主模式显然与强调民族同质性的民族主义式民主模式相反。在包容他者的民主模式中,公民性、人民主权、人权、民主与法治在理念概念上相互渗透。"民族国家由公民组成。公民身份不是民族同质性产物,而是社会化的产物。公民身份体现一种公民共同创造公民身份的生活方式,其中成年公民甚至为其公民身份放弃其从中长大的传统。"[2] 在包容他者的民主模式中,少数民族没有被边缘化,它与民族国家的大多数同在民族国家的政治生活的中心。而所有的公民都是一样同等的公民。同时,在包容他者的民主模式中,"不同种族,不同语言,不同宗教与不同生活方式的共存,没有使社会四分五裂,共同不在……多元文化孕育着共同文化"[3]。即多元文化孕育着共同的民主政治文化,也只有在共同的民主政治文化的基础上才能存在。

在《对他者的包容》中,从哲学的角度,哈贝马斯把当代规范的民主模式分为自由主义民主与共和主义民主两种,并提出他的程序民主模式作为对自由主义民主与共和主义民主两种规范民主模式的扬弃与替代。

哈贝马斯指出,自由主义与共和主义模式对民主过程的理解各有优点又存致命缺陷。他指出:

> 在民主的问题上,自由主义与共和主义的关键区别在于对民主过程的角色有不同的理解。根据自由主义的观点,民主过程是为社会的利益编制国家程序。这里,根据自由主义的理解,国家

---

[1] [德]哈贝马斯:《对他者的包容》,第141—142页。
[2] 同上书,第143页。
[3] 同上书,第146页。

仅仅是一个公共行政机制。社会则是私人之间以及彼此的劳动的市场结构式互动的总和。政治,即公民政治意志的形成的功能是使公民抱成一团,为私自的利益与精于雇用政治权力进行管理的国家机构抗衡。①

也就是说,根据自由主义的观点,民主本质上只是一个市场。通过民主过程,各方谈判与交换利益。民主过程的法则与程序也是各方谈判与交换的产物。民主政治是一种谈判与交换政治,其中,公民政治意志的形成通过谈判与交换产生。也就是说,民主政治的功能是为谈判与交换创造条件。"根据共和主义的观点,政治的功能不仅仅是中介性的,而且是构造性的,即它对社会化作为一个整体具有构造性的功能。"② 公民政治意志形成过程是政治过程,其功能是工厂式或教堂式的构造功能。它把一群陌生人构造成一个具有鲜明身份的集体或群体。民主过程,即公民政治意志形成与发展过程,是一个构造集体或群体鲜明身份、群体本体性、群体理念、群体价值体系,以及法律机制的过程。

哈贝马斯指出,自由主义与共和主义对民主过程的两种不同的理解导致如下的一系列分歧。

第一,自由主义与共和主义各有不同的公民或公民性的概念。"根据自由主义的观点,公民的地位主要由其个人的权利所决定,而公民的个人权利是公民在其本人与其他公民以及国家的直接的一对一的关系中的权利……个人权利是一种否定权利,即个人权利保证个人作为法人一个不受外部强迫、自由选择的区域。"③ 自由主义把公民的个人权利与其政治权利区别开来。公民的政治权利有公民的个人权利一样的结构:"它给予公民用适当的方式宣称其利益的机会,即通过选举,国会的组成,政府的形成等工具,公民的利益汇集成能影

---

① [德]哈贝马斯:《对他者的包容》,第239页。
② 同上书,第240页。
③ 同上书,第240—241页。

响管理的政治意志。"① 根据自由主义的观点，公民的地位主要指其个人的权利，即公民地位的核心内容是其个人权利。公民的个人权利是公民作为个人的权力。公民的政治权利是公民作为一个共同体成员的权力，正如在一个党中，一个党员的个人权利是其作为个人的权力，而其政治权利是其一个共同体成员，即党员的权力。公民的政治权利也是公民地位的一个组成部分，但是公民的个人权利是主要的决定性的组成部分。"根据共和主义的观点，公民的地位不仅仅由其个人权利——指在其名义下公民宣称自己作为私人的存在的否定式权利所决定，相反，公民的政治权利，即政治参与与交往的权利，是肯定式的自由。公民的政治权利没有保证公民不受外部强迫的自由。但它们保证公民参与共同实践的可能性，通过共同实践首次使自己想成为的人，即一个由自由、平等的公民组成的共同体的政治上负责的国民。"②

第二，与如上相适应，自由主义与共和主义各有不同的法律概念。根据自由主义的观点，法律的功能是确定每个人的个人权利，谁享有什么权利。根据共和主义的观点，法律的功能是建立与确保平等与互相尊重的共同自主生活的秩序。每个人的个人权利源于法律秩序。也就是说，在自由主义的概念中，法律秩序的重点是保护个人。在共和主义的概念中，法律秩序的重点既是保护个人，又是保护共同体，而只有保护好共同体，才能保护好个人。③ 哈贝马斯指出："确实地说，这一自由主义与共和主义之间概念上的对立并没有触及权利的间体性内容，即权利在认识的对称关系中对权利与责任的相应的尊重。共和主义的概念至少指向一个给予个人的完整性与公共体的完整性同样看重，在共同体中个人作为个人与成员对权利与责任同样看重的法律概念。"④

---

① [德] 哈贝马斯：《对他者的包容》，第241页。
② 同上。
③ 同上书，第241—242页。
④ 同上书，第243页。

第三，自由主义与共和主义各有不同的政治过程概念。"根据自由主义的观点，政治本质上为得到管理权利的地位而斗争。在公共空间与国会的言论与意志形成过程是由各战略性地行动着的团体为保持或获得权力而竞争所形成。"[1] 即在自由主义的概念中，政治过程是各团体为各自的利益彼此竞争管理权利与资源的过程，是人们为各自的利益组成团体以便与其他团体的人竞争管理权利与资源的过程。而"根据共和主义的观点，在公共空间与国会的言论与意志形成过程不服从市场过程的结构，它服从的是旨在相互理解的公共交往的顽强结构。对于公民自决的实践的政治来说，其范例不是市场，而是对话"[2]。根据共和主义的观点，政治过程是通过集体的思考，形成集体意志与思想，集体的自我理解的过程。在这一过程中，政治的内容不是利益的谈判与协议，而是旨在相互理解的公共交往，旨在成为一个政治公共体的集体的思考，旨在形成集体的自我理解的交流。

在比较了自由主义与共和主义的民主模式之后，哈贝马斯提出程序民主模式作为新的选择。程序民主模式有自由主义民主的契约主义的因素与优点，但不会像自由主义民主模式把民主过程仅仅作为一个利益交换的市场。"自由主义把竞争利益之间的妥协当作民主过程的唯一模式。"[3] 程序民主模式拒绝这一观点。在程序民主模式中，民主过程同时是一个政治思考过程，是一个政治自主过程。在程序民主模式中，公民们的民主政治参与为共同体的规范提供新的合法性证明的同时，已使公民们通过其公民身份，以法律为中介的团结达到新的水平。即民主过程使公民们团结为"人民"。在程序民主模式中，民主过程实现使臣民的权利转变为人权与公民权，即公民的基本的自由与政治权利。民主过程通过实现公民们的政治自主来保证公民们的私人的自主。在程序民主模式中，民主过程会涉及竞争利益之间的妥协。但是，民主过程不仅仅是一个利益交换的市场，而且是建立与证

---

[1] [德]哈贝马斯：《对他者的包容》，第243页。
[2] 同上。
[3] 同上书，第246页。

明合法性的规范,以合法性规范为基础团结为"人民"。

程序民主模式有共和民主模式反思与理性的因素与优点,但不会像共和民主模式把民主多少变成造就一个民族的工厂。程序民主模式不会像共和民主模式把民主意识建立在民族意识的基础上。哈贝马斯的程序民主模式理念最激进的地方是程序模式民主不需要对民主的主体自我意识的认同与反思。哈贝马斯认为,"(民主)政治首先不是伦理性的自我理解问题。共和主义观点的错误在于对政治过程的伦理透视法性的缩短。"① 如前所述,在《对他者的包容》中,关于国家、法律和民主,哈贝马斯指出:

(1) 国家民族意识首先由知识分子和学者传播,然后通过城市资产阶级向外扩散;

(2) 在内容方面,它(国家民族意识)是一个关于具有共同祖先的故事,具有共同历史的理论和具有共同标准语言的共识的结晶;

(3) 它把人们转化为具有政治觉悟、认同共和宪法和国家民族的理想和目标的公民;

(4) 尽管如此,民族主义并不是民主过程的必要或永久前提条件。

如前所述,哈贝马斯否认民族主义作为民主国家的必要条件,重申他的关于传统的国家民族意识应由宪法爱国主义所取代的主张。总而言之,就是现代爱国主义应与传统的国家民族意识分道扬镳,而与当代的民主自由意识与理念结合。因此,在程序民主模式中,民主政治不是关于公民们伦理性的主体自我意识——尤其是以民族意识为基础的主体自我意识,而是在宪法爱国主义的指导下,实现政治自主。

哈贝马斯认为,只有程序主义民主模式才具有真正的包容性。共和主义式的主体自我意识——尤其是以民族意识为基础的主体自我意识——不可避免地具有排他性。这也是共和民主模式不具有真正的包容性的深刻原因。而一盘散沙般的自由主义民主模式也不具有真正的包容性,尽管它表面上无所不容。

---

① [德]哈贝马斯:《对他者的包容》,第244页。

现代性与时代意识论

与此同时,在《对他者的包容》中,哈贝马斯提出宪法与人民的辩证关系:人民缔造宪法;宪法构造人民。人民民主地建立宪法,在这一意义上,宪法的存在以人民的存在为前提。但是,宪法也以法律与国家为中介创造人民,或人民在建立宪法的民主过程中建立自己,即公民们在建立宪法的民主过程中自由自愿地组成人民。也就是说,宪法造就人民。更重要的是,国家宪法或区域宪法如欧洲共同体宪法的存在不以公民的同质性为先决条件。相反,国家宪法或欧洲共同体宪法是使不同种族、文化背景、语言、生活方式等公民在民主过程中自由自愿地组成人民,组成政治共同体的合理、有效与正当的基础。

哈贝马斯关于宪法与人民辩证关系的观点具有重大的理论与现实意义。这至少表现在以下几个方面:

(1) 在我们时代,宪法与人民相互依存。人民是宪法服务的对象,也是宪法的缔造者和正当性、合法性的源泉;宪法是人民的基本政治结构,是组成人民的形式。没有人民,宪法将是无源之水;没有宪法,人民将不是现代人民。

(2) 人民民主地建立宪法,宪法结构性地构造人民;国家宪法不仅仅是规定一个国家的基本法,也是规定人民的基本法;人民定义宪法,宪法反过来也定义人民。

(3) 国家宪法不仅仅是国家自我定义、自我规范的基本法,是国家价值、国家理想、国家理念最高与终极体现的基本法,也是人民自我定义、自我规范的基本法,是人民的价值、人民的理想、人民的理念最高与终极体现的基本法。

(4) 宪法爱国主义是人民现代化的一个重要要求与准则。宪法爱国主义使我们每个人认识到,我们每个人的公民身份的基础是我们对一个国家的宪法的认同与忠诚,而不是我们每个人的民族属性、阶级属性或其他社会属性。

在现代国家中,法律与人民相互依存,人民民主地建立法律,法律结构性地构造人民。公民们通过认同共同的法律而认同共同的社会政治共同体,认同共同的自由、权利、责任与义务,因此共同组成人民，而只有通过人民民主的立法过程建立的有效、正当的法律，才可能成为正义的法律。

六　结论

依宪治国是依据国家的自我定义、自我规范治国，是依据国家价值、国家理想、国家理念治国，也是依据人民的自我定义、自我规范治国，是依据人民的价值、人民的理想、人民的理念治国。人民建立国家。什么样的人民建立什么样的宪法，组成什么样的国家。反过来，宪法定义人民与国家，在这一意义上造就人民与国家。什么样的宪法造就什么样的人民与国家。依法治国规范化国家、社会基本结构、人民与公民。它规范化、合理化与正统化权力，规范化、合理化与正常化社会。

在我们时代，不是宪治与法治的国家不是现代国家，不是宪治与法治的人民不是现代人民。每个国家应有符合自己国情的、民主的模式，但不能没有民主。与此同时，不是人民民主的宪治，法治不是正义的宪治与法治。不是正义的宪治与法治的国家不是正义的现代国家，不是正义的宪治与法治的人民不是正义的现代人民。无论一国的国情如何，没有人民民主，就没有正义的宪治与法治。

没有依宪治国、依法治国的国家管治不是现代的国家管治，没有依宪、依法的人民自主不是现代的人民自主。没有正义地依据正义的宪法治国、依据正义的法律治国的国家管治不是正义的现代国家管治，没有依据正义的宪法、正义的法律的人民自主不是正义的现代人民自主。依宪治国、依法治国是社会正义的呼声，是时代精神的呼声，是现代国家发展的呼声。正义的宪法与其他国家法律，是一个现代国家的骨架。正义地依宪治国、依法治国是一个现代国家的血液与呼吸。这是我们至少所知道的，也是我们至少应该知道的。